**낮은
자리,**

농촌에서
세상을
뒤집다

낮은 자리,
농촌에서 세상을 뒤집다 | 나의 농촌 목회 이야기

김수영 박순웅 심상봉 엄용식 여태권 임인수 정도성 지음 | 한경호 엮음

동연

| 머리말 |

낮은 곳에서 일어나고 있는
하나님 나라 운동

　오래전부터 마음속에 갖고 있던 숙제를 해결한 기분이다. 농촌교회 현장에서 평생 헌신적으로 의미 있게 목회하는 분들을 보면서 '저 목회 활동을 기록으로 남겨야 할 텐데'라는 생각을 늘 해왔기 때문이다. 기록과 평가의 문화가 약한 현실에서, 더욱이 남들이 알아주지 않고 관심도 별로 없는 농촌 현장의 이야기이기에 더 마음이 쓰였었다.

　1980년대 중반부터 기독교감리회, 기독교장로회, 예수교장로회(통합) 등 3개 교단을 비롯하여 농촌 목회자 조직(농목)이 창립되면서 농촌 목회와 선교는 이전과 차원을 달리해서 전개되었다. 당시의 시대정신은 민중 정신이었다. 5.18광주민중항쟁으로 표출된 민중, 민주 정신이 사회 각 부문과 사람들의 마음속에 자리를 잡아가고 있었다. 신학교 내에도 그 정신의 영향을 받아 노동, 농민, 도시빈민 등 정치경제적으로 억압받고 차별받는 사회적 약자들에 대한 선교적 관심이 높아가고 있었다. 이 시대정신을 배경으로 농목들이 탄생한 것이다. 물론 이후에도 농목 조직이 결성된 교단이 있었고, 생명정신이 고양되면서 이 정신도 농목 활동 속에 합류되었다.

이러한 시대적 상황 속에서 탄생, 활동한 각 교단 농목의 목회자들이 농촌 현장에 나가 목회의 내용과 방법을 새롭게 구현하기 시작하였다. 농목 조직이 이루어지기 전에도 개별적으로 소명감을 갖고 농촌 목회를 한 분들도 물론 있다. 이 책은 그런 분들의 활동 기록을 모은 것이다. 대체로 1970년대에 개별적으로 시작된 이 활동은 1980년대에 들어와 조직적으로 활발하게 전개되었으며, 1990년대 이후 오늘에도 여전히 지속되고 있다. 이 책에 기록된 활동도 1970년대를 시작으로 하여 1990년대에 농촌 목회를 시작한 분들까지 아우르고 있다.

성경은 예수님이 갈릴리 농어촌에 살면서 복음을 전하셨다고 증언한다. 예수님은 그들과 함께 생활하고, 말씀을 나누면서 그들의 참된 이웃이 되어 주었다. 예수를 따라 산다는 말은 그러한 그의 삶을 따르자는 말이어야 옳을 것이다. 당시와는 많이 달라진 시대 상황이지만 꼭 농어촌이 아니더라도 사회적 약자들과 동고동락하신 예수님의 삶을 본받자는 정신은 오늘도 변함이 없을 것이다. 그러나 이 정신은 오늘날 별 영향을 미치지 못하고 있다. 목회적 출세와 성공이라는 세속적인 목표가 대부분의 목회자를 지배하고 있기 때문이다. 과연 무엇이, 어떤 것이 참된 성공인지, 성공을 물량적으로 측정할 수 있는 것인가?

역사의 발전에는 주류 세력과 비주류 세력이 길항적으로, 피드백처럼 작용한다. 주류 세력은 현실 속에서 권력과 물량의 힘을 갖고 있는 다수의 세력이며, 그래서 대부분 그 세력에 속하기를 원한다. 비주류 세력은 주류 세력을 비판하고 저항하기 때문에 주류에 의해 핍박과 무시를 당하는 경우가 많다. 그래서 늘 소수이고 대부분 이 세력에 속하기를 꺼리거나 회피한다. 이런 의미에서 예수님은 당대 비주류 세력의 상징이라고 볼 수 있다. 주류인 바리새인, 사두개인 등 성전 지배 세력과 대척점에 서 있었다. 주류를 비판하는 입장에 있었기 때문에 그들과 늘 부딪쳤고 고난의 삶을 살다가 결국 그들에 의해 십자가에 처형되고 말았다. 이 예수의 삶은 오늘날 물질적 풍요와 편리를 누리고 사는 사람들에게 어떤 의미가 있는 것인가?

여기 주류에 편입되기를 거부하고 억압과 가난 속에 신음하는 농촌 현장으로 들어가 평생 그들을 돌보고 함께 살다가 정년이 되어 목회 현장에서 물러난 일곱 분의 목회자(한 분은 아직 현역임)가 있다. 예수의 삶을 본받아 그 뒤를 따르려고 힘쓴, 진정한 의미의 제자들이다. 세상 명예와 부귀영화를 다 멀리하고, 가난을 흔쾌히 받아들이면서, 자신과 싸우며 치열한 삶의 궤적을 남긴 분들이다. 글을 읽다 보면 가슴이 뜨거워지고 눈시울이 붉어지는 곳이 허다하다. 살아 있는 이야기들임을 알 수 있다. 한 농촌교회에서 30년 이상 목회하신 분들의 목회적 삶을 기록한 이 책은 점차 메말라 가고 의식화(儀式化)되어 가는 목회 풍토에 생기(生氣)를 불어넣어 줄 것이라 생각한다. 연로하신데도 불구하고 기억을 더듬어 글 쓰시느라 애쓰신 일곱 분의 필자에게 지면을 빌려 감사드리고 출판을 위해 힘써 주신 동연 관계자들에게도 감사드린다.

2025년 7월
강원도 원주 귀래 농선당에서
엮은이 한경호

| 차 례 |

머리말 _ 낮은 곳에서 일어나고 있는 하나님 나라 운동 | 한경호   5

1부 _ 1970년대에 부임한 목회자

심상봉 | 전통과 복음의 조화, 수행하는 목회자   13
　　　　 ― 전북 임실 임실제일교회
임인수 | 어린이들과 함께하며 지역을 변화시킨 목회자   51
　　　　 ― 충남 아산 새암교회
정도성 | 끝없이 베풀어 주며 동고동락한 목회자   137
　　　　 ― 전남 고흥 매곡교회

2부 _ 1980년대에 부임한 목회자

여태권 | 농민운동, 생명농업운동, 사회복지 선교의 기수   171
　　　　 ― 전북 완주 율곡교회
엄용식 | 교회와 지역을 아우르는 통전적 목회자   265
　　　　 ― 경남 함양 옥동교회
김수영 | 시대와 지역 상황에 부응하는 목회적 과제의 실천가   355
　　　　 ― 경남 거제 다대교회

3부 _ 1990년대에 부임한 목회자

박순웅 | 몰락하는 농촌 마을에서 새 희망을 일구는 목회자   439
　　　　 ― 강원 홍천 동면교회

지은이 알림   520

1부

1970년대에
부임한 목회자

전통과 복음의 조화,
수행하는 목회자*

| 전북 임실 임실제일교회 |

심상봉 목사

1. 공부하는 가정

나는 1936년 11월 11일 전라남도 장성군 삼서면 수해리에서 태어났다. 나는 행복하게도 부모님 덕분에 어려서부터 시골의 마을서당에서 공부할 수 있었다. 선친도 나주시 향교에서 이름난 스승을 모시고 10여 년간 수학(受學)한 경력을 갖고 계신다. 아쉬운 것은 많은 고서적을 갖고 있었는데 일제강점기에 그 많은 책을 몰수당했던 것이다. 그때 우리 집안은 초상집 같았다. 그러나 선친께서는 "울지 마라. 진짜 책은 여기 있다" 하시면서 한 권의 책을 들어 보여주셨다. 그 책은 나주에서 수학하고 계실 때 조부께서 극진히 보필을 한 공덕을 스승께서 잊지 않고 한 권의 책으로 보답하셨는데, 바로 『중용·대학』을 잘 정리해 준 합본이다. 지금

---

* 이 글은 심상봉 목사가 고령인 관계로 그 아들인 심장섭 씨가 작성한 것이다.

도 소중하게 간직하고 있다. 결혼 전에 서당에서 한자를 익힌 경력이 있던 모친은 할아버지께서 고모들에게도 일하지 말고 공부하라고 하셔서 식구들 중에 무식한 형제가 없었다고 하였다. 아홉 살이 되던 해 소학교 1학년 때 해방을 맞이했다.

2. 어린 시절 겪었던 민족 분쟁

초등학교 4학년 때 여수·순천 사건이 발생했다. 이 우환으로 함평군과 장성군의 경계 지역인 우리 마을에서도 속칭 '빨치산'과 군경 간에 교전이 벌어졌다. 경찰들이 민가에 불을 지르고 구장이 반장이었던 나의 당숙을 친공 분자로 몰아 총살하는 끔찍한 사건까지 있었다. 이 사건의 연속으로 6·25 동란 중에 가족 등 일가친척이 순경들에게 참혹한 총살을 당하는 끔찍한 일도 겪었다.

초등학교를 졸업하고 이세종 선생님의 영향을 받아 개종한 최홍종 목사[1]께서 광주 무등산에 있는 허백련 화백의 차(茶) 식품공장에 개설한 중학교 과정에 들어가 공부하다가 6·25 동란이 발생하여 중학교 과정은 중단되었고, 집으로 돌아와 서당에서 한자 공부를 이어 나갔다. 중학교 과정에서 만난 스승은 신앙인으로 당신 집에 마을 아이들을 불러 모아 서당을 운영했고, 겨울철이면 유영모 선생님이 찾아오곤 하였다. 그때 유영모 선생께서 샘가에서 냉수마찰을 하는 것을 보고, 나는 지금

---

[1] 최홍종 목사는 개종 전 광주에서 깡패로 살았으며, 쇠망치라는 별칭을 갖고 있었다. 한번은 광주 동광원에 찾아가 "나 같은 깡패도 믿음을 가질 수 있느냐? 새 사람이 될 수 있느냐?"라고 질문했는데 "깡패도 믿음을 가지면 성자가 될 수 있다"라는 답변을 듣고 곧바로 동광원에서 수양을 시작했다.

도 냉수욕을 하면서 정신을 깨치고, 육체 건강도 유지한다. 새벽기도회를 마치고 냉수욕을 하는 맛은 경험하지 않고서는 알 수 없을 것이다.

지역에서 깡패 노릇을 하던 집안의 형님 집에 종종 오신 이세종 선생을 먼발치에서 바라봤던 기억이 나서, 2004년 임실제일교회에서 목회를 은퇴한 후 성자로 추앙받던 이세종수양관으로 거처를 옮기는 데 영향을 끼쳤다.

3. 국어 선생님 그리고 꿈에 그리는 금강산

고등학교 시절

고등학교는 광주 송정리에 있는 불교계 학교인 정광고등학교를 다녔는데, 당시 국어선생님의 가르침과 프랑스의 왕이 꿈에 봤다고 하는 금강산 절경에 대한 설명이 잊히지 않는다. 외세의 지배와 민족상잔으로 인해 허리가 잘려 있는 지금, 지구촌의 명산 금강산은 어느 시절에 자유로운 발걸음으로 가볼 수 있을까?

4. 인도하심에 이끌려 신학의 길로

장로회신학대학원 졸업기념(1969. 2. 27.)

고등학교를 졸업한 후 호남성경학교에 들어가서 1년을 마쳤을 때, 신학을 계속하려면 서울로 옮겨야 한다는 권고를 받았다. 당시 1960년대 장로교단은 교단 분리 논쟁으로 신학교가 정립되어 있지 않아 성결교단이 운영하는 서울신학교에 진학하여 4년을 수학했다. 이어 숭실대 철학과에 편입하여 공부한 후 서울 광나루에 있는 장로회신학대학에 입학하여 3년 과정을 마쳤다.

서울에서의 공부 과정은 내 인생의 방향을 정하는 데 지대한 영향을 끼쳤고, 신령한 인격을 형성할 수 있었던 아주 소중한 기간이었다. 숭실대학교 철학과 교수님들의 교육은 실력에 앞서 인격교육에 지대한 영향을 주었다. 참으로 감사할 따름이다.

5. 첫 목회지 임실역전교회

전주 예수병원에서 기증받은 자전거

1970년 1월 1일 자로 임실역전교회(현 임실제일교회)에 첫 목회지로 부임했다. 미자립 상태인 임실역전교회에 부임한 후 어떻게 하면 교회가 자립할 수 있을까 생각하며 기도했다. 그러면서 임실읍 내에서 치즈 생산에 몰두하고 있던 지정환 신부님의 도움을 받아 교회 터 안에 염소를 길러 젖을 생산하기도 하고, 닭과 토끼 등 여러 짐승을 키우기도 했다.

당시 전북노회 후원기관인 선교부 소속의 조요섭 선교사께서 사냥하러 가는 길에 우리 교회에 자주 들르곤 했는데, 어느 날 기르고 있던 닭을 보더니 "닭을 기르는 것보다 꿩을 기르는 것이 수입 면에서 더 좋겠다"라고 제안을 했다. 나는 꿩을 기르는 것이 우리 국민에게 어떤 유익이 있겠느냐고 반문하고, 내가 "닭을 기르는 것은 농촌교회의 자립책을 강구하기 위해 하는 일"이라고 설명했다.

6. 지역사회 교육활동

바우탁아소 아동들

전주 성원교회 어린이선교원
5회 졸업식(1986. 2.)

나는 교회에서 하나님께 드리는 예배도 귀중한 일이지만 지역 주민 교육에 중점을 두려고 애썼다. 당시 약간의 여유가 있던 초등학교 교사들과 초급대학 졸업자들의 협력을 받아 바우탁아소와 바우학원(야학)[2]을 개설하여 운영했다.

1970년에 개설한 바우탁아소는 이후에도 성수교회(1975. 8.~1978. 8.)와 성원교회(1980. 10.~1986. 2.)까지 계속했다. 탁아소(지금의 어린이집)를 개설한 동기는 아주 단순했다. 농사일에 쫓겨 아이들을 보살피지 못하는 주민들의 실정을 안타깝게 생각하여 교회에서 아이들을 살피고, 부모들은 논밭에서 농사일에 집중할 수 있도록 하기 위해서였다.

겨울철 농한기를 활용하여 5일 정도 단기로 개설한 주부교실은 성수교회와 신광교회, 성원교회, 임실제

---

[2] 전북 임실군 임실읍 두곡리 44-2. 교회 집사님의 닭 농장 한편을 수선하여 교육장으로 사용하였다.

일교회에서 운영했는데, 지역 주민들에게 크게 환영을 받았다. 100여 명이 앉을 수 있는 예배당이 가득 찼을 정도였다. 교인으로 다 채우지 못하는 빈자리를 지역 주민들이 채워주었다. 부친을 훈장으로 모셔 교회 서당을 개설했는데 임실 성수교회, 완주 신광교회, 전주 성원교회, 임실제일교회에서 운영했다. 서당에는 초·중·고 학생들이 참가했는데 성수교회에서는 청년들도 학동으로 참석했다.

7. 강원용 목사와 수원 아카데미

서울에서의 학창 시절에는 을지로 6가에 있는 강원용 목사의 경동교회(기독교장로회 소속)에 출석했던 인연으로 수원 아카데미 교육에 참가했다. 수원 아카데미는 강 목사께서 독일 신학자와 대화 중 "대한민국은 3·8선 분단보다는 농민교육이 더 시급하다"라는 지적에, 교육할 수 있는 재정 후원 요청이 수락되어 개설된 것이었다. 수원 아카데미 교육은 농촌지도자들과 연결고리가 되었고, 농촌 목회의 지평을 넓히는 데 큰 영향을 끼쳤다. 나는 농민 교육에도 열심히 참가했다. 박정희 정권에 의해 조작된 아카데미 사건에 의해 교육 관련자와 교육생들이 형무소 신세를 지곤 했으나, 임실경찰서장은 "우리 임실역전교회 심 목사를 형무소에 보낸다면 임실 지역에서 경찰서장이 무능하다는 지탄받게 될 것"이면서 내가 체포되지 않도록 보호 조치를 취해 주었다.[3]

---

[3] 이 내용은 후에 임실경찰서 정보과장에게 전해 들은 이야기이다.

8. 임실역전교회 사택 이야기

첫 부임지인 임실역전교회는 재정이 넉넉하지 않은 시골교회여서 사택이 없었다. 처음에는 교인 집 별채에서 기거했고, 봄에 사택 신축 공사를 시작했다. 사택 신축에 필요한 시멘트 벽돌은 교인들이 나서서 가까운 하천의 모래를 실어와 교회 마당에서 찍어냈다. 장마가 계속되던 여름날, 사택 신축 현장에 가기 위해 우산을 받쳐 들고 아이들을 앞장세워 몇 발짝 옮겼는데, 뒤편에서 큰 굉음이 울렸다. 돌아보니 기거하던 초가집이 뱅그르르 돌면서 주저앉는 것이 아닌가! 장마철 비에 젖은 지붕 무게를 기둥이 감당하지 못하고 주저앉고 말았던 것이다. 불과 몇 걸음 사이였다. 집주인 집사님 내외, 옆집 정미소 주인, 모두가 한결같이 발을 구르면서 "하나님께서 살아 계신다. 하나님께서 살아 계신다" 하며 감탄과 놀라움을 나타냈다. 얼마나 다행스러운 일이었는가? 조금만 지체했더라면 우리 식구 모두 생사를 장담하지 못할 일이었다. 주인집의 일꾼으로 생활하던 아저씨도 "하나님이 살아 계신다니까!" 하면서 감탄을 연발하였다. 역전교회 개척에 앞장섰던 집사님께 연락을 하니 교인들이 모여들어 무너진 집을 해체하고 파묻혀 있던 살림 도구와 책들을 찾아냈다. 이 사고 후 사택 신축 공사는 더욱 빨리 진행되었다.

9. 임실성당 지정환 신부님 그리고 신용협동조합

지정환 신부(본명 디디에 세스테벤스)는 벨기에 출신으로 교황청이 세운 루뱅 대학교 철학과에서 수학하고, 루뱅예수회의 성 알베르도 신학교에서 신학을 공부한 후 신부 서품을 받은 분이다. 한국전쟁 이후 루뱅

대학교에서 만난 한국인 이효상[4]과 장병화[5]와의 만남은 그의 한국행에 크게 영향을 미쳤다.

지정환 신부를 알게 된 것은 교회 청년들의 대화 내용을 듣고서였다. 그들의 대화를 들으면서 이는 분명히 누군가의 지도를 받고 있다는 것을 알았다. 평소에 누구와 지내는지 물어보니 임실성당 지정환 신부의 특별 교육을 받고 있었다. 그래서 그의 지덕이 높은 줄 익히 알고 있었다.

지정환 신부께서 날 찾아와 신용협동조합운동을 함께 하자고 제안했는데 처음에는 거절했다. 실무자 등 누군가 많은 돈을 손에 넣고 밤 열차를 타고 도주하면 그 책임을 감당할 수 없다는 이유를 내세웠다. 그러나 외국인도 내 민족을 믿고 가난에서 벗어나도록 헌신하는데, 나는 어떤가? 내 민족을 믿지 못하고 불신한 것을 자책했다. 두 번째로 찾아왔을 때 지난 일을 사과하고 동참하기로 결정했다.

신용협동조합 교육과정의 교육비는 그의 지원으로 충당했고, 그에 힘입어 중등 과정까지 수료했다. 민족 발전에 정신적인 기초교육도 귀한 일이지만 경제질서를 바로 세우는 일도 귀중한 기초가 된다는 사실에 감동했다. 신용협동조합 교육을 통해 국가의 장래가 밝아질 수 있으리라는 희망을 갖게 되었다. 이후 지정환 신부와 함께 신용협동조합 전도사로 활동했다. 신용협동조합 교육을 통해 '교회는 지역 주민의 학교'라는 인식을 깊이 갖게 되었고 목회 활동을 통해 주민 교육에 열중하는 계기가 되었다. 나는 신용협동조합 활동에 최선을 다했다.

---

[4] 대구 출신(1906~1989). 제6~7대 국회의장. 경북대학교 문리과대학 초대 학장, 영남대학교 이사장 등 역임.
[5] 1912~1990. 사제, 마산교구장 역임.

완주군 용진읍 도계리에서 강의하는 장면

한번은 지역예비군 훈련에 참가했을 때인데 교관들이 교육 시간 중에 음담패설로 시간을 허비하고 있어서 이를 꾸짖었더니 나에게 강의 시간을 할애해 주었다. "민족부흥의 길"이라는 제목으로 신용협동조합에 대하여 강의했다. 그 후 전주시 예비군 교육 때 강사로 참가하여 같은 내용을 전파했다.

교회 교구 내에는 임실동부신용협동조합을 결성했고, 임실군 내에는 읍내의 임실신용협동조합을 비롯하여 성가신용협동조합, 관촌, 지사, 성수 등 여덟 개 지역에 신용협동조합이 결성되었다. 임실동부신용협동조합을 설립하고 난 후, 조합원을 모집하고 출자금을 받기 위해 새벽기도회를 마치고 자전거를 타고 각 마을 가가호호를 방문했다. 현금이 거의 사용되지 않던 때인지라 쌀 한 되, 달걀 한 줄 등 현물 출자도 마다하지 않았다. 걷어온 현물은 현금으로 환산하여 출자금 통장에 기입하고, 현물은 임실역 광장 한편에 교인이 운영하는 작은 상회에 판매를 위탁했다. 조합 사무실로 돌아오는 길에 달걀이 서로 부딪혀 깨지는 경우가 있었다. 이때 발생하는 손실은 지정환 신부께서 충당해 주었다. 임실 관내 출자금은 임실신용협동조합에 입금되는 때인지라 전표 검열을 담당하던 지 신부께서 부족한 금액을 채워 준 것이다.

나는 지정환 신부의 사랑을 많이 받았다. 지 신부께서는 나를 만날 때마다 귀한 만남이었다고 말씀했다. 내가 교육받을 때는 교육비도 후원하고 교통비까지 지원해 주었다. 현물 출자를 현금으로 환산하는 과정에서 손실이 발생했을 때 언제나 충당해 주었고, 같은 목회 동역자로 동등하게 대해 주던 태도는 감동을 주었다.

당시 전주시 중화산동에서 생활하시던 부모님을 찾아갈 때 잠시 전주역 앞에 있던 가톨릭센터에 들러 지 신부께 인사를 하는 일이 있었는데, 말씀을 나누고 부모님 댁에 가려고 일어나려 하면 "무슨 말씀을 그리 섭섭하게 하시느냐"면서 한사코 하룻밤을 지내고 가라고 붙들곤 했다. "신랑이 신부 집에 왔으면 하룻밤 정도는 지내고 가야 하지 않겠느냐"면서…. 지금도 그러하겠지만 당시 가톨릭센터 내 수녀원에는 주임 신부 외 어느 누구도 남성은 숙박할 수 없었다. "외부로 소문이 나면 큰 일이 난다"면서 입단속하고 하룻밤을 잔 일이 있었다. 말씀 중에는 항상 유머가 있었으며, 우리말 속담까지 유창하게 구사했다. 연세대학교에서 주최하는 외국인 웅변대회에 참가하여 특상을 받은 이력도 있을 정도였다. 누구를 막론하고 지 신부와 함께 있노라면 분위기가 활기찼다.

10. 아픈 손가락 – 신용협동조합 정신의 쇠락

임실에서의 신용협동조합 활동이 성과가 나타나고 지역 교육, 전국 교육 활동에 힘입어 신용협동조합이 전국으로 확산될 무렵, 박정희 정권은 신용협동조합 와해 정책으로 금융저장권과 기금예탁제를 앞세워 중앙회 직원 채용을 요구하여 중책을 맡기게 하였다. 각 지역의 중책임자들은 정권의 회유에 넘어가 협동조합의 정신과는 거리가 먼 신협 운영을 하였다. 아픈 과거이다. 신용협동조합은 조합원의 출자금을 바탕으로 운영되는 협동조직이며, 운영에서는 주인인 조합원이 민주주의 정신을 실현하는 현장이었는데, 박정희 정권은 이를 교묘한 수법을 동원해 와해시키는 정책을 펼쳐나갔다. 당시 신용협동조합 활동가들 중에는 박정희 군사정권을 반대하는 사람들이 많았기 때문에, 민주주의 정신과 경제질서가 국민정신으로 정립되는 것을 암암리에 방해한 것이다.

한번은 충주에서 개최된 전국 단위 교육에 강사로 초빙되어 출강했는데, 주관자의 주문 사항이 의외였다. 이번 강의에는 옛 생각을 버리고 소비생활을 강조하는 내용으로 강의해 달라는 것이었다. 나는 민주주의 정신에 입각한 신용협동조합의 미래가 암울해질 것을 감지했다. 힘들여 설립한 임실동부신용협동조합에 초빙된 전문가도 예탁금을 사사로이 대출하여 본인 태생지에 투자하는 큰 잘못을 범하는 일도 있었다. 당시 전무는 출자금을 사사로이 사용하던 것이 발각되어 압박을 받다가 지병이 악화되어 결국 사망에 이르고 말았다. 금전의 유혹이 어느 음식보다 빠르고 깊숙이 침투하게 된다는 것을 절감했다.

11. 교인이 주체가 되는 교회, 조합원이 주인인 조합

나는 교회 강단을 독점하지 않고 교인들과 함께하는 강단으로 만들어갔다. 허례허식에 가까운 목사 가운을 벗고 평복 차림으로 하단의 작은 강단에 섰으며, 성경 말씀을 읽고 스스로 깨달음을 얻도록 독려했다. 이렇게 훈련된 성도들을 설교자로 나설 수 있도록 유도했다. 수요일 밤 예배는 구역예배로 전환하여 사랑방 성경학습장으로 활용했다. 주일마다 발행하는 주보에는 다음 주의 설교에 쓰일 성경 말씀과 일간지 신문과 대학신문 등에서 발췌한 참고 자료를 실었다. 일주일 동안 읽고 기도하면서 구역예배 때 토론하도록 했으며, 토론한 내용을 주보에 다시 싣는 일을 반복했다. 이러한 문서 편집 작업은 인근 관공서에 근무하던 교인이 열심히 담당해 주었다. 장기수 면회를 하느라 방문했던 교도소의 교

> **다음 주 예배를 준비하기 위한 과제**
>
> - 월요일 – 본문이 나에게 주는 뜻?
> - 화요일 – 하나님은 어떤 분이십니까?
> - 수요일 – 적용과 자기반성
> - 목요일 – 내게 주시는 은혜의 말씀
> - 금요일 – 자기의 기도 제목
> - 성경 본문은 공동번역을 사용했다.

도관들은 작은 시골교회인데 직원까지 두고 있느냐고 물어보기도 했다. 우리 교인들의 신앙 태도나 수준을 측정해 볼 수 있을 만큼 주보의 내용이 참신했으며 발행한 주보는 전국으로 발송했다.

특히 한국신학대학교 문동환 교수께서는 우리 교회 주보를 본 후 서울의 기독교 기관의 예배 담당자와 장로회신학대학 교수들이 참석하는 특별 토론장을 마련하여 사례를 발표할 수 있도록 해주었다. 토론회의 주된 내용은 "한적한 시골교회에서 이러한 형태의 사역이 가능한가?"였다. 토론회 결과 우리 교회 주보를 책자화하기 위해 장로회신학대학교 학생을 매주 우리 교회로 파송하자고 제안했는데 실행되지는 않았다. 성사되었다면 귀중한 자료가 되었을 텐데 아쉬움을 감출 수 없다.

목회자들의 큰 과제이며 고심거리는 설교를 작성하는 일이다. 그 많은 예배에 쓰이는 예화를 어디에서 구해 올지가 큰 과제이다. 목회자가 설교를 독점하는 데에서 오는 폐해 중의 하나이기도 하다. 그러나 설교를 교인들과 함께한다면 그렇게 부담스럽지 않게 된다. 설교를 교인들과 함께하는 방법을 생각해 볼 필요가 있다. 마르틴 루터가 종교개혁 당시 주창했던 '만인제사장설'을 어떠한 방식으로 실현해 나갈 것인지 고민이 필요하다.

12. 풀무농업고등기술학교, 거창고등학교, 풀무원농장, 일본 애농회

우리나라를 대표하는 대안학교로 이름난 충남 홍성군 홍동면에 있는 풀무농업고등기술학교 영어 선생으로 재직하다 낙향한 김종북 선생이 우리 교회에 출석하게 되면서 풀무학교를 알게 되었다. 나는 각별한 학교 교육 정신에 매료되어 지금까지 20여 명의 학생을 진학시켰다. 그들은 졸업(풀무학교에서는 창업이라고 한다) 후 지역사회 지도자로 활동하고 있다. 2학년 학생들은 여름방학 때 전국 각지에 흩어져 농업 관련 실습을 하는데 우리 교인들의 농장에도 학생들이 여러 차례 다녀갔다.

풀무학교를 알게 되니, 우리나라 유기농업의 아버지로 불리는 원경선 선생님과 연결되었고, 경남 거창군에 있는 거창고등학교를 알게 되었다. 특히 일본 애농회 회장과 애농학교 교장을 지낸 고다니 준이치 선생을 알게 된 것은 농촌 목회의 길에 큰 힘이었다. 거창고등학교 전영창 교장 선생과 풀무원농장 원경선 선생을 동절기 사경회(부흥회) 시간에 강사로 초빙하여 말씀을 듣곤 하였다.

교인 농장에서 실습 중인 풀무학교 학생

직업선택의 십계

제1계명   월급이 적은 쪽을 택하라.
제2계명   내가 원하는 곳이 아니라 나를 필요로 하는 곳을 택하라.
제3계명   승진의 기회가 거의 없는 곳을 택하라.
제4계명   모든 것이 갖추어진 곳을 피하고 처음부터 시작해야 하는 황무지를 택하라.
제5계명   앞을 다투어 모여드는 곳은 절대가지 마라. 아무도 가지 않는 곳으로 가라.
제6계명   장래성이 전혀 없다고 생각되는 곳으로 가라.
제7계명   사회적 존경 같은 건 바라볼 수 없는 곳으로 가라.
제8계명   한가운데가 아니라 가장자리로 가라.
제9계명   부모나 아내가 약혼자가 결사반대를 하는 곳이면 틀림없다. 의심치 말고 가라.
제10계명 왕관이 아니라 단두대가 기다리고 있는 곳으로 가라.

거창고등학교 직업 선택의 십계

　　대한민국 치즈의 아버지 지정환(벨기에 출신) 신부, 대한민국 유기농업의 아버지 원경선 선생, 일본 애농회 회장 고다니 준이치 선생, 김종북 선생, 거창고등학교 전영찬 교장 선생과 그의 아들 전성은 교장 선생, 풀무학교 홍순명 교장 선생 등 목회 현장에서 만났던 모든 분은 하나님께서 내게 보내주신 천사들이었다.

13. 고다니 준이치 선생[6]

일본 애농학교의 고다니 선생이 한국에 오면 곧잘 임실로 찾아오곤 했다. 고다니 선생의 안내는 원경선 선생께서 담당했다. 그들을 통해 농업

---

[6] 일본 청년사범학교 교수로 재직했으나 태평양전쟁 패망 후 일본 남단 와가야마 현의 시골에서 애농학교를 창설하여 유기농업을 매개로 농민운동을 전개했다. 원경선 선생의 풀무원농장 및 홍성 풀무학교와 활발한 교류를 하며 학교 교육과 유기농업이 정착하는 데 많은 영향을 끼쳤다.

과 환경 문제의 중요성을 인식하게 되었다. 그때 그의 강연을 함께 경청했던 앳된 청소년들이 장성하여 유기농업을 실현하고 자발적인 지역 활동을 펼치게 되었으며, 오늘날 이름을 널리 떨치고 있는 임실치즈마을의 주역들이 되었다. 지금도 그들을 보면 하나님의 말씀 안에서 성장했던 성도들의 표본이라고 생각한다.

14. 수세식 화장실과 한강

고다니 선생의 초청으로 일본을 방문한 적이 있다. 학교 화장실에 있는 수세식 변기를 바라보면서 "앞으로 식수를 사 먹게 되는 날이 오겠다"는 생각이 들었다. 상당한 시일이 흐른 뒤에까지 잊히지 않았던 이 자각은 '한강 살리기 환경운동'을 일으켜야겠다는 생각으로 발전했고, 강원도로 이주할 계획까지 세웠다. 평소 존경하던 원경선 선생과도 상의했고, 서울신학교 박상증 교수께도 뜻을 밝혔는데, 미국에서도 그러한 활동을 하던 사례가 있다고 하면서 끝까지 후원하겠다고 하였다. 여러 분과 상의한 결과 모든 분이 크게 공감해 주었다.

가족들의 동의도 얻었고 교회에서도 공감을 얻어 이삿날을 정했다. 트럭을 마당에 세우고 살림살이를 트럭에 싣고 있는데 어느 여성도가 이삿짐을 싣고 있는 현장에 와서 "목사님이 이렇게 떠나시면 안 됩니다!" 하면서 가로막는 일이 벌어졌다. 상황이 급변했다. '이사를 간다, 가지 못한다' 한바탕 실랑이가 벌어진 후 결국 트럭에 실렸던 이삿짐은 다시 제자리로 돌아갔다. 큰 뜻을 이루시라고 공감한 장로님도 반대 의사를 밝히니 어쩔 수 없이 성도들의 뜻을 받아들였다. 이렇게 큰 꿈은 허무하게 사라졌다. 그렇지만 지금도 대한민국의 한강은 살려야 한다는 생각

1984년 동계 사경회. 강사로 풀무원농장 원경선 선생을 모셨다.

에는 변함이 없다.

어찌 한강뿐이겠는가! 우리 인생사에 물처럼 중요한 것이 어디 있을까? 물은 모든 생명의 근원인데 작금의 물은 온전함을 찾아보기 매우 어렵게 되었다. 여러 요인이 있겠지만, 지금의 화장실 문화로는 깨끗한 물을 찾기 어려울 것이다. 매일 본 용변은 하수관을 통해, 우리 일상 속에 스쳐 지나가는 작은 하천을 통해 결국 큰 강으로 흘러 바다로 갔다가 다시 우리에게 돌아오지 않겠는가?

나는 지금도 벽돌 두 장 올려놓은 맨바닥에 용변을 보고 있고, 그 용변을 잘 발효시켜 논밭에 퇴비로 되돌려 준다. 우리 인생사에 내 입으로 들어가는 밥도 좋은 것으로 먹어야 하겠지만, 내 몸에서 나오는 배설물도 좋은 것으로 만들어 되돌려 줘야 한다. 그래야 생명의 순환이 건강하게 이루어지는 것이다.

15. "높이 나는 새가 멀리 본다"[7]

그 시대, 그곳에서의 종교는 그 민족의 역사를 판가름하는 척도가 된다. 종교 지도자들의 사고체계와 의식 수준이 우리가 밟고 있는 땅바닥에 굴러다니고 있다면, 우리의 미래는 희망이 없다. 지도자의 의식 수준에 따라 평민의 사고방식의 방향이 정해지게 되고, 평민의 일상생활은 민족사를 판가름하는 큰 물결을 이루게 된다.

오늘날 우리 교회의 외형적 성장이 무엇 때문에 문제가 되는가? 짧게는 진실한 지도자를 양성하지 못했음에 기인한다. 교회는 눈에 보이는 건물이 아니라 교회에 출입하는 교인들의 심령의 변화가 핵심이다. "교회는 건물이 아니라 교인의 변화된 마음"이란 말이다. 교회 지붕 위에 높이 세워 놓은 종탑의 십자가에 불을 밝히는 것보다 교인의 사고방식이며 생활 태도가 지역의 빛이 되어야 함은 두말할 나위가 없다. 하나님의 말씀에 의지하여 새 사람이 되어야 함에도, 세상 지식 높은 인력을 양성하고 있으니 안타깝기 그지없다.

광나루 장신대 학창 시절 교수님께 교수님들의 출퇴근 광경을 보고 "여기(학교)가 공장인지 어느 회사인지 갈피를 잡기 힘들다"고 말씀을 드린 적이 있는데, 결국 그에 대한 답을 듣지 못했고, 상당한 시일이 흐른 뒤에야 '부끄럽다'란 말씀을 들었다. 앞으로 민족의 역사는 참신한 교수님들의 교육이 결정할 것인데, 대학교에서의 수학보다는 어린이 유치원에서부터 선생님들의 교사 활동이 더 큰 영향을 끼치게 될 것이라고 생각한다. 어느 때 어느 선생님을 만나는지에 따라 어떤 사람이 될

---

[7] 리처드 바크(Richard Bach), 『갈매기의 꿈』에 나오는 문장.

테니까 말이다.

철학 수업은 내게 큰 감명을 주었으나, 신학 수업은 그렇지 못했다. 천주교 서강대학교의 설립은 개신교의 숭실대학교에 기인한다. 개신교에서 인재 양성에 매진하는데 천주교에서도 그와 같은 일을 해야 하겠다는 각성이 있어서였고, 특히 철학과 운영에 매진했다.

16. 초봄에 찾은 산중 기도원

나는 완주군 상관면 신리역 인근 남서쪽 산골짜기(현 전주한일장신대학교 맞은편)에 있는 기도원에 곧잘 다니곤 했다. 초봄에 산행을 나서면서 약간의 먹거리와 침구, 생활 도구가 담긴 가방을 들고 걷곤 하는데, 어느 농부가 빈 지게를 지고 오더니, "어딜 가시는 길입니까?" 하고 물었다.

"저쪽 산골짜기에 있는 기도원에 가는 길입니다"라고 답변하니 마침 당신도 그 기도원 아래에 있는 산중 밭에 가는 길이니 잘되었다고 하면서 자기 빈 지게에 가방을 지고 가주겠다고 말했다. 신리역에서 산중 기도원까지 가는 길은 큰 냇가를 가로지르는 돌다리를 건너야 하고, 높은 산속까지 가려면 고생이 이만저만 아니었을 텐데 얼마나 감사하고 고마운 일인가. 농부 아저씨의 빈 지게 덕분에 편안히 기도터에 도착할 수 있었다.

기도원 주변에는 이미 다녀가신 분들의 흔적으로 여기저기 쓰레기가 많이 흩어져 있었다. 그것들을 줍고 청소하여 땔감으로 사용하니 방안은 따뜻해졌고 운동도 하고 마음 청소도 하면서 기쁜 시간을 보냈다.

집으로 돌아가는 길에 빈 지게 아저씨를 또 만났다. 마치 나의 하산 길을 기다리고 있었던 것처럼. 신리역까지 가방을 또 져다 준 아저씨의 호의로 힘들이지 않고 집에 돌아올 수 있었다. 누가 시켜서 한 일도 아니었을 텐데 감사할 따름이었다. 지금도 그때 일을 되돌아보면 감사한 마음이 우러난다.

교회에서는 밤부터 다음 날 새벽까지 자체 집회를 가졌는데 모두 은혜롭다고 고백했다. 어느 부활절을 앞둔 집회 시간에는 세족식을 열었다. 최연장자인 장로님부터 시작하려는데 놀라는 표정을 지으며 완강히 거부하는 통에 어려움을 겪었지만, 끝내 설득하여 교인 모두 은혜로운 세족식을 마쳤다. 새벽 집회에 나오지 않는 교인들은 가정 심방 시간에 별도의 세족식을 했다. 교인들은 교회에 출석하지 않는 집안 식구들까지 세족식을 간청하여 집집마다 세족식을 할 수 있었다. 예수님의 세족식을 따라 한 나 자신도 은혜로웠고, 교인들도 평생 잊지 못한다고 하였다.

17. 첫 개척 교회: 전주 성원교회[8]

1980년 여름. 전라북도 완주군에서 강사로 활동하던 즈음에 신용협동조합 교육을 전국 단위로 확장할 수 있는 기회라는 현혹에 경기도 화성시 활빈교회(당시 김진홍 목사 시무)로 목회지를 옮긴 적이 있다. 그러나 기대와 달리 실망스러운 일들이 많았다. 결국 교회에서 자행되는 부조리를 보다 못해 사임하고 1년 만에 부모님께서 기거하시던 전주시 중화산동으로 낙향했다.

중화산동에서 휴식기를 갖고 앞으로는 목회를 하지 않겠다고 결심

---

[8] 1980년 10월. 전주시 덕진구 봉암길 23(호성동 815-1번지).

첫 예배를 드린 농가주택(1980. 10. 19.)

하고 있을 때인데, 먼저 신앙생활을 한 큰누이께서 "목사가 목회를 하지 않으면 무엇을 하겠느냐?"라고 꾸중하면서 큰누이가 살고 있는 전주시 호성동에 교회를 개척하자는 제안을 해왔다. 당시 호성동에는 사단급 군부대가 있어 젊은 군인들을 만날 기회가 많이 있을 것으로 희망했다.

부친께서 물려주신 전주 중화산동에 있는 주택을 담보 잡히고 자금을 마련했다. 슬레이트 지붕을 얹은 농가주택을 구입하고, 방 두 칸과 부엌을 개방하는 손질을 하고 첫 예배를 드렸다. 불어나는 교인들이 앉을 자리가 부족하게 되어 마당 한구석에 천막교회를 지었다가, 유현세 전도사님의 도움을 받아 다시 붉은 벽돌을 쌓아 올려 번듯한 성전을 세웠다.

헌금을 강조하지 않았던 목회였는데, 평생 한학자로 사셨던 선친께서 교회 재정을 걱정하면서 건축헌금을 강조해야 한다고 권고하셨을 때도, "교회는 성도들의 열성이면 충분하다"라고 말씀드리곤 했다.

1970년대 사냥을 하러 오가는 길에 임실역전교회에 자주 들렀던 조요섭 선교사께서도 두 번이나 거금을 헌금해 주셨다. 참으로 감사했다.

입당예배(1983. 11. 27.)

그 외에도 서울 새문안교회 선교부에서도 후원해 주었고, 친인척들의 헌금과 교인들이 패물을 헌물하여 충당했다. 교회에서는 '교회건축계'를 조직하여 교인들의 교회 건축 참여를 독려했다. 교인들은 할 수 있는 만큼 노동에 참여했고, 학생들은 벽돌면에 줄눈 넣는 작업에 함께 했다. 목회는 사람이 하는 것이 아니라는 걸 경험했다.

18. 부친의 도움으로 개설한 겨울철 서당

1976년 겨울 두 번째 목회지인 임실군 성수교회에서 한학자이셨던 부친을 훈장으로 모셔 처음으로 교회 서당을 열었다. 성수교회에서는 초등학생부터 청년에 이르기까지 참가했다. 교회 서당은 경기도 화성의 활빈교회에 잠시 갔던 기간을 제외하고 한 해도 쉬지 않고 열었다. 성원교회에서도 매한가지였다. 교회에서 서당을 열어 학생들을 가르치니 지역 주민들이 학생들을 교회로 보내 한문 공부를 하게 독려했다. 자연스럽게 전도와 교회 성장으로 연결되었다. 지역 주민들이 전도인 역할을 하게 된 것이다.

교회에서의 서당은 1988년 선친께서 교통사고로 운명을 달리한 후 내가 이어받아 2014년까지 계속했다. 서당은 산수 좋은 곳을 찾아다니

생전의 선친과 서당을 열고 가르치는 모습

며 운영했다. 장수군 삼고교회 안쪽 성수산 자락 허름한 농가에서, 진도군 김종북 선생 농장에서, 화순군 이세종 선생 수양관에서, 고흥군 매곡교회에서 천자문 과정을 개설했다. 주로 임실에 거주하는 학생들이었지만 전국의 다양한 곳에서 학생들이 찾아왔다. 서당에 출입한 자녀를 둔 지역농협장과 농업기술센터장이 찾아와 "자녀의 밥상머리 버릇을 잘 고쳐줘서 정말 고맙습니다"라는 인사를 하기도 했다.

19. 민족혼이 깃들어 있는 3.1절 기념행사

"역사를 잊은 민족은 미래가 없다"라고 한다. 우리 민족의 고단한 근대사 중 민족의 역량을 한곳에 결집해 역사의 획을 그은 3·1절에는 그 정신을 잊지 않고 기리기 위해 교회에서 기념행사를 열었다. 학생회와 청년회를 중심으로 태극기에 색칠을 하고 동네 대청소를 했다. 동네 대청소는 가벼운 마음으로 시작했으나 작은 개울, 뒷동산, 어느 모퉁이 장

3.1절 행사

소를 불문하고 쌓여 있는 쓰레기를 눈을 씻고도 볼 수 없을 정도였고, 손수레 여러 대의 분량을 수거했다. 청소년들의 봉사활동에 부끄러웠는지 양지바른 곳에 모여 있던 주민들은 소리 없이 자취를 감추곤 했다. 지역사회와 함께하는 교회의 역할을 한 것이었다.

20. 첫 목회지로 회귀

1986년 2월 9일. 첫 목회지였던 임실제일교회(구 임실역전교회)로 임지를 옮겼다. 역전교회 시절 어린 학생들이 청년이 되어 간청했다. 고심에 고심을 거듭하고 있을 때 모친께서 하신 "하나님께서 인도하시면 모든 일이 잘될 것이다"라는 말씀에 힘입어 옛 교회로 옮겼다.

다시 돌아온 교회는 많은 어려움이 있었다. 먼저 중형버스를 운행하면서 발생한 채무가 상당했고, 이는 교회의 평온을 앗아 가는 폐해로 나타났다. 우선 버스를 처분하고 부채 해결을 위해 특별헌금을 하기로 결정하고, 앞으로 제직회에서 버스로 인해 발생한 부채에 대해 거론하지 않기로 약속했다. 3년 목표로 한 부채 해결을 단 1년 만에 해결했다. 교회 생활에 걸림돌이 된 문제를 해결하고자 했던 교인들의 의지와 합심으로 문제를 빠르게 해결할 수 있었다.

임실제일교회

교회의 가장 중요하고 본질적인 과제는 교인들이 은혜 생활을 영위하는 것이다. 대다수의 교인은 농업을 전업으로 하고 있고, 교회 또한 농촌지역에 있어서 자연스럽게 농업에 중점을 두었다. 나도 농민의 후예였으며, 이는 이미 1970년대 원경선 선생과 고다니 준이치 선생의 가르침에 기반을 두고 있는 일이기도 하였다.

고다니 선생은 당시 박정희 정부가 추진하던 다수확 품종 재배보다는 전통적으로 전해 내려오는 품종을 버리지 말고 재배하라고 조언해 주었다. 친환경농업을 실행하는 데 도움이 될 만한 농업기술들을 주제로 강좌를 개설하고 농사에 도입할 수 있도록 안내해 주었다. 일부 농민들이 시장에 내다 팔 농산물과 자가소비용 농산물을 구분하여 경작하는 것은 거짓을 자행하는 일이라고 생각했고, 교인들은 이런 농사를 짓지 말기를 바랐다.

21. 고추 시위와 농민대회[9]

1988년도 정부는 수입 개방에 따라 외국산 담배가 수입되면서 담배 농사를 짓는 농민의 소득 증대를 위한 대체작목으로 고추 재배를 장려했고 경작 비용도 일부 지원했다. 고추 특산지였던 임실은 넓은 면적에 고추를 심었고 대량 생산되었다. 가을걷이가 끝나가는 때, 정부는 연초의 약속을 취소했다. 대량 생산된 고추는 판로를 확보하지 못해 창고에 쌓여 갔지만 정부는 모르쇠로 일관했다. 이에 임실군 내면 지역에는 1988년 10월부터 임실군 내 100여 개의 마을을 순회하면서 농민 조직 활동을 하여, 1989년 1월 6일 오전 10시, 임실 장날에 임실 읍내에 집결하기로 결의했다. 정해진 날, 고추를 한가득 실은 경운기 650여 대와 3천 명의 농민이 모였다. 임실제일교회 풍물단이 앞장을 서고 그 뒤를 따르는 농민시위대의 광경은 거대한 영화의 한 장면 같았다. 감동 어린 광경이었다. 그 광경을 지켜본 주민들은 한 가지 목표로 결집한 농민들의 큰 힘을 실감할 수 있었다.

임실읍 소재지로 향하는 4차선 도로 양쪽 갓길에는 농민들이 고추를 가득 싣고 나온 경운기로 꽉 찼다. 비가 오는 날에는 비닐로 비가림을 하면서 장기전에 돌입했다. 경찰도 군중의 힘에 밀려 임실동중학교를 임시 집회장으로 제공하기에 이르렀다. 오후에 집회장에 나온 하강선 군수가 "농민 여러분이 아무리 투쟁해도 요구를 들어줄 수 없으니, 헛수고 그만하고 집으로 돌아가라"라는 말을 했다. 이 말을 듣고 흥분한 일

---

[9] 이 내용은 〈새전북신문〉(2006. 10. 3.)을 인용했고, 임실제일교회 강완묵 집사의 증언을 참고했다.

여의도 전국농민대회(1989. 2. 13.)

부 농민들이 하 군수를 붙잡으려 하자 경찰의 보호하에 군청으로 도망가버렸다. 시위대는 하 군수를 잡으러 가자며 군청으로 몰려들었고, 군청 주변을 가로막고 있는 경찰 저지선을 뚫고 들어가 청사 유리창을 모두 부수면서 격렬하게 저항했다.

농민들은 완전 수매가 이뤄질 때까지 집회를 계속하기로 결의하고, 1월 7일 임실성당의 양해를 얻어 성당에 다시 모여 시위를 이어갔다. 경찰은 백골단을 투입해 임실제일교회 성도가 참여하고 있는 집행부를 연행했다. 농민들은 물러서지 않고 매일 집회를 이어갔다. 낮에는 집회를 하고, 해가 질 무렵엔 귀가하는 출퇴근 형태로 계속했다. 성당 신도들이 집회 중단 요청을 하자 받아들여 집회 장소를 임실제일교회로 옮겨 계속 지속했다. 그러다가 1989년 2월 13일 여의도에서 모인 '부당수세 폐지 및 고추 전량 수매 쟁취 전국농민대회'에 참여하고, 2월 17일 임실에서 결산 집회를 끝으로 장장 40여 일간의 고추 시위를 마쳤다. 농민의 생존권 획득을 위한 처절한 투쟁에 교회는 함께했다.

임실에서의 대응은 천주교의 가톨릭농민회와 함께 우리 교회 교인을 중심으로 결성된 기독교농민회가 임실 지역 시위를 조직하고 진행했다. 이 시위는 주권자의 권위를 회복하고 안정적인 먹거리 생산에 대한 정부의 책임을 묻는 일이었다. '전국농민대회' 이후 기독교농민회와 가톨릭농민회가 연합하여 '전국농민연맹'을 발족시켰고, 각 지역에는 지역 농민회가 꾸려져 농민 주권 확보를 위한 활동을 계속해 나갔다. 이렇게 거대한 농민운동을 펼칠 수 있었던 것은 전북농민운동본부의 지도자들과 전국 단위 지도자들의 지도와 협력 덕분이었다. 그 노력과 희생은 말로 다 표현할 수 없다.

고추 시위로 인해 주동자로 연루된 교인과 여러 활동가가 1년 내외의 징역형을 선고받고 옥중생활을 했다. 억울한 일이었다. 나는 그때 면회를 다니곤 했는데, 그 과정에서 정권에 의해 간첩 누명을 쓰고 억울한 옥살이를 하는 장기수들을 알게 되었다. 그래서 전주, 군산, 대전, 광주 등 그들이 수감되어 있는 교도소에 면회를 다녔으며, 정치범으로 수감 생활을 하는 청년들도 면회하면서 생활필수품을 넣어 주곤 했다. 김대중 대통령을 면담하여 장기수 석방을 요청했는데 얼마 후 모두 석방되는 기쁨을 맛보았다. 장기수로 복역하던 몇 분은 이후 재심을 통해 무죄 선고를 받기도 했다.

22. 사도행전의 초대교회, 생활 공동체 예수가족원(예가원)

"믿는 무리가 한마음과 한뜻이 되어 모든 물건을 서로 통용하고 제 재물을 조금이라도 제 것이라 하는 이가 하나도 없더라"(행 4:32).

어떻게 하면 위의 성경 말씀처럼 살 수 있을까? 이러한 물음에 응답하는 청년들이 있어 함께 공부할 수 있도록 안내하였다. 그들은 낙농하는 청년들이어서 주 생활공간인 젖소 관리실에서 1년 동안 '성경 말씀의 삶'을 '어떻게 살 것인가?'에 대하여 공부했다. 『나눔과 섬김의 공동체』(정호영 신부, 분도출판사), 『새역사를 위하여』(유달영 박사), 『지역사회 개발론』(아리스 모건), 『떼제공동체』(프랑스 사제) 등의 책을 읽고 토론하면서 생각의 폭을 넓혔다. 풀무원의 원경선 선생을 함께 방문하여 자문도 구했으며, 임실로 돌아오는 길에는 천주교 신자들의 순교지를 돌아보기도 했다.

어느 누구도 행하지 않았던 일을, 개인의 야망과 꿈을 버리고 사도행전의 초대교회를 본받기 위한 첫발을 내디뎠다. 신앙의 힘으로 거대한 모험에 육신을 맡긴 신도들이 경이로웠다. 동네 주민들의 온갖 비난을 감내했으며, 한 차례의 농약 살포로 끝을 낼 수 있는 수많은 잡초를 노동으로 이겨냈다. 아무도 알아주지 않는 건강한 먹거리 생산, 소비자의 생명을 품어 안는 생명 농산물을 생산해내는 힘은 육(肉)에서 나지 않았다. 오직 하늘의 은혜와 능력에서 나왔다.

1985 생활공동체 준비교육과정 진행 (1년)

이렇게 생명을 담아 '예가원'의 이름으로 소비자들에게 전해진 먹거리는 우리 시대 먹거리 생산의 방향이었으며, 대한민국에 선포된 생명살림의 외침이었다. 그때를 돌이켜보면 무모한 도전처럼 보였지만 예수가족원을 시작으로 거대한 변화가 일었고, 지금은 전국에서 이름난 '임실치즈마을'이 태동하는 씨앗이 되었다.

23. 친환경농업 작목반, 바른농사실천농민회, 생활협동조합 전북살림 그리고 친환경쌀 작목반

1991년, 이전부터 친환경농업을 실행하던 교인들이 생산 체계를 갖추기 위해 바른농사실천농민회를 결성했다. 교인과 지역 주민 열두 가구 그리고 농업대학교를 졸업하고 인근에서 시설 하우스 농사를 짓는 청년 한 명이 연대하여 조직했다. 정부 보조를 받아 축사를 친환경 형으로 신축하고, 대형 비닐하우스를 설치하면서 친환경 농산물 생산 체계를 갖추고 품목을 배정하는 등 생산 기반을 마련해 나갔다.

대표적인 품목으로는 오리를 방사하여 소위 오리농법으로 재배하는 친환경 쌀을 비롯하여 유정란, 콩나물, 엽채류, 근채류, 과채류 등 생산 품목도 다양하게 구색을 갖추려고 노력했다.

교인들이 생산하는 농산물의 판로를 확보하기 위해 부지런히 외부 연결망을 찾아 나섰다. 전국 농촌목회자협의회(예장통합) 활동을 통해

오리농법을 도입한 친환경 논

농업의 중요성에 대해 설교하면서 도시교회에 일일 장터 개설을 요청했다. 전주시에 있는 안디옥교회 등 개혁적인 교회에서는 수요일 밤 예배 후 정기적인 직거래장터를 개설하여 농산물 판로를 마련해 주었다.

이와 함께 전주예수병원의 의사로 재직하던 김경일, 문정주 의사 부부와 그의 동료들의 도움을 받아 생활협동조합 전북살림을 설립하여 획기적인 유통망을 구성하게 되었다. 평소에도 김경일 선생은 예수병원 직원들에게 안전한 먹거리를 소개해 판로를 확보하는 데 도움을 주었다. 소비자 회원은 전주를 비롯하여 익산과 군산으로까지 확대되었고, 전주농협 본점 마트와 코아백화점 식품 코너, 삼천동 농특산품 판매장에 납품하는 성과도 일궈냈다. 한편, 서울에서는 교단(예장통합) 총회에서 개설한 예장생협이 실무자인 김재일 목사를 중심으로 운영되었는데, 임실에서도 생산자 조직으로 참여했다.

그러나 안정적이고 지속적인 경영 기반을 확보하지 못하면서 어려움을 겪다가 전북살림은 조직된 지 3년 만에 문을 닫았고, 바른농사실천

전북살림 어린이 여름농장

농민회도 자연스럽게 해산되었다. 다만 지금도 몇몇 농민이 친환경농업을 하면서 근근이 그 명맥을 유지한다.

24. 예가원영농조합법인

예수가족원, 바른농사실천농민회, 전북살림이 해체된 후 교인들을 중심으로 다시 농민 조직을 만들었다. 이전에는 자생력으로 조직을 구성했다면, 이번에는 정부 보조금을 유치하면서 친환경농업 확장에 나섰다. 예가원영농조합법인은 친환경농업에서 필수 농자재인 퇴비 생산을 주력 사업으로 내세웠다. 그간 친환경농업을 유지하면서 어려움을 겪었던 퇴비 생산을 공장화하면서 농민들의 퇴비 조달을 손쉽게 하여 친환경농업에 대한 접근성을 향상하려는 의도였다. 그러나 이 영농조합 역시 교인들이 주축이 되어 결성했으나 몇 차례 구성 인원이 변동되고, 정상적인 경영 성과를 내지 못해 마지막까지 남은 세 명의 조합원이 각

각 8천만 원의 채무를 떠안은 채 해산하고 말았다. 새로운 시도를 하지만 매번 적지 않은 채무를 안고 해산하기를 반복하는 것을 목도하면서 농촌 목회자로서도 마음고생을 하며 시련을 겪었다.

25. 대한민국 치즈 산업의 확장: 목장형 유가공 공방

1994년에 교회 청년인 김상철 씨를 1년 과정의 스위스 농업 연수 프로그램에 참가시켰다. 스위스 농업 연수 프로그램의 안내자는 슈나이더 목사였고, 통역은 독일 유학을 다녀온 개신교 수도원인 디아코니아수도회의 수녀가 담당해 주었다. 김상철 씨는 대학을 졸업한 후 임실치즈마을에 귀농한 청년이었다. 그의 성실과 끈기 있는 노력으로 1차 스위스 농업연수를 잘 마쳤다. 1998년에는 2차 스위스 낙농 연수를 다녀왔고, 2000년에 한·스유가공연구원을 설립하여 유제품을 생산했다.

한국에서 치즈 원산지는 임실이 분명하지만, 목장형 유가공 정책을

슈나이더 목사(오른쪽부터 네 번째)와
목포 디아코니아수도회 수녀(다섯 번째)

김상철, 김남순 선생 부부가 세운 김상철치즈아카데미(한·스유가공연구소)

이끌어내 유가공의 대중화를 이끈 이는 우리 교회 출신인 김상철 선생이다. 현재 국내에는 대략 120개소 정도의 목장형 유가공 공방이 설치되어 농가소득 증대에 톡톡한 전진기지 노릇을 하고 있다. 누구도 생각하지 못했던 일, 당시 행정 체계상 전무후무했던 일이 믿음을 가진 청년의 기도로 시작되어 큰 열매를 얻었다. 농촌에서는 농가소득 증대를 위한 정책으로 6차산업(농촌융복합산업)[10]이 자리를 잡고 획기적인 역할을 하고 있는데, 정책이 수립되기 훨씬 이전에 자력으로 사업을 일궈낸 것이다.

김상철 선생이 세운 '한·스유가공연구소'는 이후 '목장형 유가공 숲골' 회사로 확장되었다. 한·스유가공연구소 시절 소비자에게 유제품 생산공정을 소개하기 위해 운영했던 견학 프로그램을 농촌 체험 프로그램으로 확장 변형하여 운영했던 것이 지금의 농촌 체험학습 프로그램

---

[10] 농촌융복합산업 육성 및 지원에 관한 법률(2014. 6. 3. 제정, 2015. 6. 4. 시행).

으로 정착되었고, 전국적으로 이름난 '임실치즈마을'의 모토가 되었다.

26. 이런 주장, 저런 가르침

어느 날, 감리교신학대학의 어느 교수께서 대학원생 몇 사람을 이끌고 찾아왔다. 나는 찾아온 대학원생에게 이런 이야기를 해주었다.

"여러분, 여러분이 지금 대학원 공부를 하고 있는 이유가 혹시 설교할 때 박사 가운을 입기 위함입니까? 성경 말씀은 박사들의 전유물이 아닙니다. 제가 존경하고 따르는 분은 농촌에서 머슴살이하던 중 깨달음을 얻어 성자의 칭호를 받고 있는 이세종 선생이십니다. 하나님의 말씀은 마음과 생각, 정신이 깨끗해야 온전히 받아들일 수 있습니다. 세상 잡동사니 생각이 끼어들면 천사의 방언을 하는 능력을 가졌다 하더라도 아무런 감응이 없습니다. 내 안의 심령이 어떠한 생각을 하고 있는지가 중요합니다. 훌륭한 선생님의 가르침과 좋은 책을 대하는 것도 귀중한 일이지만 진정으로 본마음 바탕이 무슨 생각을 하고 있느냐, 참 마음으로, 예수님을 만나 보고 싶은 심령으로 마음과 정신의 청소부터 하고 하나님의 말씀에 임하셔야 합니다. 교회가 대한민국을 책임져야 합니다. 국민의 정신건강을 누가 책임져야 하겠습니까? 국민을 인도하고 지도할 목회자가 앞장서서 먼저 깨끗한 심령을 가져야 합니다."

이런 말을 하고 헤어졌는데 한 달 정도 지났을 무렵, 그 교수님께서 목사, 장로, 권사, 집사들을 다수 모시고 다시 찾아왔다. 이번에는 KCC TV 촬영팀도 동행했다. 이번에는 헌금에 대한 말씀을 전했다.

"여러분께서는 누구를 위하여 시시때때로 헌금을 하고 계십니까? 하나님께 감사하는 마음으로 헌금을 하실 텐데, 그 헌금이 하나님께서 기뻐하시는 일에 쓰이는지 돌아보시기를 바랍니다. 하나님께 드리는 헌금이면 하나님께서 기뻐하시는 일에 쓰여야 할 텐데 오늘의 현실은 어떤가요? 헌금으로 교회 옆의 가난한 심령을 구제하고 하나님과 예수님의 빛을 보여주기보다는 교회 부지를 넓히고, 높은 건물을 짓고, 고급 승용차를 타고 다니면서 오히려 가난한 이웃을 멀리 내쫓는 잘못을 반복하고 있지는 않습니까? 이러한 행위를 하나님께서 과연 기뻐하시겠습니까? 교회 헌금이 어떻게 쓰여야 하는지 기도하시기 바랍니다. 이웃의 심령을 구원하는 데 쓰여야 하지 않겠습니까? 교인들과 이웃과의 관계는 어떠합니까? 인간관계도 중요한데 앞으로 이 세상 주인이 될 청소년들을 어떻게 대하고 계십니까? 민족의 앞날을 위해 기도하시는 성도는 미래세대의 주인이 될 청소년들이 얼마나 소중한지 모두 알고 계실 일입니다. 교회에서 우리 민족의 역사와 미래를 위해 기도하신다면 귀한 과제가 나올 것이라고 생각합니다. 이렇게 우리 미래의 과제를 해결하는 데 교회가 앞장선다면, 교회가 교회의 역할을 잘 수행한다면, 교회가 없는 마을에서는 교회를 세우려고 할 것이고, 교인을 자기 마을로 초빙하려고 할 것입니다."

교인 된 입장에서 보면 교회 지도자가 문제이다. 우리 민족의 고전을 공부하면서 가정의 예도와 이웃 간의 관계, 동네 풍습이 유지되고 전승될 수 있을 정도의 뜻깊은 일이 교회를 통해 이루어져야 한다. 신학교에서 우리 민족의 고전을 가르쳐야 한다. 인내천 호연지기(人乃天 浩然之氣)의 기운이 가득한 교회로 세워지기를 바라는 마음이 간절하다. 인내천 정신이 우리 민족에게 복된 길이 되기를 간절히 소망한다.

이웃 형제들을 대할 때 그 안에 주인으로 계시는 하나님을 영접하는 마음으로 인사를 나눠야 한다. 최치원 선생[11]은 14세에 공부하기를 작정하고 당나라 상인에게 간청하여 당나라로 유학하여 19세에 과거에 급제했다. 귀국하여 인내천(人乃天)을 실천하면서 신라 화랑도를 육성했다. 교회가 인내천을 실천하는 정도(正道)를 걸어야 대한민국이 소생할 수 있다. 하나님께서 축복하는 교회가 되면 사회와 나라는 자연스럽게 부흥, 발전하게 되고, 진정으로 사람됨을 실천하면 자연적으로 교육이 이루어진다. 대자연의 모든 섭리가 심령을 활성화하기 때문에 스스로 선악을 분별할 수 있게 된다.

민족의 빛이 되어야 할 교회 지도자들이 깊고 높은 뜻을 진심으로 사모하여야 한다. 우리가 사모해야 할 하나님의 말씀의 통일성이 이루어지지 않은 것은 통탄할 일이다. 1960년도 박정희 정권에 저항한 목사님과 신부님들이 한 형무소에서 옥중생활을 할 때, 깊은 참회의 시간을 갖고 하나님 말씀의 통일성을 찾기 위해 성경 번역 작업을 한 결과물이 신구교 합작 공동번역 성경이다. 이렇게 귀중한 수고 끝에 탄생한 공동번역 성경이 1970년 1월 1일자로 시중에 공급되었다. 우리 개신교회도 환영하고 감사한 마음으로 애독했어야 하는데 몇 가지 이유로 예배에서 공동번역

---

[11] 857년 출생. 신라 금성(현 경주시) 출신. 그의 출신지가 전북 군산 옥구읍이라는 주장도 있다.

성경 사용을 거부했다. 가장 큰 이유가 '하나님'을 '하느님'으로 번역했다는 것이었다. 얼마나 짧은 생각이었던가! 하루속히 공동번역 성경을 읽음으로 개신교회와 천주교회가 한마음 한뜻으로 마음을 합쳐 하나님의 평화의 역사가 이루어지기를 간절히 희망한다.

성경 말씀 중에 창세기 24장 60절의 말씀이 떠오른다. 리브가를 천만인의 어머니가 되라고 축복하신 것처럼 이렇게 존귀한 어머니가 우리에게 계신다면 새 희망이 가득하겠다. 목회자들이 성경 말씀, 특히 요한복음서를 깊이 사색하며 빛의 역사하심을 받고 밝은 세계로 인도하는 길잡이가 되기를 간절히 바란다.

어린이들과 함께하며
지역을 변화시킨 목회자

| 충남 아산 새암교회 |

임인수 목사

I. 출생과 성장 과정

1. 나의 할아버지와 아버지

나의 할아버지는 미국 장로교회 언더우드 선교사의 전도를 받아들인 분이다. 서쪽에서 들어온 복된 말씀으로 기쁨을 얻었다는 뜻을 자기 이름에 넣어 임희서로 개명까지 하였다. 이 소식을 접한 나주 임씨 문중은 "이제 임씨 가문은 망했다"라며 분노했으며, 할아버지를 임씨 가문에서 쫓아냈다. 할아버지는 시흥에서 농사지으며 살았는데 키가 여섯 자나 되는 몸으로 일을 잘했다. 1904년 할아버지는 몇몇 신자와 함께 시흥교회 창립 교인이 되었다. 예배하는 이들이 증가하여 1911년에는 좀 더 큰 예배 처소가 필요하게 되었다. 이때에 할아버지는 자기 거처를 교회에 바쳤다. 그 후 예배당을 신축하게 되었을 때는 자기 땅 280평을 헌납

하여 그 위에 1914년 시흥교회 예배당을 건축했다.

할머니는 할아버지와 달리 단신이었으나 다섯 남매를 낳아 길렀다. 남매들은 모두 할머니를 닮아서 단신이었고, 신앙인으로 성장시켰는데 막내아들인 나의 아버지의 신앙은 할아버지를 빼닮았다. 이른 아침마다 유한양행 건물 한편에 있는 작은 자동차 수리소에서 차 수리를 하며 가정을 이끌었다. 수리소 형편이 열악해서 맨땅에 누워서 수리를 해야 할 형편이었지만 아버지는 열심히 일했다. 아버지는 신학 공부를 하여 목사가 되려는 마음이 있었으나 가정 경제를 감당해야 했기 때문에 그 꿈을 포기하고 성경 공부를 열심히 하여 30대에 묘동교회 장로가 되었다. 주일이면 어김없이 묘동교회에 출석하여 신입 교인들을 가르치면서 교회 봉사와 교회 발전에 힘썼다.

2. 임인수의 탄생, 놀기 좋아하는 아이

아버지는 병약해 보이는 오 씨 여인과 결혼했다. 이 여인, 나의 어머니는 딸 낳을 때는 순산했는데 1943년 1월 6일 나를 낳은 뒤 숨을 거두고 말았다. 병약한 어머니였고 나는 불쌍한 아기였다. 할머니와 큰어머니는 미음을 만들어 나를 먹이느라 고생했다. 아버지는 어린 남매를 키워 줄 사람을 구하려고 분주하게 알아보며 다녔다. 아버지의 간청을 들어 준 여인이 생겼다. 그렇게 되자 아버지는 종로를 떠나 흑석동으로 이사했다. 그곳은 노량진 쪽 산 아랫마을로 한강이 훤히 내려다보이는 곳이었다.

이 마을은 놀기 좋아하는 나에게 최고의 놀이터였다. 폭 4m, 길이 100m 정도 되는 흙길에서는 정구공 하나를 가지고 던지기, 차기, 굴리기 등 여러 가지 공놀이를 할 수 있었다. 공은 걸핏하면 개울 구멍에 빠졌는데 구멍이 작아서 줍기가 어려웠다. 구멍은 위쪽에서 내려오는 하수가 함께 흐르도록 만든 하수관과 이어져 있고, 밖으로 노출되어 있어서 하수관으로 들어가면 하수구에 빠진 공을 집어 올 수 있었다. 하수관도 좁아서 몸집이 작고 겁 없는 나만 들어갈 수 있었다. 그래서 나는 공이 빠지면 밖으로 드러나 있는 하수구 구조물로 뛰어가곤 했다. 몸이 작고 빠른 나는 바빴다. 아이들 서너 명에게 그 길은 무척 좋은 놀이터였다. 길 조금 아래쪽에는 우물이 있었는데 겨울이 되면 우물 주변이 얼어 20m 정도의 썰매 길이 생겼다. 이 얼음 길은 겨울 놀이터로 매우 훌륭했다. 썰매를 배에 깔고 내려오면 얼마나 기분이 좋은지 내려오면 또 올라가고 또 썰매로 내려오기를 반복했다. 신발과 바지를 더럽히고 어떤 때는 손가락을 다치기도 했지만 썰매 타기를 즐기느라 다른 것들은 신경 쓸 겨를이 없었다.

　내가 다섯 살 된 해에 새어머니는 똑똑하게 생긴 아들을 낳았다. 내 동생은 재롱둥이가 되어 부모의 사랑을 독차지했다. 그러나 나는 달랐다. 놀기만 잘하여 옷을 더럽히기 일쑤여서 꾸중을 자주 들었다. 어떤 날에는 오줌을 싸서 볼기를 맞고 겨울밤에 창문 밖에 나가 눈물을 떨구기도 했다.

　우리 집은 가난한 티가 났는데 우리 옆집은 작은 연못까지 있는 좋은 집이었다. 그 집에는 미남 미녀 부부가 살고 있었다. 이정선 목사님과 우보영 사모님이었다. 이분들은 나를 귀여워해 주었다. 주일이 되면 어른 십여 명이 모여 예배를 드렸다. 이들은 기독교에 대한 핍박이 예상되어 평양에서 남한으로 피난해 온 이용도파 교인들이었다. 이들 중에는 이용도 목사님의 부인 송봉애 사모님과 이정선 목사님의 아버지 이도

근 집사님과 어머니도 있었다.

나의 아버지는 주일이면 변함없이 종로 봉익동에 있는 묘동교회에 가면서 나에게는 옆집 교회에 가라고 하였다. 그래서 나는 여섯 살 때부터 이 집 교회에 다녔다. 이 교회가 한강예수교회였다. 어린아이는 나 하나뿐이어서 교인들의 사랑을 듬뿍 받았다. 우리 집에서 학교는 꽤 멀었지만 나는 학교에 다니기를 좋아했다. 그러나 3개월도 다니지 못했다. 6월 25일에 전쟁이 일어나 피난을 가야 했기 때문이다.

3. 6.25 전쟁 피난과 학창 생활, 군대 생활

아버지와 동생과 어머니는 어머니의 친정 동네로 피난 갔고 나와 누이는 시흥 고모댁으로 피난 갔다. 시흥에는 대포 소리도 들렸고 폭탄이 떨어지기도 했다. 북한 비행기들이 날아오면 잠시 후에는 '쌕쌔기'라는 미군 비행기들이 나타났고 북한 비행기들은 도망치곤 했다. 철부지였던 나는 그런 걸 보면서 좋아했다.

시흥에 있는 동안에 시골 학교에서 전교생이 바닷가로 소풍을 간 일이 있었다. 나는 난생처음 보는 바다와 갯벌이 무척 좋았다. 무엇보다 방게들이 빠르게 도망 다니며 노는 모양이 참 귀엽고 재미나서 시간 가는 줄 모르고 방게들을 따라다니며 놀았다. 어느 날에는 학교 친구들과 자꾸 멀어지는 것도 모르고 꼬마 방게들을 따라다녔다. 집으로 돌아가야 할 시간이 지나 모여 있던 자리에 되돌아와 보니 아무도 없었다. 해는 서쪽으로 지고 있었다. 집에 이르기까지는 나지막한 산이긴 하지만 산 세 개를 넘어가야 하는데 나 혼자 어두워진 산길을 홀로 걷고 걸어 고모가 사는 마을까지 찾아갔다. 마을 어귀에는 내가 걱정되어 어른들이 나와 있다가 나를 반겨 주었다.

    시골 사람들의 생활을 보고 배워서인지 나는 마당을 비로 쓸 줄 아는 아이가 되었다. 서울로 돌아온 뒤 나는 비로 마당을 쓸고 큰길에 나가 쓸기도 했다. 가을 낙엽이 질 때면 더 분주히 길을 쓸었다. 교회에서도 내가 할 수 있는 일을 찾아 하려고 했다. 목사님은 내가 성장하면 예수교회를 이끌어 줄 훌륭한 목사가 될 것으로 생각해서인지 재미난 영어 노래를 가르쳐 주었다. 영어를 가르치기 위해서 그렇게 했던 것 같다. 그러나 영어 숙어를 외우게 하자 나는 목사님이 하라는 대로 하지 않았다. 나는 고집스럽고 건방졌다. 그러나 사모님이 가르쳐 주는 풍금은 좋아서 점점 더 열심히 했다. 한 시간 연습하라면 두 시간을 할 정도였다. 교회에 어린이가 네 명 생겼는데 목사님은 이 아이들을 가르치라면서 교안을 만들어 주고 교육 방법도 가르쳐 주면서 그대로 하라고 했다. 중학교 1학년생이 교사가 된 것이었다. 이때부터 교회에 필요한 일들을 알아서 미리 해놓는 일꾼이 되어 갔다. 교회 생활을 이렇게 하다 보니 성탄절이 되면 나는 으레 상을 받았다. 어른이 되면 목사가 돼야겠다는 생각을 이때부터 한 것 같다.

    중학교는 영등포중학교에 다녔다. 2학년 때인데 국어 시간에 몸집이 크고 배우같이 생긴 남자 선생님이 들어오자마자 백묵으로 칠판에 소리가 날 정도로 눌러 가며 한자로 내 이름을 크게 썼다. "수풀 림(林)이라, 호랑이 인(寅)이라, 빼어날 수(秀)라. 이름이 아주 좋아요. 이 인 자(字)는 호랑이 인 자도 되지만 동방 인 자도 돼요. 그러니까 이 이름은 숲속의 무서운 호랑이 같은 사람이 되라는 뜻이에요. 또한 동방의 수재가 되라는 뜻이기도 해요." 이렇게 가르쳐 주었는데, 나는 이름 뜻풀이를 듣고 내가 마치 이름 뜻과 같은 인물이 된 것 같아 기분이 무척 좋았다. 그런데 신학생이 된 뒤에 생각해 보니 나는 내 이름 뜻과는 정반대 사람이 되어 있다는 것을 깨닫게 되어 머리가 숙여졌다.

고등학교 때는 우리 집 경제 형편이 좋지 않았기에 고등학교를 졸업하면 공장 같은 곳에 취업할 셈으로 서울공고 기계과에 들어갔다. 선반에 쇠막대기를 올려놓고 깎아내거나 잘라내는 게 신기했다. 함석을 두드려 접고 쇠를 녹여 일상용품을 만드는 것이 재미있었다. 특별활동부가 있었는데 나는 미술부에 들어가 포스터도 함께 그려 보았고 수채화도 그려 보았다. 우리 작품을 신세계 화랑에 전시한다고 해서 나는 조각품을 내놓겠다고 열심히 소녀상을 만들어 출품해서 입상자가 되었다. 장려상을 받았다.

서울공고 시절 기억나는 일이 있는데, 그것은 1백여 명의 학생이 이승만 대통령 하야 시위를 한 일이다. 우리는 광화문까지 걸어갔다. 그곳에 도착하여 더 갈 수가 없었는데 거기엔 검은 제복을 입은 경찰들이 우리를 기다리고 있었고 두 줄로 도열해서 사과탄을 쐈다. 겁을 주어 물러가게 할 셈으로 그렇게 했던 것 같았다. 다친 학생은 아무도 없었다. 이런 일 후에 이승만 대통령은 불명예 하야를 했다.

언젠가 신학을 공부할 사람은 숭실대학에 입학해야 좋다고 목사님이 알려주었다. 그러나 나는 숭실대학에 합격할 실력이 안 되었다. 단국대 초급대학 관광학과 2년 수료 후 숭실대학 철학과에 편입했다. 숭실대 철학과 교수들의 강의가 참 좋았다. 그러나 입대 통보를 받아서 한 학기를 남긴 채 1964년 12월 24일 논산 훈련소에 입소했다. 그 후 연이어 제2훈련소 훈련까지 받아야 한다고 해서 겨울 내내 훈련을 받고, 진해에 있는 육군대학 경비병으로 배치되었다. 그 당시 육군대학에는 신병들이 많이 필요했다. 육군대학으로 간 신병들은 영등포 지역 출신 13

명이었다. 이들 중 나는 키가 작아 쓸모가 없을 것 같았는데 중대본부에서는 나를 가장 쓸모가 많은 신병으로 여겼다. 그 이유는 대학 출신이 나 하나였고 똑똑하게 보여서 그랬던 것 같다. 나는 원래 글씨를 잘 못 쓰는 편인데 이때에도 바르게 쓰지 못했다. 그래도 신병 중에는 내가 일을 잘할 것으로 여겨서인지 곧 부임하게 될 부총장 관사 관리병으로 지목했다.

육군대학 어디에 교회가 있는지 찾아보았다. 조금 외진 곳에 작은 나무 십자가가 붙어 있는 막사가 있어서 들어가 보니 거기가 육군대학교회였다. 교탁이 하나 있고 서너 명이 앉을 수 있는 의자가 여섯 개 있었다. 풍금을 꼼꼼히 살펴보았다. 풍금은 있지만 반주자는 없는 듯했다. 주일날 예배 시간에 찬송가 반주를 하면 예배 분위기가 좋을 것 같았다. 주일이 되면 거의 모든 군인이 외출을 하는데 나는 막사 교회로 가서 군목님께 인사하고 내가 풍금을 치겠다고 말했다. 목사님은 반기며 허락해 주었다. 예배 시간에 찬송가 반주를 하니 좋았다. 목사님도 만족해했다. 주일마다 참석해 달라고 했다. 그러나 그렇게 할 수가 없었다. 내가 부총장 당번병으로 관사에서 근무하도록 명령이 내려져 있었기 때문이다. 부총장이 오기 전날부터 관사로 가서 할 일들이 있는지 미리 살펴보았다. 부총장이 부임하자 관사를 관리하면서 부총장의 당번병 역할을 했다. 부총장의 식사는 지역에 주거하는 60대 여인이 맡아 주었다. 부임한 지 일 년쯤 지나 부총장이 이임했고 군종 참모 목사님은 나를 군종병으로 바꿔 주었다. 덕분에 제대할 때까지 군종부원이 되어 하루하루를 즐겁게 근무하며 만기 제대했다. 제대 소식이 알려지자 몇몇 장교 부인이 고마웠다며 봉투를 내밀었다.

4. 연애와 결혼

예수교회에는 예쁜 아가씨가 있었다. 이 아가씨는 흑석3동 교회에서 한강예수교회로 온 여자 청년으로 소공동에 있는 한 무역회사 사원이었다. 내가 보기엔 세상에서 제일 예뻤다. 제대하기 전 나는 이 아가씨에게 편지를 보냈다. "머지않아 구불거리는 먼 길을 가려고 하는데 당신이 함께해주면 참 행복하겠습니다. 함께해주십시오." 보름 후 답장이 왔다. 내용은 간결했다. 자기는 부족해서 그렇게 하지 못하겠다는 내용이었다. 내 요구에 대한 거절이었지만 그녀의 마음까지 예뻐 보였다. 제대 후 할 일은 직장을 구하는 것이었지만 무엇보다 급한 건 그녀를 만나는 일이었다.

그런데 직장을 묘동교회의 이철희 장로님이 준비해 놓았다. 문교부 사회교육국 국제교육과에서 일하는 것이었다. 내 직장을 하늘에서 거저 떨어뜨려 준 것 같았다. 문교부는 중앙청 안에 있었다. 중앙청에서 소공동은 가까운 거리였다. 일을 마치면 소공동 그녀의 회사 근방 다방에 가서 그를 보려고 기다리곤 했다. 4년간 그렇게 했다. 변함없는 내 마음과 바보스러움이 불쌍했는지, 아니면 믿을 만했는지 그녀는 내 마음을 받아 주었다.

군 입대 전에는 교회 일에만 마음 쓰며 살던 내가 완전히 다른 모양의 인간이 되어 연애에만 열중한다는 사실에 목사님은 놀라셨다. 나에 대한 불신감이 생긴 것 같았다. 그런 이유 때문인지 몰라도 나에겐 아무 말이 없던 목사님이 예비 신부의 집을 심방한 자리에서 우리 가정은 가난하고 예비 신랑도 경제력을 키워 갈 자질이 아니어서 결혼하면 신부가 고생할 것 같다는 말을 했다는 걸 알게 되었다. 목사님의 말씀은 맞는다고 할 수 있지만, 나는 무척 놀랐고 목사님에 대한 미움과 불신이 생겼다. 우려가 되었다면 나에게 조언해야 했을 분이 우리 가정의 경제력과 나의 무능함을 예비 신부 집에 가서 말한 것은 나와 그녀의 결혼을 반대한 것이라고 여겨졌다. 내게는 충격이 너무도 컸다. 이 일은 목사님이 나를 불신한다는 것을 말해 준 것이어서 목사님과 함께 있는 자리가 불편해졌다. 목사님도 나를 대하는 모습이 비슷했다. 이런 관계는 교회에서 만날 때마다 계속되었다. 한 달 정도 이어졌다. 목사님과 나 사이는 부자 관계 같았기에 배신감이나 불신감이 더욱 컸다. 나는 목사님과 헤어지는 게 서로에게 좋겠다는 생각이 들었다. 내가 없어지면 목사님이 편해질 것이라고 생각했다.

4~5년 전에는 교회에 일꾼이 나 하나뿐이었는데 이제는 실력 있고 유능한 청년들이 많아졌으므로 내가 없어져도 당장은 아픔이 되겠지만 목사님과 교회가 편해질 것 같았다. 나를 문교부에서 근무하도록 해준 장로님이 묘동교회에 와서 봉사해 주면 좋겠다는 말씀을 한 일이 있으니 이럴 때 묘동교회로 가면 좋겠다고 생각했다. 나를 사랑해 주던 목사님과 사모님 그리고 교인들을 배신하는 일이 된다는 생각 때문에 고민을 많이 했다. 계속 염려만 하고 있을 수는 없다고 생각하여 목사님과 예수교회를 떠나기로 마음먹었다. 그래도 아버지 같은 목사님을 주례자로 모시고 1970년 4월 24일에 기독교 태화관에서 결혼식을 올렸다.

5. 한강예수교회에서 묘동교회로

나를 문교부에서 일하게 해준 이철희 장로님은 결혼 후 묘동교회에서 생활을 편히 할 수 있도록 세심하게 마음을 써주었다. 묘동교회 교인들은 멀리서 살던 교인이 되돌아온 것처럼 반갑게 대해 주었다. 나도 그들을 어색하지 않게 대할 수 있었다. 편한 마음으로 먼저 성가대에 함께하고 싶다고 하니 성가대장이 허락해 주었다. 목사님은 고등부 학생들을 지도해 달라고 했다. 나는 재미난 프로그램을 만들어 지도했다. 2년 후엔 청년부를 맡게 되었다. 여름수련회를 하면 좋겠다는 생각이 들어 청년들과 의논하고 수련회를 준비했다. 그런데 수련회 첫날부터 비가 내려 준비해 간 프로그램을 하나도 진행할 수 없었다. 청년들 열 명이 앉을 수 있는 천막에 모두 모여 앉아 기도하고 찬송하며 교독문을 거듭해 읽고 도우며 지냈다. 계획대로 되지 않은 수련회였다. 그러나 어려움을 이겨내서 그런지 청년들은 기뻐하고 감사하며 찬송하는 밝은 얼굴로 교회에 돌아왔다. 이들이 모두 예배 자리에서 함께 찬송을 하니 갑자기 교인들이 부쩍 증가한 듯한 느낌을 주었다. 어려움을 이겨내고 밝아진 청년들을 보며 주님의 은혜를 감사하게 된 별난 여름수련회였다.

6. 공무원 생활을 그만두다

문교부 국제교육과 사무실은 중앙청 건물 안에 있었다. 그 건물에는 국무총리도 가끔 다녔다. 그래서인지 중앙청에 드나들며 우월감이 생겼다. 권력자가 된 것 같은 마음이었다. 정부종합청사로 옮겼을 때도 마찬가지였다. 높고 큰 건물이 마음에 들었다. 나는 문교부 장관이 수여하는 모범 예비군 상을 두 번이나 받았다. 직장 예비군 시간에 총검술 16개 동작 시범을 보인 일이 있는데 그 후 모범 예비군 상을 받은 것이다. 비록 촉탁 공무원이었지만 그 당시 나는 나 자신을 잘난 사람이라고 생각했다. 하지만 새어머니와의 관계를 보면 나는 신앙으로 사는 좋은 아들이 아니었다. 내가 직장 생활을 하게 되자 심한 말을 자주해서 내 가슴에 상처가 나게 했다. 사랑을 배우며 자랐고 여전히 예수님 사랑을 가르치지만 나를 차별 대우하고 미워하는 새어머니는 내가 사랑할 사람이 아니라고 생각했다. 교회 안에서는 바르고 착했지만 새어머니에게는 전혀 기독교인이 아니었다. 새어머니는 나를 미워했고 나는 새어머니를 미워했다. 새어머니는 내가 월급을 받으면 자기에게 줄 줄 알고 기대했는데 전혀 그렇게 하지 않자 실망했고 그러는 내가 괘씸했던 것 같았다. 그러나 나에겐 그렇게 해줄 여유가 없었고 그렇게 할 마음도 전혀 없었다.

문교부에서 일하는 동안 이런 마음으로 살다 보니 삐뚤어지기 시작했다. 게다가 결혼을 앞두고 아버지 같은 목사님을 배신한 일과 그 후에 생긴 죄책감이 나를 괴롭혔다. 나를 이런 마음에서 벗어나게 해줄 무엇인가가 필요했다. 그것은 술과 담배였다. 군 생활 때부터 친구가 된 김포 친구는 걸핏하면 나를 불렀다. 나는 직장 없이 다니는 그 친구와 술 마시기를 좋아했다. 그와 함께 떠들고 마시면 속이 풀리는 것 같았다. 퇴근 후에는 이틀이 멀다 하며 이렇게 살았다. 그런데 어느 날 갑자기 '목사가 되겠다며 자란 놈이 이렇게 살아도 되나' 하는 자책감이 들었다. 고민을 거듭했다. 문교부 생활 3년째부터는 그 생활이 싫어졌다. 사임해야겠다고 생각했다.

공무원 생활 5년 만에 직장을 그만두고 강원도 산골로 갔다. 그곳엔 시골의 싼 땅을 사놓으면 부자가 된다고 믿는 친구가 매입한 작은 산이 있었는데 김포 친구의 권고로 거기에서 토끼 사육 사업을 하기로 했다. 목재로 쓸 만한 나무들도 많았다. 그 나무들로 토끼집을 지었다. 토끼 먹이도 거기서 해결했다. 김포 친구도 산에 있는 나무들을 잘라 토끼 사육장을 지었다. 토끼 사육 사업은 제법 잘될 것 같았다. 토끼들은 무척 잘 자랐고 새끼도 많이 낳았다. 그런데 질병이 돌았다. 우리는 아무런 대책이 없었다. 큰 토끼들이 쓰러지기 시작하자 거창했던 꿈도 쓰러졌다. 허탈했다. 할 일이 없었다. 김포 친구는 김포로 가고 나는 번민하면서 낯선 성남까지 기웃거리며 떠도는 불쌍한 농부가 되었다.

II. 인생의 전환, 목회자의 삶으로

1. 장로회신학대학원 입학(1976년)

나를 늘 사랑하는 묘동교회 권기순 권사님이 난감하게 된 나를 찾아와 대뜸 신학교에 가야 한다고 말씀했다. 실력이 없고 자신감도 없는 나는 권사님의 권유를 받아들일 수 없었다. 그러나 나를 사랑하는 권사님의 권유를 계속 뿌리칠 수 없었다. 묘동교회의 추천서를 받아 장로회신학대학에 입학원서를 내고 응시했다. 시험 성적은 예상대로 형편없었다. 면접관들 앞에서도 나는 골초 냄새만 풍겼다. 불합격은 확실했다. 그런데 신대원 학생이 되었다. 1976년도였다. 신대원에서 자격 미달자에게 특혜를 베풀어 주어 신학 공부를 할 수 있게 된 것이다. 하나님은 나 같은 문제아를 우수한 이들과 함께 공부할 수 있게 해주셨다. 신대원생이 되었지만 기초 실력이 너무 없으니까 열심히 배우겠다는 마음 하나로 학교에 다녔다. 강의 시간에도 열심히 수강했다.

이렇게 학교생활을 하다가 어느 날 시험 시간에 여러 학우가 커닝하는 걸 목격했다. 나는 참을 수가 없어서 일어나 쓴소리를 했다. "목사

되려고 신학교에 오신 분들이 커닝을 하면 어떡합니까?" 그렇게 말할 자격이 없는 내가 그런 언행을 했으니 학우들에게 미움받을 짓을 한 게 분명했다. 그래서 걱정이 되었는데 이상하게도 비방이 전혀 없었다. 교수실에서는 차기 학교 신문 편집장은 바른말을 할 줄 아는 임인수가 해야 한다는 말이 나왔다고 박동현 학우가 전해 주면서 나에게 학교 신문 편집장을 맡으라고 했다. 나는 펄쩍 뛰었다. 나는 문장력도 없고 어휘력도 없어서 신문 편집장이 될 수 없다고 답했다. 그러자 그는 자기가 그런 건 다 할 수 있으니까 편집장만 맡아 달라고 부탁했다. 이런 말이 오간 후 어느 날 나는 장로회신학대학 신문인「신학춘추」편집장이 되었다. 내게는 조금도 어울리지 않는 영예로운 자리였다.

1976년도 신대원 학우들 중에 무척 별나 보이는 사람은, 말끔한 얼굴에 미성을 지닌 박동현 학우였다. 그는 서울대 법대 출신으로 천재로 불리기도 했는데, 나를 처음 만났을 때부터 실력 없고 부족하기만 한 나를 가까이하려고 했다. 그는 언제나 나의 부족을 채워 주려고 애썼다. 나보다 아홉 살이 적은데 자상한 형처럼 나를 살펴 주었다. 참 별난 사람이었다. 이런 학우와 함께 학교 신문을 제작하는 것은 즐거운 일이었다. 두 번째 신문에는 환자촌, 쓰레기촌, 섬이나 농어촌, 광산촌, 빈민촌 등 어려운 환경에서 살아가는 이들의 생활 실태를 간추려 게재하기로 했다. 이런 내용은 신학생들이나 목사들에게 매우 필요한 참고가 될 내용이어서 기대가 되었다. 기자들과 더불어 제작에 열심을 내고 있는데 예상치 못한 일이 생겼다. 교수 한 분이 편집실에 나타나 이번 신문은 발간하지 말라고 말했다. 신문 기자들이 급히 모여 교수의 만류를 어떻게 해야 할지에 대해 의논했다. 교수님의 만류를 거부하기로 결의하고 빠르게 제작하여 배포하기로 했다. 배포 작업을 하고 있는데 그 교수가 또 나타나 성을 냈다. 하지 말라는데 왜 하느냐는 것이었다. "교수님, 왜 못 하게 하는 것입니까? 이 신문으로 인해 책임질 일이 생기면 편집장이 책임지면 되는 거 아닙니까?"라며 대들었다. 그러나 교수가 하지 말라고 하는데 학생들이 싸워 가며 학교 신문을 발송할 수는 없는 것이어서 학교 신문은 쓸모없게 되었고, 교수의 만류를 거부한 나는 편집장 자리를 내놓아야 했다. 박정희 대통령 재임시 언론 탄압의 손길이 신학교에까지 뻗쳐 있었기 때문에 생긴 일이었던 것 같았다.

2. 하나님이 보여주신 일터, 염치면 중방리

신대원 학우들은 1학년 때부터 목회지 선택에 대해 대화했다. 대화의 핵심은 경제적으로 넉넉하게 생활하면서 영예롭게 일할 수 있는 목회지를 어떻게 얻을 것이냐에 관한 것이었다. 흑암에 앉아 사는 갈릴리 사람들을 찾아가셨던 예수님은 나를 따르라고 하셨는데 예비 목사들은 그 말씀 따라 살려고 애쓰려 하지 않는다는 생각이 들어서 어느 날 나는 기도했다. "하나님, 저에게는 어렵게 살아가는 이들에게 가서 일하며 살 수 있도록 그런 일터를 보여주십시오."

흑석동 부잣집 셋째 아들인 친구는 학생 때 나와 단둘이 외국에서 제작한 교향곡 원판들이나 미국의 민요곡, 미치밀러 합창단원들의 노래도 자주 들었다. 그뿐 아니라 양주도 몰래 마셔 보고 양담배도 피워 봤다. 이 친구가 시골에 내려가 고생을 많이 한다는 소식이 들려서 마음을 쓰고 있었는데 가볼 수가 없었다. 2학년 여름방학이 되어 친구에게 가보려고 나섰다.

온양온천에 가서 염치 중방리 가는 버스를 탔다. 버스는 염치에 이르자 좌측으로 방향을 바꾸었다. 그곳부터는 중방리라고 했다. 길은 흙길이고 구불구불했다. 길 오른편으로는 기와집 두어 채에 초가집들이 띄엄띄엄 보였다. 왼쪽에는 논과 밭들이 이어져 만들어진 긴 초록 평야가 펼쳐져 있었다. 아름답고 평화로웠다. 친구는 나를 크게 반겼다. 밤늦도록 마을 이야기를 해주었다. 마을주민들은 거의가 다 가난한데 결손 가정들도 있다고 했다. 또한 여름이면 마을에 홍수가 나서 농사를 망치기 일쑤라고 했다.

친구의 아버지는 곡교천 개간 사업에 참여한 공으로 정부로부터 5만 평을 보상받았는데 이 땅을 모두 셋째 아들인 친구에게 주었다. 친구가 소유한 땅은 무척 컸고 집 가까이에는 산양, 병아리, 돼지를 길렀다. 친구는 소유가 지나치게 많았다. 그것이 친구를 고생시키고 있었다.

친구네 집에 온 지 삼 일째부터 비가 오더니 제법 많은 비가 내리면서 홍수가 되어 녹색 평야를 채워 나갔다. 여기가 하나님이 내게 보여주시는 일터라는 생각이 들었다. 친구에게 졸업 후 여기에 와서 목회하고 싶다고 말했다. 친구는 좋아했다. 내기 내려오면 창고로 쓰던 집을 통째로 주겠다고 했다. 3학년 여름방학 때도 그곳에 갔다. 그때는 더 큰 비가 쏟아졌다. 마을 앞 녹색 평야에는 붉은 홍수가 가득 차 나무 기둥들과 드럼통이 함께 떠내려왔다. 마을 사람들은 길가에 앉아서 큰 소주병과 막걸리 주전자를 내놓고 마시며 담배를 피웠다.

친구에게 다녀온 뒤에 가족들에게 중방리 친구 얘기를 전해 주었다. 교인들에게도 홍수 피해를 입으며 살아가는 시골에 가서 농촌 목회를 할 것이라고 말했다. 목사님은 11월 끝 주일 저녁 예배 때에 설교를 하라고 했다. 나는 갈릴리에 가신 예수님이라는 제목으로 설교했다. 유대의 농어촌이라고 할 수 있는 갈릴리에서 곤경 중에 살고 있는 이들을

신대원 졸업반 시절의 모습

찾아가신 예수님처럼 나도 어려움을 안고 살아가는 농촌 사람들에게 가서 목회하려고 한다는 말씀을 드렸다. 어떤 교인들은 눈물을 닦았고, 어떤 이들은 준비해 온 봉투를 주기도 했다. 쓰던 풍금을 주시겠다고 약속하는 집사님도 있었다. 그러나 대부분의 교인은 내 계획에 반대했다. 늦깎이로 신학을 한 사람이 자기 가정은 어떻게 하려고 시골에 가느냐는 것이었다. 가장 크게 반대하는 이들은 새어머니와 동생들이었다. 가정의 경제를 책임져야 할 장남이 대책 없이 가정을 버리느냐는 것이었다. 하지만 하나님이 보여주신 일터를 보게 되었다고 믿는 나는 이미 세속적인 사고를 할 사람이 아니었다.

1979년 3월 8일 아침, 타이탄에는 침구를 넣을 철제 캐비닛, 작은 책 선반, 성경, 찬송가, 동화책들, 옛날이야기 책들, 수첩 공책, 사진기, 브리태니커사가 만든 미취학 아동을 위한 그림책 12권과 풍금을 실었다. 차가 떠나야 할 시간인데 아내는 방에서 나오지도 않았다. 밤새 울어 울긋불긋해진 이상한 얼굴로 나와 말없이 슬퍼하고 있었다. 아버지는 죽은 아들을 화장터로 보내는 표정이었다. 새어머니는 큰 소리로 작별 인사를 했다. "×새끼야, 잘 가라"라고. 그런 모습들을 머리에 담고 운전석 옆에 앉은 나는 넋 빠진 사람처럼 말없이 염치면 중방리로 내려갔다. 무척 멀게 느껴졌다.

3. 귀신 나오는 집에서 시작한 새암교회(새암어린이집)

친구가 준 창고는 귀신 나오는 집이라는 별명이 있었다. 십 년 전 창고 가까이에 있는 나무에 뒷집 아가씨가 목매달아 죽었다고 해서 생긴 이름이라고 했다. 별명은 좋지 않은데 창고는 쓸 만해 보였다. 가로 4m에 길이 12m가량 되는 집에 큰 방 하나 작은 방 두 개가 있고 툇마루도 있었다. 큰 방은 아동들의 놀이방이나 공부방으로 쓰고 주일엔 예배실로 쓰면 좋겠고, 작은 방들은 책방이나 침실로 쓰면 좋을 것 같았다. 방들을 잘 살피니 쥐들이 대가족을 이루고 산 티가 났다. 장 한쪽은 쥐들이 화장실로 쓴 것 같아 보였다. 천장을 뜯어내고 벽지도 뜯어내고 새롭게 단장했다. 솜씨를 발휘해서 나무 십자가를 만들고, 금색 종이로 감싸서 값비싸 보이는 금 십자가도 만들었다. 나지막한 검은 초콜릿색 선반 위에 만든 금 십자가를 올려놓으니 멋지고 비싼 예배실이 되었다. 집 아래 둑에는 큰길에서 잘 보이도록 새암교회 간판을 세웠다. 작품을 만들 듯이 솜씨를 한껏 발휘했다. 3월 18일 친구 부부와 조용하면서도 뜨거운, 감사가 넘치는 첫 예배를 드렸다.

　3월 16일에 미취학 어린이들을 모아 보았다. 16명이었다. 박수무당 집에서도 아이를 보냈다. 아이들에게는 이 집이 새암교회인데 어린이들이 공부할 때는 새암어린이집이라 부른다고 일러 주었다. 나는 치밀하게 교육 일정을 만들어 놓고 시간표대로 착실하게 진행해 나갔다. 월요일부터 목요일 12시까지는 어린이집 교육 시간이었다. 이 시간에 내가 가장 많이 이용하는 교육재료는 브리태니커사에서 만든 미취학 아동에게 맞도록 만든 그림책들이었다. 이 책을 열어서 선반에 세워 열어 보여주며 그림에 대해 묻고 생각해서 대답하게 하는 방식으로 대화하

새암교회 간판 앞에 서 있는 아들과 딸

며 공부해 나갔다. 간식 시간에는 과자류를 조금씩 나눠주고 "날마다 우리에게 양식을 주시는 은혜로우신 하나님 참 감사합니다"라고 찬송하고 먹었다. 어린이들은 이 시간을 늘 좋아했다. 12시가 다 되어 가면 공부를 끝내고 어린이들과 교사가 함께 다음의 말들을 암송했다.

새암 어린이는 인사를 잘합니다.
새암 어린이는 나쁜 말을 하지 않습니다.
새암 어린이는 공부를 잘합니다.
새암 어린이는 부지런합니다.
새암 어린이는 부모님 말씀을 잘 듣습니다.
새암 어린이는 모두 착합니다.

새암어린이들은 외우는 말대로 행동했다. 어른들은 서로 인사도 하지 않고 대화할 때는 욕을 자주 섞어서 했고, 심한 욕도 자주 했다. 그런데 어린이집 아이들은 말과 행동이 바르기만 하니 어른들에게 좋은 영향을 주는 것 같았다. 마을 사람들도 대화할 때 조심하고 있다는 걸 엿볼 수 있었다. 마을 분위기가 좋아지면서 마을 사람들에게 내가 좋은 선생님으로 인정받는 것을 느낄 수 있었다.

무료 어린이집으로 문을 열었지만 몇 년 지나자 종잇값이나 간식비를 내겠다는 부모들이 생겼다. 그러나 그렇게 되면 내지 못하는 부모의 아이들은 어린이집에 다니기 어려울 수 있으니 그런 집에는 전액을 면제해 주자는 의견을 냈더니 받아 주었다. 1991년에는 사례비를 받지 않겠으니 새암어린이집에서 일할 수 있게 해달라는 여교사가 나타났다. 김석희 선생님이었다. 김 선생님이 일하게 되니 새암어린이집 소문이 더 널리 퍼져나갔다. 온양의 학교에서 근무하는 교사가 자기 아이를 새암어린이집에 보내기도 했다. 이때는 장애가 있는 아이들도 있었고 교사도 많았다. 새암교회에서 성장한 김미순 님, 박필현 님, 최동숙 님이 보조 교사로 봉사해 주었고 아내도 도와주었다. 1979년에 문을 연 새암어린이집은 20년간 아동들 153명의 탁아소였고 좋은 교육장이기도 했다. 그러나 1998년에는 어린이를 모으기가 어려웠다. 젊은이들이 농촌을 빠져나갔기 때문이다.

나는 새암어린이집을 하면서 친구에게 도움이 되려고 머슴처럼 일했다. 그에게 진 신세가 컸다. 이른 아침엔 산양 세 마리를 논이나 빈 밭에 매는 일을 했다. 새끼 낳는 돼지 어미 곁에서 친구가 일러주는 대로 돼지 산파 노릇도 했다. 병아리도 부지런히 보살폈다. 가축들의 똥은 내가 치우기로 했다. 그 일은 내가 제일 잘할 자신이 있었다. 어린이집 아동들과 공부하는 시간이 끝나고 점심을 먹은 뒤에는 논으로 밭으로 바삐 다녔다. 할 일 많은 친구에게 도움이 되려고 매일 열심히 일했다. 나는 서툰 머슴 같았다. 이렇게 한 달이 지난 뒤에 어려움을 안고 살아가는 이들을 찾아다니기도 했다.

4. 묘동교회 청년들의 봉사와 첫 번째 성탄절(1979년 여름)

1979년 여름에 묘동교회 대학생들이 버스 두 대에 나누어 타고 새암교회로 왔다. 교회도 보고 어린이들이나 학생들과 함께 노래도 부르고 찬송가도 부르고, 마을을 위한 일을 해보려고 내려온 것이다. 낡아 보이는 마을회관도 환하게 도색 작업을 했다. 어른들에게는 연극을 보여주고 잔치도 베풀어 주었다.

12월 25일은 개척 첫 번째 성탄절이었다. 교회 가까이에는 남자 중·고등학생 3명, 여학생 6명이 살고 있었는데 모두 교회에 다녔다. 11월이 되자 학생들과 함께 성탄절 준비를 시작했다. 우선 성탄절 찬송가를 가르쳤다. '고요한 밤 거룩한 밤'과 '기쁘다 구주 오셨네', '참 반가운 성도여'라는 찬송가는 더 집중하여 연습했다. 중방리 첫 번째 성탄절에 외로운 가정을 찾아갈 것인데 그때 이 찬송가들을 부르기로 했다. 12월 23일에는 결손 가정에 줄 선물로 빵과 과자류를 준비해서 포장해 두었다. 24일 저녁에는 많은 눈이 왔다. 나와 학생들은 밤 11시부터 움직이기 시작했다. 제법 많은 눈이 쌓여 발걸음 소리가 나지 않을 정도였다. 준비한 선물은 대문 아래에 놓고 그 가정을 위해 기도하고 준비한 성탄 찬송을 불렀다. 이렇게 움직이니 발은 다 젖었지만 하얀 눈길을 걸으며 진행된 중방리 첫 성탄절 행사는 아름답고 행복하게 마무리됐다.

5. 개척교회 수기 입상

내가 공부한 장로회신학대학 신문 「신학춘추」에서 개척교회 수기를 모은다고 연락이 왔다. 교회 이름과 작자 이름을 가명으로 하여 어떤 내용으로 목회를 했는지 꾸밈없이 썼다. 나의 수기 제목은 "홍수가 쉬어 가는 마을"로 했다. 내 글은 온통 꾸며낸 듯했다. 농촌에서 내가 한 일들과 목회 내용이 워낙 별난 것들이었기 때문이다. 그런 이유 때문인지 모르지만 나는 입상자가 되었다. 가명으로 글을 냈으므로 내 얼굴을 가리려고 아내에게 상장과 상금을 받아 오라고 부탁했다. 가명 김철원이라는 이름으로 받아 온 상장은 볼품없었다. 그러나 상금 30만 원은 묵직한 금괴 같이 느껴졌다. 그 후 어느 날 신대원 72기 동기 모임이 있다고 해서 참석했는데 내가 나타나자 일제히 박수를 쳐주었다. 이들은 개척교회 수기로 상을 받은 자가 나라는 걸 다 알고 있었다. 목회하기가 어려운 시골에 가서 개척교회를 하겠다고 나선 전도사는 동기들 가운데 나 하나뿐이었기 때문이다. 동기들을 대하니 쑥스러웠다.

6. 기억에 남는 분들

1) 아내가 없이 혼자 사는 김종두 님

나의 심방을 몹시 언짢아한 김종두 님은 가족들이 모두 가출해서 외롭게 살면서 잦은 음주로 중독에 이르게 된 사람인데 목사가 왜 귀찮게 자기를 찾아오냐는 태도로 대했다. 심방을 싫어하는 언짢음과 경멸의 눈빛을 보면서도 참고 참으며 그와 가까워지려고 여러 가지로 노력했다. 내가 과거에 얼마나 술을 잘 먹었는지, 담배는 언제 어디서 배웠는지 말해 주었다. 쓸데없어 보이는 이야기를 많이 하면서 나도 그저 보통 사람임을 드러내려고 했다. 그렇게 노력한 결과 나는 그의 머리를 깎아 주는 사람이 되었다. 대화가 되지 않던 사람이 대화를 많이 하는 사이가 되었고, 교회를 드나드는 사람이 되기까지 했다. 중방리에서 가장 성질 나쁜 인간으로 평이 나 있는 사람이 목사가 하고자 하는 일은 무엇이든지 도우려는 사람이 되었다. 그렇게 하다가 술을 마시면 실수하고, 몸이 안 좋아지면 병원 생활을 하다가 차분하게 교회로 돌아오는 생활을 여러 번 반복했다. 그러면서도 나와의 짧은 대화는 끝없이 계속되었다. 어느 날 나에게 편지봉투를 내밀었다. 상상하지 못한 일이었다. 모든 사람에게 괄시받는 자기가 목사님 때문에 삶의 의미를 찾게 되었다는 내용과 고마움을 표현한 글이었다. 그런 글을 써준 뒤 그는 세례를 받았다. 중방리의 많은 이가 놀라워했다. 예배당 천장 수리를 하게 되었을 때 그는 박준희 집사님과 송재원 집사님과 함께 일했다. 김종두 님은 무슨 일이든지 잘했다. 일 재주가 매우 좋은 사람이었다.

2) 어린 딸과 사는 황창무 님

무능한 남편과는 살 수 없다며 부인이 가출하여 어린 딸 숙이와 살고 있는 황창무 님은 나의 심방을 고마워했다. 딸 숙이가 20세가 되기도 전에 가출해서 안 좋은 곳에 갔다는 말이 돌아 내가 걱정하니까 아내는 숙이를 찾아보려고 여러 차례 온양 시장을 헤집고 다녔다. 그러나 번번이 실패했다. 황창무 님은 딸이 가출한 후 무척 괴로워하더니 건강이 나빠졌다. 그렇게 되자 아내는 무슨 소문을 들었는지 평택에 가서 숙이 엄마를 만나 보겠다고 나섰다. 숙이 엄마를 데려오면 황창무 님이 힘을 얻고 건강이 회복될 거라고 여겼던 것이다. 그러나 헛걸음만 했다. 황창무 님은 정신건강도 악화되었다. 우리 힘으로는 그에게 도움이 되지 않을 것이어서 홍성의료원에 어렵게 입원시켰다. 그는 정신병동에서 진료를 받았다.

3) 중방리 미남 신철준 님

중방리에는 태어난 미남 신철준 님은 77세의 홀어머니와 단둘이 살고 있었다. 그런데 그가 40세가 된 해 어느 날 30세쯤 되어 보이는 여인을 집으로 데리고 왔다. 그 여인은 홀어머니에게 어머니라고 하며 끼니때마다 밥을 짓고 반찬을 만들어서 잘 대접하려고 노력했다. 신철준 님은 그 여인이 있는 동안 싱글벙글하며 지냈다. 그러나 그런 생활은 보름 만에 끝이 났다. 홀어머니는 아들이 데리고 온 여인의 행동을 모두 마음에 들지 않는다며 내쫓았다. 그러자 신철준 님은 웃음을 잃었다. 나중에는 정신병을 앓게 되었다. 그러자 아산 정신병원에 입원시켰다. 그곳은 외진 곳이어서 홀어머니가 병원에 갔다 오기가 어려워 나를 찾아와 도움을 청했다. 일 년에 서너 번 신철준 님의 어머니를 내 차로 모시고 정신병원에 다녀오곤 했다. 2년간 그렇게 했다. 그러나 신철준 님은 회복되지 않았다. 얼굴이 항상 부어 있었고 우울해했다. 미남 얼굴은 그에게서 찾아볼 수 없었다. 나는 용기를 내서 의사와 면담을 요청해 의사에게 나를 소개하고 신철준 님을 집에 데려가서 자유롭게 지내게 해주면서 내가 그의 친구 역할을 하며 지내고 싶으니 허락해 달라고 말했다. 꼭 필요한 약은 처방해 달라고 했다. 집으로 데려오니 기뻤다. 그의 친구 역할을 하며 지냈다. 결과는 한 달이 지나면서 나타났다. 그는 밝아진 얼굴로 웃으며 농담을 할 만큼 달라졌다. 정신과 약도 필요 없게 되었다는 생각이 들 만큼 확연히 바뀌었다. 중방리 사람들이 모두 놀랄 정도였다. 그렇게 되자 홀어머니가 웃음을 되찾았고 주변 사람들도 좋아했다. 그런데 어느 날 아침 그는 깨어나지 않았다.

4) 까만 얼굴의 작은 방윤원 님

부인은 오래전에 가출했고 어린 딸과 살던 방윤원 님은 키가 작은 청각장애인인데 딸이 멀리 공장지대로 가버려 혼자 살고 있었다. 나는 방윤원 님의 친구가 되려고 노력했다. 그는 바로 옆에 있는 좁고 작은 밭을 일구며 살고 있었다. 나는 그와 같이 땅을 파기도 하고 심기도 하며, 거둘 때도 도왔다. 농약의 해로움에 대해 설명해 주었다. 농약을 쓰지 않고 채소를 기르면 땅도 좋아지고 맛이 좋은 채소를 먹을 수 있으니 그렇게 하자고 설득했다. 벌레를 손으로 잡아 가며 가을배추를 재배하여 맛있는 배추를 먹기도 했다. 불행히도 방윤원 님은 신장병을 앓아서 시집간 딸네로 가 수술을 받고 병원 생활을 하였다. 딸과 말이 잘 안 통하고 이해심이 부족하여 작은 아파트 공간에서 서로 고통을 느끼게 되자, 따로 사는 게 행복할 것 같아서 오줌통을 밖으로 단 채 시골로 내려왔다. 혼자 살도록 내버려둘 수가 없어서 정애원이라는 노인 복지관에서 생활하도록 해주었다. 그는 거기서 매우 편하게 지냈다. 그러나 늘 움직이며 살던 사람이 편하게 되자 빠르게 노쇠하더니 결국 사망했다. 딸과 사위가 다니는 서울의 교회 목사님이 교인들과 함께 정애원에 와서 손자들이 지켜보는 가운데 장례 예배를 드렸다.

5) 가장 많이 보살피려고 한 안옥준 님

곤경 중에 있어서 보살피기를 가장 많이 한 이는 안옥준 님이었다. 여러 남매를 낳아 양육했으나 모두 다 서울로 가서 어린 딸과 살며 홀로 밭을 일구며 사는 안옥준 님에게는 도울 일이 무척 많았다. 그의 집에는 무척 자주 들렀다. 밭일을 같이 하기도 하고 허수아비를 밭에 만들어 세우기도 했다. 전선에 문제가 생기면 고쳐 주기도 하고 연탄보일러에 문제가 생기면 해결해 주기도 했다. 어린 딸은 학생이 된 후 교회의 중요한 인물이 되었고, 내가 하는 일을 많이 돕는 일꾼이 되었다. 그 딸이 청년이 되었을 때 안옥준 님의 큰아들이 시골에 내려와 땅을 사고 큰 집을 지었다. 그가 어머니를 모시고 살게 되었다. 그렇게 되니 내가 그의 집을 찾아갈 일이 없어졌다.

7. 새암교회 이전과 어린이집 놀이터

어느 날 오후 사고가 났다. 친구가 나에게 큰 소리로 욕을 했다. 술에 취한 친구가 실언한 거였다. 친구는 그 일에 대해 사과했고 나는 사과를 받아 주었다. 그러나 그 후의 생활은 종전처럼 회복되지 않았다. 불편한 관계가 계속되자 친구와 나는 헤어지는 게 좋겠다고 생각하고 중방리 서쪽으로 이어져 있는 기와네(서원리)에 집교회[1] 지을 자리를 찾아보자고 했다. 친구와 나는 기와네 작은 산 아래 쓰러져가는 작은 초가집과 그 집 마당을 새암교회 지을 적절한 자리로 보고 결정했다. 그 땅은 박씨 종중 땅이어서 일 년에 한 번 땅 사용료를 내면 되는 곳이었다. 친구네서 그곳까지는 400m 정도 떨어졌다.

 새암교회를 짓게 된다면 자기 집 가까이에 지으면 좋다고 말하던 이들이 서원리 사람들이어서 그런지 이 마을 주민들은 새암교회 짓는다는 소식을 듣고 기뻐했다. 서원리 주민들은 새암집교회 평탄 작업을 누가 할지 미리 의논했다. 십여 명의 사람이 낡은 초가집을 허물고 평탄 작업을 하겠다며 각자 작업 도구를 가지고 와 일을 했다. 나와는 사전에 상의한 게 없어서 당황스럽긴 했지만 기뻤다. 순천향대학생 교인이 있었는데 이 학생이 교회 짓는다는 이야기를 한두 분에게 했나 보다. 그다음 날에도 건물이 세울 자리를 알려주자 기초를 다져야 한다며 십여 명의 마을 주민이 자기 집 일하듯 정성껏 해주었다. 그들은 작업을 분담하

---

[1] 살림집이면서 교회인 건물을 일컫는 말.

기와네에 지은 교회 앞에서 여름봉사활동 온 묘동교회 청년들과 함께(1981년)

면서 효율적으로 일해 나갔다. 마을 주민 대다수는 불교나 유교 신봉자들인데 교인들이 자기 교회 일 하듯이 일했다. 이들은 자기 아이들을 가르칠 교사의 집을 자기네 마을에 짓게 되니 기쁜 마음으로 자원봉사를 하는 것 같았다. 기초 작업이 끝나고 벽돌을 쌓기 시작하자 전문 목수와 미장공들이 등장했고, 자원하여 봉사하던 이들 몇 사람만 남아 목수와 미장공을 도왔다. 이런 과정을 거쳐 새암집교회는 아름답게 지어졌다.

집교회가 지어지자 어린이 놀이터를 만들자는 말이 나오더니 서원리 사람들은 필요한 자재들을 각자 집에서 가지고 왔다. 어떤 이는 못 쓰게 된 경운기 바퀴 축, 어떤 이는 비닐하우스 만들 때 쓰는 하우스 대를 가져왔고, 철제 기둥을 경운기에 싣고 오는 이도 있었다. 산소통을 가지고

주민들이 만든 놀이터와 어린이들

오는 이도 있었는데 이런 재료들로 뺑뺑이, 철봉, 오르내리기 틀, 큰 그네, 앉아 타는 그네, 시소 같은 놀이기구들을 멋있게 만들었다. 칠은 내가 맡았다. 이런 방법으로 만들어진 새암어린이집 놀이터는 매우 훌륭했다. 마을 주민들의 협력과 재주는 놀라웠다. 새암어린이집은 한층 더 좋은 아이들의 꽃동산이 되었다. 네 개 마을 미취학 아동들이 다 모여드니 40명이나 되었다.

8. 1981년 온양교육청 간부의 방문과 항의

9월이었다. 몸집이 큰 온양교육청 간부 하나가 찾아와 조심조심 말을 꺼냈다. 비인가 어린이집의 무자격 교사의 교육 행위가 전두환 정부의 교육정책에 걸림돌이 되니 어린이집 문을 닫아야 한다고 말했다. 그런 말을 들으니 화가 났다. 흥분되었지만 마음을 누르면서 반문했다. "국가의 교육 목적은 무엇입니까? 애국입니까? 지식입니까? 예절입니까? 능력입니까?" 물으면서 시골교회 목회자가 미취학 아동을 보호하며 가르치는 것은 돈벌이를 위함이 아니요, 열악한 교육환경에서 자라는 어린이들의 좋은 앞날을 만들어 주기 위한 순수한 교육이라고 설명했다. 그리고 전두환 정권은 격려나 지원을 해주어야 할 규모가 작은 미취학 아동 교육기관에는 도움을 주지 않고, 도움이 없어도 되는 큰 규모의 어린이집에는 지원을 하는 것 같은데 그런 정책은 공평하지 않다는 점을 지적했다. 도움이 꼭 필요한 어린이집은 문을 닫게 하는 전두환 정권의 교육정책이 매우 잘못된 것이라고 주장했다. 문을 닫으라면 닫겠지만 나는 그런 점을 사회문제화하겠다고 으름장을 놓았다. 그 일 후 그는 다시 나타나지 않았다. 으름장 한 번으로 나는 무인가 어린이집을 열고 무자격 교사이면서도 당당히 20년간 150여 명의 어린이와 함께 놀며 가르칠 수 있었다.

9. 농사일 돕기

봄이 되면 마을 사람들은 바삐 움직였다. 모내기할 때가 되면 나도 마을 사람들과 함께해야겠다고 마음먹었다. 어린이들과 함께하는 시간을 끝내고 모내기하는 논으로 가서 인사를 드렸다. "수고하십니다. 저도 배워 가며 조금씩 해보겠습니다"라고 말하니 일하는 이들 모두가 놀라며 반겨 주었다. 목사님이 심어 주어 이 집 농사는 잘되겠다고 말하는 이도 있었다. 처음엔 속도가 느려 보조가 잘 맞지 않았지만 시간이 지나면서 실력이 늘어 보탬이 되었다. 두 시간 일한 뒤에 다른 집 논으로 가서 계속했다. 다음 날에도 두 집 논에서 모내기를 했다. 그런 식으로 삼 일간 일했다.

벼 베기 때에도 낫질을 배워 가며 일을 거들었다. 하루에 한두 집 잠시 잠시 거들었다. 이삼 일 그렇게 했다. 마을 사람들이 하는 일에 내가 끼어들어도 별 도움이 되는 건 없었지만, 내 맘을 좋게 보아주는 이들은 내게 반기는 표정을 지었다.

10. 시체 썩는 냄새를 풍기는 걸인 돌보기

1981년 봄에 옆집 할아버지가 말을 더듬거리며 알려주었다.

"다리 아래 있네. 냄새 나네." 이 말을 듣자 심각한 걸인이 와 있는 거라는 생각이 들었다. 그 순간 나는 나에게 말했다.

"할아버지가 말을 더듬거려서 못 알아 들었어"라고. 그러자 곧장 나를 꼬집는 말이 들렸다. "넌 목사가 왜 그러냐?" 이 말에 찔려서 자전거에 앉았다. 3분 거리에 다리가 있었다. 두리번거리며 살펴봤으나 걸인은 없었다. 안심이 되었다.

"넌 목산데 왜 맘이 그러냐?" 하는 소리가 또 들렸다.

"그래, 윗동네까지는 가봐야지" 하며 윗동네로 가서 사람들에게 물어 봤다. "혹시 낯선 사람 보셨나요?" 본 사람이 아무도 없었다. 멀리 가버렸구나. 다행이라고 생각하며 되돌아왔다.

하루가 지나 이른 아침 해 떠오르기 전이었다. 집 문을 열고 나가 예배당 쪽을 보는데 어제 찾았던 사람이라고 여겨지는 낯선 사람이 오고 있었다. 공군 점퍼에 머리를 길게 늘어뜨린 채 목발에 몸을 의지하여 아주 천천히 길을 따라 걸어오고 있었다. "아저씨, 이리 와 보세요"라고 부르니 불러 주기를 바랐다는 듯이 조금 빠른 걸음으로 내게 다가왔다. 그때 시체 썩는 냄새가 훅 끼쳤다. 참기 어려울 정도의 악취였다. 마음이 급해졌다. 걸인의 입은 굵은 실로 꿰맨 흉터를 지닌 채 입술이 붙어 있는데, 자세히 보니 입 왼쪽은 검지 하나 정도 들어갈 만큼 열려 있었다. 머리를 감게 해주고 허리 아래까지 늘어진 머리를 자른 뒤에 이발을 해주었다. 상의를 벗기고 내 옷을 입히니 딱 맞았다. 그다음 냄새 풍기는 양말을 벗겼다. 두 발이 까맣게 죽어 있었고, 발목뼈는 살이 없어서 허옇게 드러나 있었다. 드러난 뼈 위 종아리부터 허벅지까지는 검붉게 부어 있었는데, 거기서 살던 구더기들이 놀라서 마구 굴러떨어졌다. 강원도 산골 아이가 불발탄을 입에 물고 놀다가 폭발하여 입을 다쳤는데 할머니가 굵은 실로 입을 꿰매 놓아 입은 붙어 흉터가 남았고, 입을 쓸 수 없게 되어 낙심하며 살다가 걸인이 되었다고 했다. 몇 년 전 겨울에 잠잘 곳이 없어 볏짚 더미에 몸을 쑤셔 넣고 잠자기 일쑤였는데 그때 동상에 걸렸고, 치료받지 못하고 지내다 보니 그 지경이 되었다고 했다.

나는 바삐 움직였다. 염치면장에게 걸인이 무료 치료를 받을 수 있도록 병원에 특별 진료 의뢰증을 발급해 달라고 청했다. 면장은 지역인이 아니어서 특혜 청원서를 발급해 줄 수 없다고 난감해했다. 그 말을 듣자마자 내 가슴이 뜨거워졌다. 뜨거워진 가슴으로 걸인을 위해 무료 진료 의뢰서를 발급해 주어야 옳다고 설득했다. 마침내 면장은 발급해 주었다. 그것을 들고 온양공립병원을 거쳐 충남도립병원 외과 과장을 만났다. 자기는 보호자 없이 떠돌아다니는 걸인을 위해 위험한 절단 수술을 할 의무가 없다고 거절했다. 그 말을 듣자 내 가슴이 또다시 뜨거워졌다. 군 의무장교를 설득했다. 생명이 위급한 걸인인데 수술해 줄 병원이 없으니까 당신이 해주는 것이 마땅하다며 설득했다. 걸인의 보호자는 내가 할 거라고 약속했다. 그러자 수술 날짜를 정해 주며 하루 전에 오라고 말했다. 수술 하루 전날 걸인과 함께 도립병원 건물 안으로 들어서니 복도에 있던 사람들이 우리를 쳐다보며 찡그리기 시작했다. 시체 썩는 냄새가 복도를 채워 나가는 것 같았다. 경비원으로 보이는 이가 다가와 걸인 면전에서 심한 욕을 했다. 걸인의 보호자로 간 나는 죄인 된 입장이어서 아무 말도 못 하고 병원 건물 밖에 있는 작은 창고로 들어갔다. 그곳은 시체를 두는 집이라고 했다.

다음 날 양 무릎 아래를 절단하는 큰 수술을 하였다. 걸인이 다리가 없어지니 보호자인 나는 무척 할 일이 많아졌다. 걸인의 대소변을 치워야 했고 걸인이 묶고 있는 병실 청소도 했다. 새암 어린이들과의 만남도 차질 없이 해야 했다. 걸인에게는 휠체어와 의족이 필요했는데 도와주는 분들이 있었다. 서원리에서 의료 봉사를 하였던 복음병원 의료진 몇 분이 걸인의 입을 성형 수술해 주었다. 이때는 아내가 걸인의 보호자 역할을 해주었다. 두 다리를 잃었지만 입을 다시 찾은 걸인의 얼굴은 밝게 웃는 얼굴이 되었다. 하나님은 지혜와 사랑이 부족한 나에게 심한 고통과 절망 중에 있는 걸인을 만나게 해서 이웃 사랑을 행하도록 하셨는데 목사 부부의 사랑이 부족했다는 생각이 들었다.

11. 천안 한빛회 수련회(1982년 10월)

새암교회와 나에 대해 누구에게 어떤 이야기를 들었는지 모르지만, 천안 한빛회 15명의 청년 장애인이 수련회를 하겠다고 왔다. 나에게 가르쳐 달라고 했다. 그러나 나는 그들을 가르치기보다 그들의 언행을 통해 많은 것을 느끼고 배웠다. 그들이 나를 가르쳤다. 그 후 10여 년 동안 그들과 새암교회 학생 청년들이 함께 모임을 가졌다. 그들은 어느 날 좌식 배구를 가르쳐 주기도 했다. 그들은 프로 선수들 같았다. 심신의 장애를 넘어서서 씩씩하게 살기 위해 운동을 중요시하며 살아간다고 했다. 비장애인들도 귀찮아하는 등산이나 축구도 하는데 그들의 언행을 보면서 감동을 받았다. 탁구는 나도 잘 치는 편인데 한빛회 회장은 목발 두 개에 몸을 지탱하며 탁구를 치는데도 나보다 더 잘 쳤다.

12. 1983년도의 일들

1) 봄 야외예배

야외예배에 모인 사람 수가 90명이 되었다. 그들이 모두 새암교인들인가? 그렇지 않았다. 교회에서 무언가를 준다고 소문을 냈기 때문인가?

그것도 아니었다. 그런데 왜 이렇게 많이 모인 것일까? 새암어린이집 아이들이 40명인데 그 아이들의 언니나 형 또는 엄마나 아빠 중 하나만 참석해도 80명이다. 그래서 교인이 한두 명밖에 없는데도 교회 소풍 일에 많은 이가 모였다. 교회의 야외예배에는 늘 70~80명이 모이곤 했다. 그래서 새암교회의 야외예배는 마을의 큰 잔칫날 같아 보였다.

2) 아내가 시골로 내려오다

1981년도의 임인수 목사 부부

아내는 새암교회에 나와 함께 오지 않았다. 시골교회 목회를 도울 마음이 없었고, 그렇다고 홀로 어린 남매와 함께 살아갈 자신도 없었다. 경제적인 뒷바라지와 정신적 협력이 필요했지만 자기에게 무관심한 남편의 별난 행보가 마땅치 않았다. 고민하던 아내는 신장병을 앓게 되었다. 상태가 심각해져 번민하고 있을 때 나를 사랑하는 권사님이 아내를 찾아와 목숨을 하나님께 맡기고 새암교회로 내려가라고 권했다. 아내는 그 권고를 받아들여 시골에 내려왔다. 아내는 목숨을 하나님께 의탁하고 딸을 데리고 내려왔다. 나중에는 아내의 병도 하나님이 고쳐 주셨다. 그러자 아내는 감사와 기쁨으로 시골교회 생활을 하게 되었다. 그러나 아들을 떼어 놓고 시골에 온 일에 대한 미안함과 그리움에 슬퍼했다. 농촌 생활이 마음에 들지 않고 서울을 그리워했다. 목사인 남편이 애써서 하는 일들은 다 헛된 일로 보였다. 자주 쓰러졌다. 이런 모습을 보는 나 역시 마음이 아팠다.

3) 교회의 일꾼 이흥일 님

1983년 9월 서울 묘동교회 대학부 출신인 이흥일 군은 순천향대학교에 다니게 되어 나와 함께 거주하게 되었다. 그는 새암교회와 내게 필요한 일은 무엇이든지 가리지 않고 도움을 주었다. 흥일 군은 학생들 사이에서 인기가 많았고 마을 사람들에게 호감을 샀다. 그는 새암교회에서 성장한 박필현 양과 결혼한 후 도미했다. 그는 미국에서 어머니를 모시고 아들들과 잘 살고 있다.

4) 경찰이 교회 신문을 문제 삼다

시골에 내려온 아내가 건강이 좋지 않아 어려워하고 있을 때, 〈새암〉이라는 이름의 신문을 만들어냈다. 펜글씨를 잘 쓰는 학생이 내용을 다 쓰면 온양 인쇄소에 맡겼다가 학교 수업이 끝나면 인쇄된 신문을 가지고 왔다. 교인들과 마을 주민들에게 배포하곤 했는데 어느 날 그 학생이 오지 않았다. 그 시간에 형사들이 차를 타고 와 아무 말도 없이 머뭇거렸다. 무엇 때문에 왔는지 물어보니, 절단기로 자른 새암지를 내놓았다. 이번 교회 신문에 정부의 농업 정책이 잘못되었다고 비판하고, 남북이 무기 경쟁을 그만두고 서로 용서하고 돕고 사랑하며 사는 것이 하나님의 뜻이라고 한 설교문을 문제시했다고 했다. 형사들은 이번 신문을 배포하지 않을 수 있냐고 물었다. 또 그동안 만든 새암지를 가져가 볼 수 있겠냐고 했다. 모아두었던 것을 순순히 내주었다. "새암지 절단하여 못 쓰게 한 걸 사과하고 물어내라"라고 말했어야 하는데 그런 말은 꺼내지도 못했다. 형사들 앞에서 나는 순한 양 같았다. 내가 교회 신문 문제로 경찰에 왔다 갔다 하게 되면 자주 쓰러지는 아내에게 큰 일이 생길 것만 같았다. 그 이후 그들은 다시 오지 않았다.

1987년도에는 새암지 이름을 「새암의 소리」로 고치고 더 많은 이에게 배포했다. 마을 밖에도 교회 신문을 퍼뜨렸다. 다른 마을 이장들이나 지도자들에게도 우송했고 염치파출소장과 우체국장에게도 보냈다. 온양경찰서장에게도 발송했다. 교회 신문을 통해 불법적으로 정권을 잡고 폭력을 일삼는 전두환 정권이 잔악한 정권이라는 것을 널리 알려서 불의를 미워하시는 하나님의 뜻을 보이고자 함이었다. 그런 정권에 대하여 국민은 어떻게 생각하고 어떻게 행동해야 좋을지에 대한 목회자의 생각을 전하고자 했다. 새암지에는 다음과 같은 문구가 항상 있었다. "당신은 온 우주에 단 하나뿐인 귀하고 값진 사람입니다."

13. 1984년의 일들

1) 아들이 보낸 편지

나는 나이는 들었지만 생각하는 게 어린애 같았다. 당장 하고 있는 일에만 몰두하며 살았다. 불효자식이었고 형제들과도 대화하며 지내지 못했다. 오랜만에 서울에 가도 아들딸과 따뜻한 대화 한번 못 하고 내려오곤 했다. 어느 날 아들에게 미안한 생각이 들어서 말을 걸었다.

"아들아, 미안하다. 오늘도 너랑 차분하게 대화를 못 하고 내려간다. 아빠에게 하고 싶은 말이 있으면 편지로 말해 줄래? 그러면 아빠가 답장으로 말할게. 안녕." 며칠 지나지 않아 아들이 보낸 편지가 왔다. 반갑고 가슴이 뛰었다. 내용은 아주 간결했다.

"시골 목회는 시골 출신이 하는 거 아닌가요? 아빠는 왜 엄마를 고생시킵니까? 아빠는 왜 자녀 교육에 대한 책임을 지지 않습니까?"

못된 아빠에 대해 많이 생각하고 쓴 편지였다. 유구무언인 나는 한참 고민하다가 답장을 보냈다. "순교자와 그 가족을 생각해라." 내 편지를 받아 보고 아들 가슴이 얼마나 아팠을까 생각하니 내 가슴 역시 아파 오는 듯했다.

2) 남매 고아와 함께 살기

1984년에 독쟁이라는 멀지 않은 동네에 남매 고아가 생겨 아내가 데리고 와서 함께 살았다. 함께 살면서 어려움이 생기자 아내가 자주 마음을 상해 했다. 그러나 참아 가며 1년간 함께 지냈다. 남매 중 큰 아이는 성장하여 백령도에 사는 어부와 결혼해서 우리를 초청하기도 했다. 남매를 낳고 힘든 일들을 헤쳐 나가며 잘살고 있다.

3) 새암교회 예배당 짓기

1984년 여름에 묘동교회 대학생들이 장로회신학대학의 오성춘 교수님과 수련회로 새암집교회에 왔다. 새암집교회는 이름대로 새암교회 목사 가족이 살림집으로 쓰는 곳이다. 그러다가 교인들이 기도실이나 예배실로 쓰게 될 때에는 살림 용품들을 치워서 예배실로 쓰기 때문에 불편함이 적지 않았다. 오 목사님은 이런 점을 동산교회와 묘동교회에 알리면서 지원을 요청했다. 두 교회의 지원이 있었고 나의 친족과

새로 지은 새암교회의 봄

지인들도 많은 도움의 손길을 보냈다. 몇몇 재미교포도 지원금을 보내주었다.

서원리 사람들은 처음 집교회를 지을 때처럼 열심히 자원봉사를 했다. 이런 아름다움들이 모여 교회가 제모습을 드러내자 색칠공들이 녹색으로 지붕에 옷을 입히고 벽에는 백색으로 옷을 입혔다. 세모뿔 종탑에도 녹색으로 칠하고 꼭대기 십자가는 흰색으로 칠했다. 교회 앞에 튤립 꽃들이 얼굴을 내밀면 교회는 더욱 예뻐 보였다. 뿌듯했다. 교회가 아름답다며 사진기에 담아가는 이들도 생겼다.

4) 마을 주민들을 위태롭게 하는 일들

1984년에 주민들을 위태롭게 하는 일이 벌어졌다. 채석회사에서 발파작업을 불규칙하게 했고 위험한 상황이 발생했다. 그러나 이를 지적하고 비판하는 이는 아무도 없었다. 나는 채석회사 직원들에게 쓴소리를 했고 마을 주민들과 함께 발파작업을 똑바로 하라는 시위도 벌였다. 그들은 비판을 받을 때는 언제나 잘하겠다고 약속했지만 그때뿐이었다. 어느 날 아침, 채석장에서 돌덩이가 튀어나와 일하던 마을 아주머니의 머리에 떨어졌다. 즉사했다. 마을 주민 모두가 슬퍼했다. 이 사고 발생 후 채석장에서는 5년간 아무 소리도 나지 않았다.

14. 아산 인권선교위원회의 출범

"사람은 태어날 때부터 자유하며 존엄과 권리가 동등하다. 사람은 태어날 때부터 천부적으로 이성과 양심을 가지고 있으므로 서로 형제자매의 정신으로 행동해야 한다."

이 명언은 1, 2차 세계대전의 참극을 겪은 뒤 1948년 12월 10일 유엔(UN)이 전 세계에 내놓은 인권선언이다. 사람들은 이 선언에 공감했다.

민주국가에서는 자기 나라를 정의롭고 복된 국가로 만들어 나가기 위하여 나랏일을 하는 이들이나 국민들이 공법 준수를 매우 중히 여긴다. 국회의원이나 대통령 선거를 할 때에는 후보자의 애국심이나 준법정신, 능력이나 성실함 등 여러 가지 면을 자세히 살핀다. 나라를 이끌어 갈 인물 선출은 매우 중요하여 그 준비에 심혈을 기울이는 것이다. 그러나 불행하게도 한국에서는 1961년부터 민주 방식의 대통령 선거를 하지 못했다. 육군 소장 박정희가 1961년 5월 16일 군사정변을 일으켰기 때문이다. 그는 한국 최초로 민주정치의 꽃을 피우고 있던 장면 정권을 무능하다며 헌정을 파괴했다. 정권 야욕에 불타는 자의 눈에는 공법과 국민의 평안이 보이지 않았다. 그는 1972년 10월 17일, 대통령 선거는 통일주체국민회의를 통한 간접선거로 하며, 대통령에게 헌법의 일부 효력까지 정지시킬 수 있는 긴급조치권을 부여한다는 내용의 유신헌법을 발표했다. 10월 18일에는 집회와 시위 금지, 언론 사전 검열, 대학 임시 휴교, 위반자는 영장 없이 수색하고 구속한다는 계엄령을 선포했다. 그는 이런 식으로 정치를 해나갔다.

박정희는 한국을 최빈국에서 벗어나게 했으며, 새마을운동과 경부고속도로 착공 등으로 근대화를 앞당긴 대통령이라고 해서 추앙받기도 했다. 그러나 그의 통치 기간에 있었던 비인간적이고 반인권적 일들은 그가 남긴 업적들을 다 지워버리고도 남을 만한 흑역사였다. 많은 무고한 사람이 박 정권에 의해 억울한 누명을 썼고, 고문당하고 옥살이를 하거나 죽임을 당했다.

박정희 정권은 1974년 4월, 민주청년학생총연맹 관련자 180명이 불온 세력의 조종을 받아 국가를 전복하려고 했다며 소위 민청학련 사건을 발표했는데, 이는 혐의자들을 고문하여 조작한 사건이었다. 1975년 4월에는 북한 공산당의 조종을 받고 민청학련을 지원한 인혁당원 25명을 검거했고, 4월 9일 이들에 대한 판결이 내려졌다. 이들 중 17명은 무기징역을, 8명은 사형 선고를 받았다. 8명에 대한 사형은 18시간 만에 집행되었다. 유족들은 분통함을 못 견뎌 길거리에서 뒹굴며 몸부림쳤다. 4월 10일, 연미사를 올리기 위해 성당으로 향하던 송상진의 주검을 경찰이 빼앗아 화장해버린 사건이 발생했다. 주검에 남아 있을 고문 흔적들을 감추려 함이었다. 이 사건도 중앙정보부가 무고한 국민을 감금 고문하고 조작하여 학살한 비통한 역사적 사건이었다.

1979년 10월에는 부마항쟁이 일어났다. 그 후 유신체제에 대한 범국민적 저항운동이 전개되었고, 10월 26일에는 마침내 김재규에 의해 박정희 대통령이 암살당했다. 유신체제는 막을 내렸고 민주화 운동의 열기가 높아 가고 있을 때 전두환이 등장했다. 그는 12.12 군사 반란을 일으켜 군을 장악하고, 1980년 3월 중앙정보부장이 되어, 5월 17일 정국 수습을 위함이라며 비상계엄을 선포하고 사회 혼란 발생시에는 군부가 진압한다는 계획을 세워 공포했다. 5월 18일 광주에서 민주화 시위가 일어나자 헬기까지 동원한 군인들이 학생들과 시민들을 잔혹하게 진압했다.

예언자 아모스는 "정의를 강물처럼 흐르게 하여라. 서로 위하는 마음 개울같이 넘치게 하여라"(암 5:24)라고 외쳤다. 하나님을 믿으며 기도하는 이들은 아모스의 예언을 하나님의 말씀으로 믿는다. "너희는 먼저 하나님의 나라와 하나님께서 의롭게 여기시는 것을 구하여라"(마 6:33)라는 예수님의 말씀을 기독교인들이 실행해야 할 말씀으로 믿는다. 성경 말씀을 실천해야 하는 기독교인들은 박정희와 전두환의 독재 정치를 반대하고 막아내야 했으나 독재 정권이 두려워 그렇게 하지 못하고 전전긍긍하였다. 박정희가 사망하고 전두환의 잔악한 통치를 보며, 아산의 개신교 목회자 십여 명이 1984년 5월 6일 "하나님의 지음 받은 인간은 누구나 하나님 앞에서 동등하게 존중받을 권리가 있다"라고 선언하면서 인권선교위원회를 출범시켰다.

인권선교위원회 창립 후 아산에서는 10여 명의 위원이 활동했다. 독재 정권을 물리치기 위하여 기도회나 행진이나 시위에 많이 참여했다. 포악한 정권을 타도하는 일이 너무도 급하고 중요했기 때문이다. 아산 지역의 감리교 목사 서너 명과 장로교 목사 네 명과 성공회 신부가 시국 문제를 가지고 기도회를 열었다. 형사들은 우리의 움직임을 늘 감시했다. 서울 기도회나 시위행진에 수없이 참여했는데 무수히 최루탄 연기를 마셔야 했다. 평화행진을 하고 있을 때 나를 포함하여 아산인권선교위원들 여러 명이 전투경찰들에게 폭행을 당하기도 했고, '닭장차'라고도 불리는 경찰차에 실려 가기도 했다.

충남노회에 나를 사랑하는 선배 목사님이 있었다. "내가 임 목사를 사랑해서 하는 말인데 나라가 이렇게 시끄러울 땐 가만히 엎드려 기도해야 하는 거야"라고 조언했다. 나는 그런 말을 해주는 목사님에게 뜨거운 마음으로 시국 현황에 대해 이야기하고 이번 새문안교회 기도회에 목사님 같은 분이 함께해야 한다고 권유했다. 그분은 기도회에 참석했고 평화행진을 하려 했는데 할 수가 없었다. 전투경찰들이 지랄탄이라고 불리는 최루탄을 수없이 쏴댔기 때문이다. 나를 사랑하는 목사님이 사랑하는 후배 목사 때문에 지랄탄이라는 악명 붙은 최루탄 냄새로 엄청난 고생을 하였다.

이 나라를 민주국가로 다시 만들려고 투쟁해 온 단체들이 1987년 6월 10일에 전국에서 일제히 봉기하자고 결의했다. 6월 9일 저녁에 염치 파출소장과 염치면 직원이 나를 찾아왔다. 웬일이냐고 물었더니 "오늘부터 목사님을 보호하라는 상부의 명을 받고 왔습니다"라고 파출소장이 말했다. 내일 아침에 나오는 버스 타고 온양에 가서 천안역에 가려고 하니 아침에 버스 정류장에서 보자고 하고 웃으며 헤어졌다. 6월 10일 아침 일찍 버스 정류장에 나가니 파출소장 홀로 서 있었다. 차가 오지 않아 염치파출소까지 2Km 거리를 파출소장과 단둘이 걷게 되었다. 파출소장이 먼저 입을 열었다. "목사님, 왜 이러세요?" 나 때문에 자기가 힘들다는 뜻이 담긴 물음이었다. 나도 입을 열었다. 아주 보잘것없는 시골교회 목사가 왜 전두환 정권을 타도하고자 하는 이들과 함께 독재 타도를 외치는지 열변을 토했다.

파출소장과는 염치에 와서 헤어지고 온양으로 가서 천안행 버스를 타고 천안역 위쪽 약속된 곳에 가서 우리 교인 세 명과 함께 '전두환 정권 타도와 호헌 철폐'를 외치는 대열에 합류했다. 전투경찰들이 몽둥이를 들고 도열한 채 시위 군중들과 함께하고 있는 우리를 짓밟을 것처럼 군화 소리를 내며 위협했다. 전국 각지에서 성난 국민이 모두 나서 봉기하고 있었기에 전투경찰의 몽둥이와 군홧발 소리로 6.10 봉기를 막을 수는 없었다. 잔악한 전두환 정권은 독재 타도를 외치는 국민 앞에 굴복하지 않을 수 없었다.

15. 서원리 맑은 냇물에 흐르는 똥물 사건(1985년)

서원리 사람들이 애용하는 기와내 맑은 냇물은 채소를 손질하는 곳이요, 사람들 몸 닦는 곳이요, 어린이들이 헤엄치는 곳이다. 채석장 사고가 발생한 지 일 년이 지난 봄, 이 맑은 냇물에 많은 양의 똥물이 떠내려왔다. 모두 놀랐다. 대책을 의논하자고 했다. 이런 일이 일어나게 한 곳은 보통 민가가 아닐 것이니 큰 축사가 어디에 있는지 알아보자고 했다. 의심되는 곳은 기와네에서 상류 쪽으로 2Km쯤 올라가면 나오는 신수리라는 마을. 그 마을 입구 부근 높지 않은 산으로 길이 나 있는데 그곳에 큰 사업장이 있어 보인다고 했다. 사업장 앞 경비실에서는 엄하게 출입 통제를 하는 것 같다고 했다. 그곳이 의심된다는 결론이었다. 그곳에 가봐야 한다는 의견이 모아졌다. 출입이 불가할 텐데 어떻게 하냐는 걱정이 나왔다. 그럴 땐 밀고 들어가자며 생각을 모았다.

네 명이 오토바이를 타고 갔다. 경비실에서 출입이 막혔지만 밀고 들어갔다. 경비원은 성난 티가 나는 우리를 막지 못했다. 들어가 여러 곳을 둘러보았다. 정화조 시설이 보였다. 제법 커 보였지만 모양 내기로 만들어 놓은 것 같았다. 작은 언덕 아래에는 죽어서 버려진 듯한 새끼 돼지 한 마리가 있었다. 큰 건물 안에는 큰 돼지들이 많았는데, 그 가운데 특별 대우를 받고 있는 어미 돼지들도 보였다. 건물들 위 높은 지대로 올라가니 폭 10m에 길이 20m쯤 되어 보이는 검은빛 호수가 두 군데 있었다. 호수가 검은 건 그 속이 돼지 분뇨로 가득 차 있어서였다. 호수 낮은 지점 아랫부분에는 제법 굵은 플라스틱 호스가 박혀 있었다. 호수의 출구는 막아 놓은 것 같았다. 밤이 되거나 비가 오는 날이면 호수에 쌓여 있는 검은 분뇨를 방출하는데 그 양이 많아 이번엔 서원리 마을 사람들 눈에 띄었던 것이다.

신수리 사업장을 살피고 온 지 며칠 지난 수요일 저녁 예배 때에는 정장 차림의 낯선 어른 한 분이 참석해 있었다. 예배 후 그분에게 자기 소개를 해달라고 요청했다. "저는 사조축산 부이사장입니다. 목사님 말씀은 많이 들었습니다. 요전에 저희가 큰 잘못을 했습니다. 다시는 그런 일이 없게 하겠습니다." 나는 그 말을 믿었다. 젊은이들 몇 사람에게 사조축산 부이사장이 한 말을 전해 주며 믿고 기다려 보자고 다독였다. 만일 똑같은 일이 생기면 그때는 경운기에 마을 사람들 싣고, 천막이랑 먹을 것 싣고, 신수리 사업장 입구를 막아 놓고 시위하자고 말했다. 부이사장이 다녀간 뒤 어느 날 비가 내리는데 신수리 사조축산에서 방류한 돼지 분뇨가 냇물을 타고 내려오는 걸 또 보게 되었다. 서원리 사람들은 경운기 두 대에 나눠 타고 신수리로 올라갔다.

나쁜 일을 막기 위해 마을 사람들이 모두 나서서 행동을 같이 한 것은 좋았지만 깨끗한 냇물을 지켜내는 일은 무척 힘들었다. 여러 가지 방법으로 많이 노력하며 싸웠으나 힘을 가진 이들과 농민들 간의 싸움에서 정의로운 뜻을 내놓고 싸우는 일은 너무 힘들었다. 행정을 다루는 이들은 농민들에게 생긴 문제를 다룰 때 바른 요구를 듣지 않고 힘 가진 쪽을 돕는 것같이 보였다. 일 년 동안 서원리 사람들도 애썼고 사조축산에서도 여러 가지 힘겨운 일을 했다. 그러나 번번이 실패했다. 흡족한 개선은 없었다. 서원리 사람들은 사조축산에서 나오는 물은 무조건 기와네 개울이 아닌 곳으로 빼내라고 요구했고 사조축산에서는 이 요구에 응하지 않을 수 없게 되었다.

16. 『빛과 소금』 창간호에 실린 새암교회

『빛과 소금』이라는 기독교 잡지 창간호에는 내가 쓴 글 한 쪽 분량이 실렸고, 그 다음 호에는 기자들이 살펴본 서원리 마을 풍경과 새암어린이집 이야기가 실렸다. 이 잡지에 나와 새암교회 이야기가 실린 것은 교회와 나에게 영예로운 일이었다. 그런데 이 잡지는 딱 두 번 출간되고 사라져버렸다. 그 이유를 알아보니, 이 잡지를 출간한 사람이 1970~80년대에 문화방송 라디오 프로듀서 고무송 씨였기 때문이다. 잔악한 신군부 세력은 바른말을 들을 수 없고 바른 글을 볼 수 없어서 고무송 시를 해직시켰는데 그런 사람이 펴내는 잡지가 널리 읽히는 걸 보고만 있을 수는 없었기 때문이라고 짐작되었다.

17. 쓰레기 줍는 사람(1988년)

서원리에 가끔 쓰레기가 보이는데 그걸 줍는 이는 아무도 없었다. "그럼 누가 주워야 할까? 어떤 사람이 줍는 게 가장 좋을까?" 생각하니 그게 나였다. 지식이 많은 건 아닌데 가방끈이 제일 길고 경력도 제일 화려하다고 여겨 교만심이 가끔 생기는 내가 쓰레기꾼이 되면 좋겠다는 생각이 들었다. 교만한 마음으로 시골 목회를 하면 안 되겠으니 나 같은 목사가 쓰레기를 줍는다면 나 자신이 먼저 겸손을 배우게 되니 참 좋겠다고 생각해서 일주일에 한 번 한두 시간 일하기 시작했다. 길가 쓰레기를 주우니 마을이 깨끗해지고 내 겉모습도 점점 더 겸손한 인간으로 변하는 것 같았다. 거의 십 년간 이렇게 했더니 강희선 권사님이 내가 하던 일을 빼앗아 갔다. 하던 일은 빼앗겼지만 마을 어귀에 광고판 모양을 세워 놓고 몇 글자를 적어 놓았다. "우리 마음 좋아지면 우리 마을 좋아지고, 우리 정신 바로 되면 우리나라 바로 된다."

18. 총회 총대 선출

노회 이야기이다. 나는 노회가 무엇인지도 몰랐다. 목사는 누구나 노회원이므로 노회에 참석해야 한다는 것을 알게 되어 몇 차례 참석해 보았다. 나는 충남노회 소속의 목사였다. 노회에서 목사나 장로들이 총회 총대로 선출되려고 상당히 애쓰는 것을 알게 되었다. 노회에서 총회에 참석할 자격자라고 인정을 받아야 총회 총대가 되는데 고참 목사나 장로들은 총회 총대로 뽑히는 것을 가장 중요하게 생각한다는 걸 알게 되었다. 그런데 노회원들이 제각각 이름을 적어내면 총회 총대를 뽑기가 어렵다. 그래서 이번 총대는 ○○○를 적어 달라는 뜻으로 이름을 적어 돌려서 그대로 하면 쉽게 총대를 선출할 수 있었다. 그런데 그렇게 선출하면 이름을 적어 돌리는 사람의 뜻대로 총대가 뽑히는 것이므로 부정이 생길 수 있고 비민주적 선거가 되는 것이 문제였다. 그런데 충남노회는 이런 방법으로 총회 총대를 선출했다.

1986년도에도 노회에서 쪽지가 돌았다. 나는 일어서서 발언했다. 작은 미자립교회, 존재감이 없는 작은 목사가 발언권을 얻고 일어서니 노회 장소는 조용해졌다. 노회는 사회를 선도하는 곳이어야 한다고 할 수 있는데, 이렇게 쪽지를 돌려서 총회 총대를 선출하는 것은 너무도 부끄러운 일이요 비민주적 행태이니 당장 고쳐야 하지 않겠느냐고 말했다. 반론은 없었고 그저 침묵만이 흘렀다. "그래 됐어. 이렇게 조용히 들었으니까 이제 쪽지 돌리기는 안 할 거야"라고 혼잣말을 하며 미소 지었다. 그러나 나는 너무나 순진해서 노회 정치판을 잘 몰랐다. 그다음 해에도 쪽지는 돌았고 쪽지대로 선출되었다.

1988년 노회 때였다. 후배 목사 하나가 찾아왔다. 그는 내 방에 앉자마자 "목사님, 목사님이 바라는 대로 고쳐지지 않으니 이번 노회 때에는 저희가 노회 정치판을 바꿔보겠습니다. 목사 40명이 함께하기로 했습니다. 대신 목사님은 십자가를 질 각오를 하셔야 합니다." 이 말에 십자가는 내가 지겠다고 답했다. 그러자 목사 40명이 다른 이름은 안 쓰고 모두 내 이름만 쓰겠다고 약속했다. 그 약속은 그대로 이행되었고 미자립교회 목사 임인수가 깜짝 총대가 되었다. 노회원들은 어이없어하며 낮은 소리로 수군거리기만 했다. 총회에 가고 싶은 마음이 전혀 없는 내가 총대가 되었다. 기쁘지 않았다. 내게는 욕먹을 일만 남아 있어서 걱정되기까지 했다. 여하튼 나의 1988년도 총대 선출은 충남노회의 역사적 사건이었다.

19. 온양농아인교회 어린이들을 위한 교사 활동

온양농아인교회에 어린이들을 교육해 줄 교사가 필요하다는 소식을 들었다. 교인들과 의논하여 예배 시간을 30분 앞당겨서 드리고, 마치면 버스로 농아인교회에 가서 어른 예배에 방해되지 않게 어린이들과 함께했다. 학생이나 청년 한두 명과 함께 농아인교회로 가서 12시부터 1시간 동안 어린이들 맡아 놀며 가르쳤다. 나중에는 이흥일 집사가 준 프라이드 승용차로 오갈 수 있어서 편했다.

20. 전두환 정권 퇴진 후 어느 학교 교정 부흥회

전두환 정권이 물러선 뒤 어느 날 여중고 교정에 감리교단의 유명 부흥사가 온다는 말에 꽤 많은 이가 몰려올 것이 예상되었다. 인권 선교활동을 하는 목회자들은 이때를 아주 좋은 기회라고 여겼다. 문익환 목사님이 구속되고 그가 많은 비판과 조롱을 받고 있을 때였다. 수배자도 많고 구속자도 많을 때인데 교인들 대다수는 이런 현실에 대해 모르고 있었다. 부흥회가 끝나고 돌아갈 시간에 시국 성명서를 나눠 주면 좋을 것이라 생각하고 시국 성명서를 급히 만들어서 귀가하는 이들에게 나눠 주었다. 우리는 하고 싶었던 일을 계획대로 해서 기분이 좋았다. 다음 날 부흥사는 모인 이들에게 힘주어 가르쳤다. "인권선교 활동하는 목사들이나 신부들은 빨갱이 같은 자들"이라고. 인권선교위원들은 그를 찾아가 그의 무지한 언행을 지적하고 깨우치려 했다.

21. 새암교회의 청년들 모임: 새암동무회(1990년)

새암교회의 학생들이 청년들이 되니 모임을 만들고 싶어 이름을 무엇으로 할지 의논하는데 결정하기가 어려웠다. 이때 내가 의견을 냈다. 새암동무회로 하면 어떻겠냐고. 동무라는 말은 이북 사람들에게 빼앗겨서 그들만 쓰는 말로 생각하는데, 이 낱말은 친구의 순우리말이므로 많이 써야 좋을 것이라고 생각했다. 청년들도 같은 생각이어서 새암동무회라고 정했다. 1990년대 말에는 열댓 명이 만나 웃고 떠들며 자주 모였고,「새암의 소리」라는 교회 신문까지 만들었다. 그러나 쓸모가 많아진 이들은 시골에 갇혀 살지 않았다. 하나둘 도시로 진출했다. 새암동무회는 몸집이 작아져 갔다. 점점 작아지더니 사라졌다. 무척 서운했다. 그러나 그들은 없어진 게 아니라 그들을 필요로 하는 곳에서 새암인으로 살고 있다고 확신하며 자위했다.

교회를 떠난 새암동무회 회원들은 어떤 생각으로 일하고 있을까, 가장 열심히 돕던 청년의 글을 뒤적여 보았다. 1990년 1월 27일자 「새암의 소리」에 실린 그의 글이다.

"지난 1980년대는 독재체제에 반대하는 민주화 운동이 타오르던 시대였다. 나라의 자주화와 사회의 민주화를 어느 때보다 더 많이 부르짖었던 시대, 독재체제와 독점재벌들의 횡포, 억압에 못 이겨 터진 민중의 아우성이 바로 1980년대를 장식했다. 특히 작년 한 해는 나라 안팎, 세계 곳곳에서 많은 뜻깊은 일들이 일어났다. 우선 우리 국민의 최대 염원인 통일과 관계된 남북의 장벽을 무너뜨리기 위한 일, 임수경 언니의 세계 평양학생축전 참가는 우리나라와 처지가 비슷한 저 동서독의 베를린 장벽이 무너지는 것을 보면서 더욱 가슴 뭉클하였다. 이러한 시대적 배경을 안고 사는 우리나라의 많은 사람들, 학생, 노동자, 또 직장인으로 자리하면서 우리나라를 움직여 왔던 중심 세력은 바로 젊은이들이다. 젊은이들, 이들이 어떻게 하느냐는 나라의 장래를 결정할 만한 매우 중요한 일이다."

이 글을 보면서 이 청년이 어떻게 살아갈지 짐작되었다. 새암교회 학생들도 청년이 되면 도회지로 나가 교회 일꾼이 없게 된다는 안타까움도 배어 있다. 새암동무회 회원들은 2~3년 활기를 보이다가 두 명만 남긴 채 사라졌다. 그 후 새암교회에 있다가 어디론가 가버린 어린이, 학생, 청년 노릇을 몽땅 해주는 것 같은 젊은 엄마들 모임이 생겼다. '마리아회'다. 이들은 목사가 하는 일을 도와 교회를 위해 믿음의 선배들이 보여준 모범을 따라 해보려고 애썼다. 그 모습이 매우 예뻤다.

22. 교인들의 생각을 묻다(1994년)

오르간을 연주하고 있는 임인수 목사

교회 창립 15년이 되는 연말에 내가 무능해서 교회가 발전하지 않고 있다는 생각이 들었다. 교회를 떠나고 싶은 마음이 생긴 건 아니지만, 교인들에게 내가 얼마나 더 새암교회 목사로 있어야 좋을지 물어보고 싶었다. 설문지를 돌렸다. 임인수 목사가 새암교회에 몇 년 더 있기를 바랍니까? 아래에 ○표 해주십시오. 1년, 2년, 3년, 5년, 10년, 목사가 죽을 때까지. 어른들은 어리둥절해하는 모습이었고 젊은이들은 흥분하는 듯했다. '왜 이런 걸 묻는가? 목사가 교회를 떠나려고 묻는 건가? 안 돼!' 하는 분위기가 엿보였다. 이날 모인 이들은 40명쯤 되었는데 3년과 5년에 동그라미 표시를 한 이가 있었다. 나머지는 모두 목사가 죽을 때까지 새암교회에 있어야 한다는 곳에 표시했다. 몇몇 청년은 설문지 뒷면에 왜 죽을 때까지 있어야 하는지 그 이유를 가득 적어 놓았다.

23. 가을에 스위스에 다녀오다

1994년, 스위스 기독교연합회에서 나를 초청했다. 왕복 여비를 포함한 여행경비 일체를 기독교연합회에서 부담하는 여행이었다. 총회 농어촌부 총무 박노원 목사님이 동행했다. 처음 우리의 식사를 맡은 이는 토불러 목사 부부였는데, 우리가 아침에 일어나는 시간이 부인 목사님의 출근 시간이어서 남편인 토불러 목사님이 사흘 동안 아침 식사를 차려 주었다. 꽤 인상적이었다. 스위스 기독교연합회 임원들과의 좌담회도 있었다. 영어로 대화하는 자리였는데 아쉬웠다. 그들이 묻는 말에 응답할 수 있는 영어 실력이 없었기 때문이다.

뮌츠마이어라는 곳에서는 마을 농민들이 어떻게 살아가는지 볼 수 있었다. 이 마을의 한 가정에서 식사를 제공받았는데 그 집 부인은 한국 김치 만드는 방법을 배워서 양배추로 만든 김치를 내놓았다. 정성껏 섬기는 모습이었다. 스위스는 농민들이 잘살 수 있도록 정부가 다방면으로 지원한다는 것을 알게 되었다. 많은 것이 한국과 달랐다. 유명 관광지에도 가보았다. 스위스는 시골이나 관광지 어디에서도 담배꽁초나 쓰레기 조각 하나도 볼 수 없었다. 전체가 깨끗하고 아름다웠다. 그들은 깨끗함과 아름다움을 유지하려고 전 국민이 철저히 법을 지키며 노력하고 있었다.

24. 교통사고로 중상을 입다

교회와 나를 위해 도움을 주려고 늘 애쓰던 이홍일 군이 미국에 가면서 준 경차 프라이드를 잘 애용하고 있을 때였다. 1996년 12월 15일, 성탄절과 연말에 필요한 것들을 구입하고 오후 1시경 염치읍 굽은 큰 길에 들어서는 순간, 벼락 졸음이 와서 굽은 길에 맞게 운전하지 못하고 타력으로 직진했다. 이때 맞은 편에서 달려오던 트럭과 정면으로 충돌했다. 내 차는 충격으로 높이 4~5m 둑을 굴러 논으로 떨어졌다. 프라이드는 밟힌 깡통 모양이 되었고, 차 안의 나는 턱과 이마에서 피가 나와 얼굴은 피투성이가 되었다. 양쪽 갈비뼈는 세 개씩 부러져 폐로 피가 고이고 있었다. 사고 대책반원들이 차 문을 뜯고 나를 꺼내는 장면을 목격한 마을 사람이 이 소식을 마을에 알리니 내가 죽을 것 같다는 소문이 순식간에 퍼져 나갔다.

나를 위기에서 건져 보려고 나선 교인과 마을 주민이 나를 싣고 온양 공립병원으로 갔다. 공립병원에서는 큰 병원으로 가야 한다면서 피가 폐 쪽에 고이면 호흡이 안 되어 병원 도착 전에 사망할 수 있으니 폐 쪽에 고이는 피가 자연히 밖으로 빠지도록 갈비뼈 사이에 구멍을 뚫어 호수를 넣고, 반대쪽에는 플라스틱 통을 달아매는 응급조치를 해주었다. 그 후 곧바로 순천향병원을 향해 달려갔다. 많은 분이 병원으로 찾아와 기도해 주었고 아내를 위로해 주었다. 병원에서는 여러 가지 진료를 해주었다. 정성스런 진료를 받은 결과 입원 한 달 만에 목발을 짚고 교회로 돌아왔다. 서원리 주민들은 기뻐하면서 이구동성으로 "하나님이 목사님을 살려주셨다"라고 말했다. 서원리 사람들 말대로 하나님이 나를 살려주셨다. 교회로 돌아왔지만 여기저기 통증이 심해 고생을 많이 했다. 물리치료사의 조언을 받아 가며 안 되는 동작이 되도록 진통소염제를 복용하고 아픔을 견뎌 가며 재활 운동을 했다. 애쓴 결과가 있어 여름 학생수련회를 할 때는 내가 봉고차를 몰고 강원도 치악산까지 다녀왔다. 기적이었다.

25. 새암교회 땅 구입을 위한 모금운동

1996년부터 1년간 땅값이 오르기 전에 교회 땅 구입을 위한 모금을 하면 좋을 것 같아 처음으로 모금 운동을 벌였다. 교인들과 마을 주민들

아산시민연대 회원들과 함께

그리고 사회단체 회원들, 친족들, 지인들이 동참해 주었다. 교회가 사용하고 있는 땅 421평을 매입하기 위해 모금한 금액은 2,370만 원이었다. 1998년 4월 마침내 교회 대지를 구입했다. 대지 130평을 매입하고, 경비를 쓰고 남은 액수로는 남은 땅 291평(전)을 구입할 수 없었다.

26. 아산시민연대 의장으로 추대받다

아산에 사는 청년들이 찾아와 "독재정권이 물러났으니 이제는 시민들의 모임이 필요합니다. 아산시민연대를 만들고자 하는데 의장직을 맡아 주십시오"라고 요청했다. 나는 그런 직책을 맡을 능력이 없기에 거절했다. 더 이상 오해받고 욕먹는 일은 하고 싶지 않은 이유도 있었다. 생각을 며칠 해보고 대답하겠다고 말했다. 생각을 거듭한 후 그들의 요청을 받아들였다. 1998년 3월 19일 창립총회에서 의장으로 추대된 나는 무능한 인물이지만 사무국장이나 각 분과위원장들의 능력에 의지해 9

년간 활동했다. 아산시민연대는 행정기관들을 감시하며 바람직한 의견들을 개진해 나갔다. 시장이나 시의회원들과의 대화도 여러 번 했고, 기자회견도 하고 여러 시민단체와 함께 시위를 하기도 했다. 아산시민연대는 행정기관이나 사회단체로부터 지원을 일절 받지 않고 운영했기 때문에 뜻하는 바대로 운영할 수 있었으나 재정적인 어려움이 많았다. 앞으로는 더 활기 있는 모임이 되어야겠다는 생각으로, 또 나보다 젊고 유능한 인물에게 대표직을 맡겨야겠다는 생각으로 2007년에 사직서를 내고 평회원이 되었다. 대표직은 내게 맞지 않는 옷 같아 불편했는데 평회원이 되니 편안해서 좋았다.

27. 교회 창립 20주년 행사와 도시인의 등록

1999년 3월 13일, 교회 창립 20주년이 되는 주일에는 아산시민연대 회원들과 전교조 소속 교사들, 온양농아인교회 교인들이 참여해 주었다. 설교는 한경호 목사님이 맡아 주었다. 이날 참석한 이들에게는 내가 쓴 『목사님 죽을 때까지』라는 책을 선물로 주었다. 책 제목은 새암교인 대다수가 현재 시무 중인 임인수 목사가 새암교회에서 떠나지 말고 죽을 때까지 교인들과 함께하기를 바라고 있어서 붙인 것이었다. 그 당시 새암교인은 어린이 19명, 학생 32명, 청년 34명, 장년 45명 등 재적 130명이었다.

농촌 교인이 도시교회로 가서 등록하는 이들이 적지 않으나 도시의 큰 교회에서 작은 농촌교회로 옮겨 오는 교인은 드물었다. 그런데 2000년대에 타 지역인 열 명이 새암교회에 등록했다. 이들의 공통점은 목사가 정치권이나 행정부 또는 기업체가 노동자들에게 잘못을 행하면 그

교회 창립 20주년 기념(1999년, 앞줄 오른쪽이 임인수 목사)

에 대해 지적하고 바른말을 하는 것이 좋아서 선택했다는 점이다. 이들 중 여섯은 시민단체에서 중책을 맡아 일하는 이들이어서 교회 생활을 길게 하지 못했으나, 큰 교회에 있다가 온 유준상 집사님과 안성환 집사님은 새암교회를 위해 많은 일을 했다. 이 두 분 가족이 새암교회 교인이 된 후 교회가 달라졌다. 이들은 나이를 보나 교회를 위해 하는 일의 능력으로 보나 장로가 되기에 적절해 보였다. 이 두 집사님은 2008년 10월에 교인들에게 신임을 받아 장로로 선출된 후 장로고시에 합격하고 장로가 되었다. 이 두 장로님은 우리 교회의 큰 기쁨이었으며 충남노회의 좋은 이야깃거리가 되었다.

28. 아산 정신지체장애인들을 위한 활동

이웃을 사랑하자고 설교를 자주 하지만 목사 자신은 어려운 이웃을 위해 봉사하는 일이 별로 없어 부끄럽게 생각하고 있었는데 2001년 10월에 아산정신지체장애자들에게 운동을 시켜 줄 사람이 필요하다는 말을 듣게 되었다. 한 주에 한 번씩 한 시간 동안 젊은 정신지체장애자들을 만나 이야기를 나누기도 하고 함께 걷거나 탁구를 가르치기도 하면서 5년간 함께 했다. 나는 이 시간이 즐거웠지만 나이 많은 내가 이런 일을 하고 싶어 할 젊은이들의 일을 빼앗는 셈이 될 수도 있겠다는 생각이 들어서 더 지속하지는 않았다.

29. 박동현 교수와 묘동교회

나와 신대원 동기인 장로회신학대학의 구약학 교수 박동현 목사는 걸 핏하면 신대원 학생들을 데리고 농촌교회 탐방이라는 이름으로 새암교회와 온양농아인교회를 방문했다. 박동현 목사의 교육 방식은 특이했고, 그의 작은 교회 사랑은 끝이 없었다. 서울 묘동교회에서도 목사님을 비롯하여 장로님들과 권사님들이 한두 차례씩 새암교회를 다녀갔다. 2004년 가을에는 안수집사회에서 처음으로 부부 동반으로 새암교회를 방문했다.

30. 반대를 잘하는 새암교회 교인들

새암교인들은 정부가 하는 일에 반대를 잘한다. 노무현 대통령 탄핵 반대, 명분 없는 전쟁 반대, 추악한 이라크 전쟁터에 국군 파병 반대 등 반대를 잘하는 교회는 분명히 이상한 교회이다. 노무현 정부 시절, 사학법이 개정되었을 때 대부분의 교인은 담임 목사들과 함께 사학법 개정을 반대했다. 개정된 사학법을 다시 개정하기 위해 열심을 냈다. 어떤 이들은 머리를 밀며 사학법 재개정을 주장했다. 그러나 새암교인들은 다른 목소리를 냈다. 해가 가고 또 가도 새암교인들의 반대는 끝이 없었다. 미국산 소고기 수입 반대, 한미자유무역협정 반대, 이명박 악법 반대 등 새암교회는 반대를 하기 위해 태어난 교회 같았다.

31. 호주 시드니교회와 멜버른교회로부터 초청받다

나와 아내는 호주의 시드니교회와 멜버른교회의 초청을 받았다. 알아보니 가난한 작은 시골교회 목사인데 착하다고 소문이 나서 초청하게 되었다고 했다. 시간표를 잘 짜서 가볼 만한 곳을 최대한 볼 수 있게 해 주었고, 끼니때마다 최고의 정성으로 먹을 것을 만들어 와서 대접해 주었다. 모국의 농촌 목사 부부를 섬기는 데에 정성을 다하는 그들을 보며 감동을 받았다. 호주에 머무는 내내 행복했다. 주현신 목사님 부부, 김영섭 장로님 부부, 김동길 집사님, 시드니교회 목사님 부부, 고동식 장로님, 도 집사님 그리고 여러 집사님의 밝은 얼굴이 아직도 아른거린다.

32. 별난 목사, 불안한 목회

나는 생각해 보면 별난 목사였던 것 같다. 마을의 미취학 아동들을 잘 가르쳐 소문이 자자하던 때의 어린이집 교사인 나는 별난 목사였다. 서원리 사람들의 집에 채석장 돌이 날아오는 위험을 막아 보려고 노력하던 나는 별난 목사였다. 사조축산의 폐수 방류를 막아내려고 밤낮없이 애쓰던 나는 별난 목사였다. 서원리 마을 사람들은 별난 목사를 좋아하고 신뢰했다. 나의 별난 언행들이 농촌에 사는 그들을 위한 일이었다는 것을 알기에 신뢰해 주었다.

그러나 1983년 형사들이 다녀간 뒤부터는 마을 사람 중 일부가 나를 의심하기 시작했다. 인권선교 활동을 하거나 민주화 운동을 한다며 시위장에 다니는 목사들은 좌경 용공 분자라고 몰아대는 경찰들의 말을 믿는 마을 사람들이 생겼다. 신뢰를 받고 있어도 제대로 하기 어려운 것이 목회인데, 좌경 용공 분자 같다는 평을 들으며 살았으니, 나 스스로 앞길에 장애물을 놓아 가며 걸어온 별나고 이상한 목회자였다. 그렇지만 나는 불의한 군사정권과 그들의 잘못을 지적하는 대열에 함께하려고 열심을 냈다. 불의한 정권의 악행이 너무 커서 막아내지 않으면 수많은 국민이 큰 피해를 입게 되므로 그것을 막는 일이 급했다. 전두환 정권 퇴진운동은 하나님이 원하시는 일이요, 많은 사람을 사랑하는 일이라고 확신했다. 나의 별난 행위로 교회 생활을 그만둔 교인도 여러 명 있었다. 별나게 사는 나 때문에 부모님과 동생, 어린 남매가 걱정한 때도 있었다. 교인들도 마을 사람들도 걱정했다. 아내는 항상 별난 목회를 하는 나 때문에 걱정이 많았다. 병까지 얻었다.

33. 손가락을 다친 러시아 노동자

야로싱코 에우게니라는 러시아 노동자가 손가락 일부를 잃는 사건이 있었다. 그를 도우려고 병원에 입원한 2005년 2월 초부터 거의 매일 찾아가 우리 말을 가르쳤다. 퇴원 후에는 교회로 데리고 와서 함께 살았다. 그를 보살필 사람이 없어서였다. 그를 노동자로 데려갈 회사도 없었다. 불법 체류자로 등록되어 있어서 내가 데리고 있는 게 제일 안전한 길이라고 생각했다. 우리말을 가르치려고 애썼지만 어려웠다. 그가 혼자 있으면 어떤 어려운 일이 생길지 몰라 목사들 모임이 있을 때마다 데리고 다녔다. 정해진 보상금을 받아 귀국하게 될 때까지 도와 보려고 애썼다. 다친 곳이 아물고 보상금을 받았다. 보상금을 본가로 송금하고 그는 귀국했다. 아내가 출국을 도와주었다.

34. 새 강대와 강대상 만들기

새암교회는 아름답게 지어졌다. 규모가 크지 않지만 유럽의 시골교회 같은 외관이었는데 내부는 작고 어두워 답답한 점이 있었다. 2005년 8월, 안성환 집사님이 강당 쪽 지붕을 통해 자연광이 들어오게 하자는 의견을 냈다. 잡부 목사인 나는 즉시 동의하고 지붕 일부를 잘라내어 개조하니 밝은 빛이 넘치도록 들어왔다. 이런 강단을 만들기 위해 잡부 목사는 사다리를 수없이 오르내리며 땀을 흘렸다. 세상이 달라진 느낌이었다. 이제는 이런 강단에 어울릴 만한 강대상이 필요했다. 그런데 구할 수가 없었다. 기성품으로 나와 있는 강대상은 모두 비싸기도 했고 우리 강단에 어울리는 게 하나도 없었다. 안성환 집사님은 강대상을 나보고 만들어 달라고 요청했다. 내가 만든 십자가를 보고 만들 수 있을 걸로 생각했던 것 같았다.

새 강단에 어울릴 만한 강대상을 만들려면 우선 적절한 재료들을 구해야 했다. 목재소에서 쓸모가 없이 추녀 아래 버려져 있는 기둥 하나를 구했다. 목재소에서는 그냥 가져가라고 했다. 문금교회에 한번 쓰고 놓아둔 떡판이 있었는데 그것을 달라고 해서 가져왔다. 우리 교회 공사 때 쓰고 남아 있는 자투리 목재들도 재료로 썼다. 산에서는 자잘한 나뭇가지를 잘라 오기도 했고, 잡목 뿌리를 가져와 쓰기도 했다. 큰 재료나 자

새암교회 강단

잘한 재료들이나 정성을 다해 자르고 굽고 갈고 닦아 가며 거의 한 달 동안 끙끙댔다. 꾀를 다 짜내가며 만들어도 뭔가 잘못되기도 했다. 그러면 고치거나 다시 만들기도 하며 시중엔 없는 별난 강대상을 만드니 이런 것들이 아름다움을 드러내며 새 강단과 잘 어우러졌다. 잡부 목사가 만든 강대상은 새 강단을 아름답게 해주었다.

35. 2007년 3월에 만난 탈북민

아산시민모임 회원 중 한 분이 탈북인이 병원에 입원해 있는데 어려움이 많으니 도와주면 좋겠다고 제안했다. 병원에 입원하고 있는 그를 만나 여러 가지 대화를 했다. 탈북할 때 가족을 모두 데리고 오지 못하여 남아 있는 가족들이 어려움을 당할 것 같아 걱정을 많이 하고 있었다. 그러나 이북에 남겨진 가족들에게는 도움을 줄 수 없고 탈북한 김기영(가명) 씨만 도와줄 수밖에 없었다. 그는 나를 형이라고 부르고 아내를 형수라고 부르기까지 했다. 그러나 오토바이를 타고 다니다가 계속 사고가 나서 병원을 자주 드나들었다. 그러다가 교회에 출입하기까지 했다. 그렇다고 교인이 된 것은 아니다. 이 사람은 지금도 어려움 중에 살아가고 있지만 내가 도움을 줄 길이 없다. 그에게는 내가 형인데 형 노릇을 하는 것이 별로 없다. 그는 다른 탈북민들과 어울려 어렵게 서울 변두리에서 살고 있다.

36. 은퇴와 감사의 선물

2011년 나는 나의 무능함을 절감하게 되어 은퇴를 1년 앞두고 은퇴하겠다고 제직들에게 알렸다. 2012년 11월 17일, 은퇴식을 하였다. 보령교회 김영진 목사님의 사회로 시작된 은퇴식에는 충남노회장이 참석했고, 새암교회를 늘 사랑해 주던 박동현 교수 목사님이 설교해 주었다. 서원리 이장과 마을 주민들, 아산의 여러 단체 회원들 그리고 거제 김수영 목사님도 참석했다. 이날 오신 분들에게는 『잡부 목사가 쓴 새암이네 이야기』라는 책을 선물로 드렸다. 이 책에는 임인수 목사가 별나게 목회한 이유와 내용이 빼곡히 들어 있다.

이날 제직회에서는 「새암의 소리」135호, 『잡부 목사! 당신을 추억합니다』를 발행하여 은퇴 일에 참석한 이들에게 나누어 주었다. 새암교인들이 은퇴하는 나를 어떻게 추억하는지 알 수 있기에 여기에 그 앞부분을 공개해 본다.

"임인수 목사님은 1979년 충남 아산시 염치면에 있는 작은 마을 중뱅이, 횟곳, 기와내, 속샘 말에 찾아온 작은 예수입니다. 당시 이 마을들은 잦은 홍수로 인해 가난했고 반(反)교육적인 분위기였습니다. 친일파 가족이 재산을 몰수당하기도 했던 역사가 있고, 6.25 때는 친공 반공으로 나뉘어 서로에게 해를 입혔던 후손들이 살고 있습니다. 부부싸움이 잦고, 무당의 푸닥거리 소리가 쉬지 않던 가난한 마을이었습니다. 제일 먼저, 어린이집을 열어 아이들을 교육하셨고, 구원의 말씀, 복음의 말씀을 전하는 새암교회를 세웠습니다. 목사로 있는 내내 고통당하는 이들과 아픔을 함께했고, 소외당한 이들을 불러들여 함께 살았습니다. 서슬 퍼런 군사정권에 맞서 싸웠고, 민중의 권리가 침해당하는 곳이면 어김없이 달려가 그들의 아픔을 위로하고 말씀을 실천하며 살았습니다. 유별난 행동 때문에 마을 사람들에게 오해도 많이 받으셨습니다. 하나님의 말씀을 몸으로 살아오신 지 햇수로 서른네 해가 되는 11월 17일, 목사님은 빈손으로 새암교회를 떠나십니다. 스스로 잡부라 칭하는 당신은 작은 예수로 세상과 타협하지 않고 사랑의 말씀을 실천하며 사셨습니다. 그러나 이 모든 걸 가능하게 한 숨은 공로자는 이금녀 사모님임을 우리는 압니다. 이에 새암 식구들은 당신을 영원히 추억하기 위해 함께했던 소중한 기억들을 이 작은 책에 담았습니다. 목사님의 은퇴가 우리와 헤어짐이 아니고 새로운 사귐을 시작하는 것이라 여깁니다. 또 우리가 살아내야 할 표상이 될 것입니다. 임인수 목사님! 이금녀 사모님! 두 분을 사랑합니다.

2012년 잎 붉은 달에

내가 은퇴한다는 말을 듣고 어떤 이는 부모에게 받은 전통 기와집과 딸린 터를 나에게 감사의 예물로 주었다. 이 집은 서원리에서 가장 잘 지어진 전통 가옥이었다. 자기네 삼 남매를 새암어린이집에서 잘 길러 주었다며 감사의 예물로 주는 것이라고 하였다. 나는 땅을 살 돈도 없었고 집 지을 돈도 없었는데 그가 주는 것을 받으면 걱정하던 건축 문제가 일거에 해결되는 셈이었다. 정말 고마워 감사하다는 말도 못 할 정도였다. 다음날 소방업무를 하는 집사님에게 전통 가옥을 받게 되었다고 알리니 가보자고 해서 함께 둘러보았다. 집사님의 말은 충격적이었다. 집은 좋은 나무로 잘 지어진 집인데, 지은 지 오래되어서 그대로 쓸 수가 없다고 했다. 여기에 집을 지으려면 먼저 그 집을 헐어야 하는데 헐어내기 위한 비용이 신축비보다 더 들 것 같다고 했다. 부모에게 받은 가옥과 땅을 내게 감사의 예물로 준 사람은 그 집을 쓸 수 있는 집이라고 생각해서 준 것이라고 믿기에 아직도 고맙게 생각한다.

새암교회에서 제일 가까이 살고 있는 부부는 새암교회 교인이 아니다. 남자는 운송업자인데 자기가 새암교회 장로라고 하며 사는 재미난 사람이다. 부인은 농사일을 많이 한다. 이들은 자기들이 가장 어려울 때 삼 남매를 어린이집에 의탁했는데 잘 가르쳐 주어서 고맙다며 매년 가을이 되면 가장 잘된 농산물들을 골라서 가져왔다. 김장 때가 되면 김치 세 통을 늘 가져온다. 목사님이 은퇴해서 자기도 은퇴했다면서도 그들이 보내는 감사의 예물은 끊임없다. 자칭 장로와 그 부인은 늘 고맙고 특이하다. 나와 아내의 언행이 이 장로 부부를 닮아야 하나님이 좋아하실 텐데 나는 아직 어림없다.

III. 은퇴 후의 생활

1. 아산에서 제일 싼 땅에 집짓기

장로님들은 새암교회 재정을 보고 목사 은퇴 준비가 전혀 안 되어 있는 것을 알게 되었다. 장로님들은 은퇴 후 땅 구입비나 집 건축 비용이 얼마나 될지 알아보고 비용을 마련할 방책도 의논했다. 교회가 마련해 준 돈을 가지고 목사 부부는 아산 여러 곳의 땅값을 알아보았다. 우리가 살 곳은 새암교회에서 먼 곳이어야 좋겠다고 생각하며 많은 곳을 살펴보았다. 판다는 땅들은 땅덩어리가 너무 크거나 평당 가격이 비싸서 살 수가 없었다. 이런 이야기를 아들같이 여기는 교인에게 말했더니 그는 자기 친구에게 우리 목사님이 돈이 모자라 살 수 없으니 싼 땅 100평만 살 수 있게 해달라고 부탁했다. 그는 며칠 걸리지 않아 아산에서 제일 싼 땅 120평을 살 수 있다고 알려주었다. 서원리 바로 옆 마을 강청리에 있는 땅이었다. 평당 40~50만 원이라는 말만 듣고 다녔는데 그 땅은 평당 20만 원이라고 했다. 그 땅에 가보았다. 작고 빗물이 모여드는 잔뜩 기운 땅이었다. 쓸모 있는 땅은 다 팔리고 쓸모가 없어 보여 외면받고 있던, 아산에서 제일 싼 땅으로 남아 나 같은 가난한 목사 부부의 선택을 받게 되었다. 이런 곳에는 어떻게 집을 지을 수 있을지 생각하고 있는데 전화가 왔다.

"목사님, 안녕하셨어요? 목사님, 도원가든 앞에 있는 작은 땅을 사셨다면서요?"

"누구세요?"

"네, 저는 충남산업 총무입니다."

"그런데 어떻게 제가 땅 산 걸 아세요?"

"저희에겐 알려주는 이들이 있어요. 그곳에 집을 지으려면 돌이 많이 필요할 텐데 필요한 석재는 저희가 다 대겠습니다."

"아니 충남산업이 왜 그런 혜택을 저에게 베푸시나요?"

"목사님은 서원리와 저희에게 필요한 말씀만 해주셔서 고마웠습니다. 건축이 끝날 때까지 말씀만 하시면 큰 돌 작은 돌 다 대겠습니다. 우선 오늘 오전에 큰 돌 서너 차가 들어갈 겁니다."

"아니, 저는 충남산업에 싫은 소리만 했는데요."

"아닙니다. 바른 말씀만 해주셨습니다, 고마웠습니다."

이런 대화가 있은 뒤 정말 덤프트럭들이 크고 좋아 보이는 돌을 싣고 넉 대나 들어왔다. 여기에 집 짓는 건 엄청난 일이라는 게 새삼 느껴졌

은퇴 후 새암교인들이 지어 준 집(2014년)

다. 가장 낮은 쪽 땅 경계를 따라 큰 돌을 쌓는 작업을 하고 낮은 곳에 흙을 채우니 땅이 넓어지고 평평해졌다. 자갈도 세 차가 왔다. 질척거리던 땅이 달라진 후 건물 세울 자리를 파고 시멘트 작업으로 반석을 만들어 굳힌 다음에 철제 기둥들을 세우는 식으로 집짓기가 시작되었다. 25평 집을 짓는 데 건축비는 줄이고 좋은 집을 짓는 방법은 싼 재료들과 쉽게 지을 수 있는 재료들을 쓰고 집주인이 잡부 일을 부지런히 하는 것이라고 생각해서 무척 열심히 일했다.

2. 임인수 목사를 보살펴 준 분들

목사라고는 하지만 아는 것이 거의 없고 부족함이 많아 무능자에 가까운 나는 농촌과 농민들을 위한 목회를 할 수 있는 인물이 아니었다. 그런데 30년 넘게 농촌 목회를 했다. 무엇이 숱한 어려움을 이겨내며 농촌 목회를 할 수 있게 했을까 하고 궁금해할 분들이 있을 것 같아 그 궁금증을 풀어드리려고 한다. 나에게는 아기 때부터 은퇴할 때까지 엄마가 어린애 보살피듯 그때그때 보살펴 준 분들이 있었다. 그분들 덕분에 버틸 수 있었다. 그들의 이름을 돌비에 새겨 넣는 마음으로 여기에 적는다.

"이정선 목사님, 우보영 사모님, 한경업 님, 김복경 님, 이철희 장로님, 권기순 권사님, 손보숙 권사님, 박동현 목사님, 장진광 목사님, 강태원 목사님, 박홍석 목사님, 노진걸 목사님, 손영훈 목사님, 손상웅 목사님, 이기천 목사님, 황인복 목사님, 이승영 목사님, 이수연 님, 백남운 목사님, 남상도 목사님, 한형자 사모님, 이국현 목사님, 이명남 목사님, 박준희 집사님, 강희선 권사님, 이성희 장로님, 최복수 님, 신은주 님, 고범석 목사님, 이승자 사모님, 임청송 님, 조요한 교수님."

3. 농아인교회로 출석

목사는 교회법에 따라 70세가 되면 은퇴해야 한다. 나는 당연히 교회 법대로 은퇴해야 할 것으로 알고 있었는데 나 자신의 부족감을 느껴 한 해 일찍 은퇴하겠다고 하였다. 그러자 제직들은 청빙위원회를 만들고 새암교회 후임 목사를 물색하여 고흥에서 목회하던 임광호 목사님을 후임자로 선정했다. 교회에 속한 모든 것을 후임자에게 넘겨주고 의연하게 은퇴했는데 은퇴하고 생각하니 모든 것을 다 뺏긴 듯한 생각이 들었다. 그런 이상한 생각이 든 것은 왜일까? 새암교회를 이루고 있는 건물, 교인들, 심지어 돌 하나하나 꽃들 하나하나까지 35년간 애정으로 보살펴 정이 들어 있어 그 모든 것이 다 내 것이라고까지 여겼는데, 한순간에 후임 목사님에게 조건 없이 넘겨주니 그런 생각이 들었던 것 같다. 교회는 하나님의 섭리와 은혜로 세워진 것이고 나는 이 교회에서

농아인교회 목사님들과 함께(옆으로 김현진, 전경수 목사)

잡부처럼 일했을 뿐인데 교회를 내 것인 양 여기며 유치하고도 인간적인 생각을 했던 것이다.

임광호 목사님과 제직들이 식사 모임을 하는데 나도 함께했다. 식사 후 내가 새암교회 예배에 참석하는 게 좋겠는지 물었다. 제직들은 좋다고 했다. 나는 기분이 좋았다. 주일에 새암교회에 갔다. 30여 년을 교회 잡부처럼 살아서인지 내가 해야 할 일들이 보여서 주일에 조금씩 일을 하게 됐다. 한 달쯤 참석해 보니 후임 목사님이 좋아하지 않는 듯했다. 계속 새암교회에 오면 안 되겠다는 생각이 들어서 목사님에게 다음 주일부터 다른 교회에 가려고 한다고 말하니 편한 대로 하시라는 대답이 왔다. 그렇게 하는 것이 좋겠다는 뜻으로 이해되었다.

어느 교회를 나갈지 선택해야 했다. 어렵지 않았다. 나에게는 친근감이 있는 온양농아인교회가 있었다. 김형진 목사님이 시무하던 때는 내가 시찰장이어서 목사님에게 도움이 되고자 했으며, 그 전엔 건청인(청력이 건강한) 교사들이 어린이들을 맡아 주면 좋겠다는 요청을 하여 매주일 5년간 학생들과 함께 농아인 교인들의 어린이들을 맡아 가르친 일이 있었다.

전경수 목사님은 건청인이지만 예배 인도시 수화로 하면서 동시에 건청인들을 위해 통역을 하면서 진행해 주어 교회 생활에 큰 어려움이 없었다. 은퇴한 사람으로서 적은 액수의 헌금밖에 못 하지만, 작은 도움이라도 될 수 있다는 생각이 들어 보람이 있었다. 그러나 수화를 빨리 배우고 익히지 못해 교인들과 대화하며 사귀는 데 아직 부족한 수준이다.

4. 뇌출혈로 쓰러지다

서원리 북쪽 산 입구에 있는 작은 집에서 새암교회가 시작된 때부터 새암어린이집과 새암교회를 드나들며 자란 아이 선화가 결혼하고 용인 큰 집에서 살게 되었으니 와보라는 초청이 왔다. 무척 기뻤다. 차를 가지고 다녀오면 가을을 만끽할 수 있을 것 같았다. 아내는 가져갈 선물을 사려고 일찍 온양에 나가 있었고, 나는 거실에 편히 앉아 시간을 재고 있었다. 2013년 11월 2일 아침, 출발하기로 약속한 시간이 되어 일어나려고 하는데 일어나지 않았다. 메스꺼움이 배 아래쪽에서 가슴 쪽으로 거세게 밀고 올라왔다. 어지러워 앞으로 쓰러졌다. 바로 그때 전화가 왔다. "응… 기다려 봐. 20분 정도 있다가 출발할게. 나 지금 쓰러져 있거든…." 이 말을 듣자마자 아내는 생명이 위급하게 된 걸 직감하고 구급차를 불러 타고 황급히 집으로 왔다. 병원에서는 뇌출혈이라고 알려주었다. 뇌혈관이 터져 피가 나와 고이면 이런저런 신경들이 죽게 되어 말을 못 하거나 불구자가 되기도 하고 사망하기도 한다고 했다.

나는 숨을 쉬고 있었지만 아무 말도 듣지 못했다. 병원에서 해주는 무서운 이야기는 아내 혼자 들어야 했다. 출혈량은 많지 않아 수술하지 않고 약물로 말릴 것이라고 했다. 뇌 수술을 하지 않게 된 것은 퍽 다행이었다. 그러나 다행은 거기까지였다. 아내와 아들의 고생이 심했다. 두 달이 넘도록 내 똥오줌을 치워야 했다. 그때까지는 콧줄을 여러 개 꽂고 있었다. 나는 정신이 없는 사람 같았다. 느껴지는 통증이 심해서 밤에도 잠을 못 잤고 소리를 지르기도 해서 남들도 잠을 못 자게 했다. 늘 고통스러워했고 약해 보였다. 찾아오는 이들이 누군지 알아보지 못했다. 그런 모습을 본 마을 사람들은 "이번엔 안 될 것 같다"라는 말을 하고 다녔다. 18년 전 트럭과 충돌했을 때에는 하나님이 살려 주셨는데 이번엔 살려 주지 않으실 것 같다는 말을 하고 다닌 것이다. 대전 한방병원으로 옮겨 진료를 받기도 했다.

세 번째로 간 병원은 재활병원이었다. 젊은 재활사들은 불편한 이들의 팔과 다리를 만져 주며 귀가 닳도록 가르쳐 주었다. 나이가 들수록 몸의 움직임이 중요한데 여러분은 장애를 지니게 되었으니 운동이 더욱 중요하다고 반복했다. 여러 환자 중 나의 움직임은 매우 좋은 편이었다. 그래서인지 다른 이들보다 일찍 퇴원 통보를 받았다. 퇴원하면서 작은 하늘색 카드도 한 장 받았다. 뇌병변 장애 5급 경증이라고 적힌 장애인 증명서였다. 죽지 않은 건 다행이지만 아산시장이 인정한 확실한 장애인이 된 것은 매우 슬픈 일이었다. 10개월간이나 병원 생활을 해서 그런지 병원문을 나서면 어디든 날아갈 수 있을 것 같은 마음이 들었다. 그러나 8월 31일 퇴원 일에 내 왼발 앞꿈치는 땅에 끌렸고 몸이 흔들려 아내의 손을 잡고서야 간신히 자동차에 탈 수 있었다.

5. 영인산 다니기

2014년 9월 1일, 퇴원 후 첫날 이른 아침, 아직은 땅거미에 눌려 있는 강청리 영인산 남쪽 산자락에 있는 우리 집은 조금 추웠다. 산행을 하려고 베란다에서 길로 내려서니 콧물이 흘러내렸다. 몸이 낮은 온도에 민감하게 반응했다. 좌측 어깨가 아팠다. 두어 발 걸어 보았다. 왼쪽으로 기운 몸이 느껴졌다. 걸을 때마다 왼쪽 엉덩이뼈와 발목이 뻣뻣하고 통증이 왔다. 왼발 앞꿈치는 걸을 때마다 길에 끌렸다. 절름 걸음에 종종걸음이 병원에서보다 더 심해진 것 같았다. 산에 가겠다고 나서긴 했지만 산행을 위해 준비한 것은 없었다. 손수건 하나에 목장갑 하나가 전부였다. 산길이라고 해도 강청골가든이라는 음식점까지는 경사 10~20도 정도의 시멘트길이어서 산길이라고 할 수는 없다. 이런 길을 얼마 걷지도 않았는데 몸이 흔들리고 팔다리가 아프고 숨이 가빠졌다. 몸이 이래서야 산에 갔다 오겠나 싶었다. 나 자신에게 실망이 되었다. 숨 고르기를 하는 순간 내 속에서 튀어나오는 말이 있었다.

은퇴 후의 모습(2015년)

"숨이 차서 속상하니? 실망 마, 임인수! 네 나이 이제 74세야. 완전 할아버지라구! 넌 차 충돌로 죽었다가 살아나기도 했구, 뇌출혈로 죽을 뻔했는데 살았지. 그러니까 넌 지금 100세나 마찬가지야! 넌 하나님 덕에 살고 있는 거야. 숨이 찬 건 조금도 이상한 게 아냐. 넌 걷기만 해도 잘하는 거야. 다른 이들에 비하면 넌 엄청 건강한 거라구. 그러니 속상할 거 없어. 찬찬히 갔다 오기나 해!"

번개처럼 빠르게 깨우쳐 준 이 말은 천사의 속삭임이었다. 이 깨우침이 큰 격려가 됐다. 이 깨우침으로 마음도 몸도 가벼워지는 듯했다. 콧물은 계속 나왔지만 목장갑으로 콧물 방울을 꼭 누르면 장갑 속으로 스며 들어갔다. 절름 걸음이지만 부지런히 걷다 보니 강청골가든을 지나왔다. 그때 뒤에서 큰 소리가 들렸다. "할아버지. 어딜 가세요?" 깜짝 놀랐다. 말이 안 나와 우물거렸다. "산에 가면서 보호자도 없이 가는 거예요? 지팡이도 없이 가는 거예요?" 그의 말은 물어보는 말이 아니었다. 꾸짖는 말이었다. 그 남자는 내 행색을 보자 단번에 뇌출혈로 인해 심한 후유증을 갖게 된 할아버지임을 알아챈 것 같았다. 자기가 엄하게 꾸짖으면 이런 위험한 산행을 하지 않을 거라고 생각해서 그렇게 말한 것이리라.

산행을 계속했다. 시멘트 길이 끝나고 산길다운 길이 나오기 시작했다. 경사도 30이나 그 이상 되는 길도 있었다. 그러나 걷기에 험한 부분은 없었다. 내가 갔다 올 곳은 산 정상이 아니라 집에서 1.5Km 지점에 있는 인공 호수였다. 호수 가까이에는 경사도 40도쯤 되는 산길이 나온다. 병원 생활을 하기 전에는 이곳을 지나 호숫가 정자까지 다녀오는데 조금 숨이 가빠도 거뜬하게 다녔는데 병원 생활 후 이곳까지 오는 것만도 무척 힘들었다. 경사도 30도 길부터는 몸이 흔들렸고 숨이 많이 가빠졌다. 힘들어서 쓰러질 듯한 몸을 세우려고 애써야 했다. 가슴은 터질 듯했다. "조금만 더, 조금만 더" 속으로 응원하며 한 발 한 발 기어가듯 걸었다. 호수 위 붉은 다리를 건너가니 정자가 나왔다. 서너 걸음 더 가니 허름한 긴 나무 의자가 있었다. 거기에 누웠다. 뜨겁게 달아오른 몸을 식혀 주듯 차가운 바람이 옷 사이로 스며들었다. 누워 있는 동안 모

영인산에서 외손녀들과

든 심신의 통증이 다 날아가 파란 하늘에 떠 있는 흰 구름같이 된 기분이었다. 내려갈 때는 집까지 가벼운 걸음으로 갈 수 있을 것 같았다. 영인산은 내 통증과 불편함을 다 치유해 주고도 남을 만한 맑은 공기와 가을꽃 향기 그리고 조용함과 자유로움으로 가득 차 있었다. 호수까지 다녀오는 등산이 무척 힘들었지만, 영인산 길이 내게 주는 가을꽃 향기와 행복이 좋았다. 가을부터 겨울 내내 눈이 오나 바람이 부나 하루도 빠짐없이 산을 오르내렸다. 외손녀들이 오면 함께 그 길을 걷기도 했다.

6. 장애인복지관에 다니기

아산장애인복지관이 있다는 것을 알게 되었다. 복지관에서 운동을 하기로 하고 아산장애인복지관 소속 장애인으로 등록했다. 당장은 걷는 것도 제대로 되지 않지만 이런저런 운동을 하다 보면 걷는 것도 가능하게 될 거라는 믿음과 희망이 있었다. 왼쪽 팔이 휘어 있고 걸핏하면 팔이 가슴 쪽으로 올라가는 장애에, 어깨가 늘 아프고 절름 걸음으로 걸어야 하지만 주눅 들지 않고 이곳저곳 기웃거렸다. 마음이 가는 곳이 보였는데 탁구실이었다. 들어가 보니 휠체어 선수들이 탁구를 치는데 속사포 탁구 같았다. 무척 빠른 탁구를 치고 있었다. "안녕하세요? 저는 뇌출혈로 병원 생활 후 집에서 걷기운동을 하다가 엊그제 탁구실이 있는 걸 알게 되어 왔습니다. 임인수입니다. 저도 과거엔 탁구를 쳐 봤습니다만 잘하지는 못합니다. 잘 가르쳐 주십시오. 우선은 공 줍기부터 해보겠습니다"라고 인사했다. 말은 겸손하게 했지만 그래도 제법 잘할 수 있는 사람이라는 걸 보여주고 싶었다. 그러나 잘못된 생각이었다. 내가 보여준 것은 왼쪽으로 기운 몸과 비틀어진 발, 이상한 걸음과 휘어진 팔, 이상한 손놀림뿐이었다. 탁구를 잘하기 어려운 딱한 노인임을 보여준 셈이었다. 그뿐 아니다. 나의 또 다른 신체적 약점도 그대로 드러냈다.

"아니, 탁구를 쳐 봤다는 분이 자꾸만 탁구대에 배를 갖다 대면 어떡합니까?" 가르쳐 주던 선수가 갑자기 목소리를 높이니 다른 이들은 웃음소리로 추임새를 넣었다. 반평생 목사님이라는 존칭어만 들으며 살았던 탓에 당연한 지적인데도 듣기가 퍽 괴로웠다. 몹시 언짢았고 창피했다. 뇌출혈로 생긴 마비증 탓에 흔들리는 몸과 그 때문에 자기 안전을 최우선으로 하는 본능적 행동으로 탁구대에 몸을 댔던 내 행동을 설명하는 게 쉽지 않았다. 나도 의식하지 못하는 순간에 배가 탁구대에 붙어 있곤 했다. 이 당시에는 몸을 쓰려고 움직이면 그냥 몸이 흔들렸다. 버스에서 내려 탁구장까지 걸어오는 동안 흔들리면서 걸어왔고, 탁구장에 들어서서도 계속 흔들려서 빠른 공을 칠 수 없으니 무의식적으로 몸을 탁구대에 붙이곤 했던 것이다. 며칠 지나자 선수들은 내 몸의 특성을 이해해 주었고 나는 배를 대지 않고도 탁구를 칠 수 있게 조금씩 달라져 갔다.

서원리 새암교회에서 은퇴한 후 강청리로 이사하며 제일 먼저 사귄 사람은 아랫집의 76세 노인이었다. 이분은 나를 볼 때마다 장애인복지관보다 노인복지관이 더 좋다고 말했다. 노인복지관에 드나드는 이들

장애인복지관에서

은 수준이 높고 운동을 자유롭게 선택해서 할 수 있다고 했다. 점심 식사비가 싸고 반찬도 좋으며, 교통편도 노인복지관으로 다니는 차가 있어서 편하다고 했다. 장애인복지관에 다닌다고 아침저녁으로 애쓰는 나를 위해서 해준 말이었다. 그러나 나는 장애인복지관에 다니는 게 더 좋다고 생각했다. 장애인복지관에는 주로 장애인들이 다니고 있어서 장애 때문에 남의 눈치를 볼 필요가 없었다. 장애인들이 편하게 드나들 수 있는 장애인복지관은 장애인에게는 다른 복지관들과 비교가 안 되었다. 이런 점을 강청리 친구에게 잘 설명해 주었다.

7. 탁구를 새롭게 배우다

70이 넘도록 가끔 탁구를 치며 살았지만 내 맘대로 치는 탁구였다. 정식으로 여러 가지를 배워야 할 사람이었다. 여러 가지 지적을 받으며 매일 공 받기 연습을 반복했다. 한 가지 이유가 더 있었다. 그것은 라켓이었다. 나는 엄지와 검지로 탁구채 손잡이 부분을 잡고 치는 펜홀더만 쳐 봤다. 그런데 복지관 탁구실 선수들은 한결같이 셰이크핸드로 쳤다. 나도 그런 라켓으로 새롭게 배워야 했다. 나의 이런 형편을 알았는지 한 선수가 셰이크핸드 라켓을 주었다. 내 라켓이 생겨서 좋았다. 갑자기 선수가 된 기분이 들었다. 배낭에 넣어 가지고 다니면서 열심히 연습했다. 그런데 20분만 쳐도 힘들었다. 강청리에서 복지관까지 가려면 버스를 두 번 타고, 걷는 거리도 1.5Km가 넘었다. 이 정도를 걸으면 몸이 흔들리고 좌측 엉치뼈와 오금이 아팠다. 탁구장에 운동하러 갔지만 운동이 싫었다. 그래도 선수들과 운동하는 횟수가 늘어나며 말도 많아지고 웃는 횟수도 잦아졌다. "손목 이젠 좀 그만 돌려요", "이번엔 빽이에요", "오! 스매싱이 잘되네요", "자, 커트도 해볼 거예요. 커트로 넘겨요." 공 주고받는 횟수가 늘어나면서 실력도 건강도 좋아지는 느낌이 들었다. 어떤 때는 내가 70이 넘은 장애 노인이 맞나 싶을 정도로 열기를 가지고 긴 시간 치기도 했다. 펜홀더로 칠 때보다 셰이크핸드로 새롭게 배우면서 탁구 실력이 훨씬 늘었다.

8. 장애인 탁구 경기 출전과 수상

운동 지도를 해주는 윤창일 팀장이 느닷없이 2016년 5월 14일 서산 장애인 탁구 경기에 출전하라고 하며 계좌를 알려달라고 했다. 알려주니 9만 원이 입금되었다. 왜 나를 경기에 출전하라고 하는 걸까? 나를 출전시켜도 좋겠다고 여기는 것 같아서 기분이 좋았다. 국가대표 선수로 뽑힌 것 같은 기분이 들었다. 그러나 출전할 선수가 가지고 있어야 할 것들 즉, 실력, 경험, 자신감이 없었다. 출전하라고 했어도 못 하겠다고 거절했어야 하는데 그 말을 못 했다. 내가 잘할 수 있는 것은 오직 빠른 공을 빠르게 받아넘길 수 있다는 것 하나뿐이었다. 연습해야 할 것이 한두 가지가 아니었다. 받아넘기기 어려운 다양한 서브를 잘 받는 연습을 많이 해봐야 하는데 해본 적이 없었다. 경기 날짜가 가까워지는데도 실력은 제자리고 걱정만 늘었다.

　5월 14일, 나를 가르쳐 주려고 항상 애서 온 김영진 선수가 우리 집 앞에 차를 갖다 댔다. 서산체육관에 도착해 보니 경기 규모가 상당히 컸다. 수많은 사람이 있었다. 도(道) 대항 경기이므로 각도 대표 선수들이 왔고, 심판들과 자원봉사자들도 많았다. 탁구대는 20대 정도가 준비되어 있었다. 거창한 대회였다. 나는 천안에서 온 키 큰 선수와 한 짝이 되어 충남도 복식 선수로 출전했다. 이 선수는 장애 정도가 나보다 심해 보였다. 경기 시간이 다가오니 심판들이 정 위치에 서고 일제히 경기가 진행되었다. 여기저기서 호각 소리가 들렸다. 우리 자리에서도 울렸다. 나에겐 난생처음인 장애인 경기가 시작되었다. 자신감과 실력이 없는 나는 위축되어 넋 빠진 사람처럼 경기에 임하고 있었다. 평소 하던 대로 되지 않았다. 나보다 못할 것처럼 보였던 내 짝은 나보다 잘했다. 상대편은 우리보다 실력이 훨씬 뛰어났다. 경기는 2대 0으로 싱겁게 끝났다.

　경기가 끝나자 부끄러워 인사는 대충 하고 밖으로 나가 어슬렁거렸다. 그때 뒤에서 급히 부르는 소리가 들렸다. 상을 받고 가야 한다는 거였다. "지기만 했는데 무슨 상?" 하며 들어갔다. 우리와 상대한 팀이 2등이어서 우리가 졌는데도 3등이라는 것이었다. 3등이 서는 자리에 가서 상장과 상품을 받았다. 내용이 거창했다. "상장 TT8 3위 성명 임인수/ 박진국. 2016년 제12회 서산시장배 전국 장애인대회에서 뛰어난 실력을 발휘하여 위와 같이 입상하였기에 상장을 수여합니다. 2016년 5월

장애인 탁구경기에 출전하고 3등 수상

14일 서산시장 이완섭." 이런 내용이 적힌 상장에 부상은 곤색 상자 하나와 서산 쌀 한 봉지였다. 상자 속에는 동메달이 번쩍였다. 우습게 받게 된 상이지만 아내에게 자랑하면 크게 기뻐할 듯해서 배낭에 집어넣고 어깨를 들썩거렸다. 예상대로였다. 꺼내서 자랑하니 아내는 크게 기뻐했다. 손녀는 더 좋아했다. 초등학교 1학년생인 손녀는 학교 선생님에게 자랑까지 했단다. 선생님은 "너희 할아버지는 대단하시구나" 하며 칭찬하셨다고 했다.

9. 영인산 정상에 오르기

10개월이라는 긴 병원 생활을 하고 퇴원했지만 좌측 팔다리와 손가락까지 마비증세가 있었다. 그래도 매일 산이나 복지관에 다니며 아내를 도우며 별 문제 없이 살았다. 절름거리기는 하지만 씩씩하게 걸으며 싱글대는 나에게 사람들은 칭찬을 아끼지 않았다. 의지력이 대단해서 건강을 되찾은 거라고도 하고 기적이라고도 했다. 그들의 말이 듣기는 좋았다. 그러나 칭찬은 옳지 않았다. 왜냐하면 내가 지니고 있는 힘은 신체적인 힘이건 정신적인 힘이건 단 한 가지도 내가 만들어 가진 게 없었기 때문이다. 밤이나 낮이나 호흡이 끊기지 않도록 하는 심장이나 호흡 기관들, 신비한 장기들과 그 능력은 모두 하나님이 주신 것들이기 때문이다. 병원에서 거의 4개월간 움직이지 못하고 신음하며 지냈던 시기를 돌아보면 지금의 나는 하나님 때문에 다시 산 사람이라고 해야 옳다. 퇴원 후 영인산 호수까지 올라가기를 끊임없이 해서 걷기 실력도 꽤 좋아졌다.

2017년 새해를 맞았고 74번째 생일도 맞았으니 이제부터는 마음에 품었던 생각을 하나씩 실천해 나가고 싶었다. 1월 4일 오후, 날씨가 따듯한 봄 같았다. 용기가 생겨서 영인산 정상까지 가겠다고 마음먹었다. 하지만 이런 생각은 집에서부터 제동이 걸릴 일이었다. 많이 좋아졌다고 하지만 아직 반쪽을 잘 못 쓰는 노인 장애인이다. 아내에게 말 안 하고 나서면 내가 호수까지 갔다 올 거라고 생각할 테니까 그냥 평소처럼 움직였다. 뇌출혈로 쓰러지기 전부터 좋아하던 영인산 정상 영인산성 길, 990개 이상의 나무 층계가 있는 길로 어느새 올라가고 있었다. 경사도가 40~50도 되는 그 길은 겁많은 이들은 잘 다니지 않지만 나는 그 코스로 올라갔다. 층계 양쪽의 난간대는 몸이

영인산 990계단 앞에서

영인산 정상에서

흔들리는 나에게 큰 도움이 되었다. 올라가는 중에 주변을 둘러볼 수 있어 좋고 정상에 빠르게 도착할 수 있는 점도 좋았다. 그런데 가져간 지팡이가 걸림돌이 되었다. 오른손으로는 난간대를 잡고 지팡이는 손잡이 끈을 왼쪽 손목에 묶어 끌고 다녀야 했다.

 영인산 정상은 높이가 364m에 불과하지만 나는 에베레스트 고봉(高峰)에 오르기라도 한 것만큼 큰 감격이 들었다. 나 자신이 잘나 보였다. 산 정상에서 사방을 돌아보고 쉬지도 않았다. 천천히 내려가면 호흡이 편해지고 다리도 편해질 거라는 생각이 들어서 속히 내려가 아내를 놀라게 해주고 싶었다. 꼭대기에서 내려갈 층계를 보다가 크게 놀랐다. 층계 꼭대기 부분 오른쪽에 있어야 할 난간대가 없는 것이었다. 내려갈 때도 자신 있게 내디딜 수 있겠다고 서둘렀는데 자신감이 확 날아갔다. 겁이 났다. 올라올 때 귀찮게 여겼던 지팡이를 오른손에 옮겨 잡고 천천히 지팡이로 층계를 조심조심 짚으며 한참 내려갔다. 그곳부터는 난간대가 이어져 있었다. 여기서부터는 안심이 되어 뛰어 내려갈 수도 있겠다는 자신감이 생겨서 속도를 붙였다. 빨리 내려가서 아내를 놀라게 해 주고 싶었다. 장애인이 산 정상에 갔다 오는 것이니까 내려올 때는 무척 힘들 것 같았는데 그와 정반대였다. 빠르게 집에 도착하여 정상까지 갔 다 왔다고 자랑하니 아내는 깜짝 놀라며 기뻐했다. 이때 집에 와 있던 아내 친구가 갑자기 크게 소릴 질렀다. "목사님은 이젠 장애인이 아네 요!"

10. 자유롭게 날아다니는 새 같이

장애인복지관에서 장애 교정사를 통해 한 시간씩 장애 교정 운동을 해 왔는데 이제는 자유롭게 다니며 마음대로 활동해도 괜찮다는 말을 들 었다. 완전 자유인이 된 것이었다. 마음먹은 대로 날아갈 수 있는 새가 된 셈이다. 무척 좋았다. 나의 마음을 알고 있었던 건지 복지관에서 자 유 선언을 해주자마자 땅끝마을 남해에서 급히 내려오라는 전화가 왔 다. 내가 존경하고 좋아하는 선배 은퇴 목사님의 요청이었다. 아무것도 가져오지 말고 빨리 오기만 하면 된다는 것이었다. 아내도 덩달아 좋아 했다. 다음날 고속열차로 순천까지 가서 남해행 버스를 탔다. 버스를 타 고 벚꽃과 해송이 검은 바위들과 잘 어우러진 아름다운 산길을 돌고 돌 아 교회 사택 마당에 도착했다. 마음만 먹으면 어디든지 날아가는 새 같이 천 리 길 남해 작은 마을까지 검은 돌들과 흰 물결이 만들어내는 절경들을 보며 날아왔다. 버스가 나를 실어 왔지만 자유롭게 날아다니 게 된 새가 되어 여기까지 왔다는 생각이 들었다. 남해에서 기다리고 있는 목사님과 교인들은 예상 외로 빨리 온 나를 보고 놀라며 반겨 주었 다. 사흘 동안 여러 가지 기쁘고 의미 있는 시간을 가진 후 돌아왔다.

11. 만나는 즐거움

1) 음봉감리교회 최만석 목사님

1980년대 초기에 음봉감리교회에는 허원배 목사님이 시무했다. 허 목사님은 온양인권선교위원회의 총무였다. 이 모임의 회원들은 형사들의 감시를 늘 받았으면서도 열심히 모였다. 감리교 목사 네 명, 성공회 신부 한 명, 장로교 목사 네 명 정도가 늘 온양교회(기장)에서 모이곤 했다. 전두환 정권의 독재정치가 노골화되어 가자 인권선교 활동도 열기를 더해 갔다. 한번은 온양인권선교위원들이 함께 평화행진을 했는데, 경찰들에 의해 허원배 목사는 옷이 뜯기고 구타당했으며, 나도 머리카락을 잡혀 끌려가며 군홧발로 채이고 닭장차라고 불리는 경찰차에 실려졌던 일이 있었다.

이런 이야기를 하는 이유는 허원배 목사님의 후임자로 음봉교회에 온 최만석 목사님이 인권선교 활동을 하고 이제는 은퇴한 목회자 부부를 가볼 만한 곳이나 좋은 먹거리가 있는 곳에 데리고 다니며 섬기는 일을 하고 있다는 것을 알리고 싶어서이다. 이 모임에는 회장도 없고 총무도 없다. 최만석 목사님이 이 모임의 회장이며 총무이기도 하고 동시에 기사이기도 하다.

2) 옆 동네 고범석 목사님

분명하지는 않으나 고범석 목사님이 나와 친해진 것은 대략 50년쯤 된 것 같다. 나는 서울 사람이고 고범석 목사님은 충남 고덕 사람인데 누가 먼저 무슨 이유로 좋아하게 됐는지는 모른다. 여하튼 고 목사님은 은퇴 후 신창 신달리에 1,000평 정도의 땅을 구입하여 목재로 큰 집을 짓고 농사도 지으며 살고 있다. 이 집은 우리 집에서 자동차로 5분 정도 거리에 있어서 인권선교 활동을 했던 목회자들 모임이 있을 때는 으레 나를 데리고 다닌다. 고 목사님은 운전을 하지 않아 사모님이 우리의 기사가 되어 준다. 그런 모임이 아니더라도 거의 매주 한 번씩 고 목사님 부부가 와서 음식을 나누며 대화한다. 어떤 때는 아내와 내가 신달리로 가서 음식을 나누기도 한다. 친형제 자매보다 더 가깝게 살아가고 있다.

12. 서울로 떠난 아내

2023년 가을 어느 날 아내는 나에게 앞으로는 나 혼자 살아야 한다고 선언했다. 내 나이가 80이고 장애인인데 아내는 그동안 길러 준 외손녀들이 제 아빠 엄마를 따라 서울에서 살게 되니 자기도 따라가 함께 살려고 하니 나에게 혼자 살아야 한다는 것이다. 둘째 외손녀가 초등학생이 되었지만 어린아이 같아서 할머니가 없으면 안 될 것 같아 보였다.

아내는 서울에서 생활하다가 금요일 저녁이면 시골에 온다. 그의 손에는 내가 혼자 살면서 먹어야 할 것들이 들려 있다. 물건들이 무거워 등에 지고 다녀야 할 만한 무게인데 양손에 들고 다닌다. 배낭을 메고 다니라고 하기도 하고, 작은 짐수레 얘기도 해주지만 소용이 없다. 자기는 양팔에 들고 다니는 게 익숙하다고 한다.

아내는 집에 오면 내 옷들을 세탁하고 내가 일주일 동안 먹을 반찬들을 꼼꼼하게 만들어 놓는다. 주일 예배는 강산교회(감리교) 교인들과 함께 하고 오후에도 나를 위한 일들을 더 해놓고 서울에 가기 직전에 전기밥솥 스위치를 누른다. 일주일간 나 혼자 먹을 수 있는 밥이 된다. 아내가 해놓는 밥이나 반찬은 늘 남을 만한 분량이다. 아내는 밥을 적게 먹었다고, 반찬을 조금밖에 안 먹었다고 잔소리한다. 아내에게 지적을 받지 않으려면 잘 먹어야 한다. 늘 노력하지만 늘 남는다. 다른 이들에 비해 나는 적게 먹는 편이어서 아내의 잔소리를 듣게 된다. 애써서 만들어 놓았는데 손도 안 댔다는 소리도 듣는다. 아내와 함께 있으면 항상 잔소리를 듣는 편인데 홀로 지내다 보니 잔소리를 듣지 않아서 좋다. 아내가 서울 가서 사니까 나는 맘대로 사는 재미를 누린다.

아내가 서울에서 오면 반갑지만 긴장이 되기도 한다. 설거지도 잘해 놓고 여러 가지가 잘 정돈되도록 노력하지만 그래도 걱정이 된다. 아내는 서울에서나 시골에서나 자기가 해야 할 일들이 많다. 그래서 어려움을 주면 안 된다는 생각이 지나칠 정도로 강한 것 같다. 어떤 때는 내가 성을 내기도 하지만 곧장 후회하거나 사과한다. 평생 아내를 고생시킨 죄인이기 때문이다.

13. 장애인 정책 유감

머리가 희어지면 대부분 검은색으로 염색한다. 그런데 나는 하얀 머리에 검은색 운동 모자를 쓰고 다녔다. 우리 마을 정류장을 거쳐 가는 버스를 타려면 집에서 700m를 걸어야 하는데 그 정도를 걸으면 왼쪽 어깨와 좌골, 왼쪽 오금과 발목이 아프고 몸이 흔들려 앉을 자리가 필요했다. 아침 버스엔 늘 사람들이 많았다. 버스에 오르면 교통약자석이 있는지 살폈다. 그러나 그 자리는 몸이 불편한 이들 모두에게 필요한 자리여서 장애인 티가 많이 나는 흰머리 작은 할아버지는 그 자리 가까이에 서지 않으려고 했다. 그 자리에 앉아 있는 사람 마음을 불편하게 할 것이 뻔해서다. 가능하면 그 자리 먼 곳에서 온양까지 꼬박 서서 가곤 했다.

온양에서는 순천향대학으로 가는 버스를 타고 동아아파트에 내려서 700m를 또 걸어서 복지관에 갔다. 그러면 몸도 마음도 편하지 않았다. 자가용이나 용돈이 누구보다 더 필요한 사람은 나 같은 사람이었다.

어느 날 장애인의 꿈을 실현해 준다는 선전문을 보았다. 복지관의 광고판을 꼼꼼히 읽어 보았다. 내용은 아래와 같았다. "장애인 여러분께 꿈과 희망을 드립니다. 일자리도 찾아드립니다. 1급, 2급, 3~4급 장애인은 신청하십시오. 신청 자격 만 65세 미만." 한 번 더 읽어 보았다. 참 좋은 내용인데 흰머리 작은 할아버지는 안 된다는 실망스런 광고였다. 나는 74세의 5급 장애인이었다. 복지행정의 손길이 어려움이 많은 이들에게 미친 것은 퍽 다행한 일이요 잘된 일이지만, 70세가 넘은 4급, 5급 장애인들의 고통에 대해서는 냉담하다는 것을 보여주고 있었다. 서운했다.

어느 날 오후 내 자신이 불쌍해 보였다. 좀 편히 살고 싶어서 장애인들이 타고 다니도록 만든 장애인 콜택시 사무실에 전화를 해보겠다고 했다. 내 말을 듣자마자 옆에서 급히 말렸다. 콜택시는 3급까지만 타는 거라고 했다. 그래서 복지관을 가려면 버스를 두 번씩 타고 3Km를 걸어 힘들게 다니면서도 장애인 콜택시(노란 차)는 쳐다보지도 않았다. 이렇게 어렵게 다니면서도 아내에게는 항상 씩씩한 척했지만 나는 몸과 마음이 많이 힘들어서 집에 오면 눕기부터 해야 했다. 그렇지만 이렇게 살다 보니 걷는 힘이 좋아져서 장애인 거의 모두가 하는 러닝 머신 운동을 하지 않아도 되는 특별한 사람이 되었다.

어느 날 70세 이상의 장애인들은 급수에 관계없이 장애인 콜택시를 탈 수 있게 되었다고 알려주는 이가 있었다. 차를 타보았다. 무척 편했다. 장애인 콜택시 요금은 일반 택시의 절반 정도였다. 2019년에는 이

차의 요금이 일반 택시요금의 1/10 수준으로 낮아져 장애인은 특권층이라는 생각이 들 정도였다. 장애인이 부른 곳에서 목적지까지 편하게 데려다 주고, 요금은 저렴했다. 그런데 2024년 10월 교통 약자로 특혜를 받아 온 이들 중 경증 장애인은 더 이상 특혜를 받지 못한다는 통보를 받았다. 휠체어를 써야 하는 이들에게만 탈 수 있도록 규정이 바뀌었다고 했다. 장애인 체육관을 오가려면 버스 두 번 타고 3Km 정도를 걸어야 해서 무척 힘든데, 애용하던 자가용을 빼앗긴 느낌이다.

14. 일자리 구하기

은퇴하기 전 총회 연금재단에 충분히 연금을 납입했다면 은퇴 후에 매달 주는 연금으로 편하게 살 수 있을 텐데 나는 워낙 가난한 교회에서 목회를 하다 보니 총회연금을 제대로 납입하지 못했다. 아내는 자기 살을 깎아서 내듯 아파하면서 연금을 조금씩 내려고 애썼다. 그 결과 은퇴 후 매월 90만 원 정도의 연금을 받는다. 물론 내 이름으로 연금을 받는데 이것은 내 것이 아니라 전부 아내 것이다. 이것을 가지고 아내는 무능하고 경제력이 없는 나를 먹이고 입히며 어렵게 많은 일을 해나간다. 아내는 나에게 천사였다. 그래서 나는 돈 없다는 말조차 하기가 어렵다. 그냥 돈 없이 살아야 한다. 그런데 백수도 이런저런 회비를 내야 하고 헌금도 내야 한다. 아내가 이따금 용돈을 주는데 부족해도 더 달라고 하지 못했다. 그래서 2017년 12월에 일자리 신청과 면접을 거쳐 2018년 1월부터 2019년 말까지 2년간 환경미화원이 되어 매일 세 시간씩 장애인 체육관에서 일했다. 50만 원 정도의 월급을 받는 동안은 부자로 사는 기분이 들었다.

2020년부터 작년까지 계속 일자리 신청을 했고 면접시험에도 응해 보았는데 번번이 떨어졌다. 노인이지만 밥만 먹으면 살 수 있는 게 아니어서 용돈을 벌지 못하고 사는 몇 년간의 생활은 궁색했다. 2024년에는 아산시청 경로장애인과에 가서 일자리를 신청하고 면접 시험도 보았다. 며칠 후 합격 통보를 받았는데 그 기분이 서울의 일류대학에 합격했다는 통보를 받은 것 같았다. 매일 5시간씩 매주 5일 일하기로 서약하고 1월 2일부터 시작했다. 열심히 일하려고 한다. 집에서 늘 하는 일은 새벽부터 부지런히 하고, 일찍 점심을 먹은 뒤에 장애인 체육관에 가서 오후 6시까지 일하면 된다. 귀가 시간은 저녁 8시쯤이 될 것이다. 이제부터는 더 힘들게 살게 될 것 같다. 그러나 아내에게 용돈 달라는 말은 하지 않고도 생활할 수 있을 것 같아서 좋다.

15. 은퇴 후 심정과 소회

후회할 일은 하지 말라는 말이 있다. 절대 후회하지 말라는 말도 있지만 나는 후회를 말하지 않을 수 없다. 어려서부터 성경 말씀을 배웠지만 새어머니를 미워했고 동생들을 위할 줄 몰랐다. 부모를 공경하지 않았다. 아버지보다 더 아버지 같은 목사님의 가르침을 겸손하게 받아들이지 못했으며, 목사님이 나를 불신한다는 생각이 들자 배신하기까지 했다. 정의, 평화, 평등, 인권이 중시되는 사회를 만들기 위한 일을 하나님의 뜻 곧 정의를 이루어 나가는 일이라고 여기며 일했으나 다른 이들을 무시하고 증오하면서 일했다. 하나님의 뜻이 이루어지도록 하려고 목사가 되어 일했는데 하나님 뜻보다는 내 뜻이 이루어지게 한 일이 많았다. 나와 생각이 다른 이들의 행동에는 날카롭게 비판하지만 내 자신의

은퇴 후에 모인 신대원 72기 동기생들과 서정운 장신대 전임 총장(2024년)

잘못은 늘 지나칠 정도로 너그럽게 이해해 주고 덮어 주면서 살아왔다고 생각되어 기쁘지 않다. 내 일생은 불순종으로 가득하다. 부끄러움과 후회스러움이 넘쳐난다. 무한한 사랑의 하나님은 문제 많고 부족함 많은 나에게 천사 같은 이들을 곁에 붙여 주셔서 길을 이끌어 주셨으며, 놀랍고 치밀하게 보살펴 주셨다. 사랑 많으신 하나님께 감사 감사한다.

후배들에게 하고 싶은 말이 있다. 목사는 수많은 직업 중 하나지만 영예와 부유함과 수많은 이의 박수 소리에 귀 기울이지 말고 "하나님이 의롭게 여기시는 것을 구하여라. 그러면 이 모든 것도 곁들여 받게 될 것이다"(공동번역 마태오 6:33). "복 있습니다. 정의 때문에 박해를 받아 온 사람들은! 하늘나라가 그들의 것이니까요"(새한글 마 5:10). 하나님을 영화롭게 하며 예수님의 교회를 세워 가려는 목회자들은 예수님의 말씀을 품고 살라고 부탁드리고 싶다.

16. 남은 생의 실천 과제

1. 기도와 말씀 생각을 하며 하루를 시작한다.
2. 매년 해온 것처럼 꽃밭이나 텃밭 가꾸기를 한다.
3. 아내에게 도움이 될 일을 더 찾아서 한다.
4. 교회 꽃밭 가꾸기를 한다.
5. 쉬게 될 때는 수화 공부를 하여 수화로 대화할 만큼 노력한다.
6. 하루를 마칠 때는 성경 말씀을 읽고, 일기를 쓴다.

끝없이 베풀어 주며
동고동락한 목회자

| 전남 고흥 매곡교회 |

정도성 목사

I. 출생과 성장 과정

1. 장애아로 태어나다

내 나이 어언 71세. 뒤돌아보니 아무것도 보이지 않고 그냥 길 따라 여기까지 온 것 같다. 다른 길을 가보려고 샛길도 가봤지만 그 길 역시 별다를 것 없었다.

매곡교회에서 45년. 이 긴 시간 동안 이루어 놓은 것도 없고 한 일도 없어서 주님 앞에 부끄러운 것밖에 없다. 성격상 한곳에 오래 머물지 못하는데도 이렇게 이곳에 오랜 기간 머물러 있었던 것은 주님의 은혜라고밖에 할 말이 없다. 할 말이 없는 내가 몇 마디 하는 것은 내가 살아온 이야기일 뿐 나를 나타내 보일 것은 아무것도 없다는 뜻이다. 조금이라도 한 일이 있다면 그건 모두 하나님께서 하신 것이고, 내 어머니의 눈물 어린 간곡한 기도가 하늘에 닿아서 된 일이라고 생각한다.

내 어머니는 다섯 개 마을에서 유일하게 혼자 젊어서부터 예수님을 영접하고 신앙생활을 했다. 목사님 말씀을 따르려고 무던히도 애를 쓰셨고, 목사님 말씀을 곧 하나님 말씀으로 여기며 사셨다. 새벽 4시면 어김없이 일어나 예배를 드렸다. 우리를 깨우지 않고 마냥 찬송을 부르시면 우리 형제들은 예배를 드리려고 모두 일어나곤 했다. 한 사람이라도 안 오면 다 올 때까지 계속 찬송가를 부르시니까 앉아서 졸더라도 참석해야 했다.

주일에는 공부도 하면 안 되고 소 꼴도 베면 안 되었다. 토요일까지 일도 숙제도 모두 마쳐야 했다. 아무리 비가 와서 곡식을 썩힌다 해도 주일에는 한복을 입고 성경책을 들고 교회에 나가셨다. 동네 사람들의 비난이 빗발쳤지만 아랑곳하지 않으셨다. 모든 곡식의 첫 열매는 목사님 몫이었고, 예쁘고 좋은 것은 항상 목사님께 드렸다. 쌀, 고구마, 호박, 달걀, 참깨, 참기름 등등. 한번은 막걸리 만드는 누룩을 널고 있는데 목사님이 심방을 오셨다.

"이거이 무어요?" 하고 물으셨다. "예 이것은 막걸리 만드는 누룩입니다" 했더니, "그래요?" 하고 가셨다.

그 주일 설교 시간에 믿는 사람은 누룩을 만들어서 술을 만들면 안 된다고 말씀하시는데 어찌나 부끄럽고 죄송하던지 집에 오자마자 그 많던 누룩을 변소에 다 넣어 버렸단다. 목사님 말씀에 순종 잘 하시고 주일은 빠진 일이 없었을 것이다. 토요일에 아이를 낳고도 주일날은 어김없이 십리 길 되는 거리를 걸어서 교회 가셨으니까!

우리 형제가 아들만 다섯인데 셋째인 나를 임신하고 담임 목사님인 박석순 목사님이 하도 존경스러워서 목사 되게 해달라고 기도하셨단다. 그런데 아들을 낳고 보니 다리가 옹그라져서 배에 닿는 장애아였다. 얼마나 당황스럽고 부끄럽던지 눈물과 한숨뿐이었단다. 병원이라는 병원은 죄다 다녔지만 고칠 수 없다고 하니 할 수 있는 일은 오직 기도하는 것밖에 없었다. 할아버지는 오셔서 "예수 믿더니 예수 새끼 낳았네. 커 봐야 장날 길가에 앉아 양철동이 땜질하는 것밖에 할 것이 뭐 있겠냐?"라고 하면서 혀를 끌끌 차시더란다.

형들이 나를 업고 당산나무 밑에 놀러 가면 희한하게 뭉개서 다니는 게 우스웠던지 "저리 가봐라 또 이리 와봐라" 하면 나는 뜻도 모르고 다 좋아하는 줄 알고 뭉개고 다녔고 사람들은 웃고 박수를 쳤다. 사람들이 박수를 치며 웃는 소리는 어머니의 가슴을 후벼파고 비수를 꽂는 것 같았다.

"하나님, 하나님! 내 아들 병신 된 것은 괜찮아요. 그런데 하나님 영광 가리는 게 견딜 수 없어요. 그렇지 않아도 예수 믿고 저런 아들 낳았다고 비아냥거리고 조롱하는데 나는 어떡합니까? 고쳐주세요~ 고쳐주세요~."

간곡하게 매일 눈물로 기도했다. 목사님이 심방 오실 때, "목사님 무릎 위에 올려놓고 기도해 주세요"라고 하면, "거기 두세요, 거기 두고 기도해도 하나님이 고쳐 주세요" 하셨지만, "목사님, 그래도 무릎에서 기도해 주세요" 하셨단다.

다섯 살이 된 어느 날, 심방 오신 목사님께 기도 받고 배웅 나갔다가 계속 업고 있으니 하도 허리가 아파서, "좀 쉬었다 가자" 하고 내려놨는데 그냥 반듯이 서더란다. 꿈인지 생시인지 몰라 정신이 없는데 내가, "엄마, 신~" 하더란다. 그래서 그길로 수십 리 먼 길을 달려가 신발을 사오셨다. 자고 일어나면 다시 원 상태로 돌아갈까 봐 밤에 잠을 이루지 못하셨다.

나는 태어나면서 부모님께 눈물과 고통을 주었지만, 지역의 많은 사람에게는 하나님이 병을 고치는 능력이 있음을 보여주었다. 그 일로 인해 많은 사람이 하나님을 믿게 되었다. 장애아로 태어나 뭉개고 다닐 수밖에 없는 나를 고쳐 주신 하나님의 은혜가 감사해서 나는 목회하는 것에 대한 감사만 있을 뿐이지 불평이나 후회를 한 적은 없다.

2. 가세가 기울고 폭력배의 세계로

우리 집은 가마니 공장도 하고, 목장도 하고, 양품점을 해서 그런대로 사는 집이었다. 그런데 아버지가 물건을 부산으로 사러 다니시면서 돈 보따리를 몇 번 도둑 맞고는 집안이 어려워졌다. 그 당시는 쌀 한 가마니를 빌리면 이자로 반 가마를 물어야 했다. 빚에서 헤어 나오기 힘들어지자 아버지는 서울로 가버리시고, 목장에 있는 염소나 닭, 토끼 같은 것들은 빚쟁이들이 다 몰고 가버렸다. 어머니는 당하고만 계셨다. 그런데 나중에 알고 보니 빌려주지 않은 사람들도 빚졌다고 가져간 것을 알게 되었다. 그다음부터는 내가 집안을 지켜야겠다고 생각했다. 그러려면 강해져야 한다고 느꼈기에 싸움하면 지지 않을 정도로 단련했다. 약한 자에게는 부드럽고 한없이 도와주고 싶었지만, 강자가 약자를 누르려고 하고 불의한 것을 보면 분노를 참지 못했다. 의분(義憤)이라는 명분하에 거칠어졌다.

중학교 때는 선생님께 기성회비를 냈다. 그 시절엔 돈을 만질 수 있는 형편이 못 되었는데 수업 시간에도 기성회비를 못 낸 학생들은 집으로 쫓아 보냈다. 그래봐야 어디서 돈이 나겠는가? 생각다 못해 토끼를 팔아서 돈을 내려고 결심했다. 임신한 토끼와 큰 토끼 네 마리를 들고 십 리가 넘는 길을 걸어서 친구와 함께 고흥까지 팔러 갔다. 그 돈으로 기성회비를 냈다. 그런데 며칠 후 선생님이 "왜 돈을 안 내느냐?"라고 재촉하시는 게 아닌가. 분명 토끼 팔아서 냈다고 했더니 누가 아느냐고 해서 같이 간 친구 이름을 말했다. 그 친구는 같이 갔다 오기는 했지만 학년도 다르고 같은 반도 아니어서 기성회비를 낸 것을 보지는 못했다. 그 친구를 불러와 낸 것 봤느냐고 물었다. 그 친구가 못 봤다고 대답하자 교무실로 끌고 가 때리고 벌을 주었다. 예수 믿는 놈의 새끼가 거짓말한다고 얼마나 때리던지 그때 억울하고 분한 모멸감은 공부에서 손을 놓게 만들었다.

나는 그로 인해 더 거칠어졌다. 형편이 어려워 고등학교를 갈 수 없었다. 어느 날 광주 사직공원에서 학교를 마치고 하교하는 학생들을 부러운 눈으로 바라보고 있는데 느닷없이 검은 천이 내 얼굴을 덮었다. 그리고 알 수 없는 곳으로 끌려갔다. 가서 보니 조직 폭력배들이 있는 곳이었다. 3일 동안 한없이 두들겨 맞았다. 거의 죽게 되었을 때, 맛있는 것을 사다 주며 극진히 대해 주었다. 그러더니 내 팔뚝을 칼로 찔러 피를 받기 시작했다. 그 피에 소주를 섞더니 빙 돌아가며 마시고는 나에게도 마시라고 했다. 그러고는 피를 함께 마신 동지라고 했다. 배신하면 안 된다는 암묵적인 서약이었다. 그때부터 거친 삶을 시작하게 되었다.

사건이 자주 일어났다. 이래선 안 되겠다 싶어서 광주 무등산으로 도망쳤다. 몇 날 며칠을 숨어 지내다 보니 배가 고팠다. 무등산에서는 미신 푸닥거리를 많이 하고 거기에 밥과 마른 명태와 나물들을 짚 위에 놔둔 것이 생각나 새벽녘에 그 밥을 거두어서 먹기 시작했다. 여름이라 낮에는 더웠지만 밤에는 쌀쌀했다. 걱정 없이 그 밥을 매일 가져다 먹었는데 음식이 상했는지 설사를 하기 시작했다. 그렇다고 계속 굶을 수 없으니 먹었다. 그러면 배탈 나고 또 먹으면 배탈 나고 계속되는 아픔으로 죽을 맛이었다. "어무니, 나 죽으요. 하나님, 나 죽으요" 하면서 기도하는데 어머니가 배탈이 났을 때 쑥을 찧어서 준 쑥물을 마시고 괜찮아졌던 것이 생각났다. 그래서 키보다 큰 무등산 쑥을 훑어 바위에 물을 부어 가며 찧어서 그 물을 빨아 먹었다. 우와! 신통하게 설사가 멈췄다. 옳거니! 이젠 상한 음식을 먹어도 괜찮겠다 싶었다.

매일 무당 푸닥거리한 것을 많이 거둬다 놓고 낮에도 먹고 저녁에도 먹고, 또 쑥을 찧어서 먹고 그러기를 여러 날 후 이게 무슨 일인가, 아무리 힘쓰고 애써도 변이 나오지 않는 것이었다. 배는 부를 대로 부르고 푸르스름하게 되면서 핏줄이 보였다. 금방 터질 것 같았다. 그러나 변은 나오지 않았다. 며칠을 굶으니 이도 흔들리고 눈썹도 다 빠졌다. 바위 위에서 뻗어 나온 소나무 가지를 잡고 하나님을 부르기 시작했다.

"하나님, 하나님! 나 죽으요, 어무니, 어무니! 여기서 나 죽으요. 어무니, 여기서 죽는 것이나 알았으면 좋것는디 무등산 속이니 어찌 알겄소. 하나님, 하나님! 나 살려 주믄 하나님 일 할라요. 나 좀 살려 주시요" 하고 변 보기를 힘쓰다가 그대로 쓰러졌다. 눈을 떠보니 오전에 그랬는데 해가 뉘엿뉘엿 넘어가고 있었다. 일어나려고 해도 일어날 수가 없었다. 몸이 바위에 붙어 있었다. 항문이 찢어져 피를 많이 흘렸는데 그 피가 바위 위에서 마르면서 몸에까지 말라붙어 있었기 때문이다. 겨우 정신을 차리고 억지로 몸을 일으켜 무등산을 내려왔다.

II. 새로운 삶으로

1. 호남신학대학 입학

무등산을 내려와 순천에서 다니던 교회 목사님을 찾아가려고 했다. 그런데 며칠을 굶기도 하고 피도 많이 흘려서 기운이 없으니 도저히 갈 수가 없었다. 무작정 식당으로 갔다. 그리고 한 상(床)을 시켜서 게 눈 감추듯 먹었다. 그리고 또 한 상, 또 한 상, 세 상을 먹고 나니 눈이 떠지고 정신이 들었다. 그런데 돈이 한 푼도 없으니 이젠 맞아 죽게 생겼다. 그래서 경찰서로 전화해서 경찰더러 오라고 했다.

"무슨 일이냐?" 하길래, "배가 고파 밥을 먹었는데 돈이 없다"라고 하니까 경찰이 뺨을 한 대 때리며, "이 새끼야! 돈이 없으면 안 묵어야제" 하면서 보내 주었다.

몸을 추스른 나는 폭력배와 경찰에 들킬까 싶어 밤에 순천을 향해 걸었다. 낮에는 논둑 밑에서 자고 계속 걸어서 3일 만에 도착했다. 거지 꼴로 목사님을 찾았는데 반갑게 맞아 주셨다. 거기에서 성경학교를 다녔고, 고등학교까지 어렵게 졸업했다. 성경학교에 다니면서 학산교회에서 2년간 전도사로 있었다. 1979년에 매곡교회에 부임하고 1980년에 호남신학대학에 입학했다. 매곡교회에서 목회를 하고 있는데 순천에서 나를 쫓는 형사를 만났다. 다시 경찰서로 가야 하는데, "나 좀 봐주시오. 성경학교 다니고 이젠 사람답게 살려고 합니다" 했더니 그 형사가 "너가 예수 믿으면 나도 예수 믿는다" 하고 말했다. 나중에 보니 진짜로 교회를 다니고 있었다.

똥구멍이 찢어지도록 굶은 시절이 있었기에 그 어떤 배고픔도 견딜 수 있었다. 장애를 고침 받은 은혜가 있었기에 목회하는 것은 천국이요, 감사요, 은혜였다. 나를 인도하시고 함께하시는 하나님께 그저 감사할 뿐이었다.

2. 매곡교회 목회 이야기

매곡교회는 1964년에 인휴 선교사님이 25평 교회를 지었는데 뼈대만 세워 주었고, 교인들이 벽돌을 찍어서 조그맣게 지었다고 한다. 나는 1979년 교회 설립 15년째 되는 해에 아홉 번째 전도사로 부임했다. 교역자 생활비를 제대로 못 주니 1년도 계시지 못하고 떠나는 분들이 있었고, 6개월 동안 돈을 모았다가 6개월 후에 모셔 보기도 했다고 한다. 어르신 8명과 학생 몇 명 있었고, 헌금은 한 주에 7~8천 원 정도 나왔다. 그러니 교회를 수리하거나 페인트칠은 엄두도 내지 못했다. 당시에는 여름에 부채도 없어서 요소비료 포대를 잘라서 부채를 만들어 썼다. 그런데 어떤 분이 꿈같은 이야기를 했다. 서울의 큰 교회는 천장에서 뭐가 빙빙 돌아가서 시원하다는 거였다. 선풍기… 그 이름도 들어 본 적이 없었던 시대였는데 불과 45년 전의 일이다.

그 시절만 해도 술 마시고 길거리에 쓰러져 있는 분들도 있었고, 젊은 청년들은 밤이면 모여 껄렁거리며 다녔다. 어느 날 어떤 청년이 술을 먹고 교회 안에 들어와 난로에 소변을 보고 있었다. 어찌나 화가 나던지 끌고 나와서 업어치기를 했다. 세상에 주먹을 쓰라 하면 무서울 것이 없던 시절이었다. 내가 보기에 한주먹감도 안 되는 놈인데, 한창 주님의 사랑을 느껴 잘해 보려고 애쓰던 내 앞에 걸렸으니 어쩌겠는가. 그 청년이 넘어지면서 신발이 튀어 대문 밖으로 날아가는 것이 아닌가. 그때 마

부임 당시의 매곡교회 앞모습(1979년)

침 집사님이 대문으로 쑥 들어오셨다. 나는 아무 일 없었던 것처럼 "왜 넘어지고 그러요. 얼른 일어나씨요" 하고 얼른 그 사람을 일으켜 세웠다. 개 버릇 못 버린다고, 내가 하던 습성대로 업어치기를 한 거였다. 집사님 앞에서 어찌나 죄스럽고 미안하던지 다음부터는 폭력을 쓰면 안 되겠다고 다짐했다.

지금은 목사가 되었지만 당시 해군사관학교를 다니다 몸이 아파 새로 온 젊은 청년이 교회에 나왔는데 어린아이들을 전도하기 위해 함께 장구와 북을 치며 마을로 다니며 전도를 했다. 그 결과 아이들이 많이 나왔다. 그 아이들이 새벽기도회에 많이 나오면서 마을 사람들이 새벽에 잠이 깨서 잠을 못 잔다고 난리였다. 아이들이 새벽에 친구들을 부르며 교회 가자고 하면 개들이 같이 짖어대니까 시끄럽다는 거였다. 학교에 가며 오며 기도하고, 새벽기도회까지 나오니 항상 교회는 활기가 넘쳤다. 주일 학생이 150명 정도 되지만 교사가 없었다. 중고등부 학생들이 50명 정도 나오니까 고등부 학생들이 주일 학생을 가르치는 교사가 되

신축하기 전의 교회 뒷모습

었다. 그때 신앙생활 한 아이들이 도시로 나가서 다들 얼마다 신앙생활을 잘하는지 모른다. 지금은 40~50대가 되어 찾아와 "목사님이 여기 계시니까 얼마나 좋고 위안이 되는지 모른다"라며 좋아한다. 지금은 학교가 폐교된 지 오래고 아이들을 보기 힘드니 늙어 가는 농촌이 참 걱정된다.

부임했을 때는 교회 지은 지가 15년 정도 되었는데 목수가 지은 것이 아니라 그냥 교인들이 뚝딱거려 지어서 교회 마룻바닥은 못이 솟아올라 사람이 앉았다 일어서면 못에 옷이 구멍 나는 일이 잦았다. 창문으로는 바람과 비가 들어오고 바닥으로도 빗물이 올라왔다. 지나가는 사람들이 차라리 헐어버리고 큰 교회로 합치라고도 했다. 교회를 새로 짓지 않으면 안 될 형편이었다.

초등학생들과 중고등부 학생들이 많이 나오면서 성전을 건축하게 해달라고 철야하며 기도하기 시작했다. 수해가 나서 자갈이 한군데로 휩쓸려 모이면 그 자갈을 실어다 모아 놓기도 하고, 철거하는 학교 건물에서 지붕을 덮는 가시오도 싸게 사다가 놓기도 했다. 한 푼이라도 아껴서 교회 짓는 데 보탬이 되고자 했지만, 실어다 놓은 자갈은 흙과 뒤섞여 가고, 가시오는 비에 젖어 썩어 갔다. 8년을 애타게 기도해서 모은 건축헌금은 450만 원이었다. 마침 태풍이 불어 교회 강대상 위의 지붕이 날아가버려 비가 오면 빗물이 쏟아졌다. 노회에서 150만 원을 도와주어서 600만 원으로 1988년 3월에 교회 건축을 시작했다. 교회 나오지 않는 지역민들도 도와주셨고 목수가 하는 일 빼고는 모든 일을 교인들이 했다. 물질이 없는 사람은 몸으로라도 한다고 더 열심히 했고, 한 해 농사를 포기하고 교회 짓는 데 수고한 분도 있었다. 양동이로 시멘트 이긴 것을 퍼 올리느라 손에 피가 맺혔다. 장갑이 제대로 없어서 다 맨손으로 일했기 때문이다. 7개월 후 교회를 다 지었고 입당예배를 드렸다.

1. 성전 건축 시작할 때 우리는 걱정했네
   이리저리 계산하고 아무리 맞춰 보아도
   어렵고 어림없어 안 될 것 같은 마음에
   우리들의 생각으로 한숨만 지었어요

2. 바닥에서 천장에서 빗물 솟고 떨어질 때
   바람 불고 비가 오면 가슴만 조였었네
   우리도 성전 달라 하나되어 기도할 때
   8년 지난 3월 어느 날 성전 허락하셨죠

3. 벽돌 나르고 세면 비빌 때 손끝에서 피맺히고
   힘이 없고 물질 없어 눈물 마르잖았네

1988년도에 신축한 교회를 다시 증축한 현재의 교회

    애쓰고 모아 봐야 몇 푼 안 된 돈이지만
    최선 다해 지은 성전 주의 능력뿐입니다.
4. 하나하나 주님께서 채워 주고 지어 주사
    오늘 성전 있기까지 책임져 주신 주님께
    우리의 기쁜 마음 감사와 찬송으로
    이 시간 드리오니 영광 홀로 받으소서

〈세상에서 방황할 때〉 복음성가를 개사한 것인데 헌당식 날 이 찬양을 하면서 모두 다 울었다. 감사해서, 기뻐서, 행복해서…….

그러나 교회 빚은 갚을 길이 없어서 날마다 애가 탔다. 한번은 쓰러져서 병원에 입원했는데 지역 주민들이 모두 찾아와 도와주셔서 일부 빚을 갚기도 했다. 하필 88올림픽 때라 물가가 올라 우리 교회 빚은 더 늘어났다.

3. 결혼과 가정생활

나는 1982년에 결혼했다. 총각으로 목회하다가 결혼을 한 것이다. 사택은 방 한 칸과 작은 방 한 개에 부엌이 있었다. 짚을 썰어서 흙과 섞어 벽돌을 찍어서 만든 집이라 쥐와 함께 살아야 했다. 쥐가 구멍을 뚫기 쉬우니 사방이 쥐구멍이었다. 천장과 벽은 도배한 종이와 붕 떨어져 있어서 천장에서 벽으로 쥐들이 우르르 몰려다녔다. 일어나서 툭툭 치면 잠시 조용했다가 또다시 우르르 다니고 나중에는 긴 대나무를 옆에 놓고 천장을 푹푹 쑤시면서 잠을 잤다. 옷과 이불에는 쥐들이 새끼를 낳았고, 내 겨드랑이를 살살 긁어대기도 했다. 작은 방은 멀리서 새벽기도 나오는 교인들이 날이 밝기를 기다리며 주무시는 방이었고 거지들도 가끔 와서 자기도 했다.

그 집에서 아들 둘이 태어났다. 연탄이 부족해 겨울이면 추위에 떨어야 했는데 내가 주사를 놔준 어르신이 연탄을 300장 사주셨다. 얼마나 오지고 감사하던지…. 그런데 비가 많이 오니까 사택 뒤쪽에 있는 변소가 넘쳐 부엌으로 들어오는 바람에 그 연탄이 다 쓰러져버렸다. 사서 쟁이는 것도 힘들지만, 오물과 섞여버린 연탄을 퍼내는 것도 장난이 아니었다.

식량도 부족해 먹고 살기 힘들었다. 당시에는 보리밥에 낮에는 고구마가 주식이었다. 메주 세 덩이가 일 년 먹고 살 된장이었고, 간장은 멀건 물이나 다름없었다. 생활비는 2만 원이었다. 그때 호남신학대 3학년이었는데 한 주에 들어가는 비용이 3만 원이었다. 도시락을 싸 다니더라도 다들 힘든 시절이라 모두 먹고 나면 물로 배를 채우기도 했다. 40만 원이 한 학기 납부금이었는데 2년에 걸쳐 겨우 갚았다. 월부로 책을 사니 돈 받으러 올 때면 애가 탔다. 그래도 우리는 어른이니까 괜찮았다. 아이들이 자라다 보니 TV에서 나오는 광고를 보고 고기가 나오면 막 가져다 먹는 시늉을 했다. 뒷집이 양계장이었는데 닭 한 마리 사 먹이지 못했다.

날씨가 쌀쌀한 어느 날 개구리를 잡으러 동산으로 갔다. 아무리 뒤져도 없더니 한 마리가 풀쩍 하고 뛰어갔다. 잡으려고 하니 어디로 숨었는지 도무지 찾을 수 없어서 잡지 못하고 집으로 돌아와 있는데 미련이 남아 다시 가서 뒤져서 두 마리를 잡았다. 연탄불에 뒷다리를 구워 애들에게 주었더니 맛있게 먹었다. 다음 해에는 청개구리만 뛰어가도, "아빠, 고 간다. 아빠, 고 잡아줘" 했다. 지금은 목사가 된 아들은 말한다. "아버지는 그 이야기를 하면서 마음 아파하시지만 우리는 연탄에 구울 때 그 기다리는 순간과 그 맛이 너무 좋아서 추억이고 행복했어요"라고. 누가 기준이 되는가에 따라 생각도 달라지는가 보다.

나는 모(母)교회에 계신 박석순 목사님을 뵙기도 했고, 생활하시는 삶을 어머니를 통해 듣기도 많이 했다. 이북에서 넘어오신 분인데 북한에 아내도 있고 자녀들도 있다고 했다. 남북통일만 기다리며 홀로 사셨다. 부흥회도 많이 다니셨는데 기적을 많이 나타내서 헌금을 많이 가져와도 생활비로 한 푼도 쓰신 적이 없다고 한다. 밥 해준 집사님이, "목사님 반찬이 없네요" 하면, "간장에 먹지요" 하였다. "반찬이 짜네요" 하면, "물 좀 타면 되지요" 하고, "목사님 반찬이 싱겁네요" 하면, "간장 좀 타면 되지요" 하며 금식을 밥 먹듯 했다고 한다.

교회도 농촌교회치고는 큰 교회였다. 교인이 500명이 넘었으니까! 고등학교를 세워 많은 학생을 가르쳤는데 형편이 어려운 학생들에게는 아주 적은 돈만 받고 학비를 받지 않으셨다. 정부에서 문교부 인가를 내

새로 지은 사택(1986년)

주겠다고 해도 그러면 학비를 받아야 하니까 안 된다고 고집하셨다. 700명 정도 되는 학생이 있기에 교사가 많이 있어야 하고 그 교사들 월급을 목사님이 챙기셨다. 교회를 16곳이나 개척하여서 항상 돈이 부족하다고 했다. 그 과정에 하나님의 기적을 많이 보여주셨다고 들었다. 일평생 하나님만 바라보고 복음 전도에 최선을 다하신 목사님을 생각하면 얼마나 부끄러운지 모른다. 그 목사님에 비하면 나는 가족도 있고, 아내가 반찬을 해주니 누리고 산 것 같아 미안하고 감사할 뿐이다.

교회를 새로 지으려고 기도하고 있었는데 땅을 사고 보니 사택이 교회 마당이 되어야 하기에 사택도 새로 지어야 했다. 교인들이 산에 가서 나무도 베어 오고 해서 브로크 벽돌과 슬레이트 지붕으로 20평 되는 집을 500만 원 들여 지었다. 작은 집에 살다가 큰 집으로 가니 교인들 회의도 할 수 있을 것 같고 참 좋았다. 그러나 단열이 전혀 안 되어 여름에는 너무 덥고 겨울에는 또 많이 추웠다. 그래도 쥐 구덕에서 벗어나 사니 감사할 따름이었다.

4. 메주 사업을 시작하다

1989년 가을 어느 날 시장에 갔다. 쏟아져 나오는 콩들이 많은데 장사꾼들이 콩을 사러 이리저리 다녔다. 농민들은 장사꾼들을 바라보며 자기 콩을 서로 사가라고 했다. 이 콩은 얼마인데 그 값은 주시요 해야 하는데 농민들이 가격을 매기지 못했다. 오히려 살 사람한테, "얼마 줄라요?" 하고 물었다. 그러면, "저기는 얼마인데 그 값을 주리다" 하면 싼값인데도, "그라믄 그 값에 사시요" 했다. 우리가 옷을 사러 가면 장사치들이 옷을 팔 때, "이게 얼마요?" 물으면 주인이, "얼마 주시요" 하고 흥정해서 옷을 사듯이 농민들도 장사치들이 와서, "이거 얼마요?" 하면 얼마 달라고 말해야 하는데 거꾸로 된 것이다. 아이들 학비는 대야 하고, 팔리지 않으면 다시 집으로 가져가기도 힘드니 싼 가격에라도 장사치들이 달라는 값에 판다.

그때 든 생각이 이 지역의 콩으로 메주를 만들어 판매해 보자는 것이었다. 콩을 제값에 사주면 농민들은 판매 걱정 없이 콩을 재배하게 되고, 겨울 농한기에 메주를 만들게 되니 일손도 창출하고, 도시 사람들은 안심하고 먹을 수 있는 좋은 먹거리를 살 수 있어서 건강에 좋을 것 같다. 이익금은 이 지역 노인들을 위해 사용하면 좋겠다고 생각했다. 속이지 않고 제대로 만들어 팔면 언젠가는 알아주리라 생각했다. 도시 사람들과 농민들이 다 같이 사는 일이지 않는가.

그런데 일을 시작하고 보니 보통 힘든 것이 아니었다. 새벽 3시에 일어나 콩을 삶기 시작하면 밤 11시에 끝이 났다. 처음에는 봉사로 하지만, 하루 이틀이 아니니 없는 형편이지만 인건비를 줘야 했다. 판로의 어려움도 이만저만이 아니었다. 7~8시간씩 콩을 삶고, 찧어서 메주 모

메주 말리기　　　　　　　　　메주 띄우기

양으로 만들어 볏짚 위에 놓아 발효시키고, 매일 뒤집어 주기를 8일간 해야 한다. 또 짚을 엮어서 매달아 말려서 파는데 누가 와서 이 일을 책임지고 하겠는가. 추운 겨울에 거의 한 달간 이 작업을 하는데 너무 힘들었다. 또 만들 때는 방이 뜨거우니 땀을 뻘뻘 흘리다가 밖으로 나오면 얼마나 추운지 감기 걸리기 십상이었다. 아내는 힘들다며 이게 주님의 일이냐고 난리지, 사람들을 모집하려니 일이 힘들다고 오지 않으려 하지, 주위에서는 교회에서 장사한다고 비난하지, 판로도 어렵지, 참으로 난감하고 생각 이상으로 힘들었다. 그러나 공장을 지어서 저질러 놓은 일이기에 어쩔 수 없이 해야 했다.

그 와중에 콩값이 폭등하기도 하고, 목포 비금도 섬에서 사오는 소금도 값이 오르고, 인건비와 연료비도 오르니 들어가는 비용이 많이 늘었다. 집집마다 다니면서 유약 칠하지 않은 커다란 독을 사는데 운반하기도 힘들었고, 사와서 소금물을 담가 보면 새기도 했다. 거기다가 전도사가 사업을 해본 경험이 없으니 경영적인 계산이 안 되었다. 전통 된장과 비교하면 싸게 팔고 있는데 시중 된장과 비교해서 비싸다고 하였다. 비싸다고 하면 난 팔고 싶은 마음이 없어졌다. 시중 된장은 수입콩 조금 섞고 밀가루 등 여러 가지를 섞어서 된장 향이나 방부제 등 여러 가지를

간장, 된장 담근 독들

넣고 만든 것이고, 우리 된장은 여러 과정을 좋은 균으로 발효시켜 만들어낸 건강식품인데 그걸 몰라 주니 야속했다.

된장은 유산균이 살아 있어서 한 가지만 소홀히 해도 안 된다. 삶는 것도 오래 삶고 기계에 넣지 않고 밟아서 으깨고, 방 안의 온도가 맞지 않으면 그냥 냄새가 나고, 짚 위에서 매일 뒤집어 줘야 한다. 그래야 몸에 좋은 바실러스 유산균이 나오기 때문이다. 장독도 숨 쉬는 항아리에 담아야 하고 수질도 좋아야 한다. 50일 동안 매일 장독 뚜껑을 열고 닫아야 하고 소금도 5년 이상 간수를 빼야 한다. 된장은 간장과 분리해서 담아도 2~3년은 발효를 시켜야 한다. 그러고도 맛이 있을지 없을지 걱정되는 게 된장이다. 조금만 싱거우면 새콤해서 먹을 수가 없었고 짜면 짜다고 난리였다.

그렇게 지나오길 벌써 36년이 되었다. 이제는 사람들이 몸에 좋은 것을 알고, 또 정성 들여 만드는 것을 알아준다. 몇십 년의 경험으로 맛을 내는 방법을 알고 있지만, 맛 위주로만 만들면 몸에 해로운 것을 넣어야 하기 때문에 건강에 좋은 쪽으로만 만들고 있다. 돈을 버는 게 목적이 아니기에 하나님 보시기에 정직하게, 청결하게 전심을 다해 만들어 건강에 좋은 음식으로 보답하면 그게 좋은 일 아닌가. 아내의 희생이 있어서 참 마음 아프기는 하지만 누가 와서 먹어도 좋은 먹거리, 몸에 좋은 음식을 만든다는 것은 나의 보람이고 긍지이다. 앞으로의 걱정은 일손이 부족해진다는 점이다. 시골에 사시는 분들이 갈수록 연로해지셔서 허리 아픈 분, 어깨 아픈 분, 다리 아픈 분들이 많아서 메주 만드는 일도 일손 구하기가 점점 더 어렵다.

5. 도시락 배달과 알코올중독 환자 돌보기

농촌교회 목회를 하면서 어떻게 하면 지역 주민들과 하나가 되어 도움이 될까 많은 고민을 했지만, 그것을 실천적으로 이루어 나가는 것은 참으로 어려웠다. 교회 운영도 어려운데 지역민을 위해 조그마한 일이라도 하려고 하면 교인들이 반대할 것이 뻔했다. 목회자 생활비도 제때 못 주는데 지역에 도움을 주자고 하면 하려고 하겠는가. 그래서 무조건 내가 한 2년을 돕고, 사례비를 올리려고 하면 올리지 말고 그 일을 하자고 말해서 할 수 없이 교회에서 맡아서 했다.

외환위기(IMF) 때 가정들이 어려워 아이들이 시골 할머니 집으로 많이 내려왔는데, 급식비가 없어서 밥을 먹지 못하는 아동들이 있다고 해서 도움을 주기 시작했다. 할머니들이나 할아버지들의 형편이 어려운 집을 찾아 주 2회 도시락을 배달했다. 그런데 도시락을 배달하려고 하는데 돈이 없었다. 교회에 광고를 했다. "이번 주부터 아이들과 어려운 어르신에게 도시락을 배달하려고 합니다. 시간 되시면 도와주시고 아니면 불평만 하지 말아 주세요." 내 아내는 부자 교회 목사님 눈에 어려운 사람들이 보여서 거기서 하지 왜 이렇게 아무것도 없는 우리가 해야 하며, 한번 광고를 하면 하지 않을 수도 없고 뒤로 물러설 수도 없는데 왜 광고부터 하느냐고 난리였다.

그러나 하나님의 일은 믿고 나아가면 분명 하나님이 하심을 체험한다. 어려운 아이들이 눈에 밟히는데 도울 수 있는 길이 없었다. 멧돼지를 잡으려면 웅덩이라도 파놓고 기다려야 거기 빠져서 잡을 수 있지 아무것도 하지 않으면 잡을 수 없는 것처럼, 하나님의 일은 시작을 하고 나면 하나님이 하신다. 그다음 날 기적이 일어났다. 서울에 사는 우리 교회 출신 집사님이 오셔서 "목사님, 좋은 일 하시는 데 쓰세요" 하시며 백만 원을 주셨다. 아이고 하나님 감사합니다. 그날 당장 가서 도시락 사고 냄비 사고 국통을 사왔다. 그러고도 여기저기서 도움의 손길이 있었다.

한번은 믿지 않는 사람이 회갑인데 목사님이 좋은 일 하는 데 쓰는 게 의미가 있을 것 같아 가져왔다고 하시면서 백만 원을 가져다주기도 했다. 도시락을 67개 정도 싸는데 단 한 번도 돈 없다고 도와주세요, 라고 말한 적이 없었다. 우리에게 돈이 있을 때는 누가 도와주지 않아도, 아무것도 없을 때는 어김없이 도움의 손길이 이어졌다. 독거노인들 도시락과 부모 없는 아이들 도시락을 오랫동안 만들 수 있었던 것은 교인들의 봉사와 하나님이 도움 주는 사람들의 마음을 움직이셨기 때문이었다.

도시락을 배달하다 보면 움직이지도 못하는 분도 있고, 돌아가셔도 모르고 있어 신고한 적도 있다. 다 말라비틀어진 시디신 김치 쪼가리에 찬밥에 물 부어 잡수시는 모습도 많이 봤다. 그들에게 도시락을 가져다

드리면 얼마나 좋아하시는지 모른다. 그러니 어려운 형편을 보시고 하나님께서 우리에게 심부름을 시키신 것이다.

내가 무릎 수술을 하고 아파하니까 여기저기서 소뼈를 사 먹으면 좋다고 했다.

"누가 그걸 모르요, 돈이 없는디 그걸 어떻게 사 먹는다요?" 하고 마음속으로 말했다. 그다음 날 집사님이, "동네에서 소를 잡았는디 목사님 생각이 나서 내가 뼈를 사왔다"라고 하면서 딜렁딜렁 가져오셨다.

"하나님 이러지 않으셔도 되는데요, 으째 속으로 생각한 것까지 아시고 이렇게 당장 보내 주시면 제가 죄송해서 어떡합니까?" 했다. 이와 비슷한 일들은 성도들도 체험해서 알겠지만 아주 많았다.

어느 날 지역의 한 사람에게서 전화가 왔다. "교회를 가는데 새벽에 벌벌 떨면서 쓰레기장을 뒤지는 알코올중독자가 있어요. 우리 동강면에서 그 사람을 도울 사람은 목사님밖에 없는 것 같습니다" 하는 거였다. 가서 보니 정말 마음이 아팠다. 우리 지역과 떨어져 있는 곳에 사는데 28세 된 청년이었다. 우리 집으로 데리고 오는데 아내가 말했다. "내가 씻겨 주자니 젊은 청년인데 어떻게 씻기것소? 당신이 씻겨서 데리고 나올 수 있으면 앞으로도 도와주시오" 했다. 냄새나고 더러워서 목욕탕에는 데리고 갈 수 없고 집에서 씻기기로 했다. 대소변도 못 가려서 옷에 범벅이 된 데다 술만 마시고 먹지 못해서 살이 줄줄 밀렸다. 푸르딩딩한 살을 문질러 씻기려니 세게 닦지도 못하겠고, 엉덩이 한쪽은 움푹 곪아서 벌레가 있었다. 손톱은 얼마나 굵고 길던지 세 시간에 걸쳐서 목욕을 시켰다. 그리고 지역 사람들의 도움을 받아서 1시간 30분 정도 걸리는 나주 정신병원에 입원을 시키고 매주 한 번씩 면회를 갔다.

한곳에 오래 둘 수가 없으니 사천 정신병원으로 옮겨서 입원을 시키고 몇 년 치료한 후에 집에서 적응시키려고 데리고 나와서 함께 생활했다. 병원에서 말하기를 술 하나만도 끊기 힘든데 담배까지 끊으려고 하면 힘드니까 한 가지는 줘야 한다고 해서 담배를 사다가 시간 되면 한 개비씩 주었다. 그날도 담배 한 개비를 주려고 이름을 부르며 너 좋아하는 맛있는 거 줄 테니까 일어나라고 하는데 꼼짝도 하지 않았다. 베개를 덮어놓고 어디론가 사라져버린 것이다. 아무리 찾아도 없었다. 10년을 참고 잘 견디다가도 술 한 잔만 마셔버리면 10년 전 상태로 되돌아간다고 잘 견디라고 단속했는데 가게마다 뒤지고 다녀도 없었다. 4일째 되는 날 부산의 경찰서에서 전화가 왔다. "○○이 아느냐?"고.

우리는 사천 병원으로 달려가고 부산에서는 병원으로 데려왔다. 세상에! 몸도 가누지 못하고 얼굴도 얼마나 맞았는지 부어서 도무지 알아보지 못하겠는데 우리가 사준 옷을 보니까 인정할 수 있었다. 4일 만에 이렇게 달라질 수 있다는 것이 놀라울 뿐이었다. 5년간 공력들인 시간과 돈이 아까워 몸도 못 가누는 녀석을 발로 한번 찼다. "에라, 이 나쁜 놈아!" 하고. 집에서 도망간 그 청년은 부산까지 갔는데 돈이 없으니 아무 가게나 들어가서 술을 마셨고 돈을 내지 못하니 여기저기서 얻어맞은 거였다. 그 일을 계기로 지역의 알코올중독자 서너 명을 더 치료하는데 도움 준 분들과 함께할 수 있었다.

6. 장례식장 운영

지역민들을 위해 무엇을 하면 좋을까 고민하다가 복지관에서 장례를 치러 드리면 좋겠다는 생각이 들었다. 약간의 반대가 있었지만 영안실을 준비했다. 음식을 만드는 데 드는 비용과 일하는 사람들 임금만 받기로 하고 나머지는 다 무료로 해드렸다. 장례 비용은 1/4 정도로 저렴했고, 음식은 장례식장보다 고급스러웠다. 외지에서 오신 손님들은 환경이나 가족이 모이기에 정말 좋고 음식이 맛있다고 탄복하기도 했다. 소문이 나니 장례를 하시는 분이 줄을 이었다. 문상을 오신 믿지 않는 사람들도 교회에서 이렇게 해주시니 감동이라며 자기들도 가서 믿겠노라고 한 분들도 많았다.

모든 것을 일반 장례식장처럼 개방했다. 왜냐하면 믿지 않는 분들, 다른 종교를 가진 분들도 계시기 때문이었다. 그러나 여기에서 하신 분들에게는 조건이 있었다. 일반 장례식장의 비용보다 절약된 돈을 남아 있는 한 쪽 부모님께 드리도록 했다. 그래야 남아 계신 분들이 그 돈으로 용돈 삼아 조금이라도 편하게 생활할 것이고, 자녀들도 부모님 반찬 걱정이나 병원비 걱정을 덜 할 것 같았다. 거의 모든 분이 그렇게 하면서 다들 좋아했다. 믿지 않는 분들도 교회 나오라고 하면 지금은 못 가도 죽으면 장례는 이곳에서 치러 달라고 하신 분들이 많았다.

정말 형편이 어려운 사람들은 거의 돈을 들이지 않고 하기도 했다. 믿지 않는 분들이 장례식을 치르면 우리 믿는 사람들보다 감사헌금을 더 많이 했다. 그러면 형편 따라 돌려 드리기도 하고 절반만 받기도 했다. 한 번도 교회는 안 오셨다는 분들도 다들 하시는 말씀이 교회에 대한 이미지가 바뀌었다고 했다.

7. 팥죽 바자회

12월 초가 되면 매년 우리는 팥죽 바자회를 열었다. 지역에 장이 서는 날을 잡아서 농협 2층 사무실을 빌려서 했다. 거기에서 나오는 수익금

추수감사주일의 감사 헌물

은 어린이 인재 양성을 위해 면사무소나 학교에 드렸다. 김치와 깍두기를 담고, 전날 팥을 삶고, 반죽을 하고, 수많은 그릇과 가스까지 차로 싣고가 팥죽을 쑤기 시작하면 많은 분이 오셨다. 솔직히 어르신들을 초청해서 대접해 드리고 큰 그릇에 3~5천 원에 판다고 한들 얼마나 남겠는가. 죽 한 그릇과 순대 어묵을 드리면 마이너스이지만 각 지역의 유지들과 많은 분이 찬조를 해주기 때문에 가능한 거였다. 마을마다 이장님들이 방송을 해서 참여하게 하고, 아니면 양동이로 사 가서 동네에서 대접하기도 했다. 해마다 빨리 하지 않으면 믿지 않는 사람들이 더 기다렸다. 이것은 우리 지역 행사나 마찬가지이고 이럴 때 좋은 일하는 데 일조하는 것 아니냐고 하시면서 죽 맛 또한 끝내주게 맛있다고 칭찬해 주셨다.

팥죽을 대접하게 된 유래가 있다. 옛날에는 해마다 대학생들이 여름이면 농촌에 와서 농촌봉사활동을 했다. 그러면 교회에서 밥은 한번 대접해야 한다고 생각했다. 그런데 30~40명을 대접하려는데 돈이 없었다. 그래서 생각해낸 것이 팥죽이었다. 팥 두 되에 4,000원, 밀가루 두 봉지에 3,000원, 설탕 한 봉지에 2,000원, 나물 두 가지. 그 돈이면 그 숫자를 먹일 수 있었다. 인원이 많아도, 두 그릇씩 먹어도 되는 음식이 팥죽이어서 매년 그렇게 대접하다 보니 매곡교회 팥죽이 정말 맛있다는 소문이 났고 솜씨도 늘었다. 그래서 그것을 생각해서 팥죽 바자회를 열어 지역민과도 하나가 되고, 또한 작지만 300만 원 정도 마음을 모아 드리게 되었다. 코로나 오기 전까지 한 20년을 했다. 그러다 보니 믿지 않는 분들과 지역의 교회들, 어르신들과도 하나가 되고 더 친밀한 관계를 맺게 되었다. 하나 되는 하나님의 은혜였다.

8. 복지관

교인들이 늘어 130명 정도 되니 교회를 증축하고 싶은 마음이 들었다. 그러나 선뜻 말을 꺼내지 못하고 있었다. 그때 장애를 가진 어르신이 새로 교회에 나오셨는데 교회에 들어오시지 못하고 교회 마당에서 기도만 하고 가셨다 한다. 그러더니 50만 원을 가져다주시며, "목사님 나도 교회 안에 가서 예배드리고 싶습니다"라고 말했다. 계단만 있는 현관을 휠체어가 들어갈 수 있게 해달라는 거였다. 얼마나 부끄럽고 죄송하던지 바로 다음 주부터 교회를 증축했다.

  교회 본당을 조금 늘리고 당회실과 성가대실을 새로 만들고 현관도 리모델링했다. 그렇게 하고 천천히 빚을 갚아 나가는데 몇 년 지나도 도저히 줄지 않았다. 재정을 맡은 장로님도 걱정이 많이 되는지 교회 빚에 대하여 광고 한번 해달라고 말했다. 한 생명이 천하보다 귀하다는 생각에 헌금 때문에 시험 들까 봐 교회를 짓거나 사택을 지어도 광고 한번 못 했는데 은퇴를 앞두고 빚을 남겨 놓고 떠나면 안 될 것 같았다.

  "내가 앞으로 몇 년 있으면 은퇴하는데 후임 목사님한테 빚은 물려주고 싶지 않습니다. 어르신들이 요구르트 하나 덜렁 못 사드시는 것 아는데 죄송하지만 천 원이 되든 커피 한 잔 값을 하든 다달이 조금씩만 도와주세요." 처음으로 헌금에 대해 말했다. 마음씨 착한 교인들이 서로 합심해서 그해 몇천만 원을 갚았다.

신축한 복지관(1층)과 사택(2층)

복지관과 사택도 2003년에 지었다. 쥐 구덕인 방과 벽돌집에서 살다가 커다란 사택을 짓고 그 사택에 들어가는 날 "하나님 이렇게 좋은 집에서 살아도 되나요" 하고 방바닥을 한없이 문지르던 일이 엊그제 같은데 그 집에서 20여 년을 살았다. 아래층은 평소에는 교인들 식사하는 장소로, 또 장례식 있을 때는 장례식과 피로연 장소로 사용하고 위층은 사택으로 썼다. 마당은 넓은 잔디밭으로 꾸몄고, 여러 나무가 세월과 함께 커다란 나무로 자랐다. 마음 같으면 교인들 납골당도 만들고, 집도 지어서 쉬고 가게 하고도 싶고, 카페도 만들어 주민들과 함께하고 싶어서 교회 앞뒤로 땅을 좀 샀다.

나는 떠나지만 후임이 오면 좋은 아이디어로 오고 싶어 하는 교회를 만들었으면 좋겠다. 날로 노인만 늘어나고, 그 늘어나는 노인마저 주님 곁으로 가면, 이 농촌은 누가 지킬까 생각하면 마음이 답답하고 무거워진다. 그렇다고 가만히 있을 수는 없지 않겠는가. 무엇을 해야 농촌이 살 것인가 진짜로 이제부터 고민해야 할 것 같다.

9. 냅둬부씨요!

마을을 다니다 보면 자녀가 없고 연세 들어 나라에서 주는 혜택을 받는 분들도 있지만, 자녀가 있으면서도 형편이 어려워 보살핌을 받지 못하든지, 함께 사시면서 갈등이 심해 힘들어하는 분들도 많았다. 그런 분들을 모시고 살면서 자녀와의 갈등도 해결하고 마음 편히 노후를 보냈으면 해서 집도 사고 땅도 샀다. 된장을 만드는 목적이기도 했고 딸기잼과 오디잼을 만드는 계기이기도 했다. 몇천만 원 드는 리모델링 비용과 세탁기, 냉장고 등을 마련해야 했기 때문이다. 이 돈은 교회에서나 교인들이 부담하는 게 아니고 내가 마련해야 했다.

그렇게 산 집에 할머니 두 분이 살게 되었는데 성격이 정반대였다. 한 분은 아주 꼼꼼해서 풀을 맬 때 남은 풀 한 포기 없이 깨끗하게 매고, 한 분은 풀을 반은 맨 듯 만 듯하면서 덜렁덜렁했다. 꼼꼼한 할머니는 한나절에 밭 반 고랑도 못 매고 덜렁이 할머니는 두 고랑을 맸다.

꼼꼼이 할머니가 말씀하신다. "많이 맨 것 같아도 돌아서면 다시 풀밭 되겠다." 덜렁이 할머니도 말씀하신다. "그렇게 매다가는 한쪽은 묵어 자빠져서 곡식을 다 못 해 먹는다." 그러면 나는, "할머니 그렇게라도 해주니까 내가 풀을 덜 매게 되어서 감사해요. 그도 안 할까 싶응게 마음 넓은 사람이 냅둬부씨요!" 한다.

또 나물을 다듬어도 한 분은 티끌 하나 없이 깨끗하게 조금 다듬고, 한 분은 티가 듬성듬성 있게 많이 다듬는다. 그러면 다 타고난 대로 일하니까 간섭하지 않으면 좋으련만 서로 잘못한다고 타박한다.

털털한 할머니는 꼼꼼한 할머니더러, "저렇게 하다가 밥 빌어 처먹게 일한다" 하고, 꼼꼼한 할머니는 털털한 할머니더러, "지저분하게 일한다고 눈구멍이 썩었는갑다"라고 한다. 싸우실까 봐 애가 탄 나는 누구 편을 들으면 안 되니까, "그냥 간섭하지 마시고 냅둬부씨요!" 한다.

꼼꼼한 할머니는 개밥을 준다. 털털한 할머니는 거기엔 관심이 없다. 꼼꼼한 할머니는 나에게 와서 말한다. "어찌 남자처럼 생겨갖고 짐승 밥 한번 줄줄 모른가 몰것다. 내가 밥 주면 물이라도 떠줘야 하는 것 아니냐. 나 살다가 저런 망구 본 적이 없다"라고 한다. "할머니도 불평하려면 밥 주지 마세요" 하고 싶지만 그러지 못하고, "냅둬부씨요!" 한다.

털털한 할머니가 나에게 오신다. 꼼꼼한 할머니 이야기를 한다. "시상에 단 둘이 삼시롱 방문을 딱 잠가 놓고 산단 말이요. 한 번씩 들어가 보고 싶어도 방문을 잠가 놓으니까 들어갈 수가 없는데 저러다가 죽어 있어도 모를 거야" 한다. 꼼꼼한 할머니께 넌지시 물어봤다. "밤이면 방문을 잠그고 주무시요?" 했더니, "웬 망구가 밤이면 잠을 자야 쓴디 잠도 안 자고 한 시고 두 시고 들어온다"고, 그러니 잠이 깨가지고 잘 수가 없다고, 참 웃기는 사람이라고 말씀하신다. 그도 이해가 되지만 뭐라 말하겠는가? "맘 넓은 사람이 이해하고 그런갑다 하고, 냅둬부씨요!" 하는 수밖에…….

꼼꼼한 할머니가 말씀하신다. "내가 반찬거리를 사다가 맨날 해주는디, 저 망구는 돈만 딱 움켜쥐고 한 번도 시장 가서 안 사온다"라고 하면서, "나이도 더 많음시롱 그렇게 요량이 없은께 자식들이 참 힘들었겠다"라고 한다. 털털이 할머니도 할 말은 있다. "망구가 집에 좀 있제, 맨날 벌벌거리고 댕김시롱 뭘 해가지고 온디, 그 망구가 한 것은 안 묵고 잡단 말이요. 메지간이 돈을 써야 한디, 그랑께 살림을 다 몰아 묵었는 갑습디다" 한다.

화장실에 간 것, 먹는 모양, 다니는 모습, 옷 입는 것, 사는 모습 등등 모두 다 당신들이 옳다고 난리다. 그러다가 싸우실까 봐 애가 탄 나는, "그랑께 말이요, 힘드시겠지만 제발 간섭하지 마시고 근갑다 하고 냅둬부씨요, 제발 냅둬부씨요!" 한다.

노인을 모시는 것은 참으로 어렵다. 그래도 그 할머니들이 우리 집에 사실 때가 가장 행복했다고 말씀하신다. 이렇게 어울리며 한해 한해 지나갔다.

III. 마무리하면서

2024년 12월 14일, 매곡교회에서 45년 2개월의 목회를 마쳤다. 퇴임식 날 가족 찬양은 어머니가 가장 좋아하는 〈나의 영원하신 기업〉을 불렀다. 찬양을 하기 전 말하기를 "어머니가 천국에서 바라보시며 가장 좋아하실 것 같고 온 가족이 어머니로 인하여 주 안에 있음이 감사하다"라고 했다. 어머니는, "예수님 믿고 사는데 왜 이렇게 힘들까요?" 하고 물어보면, "당신은 힘들어도 3대에 가면 복 받을 거요" 하고 목사님이 말씀하시더라고 힘들 때마다 그 말씀으로 위로를 받으셨다. 그러면서 내내 기도로 본을 보이시고 시간만 나면 성경을 읽으셨다. 이전에 읽은 것은 제쳐 놓고라도 71세에 성경책을 새로 사서 보며 기록을 해놨는데, 돌아가시는 80세 초까지 10년에 걸쳐 53독을 하였다. 공부는 못 해도 나무라지 않았지만 말씀대로 살지 않으면 굉장히 엄하게 대했다. 어머니의 대를 이어 4대째 살아 보니 한 사람도 신앙 안에서 이탈되지 않고 나름 열심히 살고 있어 감사하다. 내 아들과 조카, 조카사위, 형님 등 목사가 6명이고 장로가 2명이다. 그런 어머니는 목회하는 내내 나의 거울이 되었다.

그리고 또 한 분 박석순 목사님! 나를 기도로 일어서게 하신 분. 한경직 목사님도 성자라고 말씀하신 분. 오로지 말씀과 하나님만 바라보고 나아가셨던 분. 내 신앙의 큰 산 같은 목사님의 삶은 거친 나를 이만큼이라도 있게 하셨다.

한번은 교회를 옮기려고 했다. 다 준비하고 목사님께 보고하러 갔는데, "교인들이 붙잡으요? 그렇지 않던가요?" 물으시기에, "생활비가 적어서 가냐고 하면서 교인들이 전부 붙잡습니다" 했더니, "양이 붙잡는데 목자가 가버리는 것은 좋지 않은 것 같습니다"라고 말씀했다. 그래서 순종하는 마음으로 다시 주저앉아 이곳에서 목회를 했다. 좋은 목사님을 나의 멘토로 삼고 살 수 있었던 것도 하나님의 은혜였다.

또 감사한 것은 목회하는 내내 함께해 준 우리 교인들이다. 힘들고 어려운 일이 어찌 없었겠는가? 어찌 내가 다 마음에 들었겠는가? 그것 다 감싸 주고 도와주고 함께해 준 교인들이 있었다. 기면증이 있어서 새벽예배 시간에 강대상에서 수없이 코를 골며 잠을 잘 때, 집사람이 "내 애간장이 녹는다, 대한민국 천지에 그렇게 교회가 떠나가게 코를 골며 자는 사람이 어디 있느냐?"라고 뭐라 하면, "얼마나 힘들면 코를 골며 자겠냐?" 아무 말도 하지 말라고 하면서 단 한 번도 거기에 대해서 뭐라 하지 않았다. 예배 시간에도 한 이야기 또 하고 또 하고를 수십 번도 더 반복해서 했을 텐데, 처음 듣는 것처럼 들어 주었고, 불도저처럼 밀고 나가는 모든 일에 대해서도 그랬다.

"목사님이 하시는 일이 처음에는 안 될 것 같은데 결과를 보면 좋다"라고 하면서 도움을 주었던 교인들이 있어서 여기까지 함께 올 수 있었다. 좋은 먹거리 가져다주고 질리지도 않는지, "목사님 그냥 우리 죽을 때까지 은퇴하지 말고 삽시다" 하는 분들도 계셔서 그 마음이 정말 감사하다. 지금도 교인들을 생각하면 참 따뜻하고 고맙고 감사할 뿐이다.

또 감사할 것은 사랑하는 내 아내이다. 내가 일을 만들면 열심히 그 뒷바라지를 해주는 아내가 있었기에 힘든 세월을 버텼다. 30년 전부터 주일에 교회 점심식사를 하게 되었는데 그 식사를 처음부터 마무리하는 그날까지 맡아 주었고, 장례식 도시락, 배달 음식, 된장 일 등 아내의 몫이 많았다. 힘들다고 뭐라 하긴 하면서도 그 일을 도와주었기에 여기까지 올 수 있었다. 잔소리 많은 아내 때문에 나도 나름대로 마음고생 좀 했다. 평소에도 내가 장가를 잘 간 것 같다고 말하지만 아내는 진짜 고생을 많이 했다. 미안한 마음과 고마운 마음, 사랑하는 마음뿐이다. 나를 위해 평생 뒷바라지를 해줬으니 남은 삶은 아내에게 잘 대해주려고 마음먹는다.

이제 남은 것은, 주님을 향한 영성이 퇴보하지 않고 날로 새롭게 주께로 향하길 기도한다. 뒤를 돌아보아도 앞으로의 삶도 주권자되신 하나님이 도우시고 인도하시고 역사하심뿐이란 것을 절실하게 깨닫는다. 나의 나 된 것은 오직 주의 은혜이다. 여기까지 인도하신 에벤에셀의 하나님을 찬양하며 나의 삶도 점 하나가 되어 멀어져 간다.

2부

1980년대에 부임한 목회자

농민운동, 생명농업운동, 사회복지 선교의 기수

| 전북 완주 율곡교회 |

여태권 목사

서문

나에게는 상당히 어려운 도전이지만 지난 76년의 세월을 글로 옮겨 보았다. 기억을 문장으로 변환하는 일은 쉬운 일이 아니었다. 도중에 그만두고 싶은 마음이 여러 차례 들었다. 과연 이 글이 목회자들이나 신앙인들에게 도움이 되기나 할지 의문이었다. 하여 생각이 막히고 글이 막힐 때마다 편안하게 앉아서 되새김질하는 소와 대면하는 시간을 가지곤 했다. 졸고일지언정 마무리를 할 수 있었던 것은 잘 써야 한다는 생각을 버릴 수 있었기 때문이다. 그리고 다른 사람을 위해 글을 쓴다는 주제넘은 마음 대신, 지나온 내 삶의 여정을 어딘가에 정리해서 기록으로 남겨두면 좋겠다는 마음으로 글을 이어갔다.

    나의 목회는 시작부터 끝까지 농촌을 섬기는 과정이었다. 나는 이 삶을 나를 향한 하나님의 소명으로 알고 살아왔다. 그러하기에 농민을 사랑하고 농촌의 미래를 염려하는 한 사람으로서, 극단적인 도시화와 농가 소득 감소로 농업을 천시하는 경향이 갈수록 심해지는 현상이 매우 안타깝기만 하다. 그래도 양식이 있어야 생명이 지속될 수 있다. 당장 손에 잡히는 가치가 작더라도 미래를 준비하는 마음으로 농촌의, 농촌을 위한 이야기가 이어져야 한다. 내 이야기의 가치는 거기에서 찾을 수 있을 것이다.

나는 인생 전체를 3부로 나누어서 적었다. 제1부는 1~31세까지의 삶이다. 이때는 경북 고령군에서 태어나 9년, 전북 이리시(현재 익산시) 송학동에서 11년 그리고 전북 옥구군(현재 군산시) 미성면에서 10년을 산 기간이다. 태어나 학교 교육을 받고, 국방 의무를 마치고, 결혼하여 두 아들과 어머니를 모시고 살아가는 과정을 내 머릿속에 남아 있는 기억들을 끄집어내어 글로 옮겨 보았다. 제2부는 32~65세까지로 익산시 망성면에 소재한 은성교회와 완주 율곡교회에서 목회자로서 보낸 삶이다. 은성교회에서는 신학교에 다니면서 전도사로 일했고, 율곡교회에서 준목을 거쳐 목사 안수를 받았다. 이때의 삶에 대해서는 율곡교회에서 31년간 목회를 하면서 겪은 일들을 중심으로 기술했다. 이 시기에는 '정의·생명·나눔과 섬김'이라는 가치를 위해 고군분투했다. 교회 표어와 설교, 목회의 방향 전체가 이 주제들을 중심으로 이루어졌다. 제3부는 목사 은퇴 후의 삶(66~76세)에 대한 이야기이다. 목사로는 은퇴했지만 주님을 섬기는 종으로 살아가는 목회자의 길에서 벗어나지 않으려고 노력했다. 현직 목사로 있을 때는 설교로 주님을 증언했지만, 은퇴 후에는 삶으로 주님을 증거하는 종이 되기 위하여 노력했던 모습을 써보았다. 이 기간의 이야기는 비교적 생생하게 떠오르는 기억들과 일기, 『계란으로 바위를 깨다』[1]의 자료를 바탕으로 기록했다.

I. 태어나서 신학교 입학할 때까지(1~31세)

1. 출생과 성장 과정

나는 1948년 12월 10일(음) 경북 고령군 성산면 창리에서 태어났다. 위로 누나 셋이 있었고 막둥이로 아들인 내가 태어났다. 나는 부모님의 사랑을 독차지했고, 주변 사람들도 나를 귀하게 대해 주었다. 태어난 곳은 어머니의 친정 동네(밀양 박씨 집성촌)였다. 가까이에 여 씨 일가는 없었지만, 지역 사람 대부분이 어머니의 친척들이라 모두 가깝게 지냈다.

태어난 직후 2세 때에 6.25 전쟁이 시작되었는데, 성산면 창리는 치열한 낙동강 전투가 벌어졌던 곳과 멀지 않았다. 낙동강 물이 핏빛이었다는 어른들의 이야기를 여러 번 들은 기억과 어릴 때 냇가에서 탄피를 주워 장난감으로 가지고 놀았던 기억이 있다. 그곳에서 초등학교 2학년 9세까지 살다가 전북 이리시(현재는 익산시) 송학동으로 이사했다. 농사를 지으시던 부모님이 장사를 하기 위해 경상도에서 전라도로 이주하셨기 때문이다. 생활 환경도 산골 생활에서 도시 생활로 변화되었다. 이리시 송학동은 도시 변두리 지역이었는데, 지역 주민 대부분이 농업에 종사하는 사람들이었고, 몇 가정만 상업에 종사하거나 직장에 다녔다.

삶의 터전을 옮기면서 겪어야 했던 어려움은 지금도 생생하게 기억난다. 언어의 차이로 조롱거리가 되었던 일, 또래들에게 왕따가 되어 늘 외롭게 지냈던 일, 학교에 갔더니 전학생이라는 이유로 서열 다툼에 휘

---

1 『계란으로 바위를 깨다 - 비봉 돼지농장 재가동 저지 경과보고서』, 이지바이오 돼지농장 재가동을 반대하는 완주사람들(이지반사) 편, 2023년.

말려서 방과 후에 매일 같이 싸움질을 했던 일 등이 기억난다.[2] 이 시기에 겪었던 일들은 오랫동안 내 인생의 불안 요소로 자리 잡았다. 누군가에게 차별을 받거나 무시당했다고 느껴지면 곧바로 공격적으로 변하곤 했다. 하지만 열심히 사셨던 부모님 덕분에 지역의 다른 아이들보다 경제적으로는 부족함 없이 살 수 있었던 점은 좋기도 했다.

익산에서 초·중·고등학교를 졸업했다. 고등학교 때에는 남원에서 익산으로 유학 온 친구와 함께 생활했는데, 그의 인도로 교회를 다니게 되었다. 예배 때에 친구들과 함께 특송을 불렀던 일, 함께 교회 청소를 했던 일, 성탄절 전야를 꼬박 새우고 새벽송을 다닌 일 등이 기억난다. 그 친구는 나와 동갑이었는데, 생일이 빨라 학교는 일 년 선배였다. 공부를 잘해서 장학생으로 고등학교에 다녔고, 나중에 서울대학교에 입학했다. 그는 나에게 친구이면서 인생의 멘토와 같은 존재였다.

고등학교 3학년 때 아버지가 지병으로 세상을 떠나시면서, 대학을 진학하려던 나의 계획을 수정할 수밖에 없었다. 지금까지는 아버지 덕분에 경제적인 어려움 없이 학업에 집중할 수 있었지만, 이제는 스스로 생계를 꾸려가야만 했기 때문이다. 물론 어머니가 계셨고 결혼한 누나들도 있었지만, 아버지가 해결해 주시던 대부분의 집안일이 내 몫이 되었다.

나는 대학 입학을 보류하고 생활전선에 나섰다. 아버지 장례를 치르고 집안의 각종 크고 작은 일들 그리고 아버지께서 운영하시던 사업체를 정리하는 일(거래처 관련 업무들과 회계 관련 업무), 아버지 명의의 재산

---

[2] 축사에 새로운 소를 들여놓으면 반드시 서열 다툼이 일어난다. 그런데 사람이라고 다르지는 않은 것 같다. 인간도 새로운 개체를 수용하기 위해 다양한 방식으로 서열 다툼을 벌인다. 그 시절의 사내아이들은 주먹질로 서열을 정리하곤 했다.

4-H 활동을 같이 했던 친구들(1968년)

을 정리하는 일 등을 하였다. 이것은 사회 경험이 전혀 없었던 나에게 매우 벅찬 일이었다. 하지만 아버지께서 생전에 거래처의 장부들이나 재산 등기 문서들을 보여주기도 하셨고, 때로는 일의 일부분을 맡기기도 했었다. 일을 도와드리는 과정에서 아버지의 사업체에 대하여 조금이나마 알게 되었던 것이 후일 큰 도움이 되었고, 주변 어른들과 친구들의 조언으로 어려운 일들을 잘 처리할 수 있었다.

복잡한 문제들을 해결한 후, 1968년 5월에 어머니를 모시고 새로운 삶의 터전으로 옮겼다. 아버지의 재산 정리를 하면서 열대자라는 곳에 농지 1,500평을 매입해 두셨던 것을 알게 되어, 그 땅을 삶의 기업으로 삼기 위해 이주한 것이다. 당시에는 '무작정'이라고 해도 좋을 만큼 계획 없이 농업인으로서의 생활을 시작한 것인데, 돌이켜보면 나도 모르는 사이에 매입되어 있었던 그 농지를 통해 하나님께서 나를 농촌 사역자의 길로 인도하신 것 같다.

2. 열대자에서의 독립생활

열대자에서 13년을 살았다. 열대자라는 이름은 공식적인 지명이 아니고, 주변에서 부르는 이름이었다. 동네로 들어가는 진입로의 폭이 15자(5m)라고 해서 붙여진 이름이었다. 지금은 마을 진입로가 5m인 것이 특별할 게 없지만, 당시로서는 아주 넓은 길이었다. 열대자 안에 네 개의 마을(신창동, 옥성동, 금성동, 평화동)이 있었고, 나는 신창동에 살았다. 이 지역은 일제강점기 때에 일본 사람들이 바다를 막아 농경지로 만든 간척지였다. 일제는 자국민들을 이주시켜 살게 하고, 우리나라 사람들은 머슴이나 일꾼으로 썼다. 말하자면 식민 지배의 아픔이 서린 땅이라고 할 수 있는 곳이다. 내가 갔을 때 열대자의 농지는 아직 소금기가 사라지지 않아서 수확이 좋지 않았다. 그래서 땅값이 매우 낮았고, 지역 토박이가 아닌 타(他) 지역 사람들이 대부분이었다. 다들 소출이 적은 대신 넓은 땅을 경작하여 생업을 이어가고 있었다.

나는 60세인 어머니와 함께 논 1,500평과 허름하고 단칸방인 초가집을 마련하여 그곳으로 이사했다. 당시에는 작은 오두막이라도 잠잘 곳이 있으면 만족해야 했고, 1,500평의 농사 기반을 유산으로 물려받을 수 있었다는 것만으로도 매우 감사했다. 친척도 친구도, 아무도 없는 곳에서 나는 거의 매일 근처의 간척지를 찾아가곤 했다. 이 간척지는 해방 후에 우리나라 정부에서 새롭게 조성한 곳이다. 아직 땅에 염분이 너무 많아서 농사를 지을 수는 없었고, 갈대와 잡초들만 무성했다. 지대가 조금 높아서 염분이 일찍 빠진 곳은 시험적으로 벼를 재배하기도 했지만, 대부분은 소금기가 빠지기를 기다리는 땅이었다. 황량한 그곳에서 나는 노래를 부르거나 시를 읊거나 하면서 시시각각으로 바뀌는 자연 경관을 벗 삼아 시름을 잊곤 했다. 특히 형형색색으로 아름다웠던 그곳의 저녁 풍경은 아직도 기억에 남아 있다.

외로움을 이겨낼 수 있는 계기는 신앙생활을 통해 주어졌다. 고등학교 시절에 교회를 다녔던 경험이 나를 광성교회로 인도했는데, 그곳에서 신앙생활을 새롭게 시작하면서 황무지가 아닌 사람과 교제할 수 있었다. 그때 만난 친구 가운데에는 나처럼 고등학교를 졸업하고 군 입대를 준비하는 사람들도 있었다. 나는 교회에서 만난 사람들과 예배당 3층 종탑 아래의 조그만 방에서 인생과 신앙과 미래에 관해 대화를 나누었고, 신앙이 깊어지면서 세례도 받았다. 또한 나는 교회에서 새로 사귄 친구와 함께 가나안농군학교에 입학하여 1주일 동안 교육을 받기도 했다. 가나안농군학교 김용기 장로님의 가르침을 통해 나는 근검절약하는 삶, 농업을 귀중하게 생각하는 삶, 절도 있는 삶 등을 배웠다. 이 교육을 받고 몇 개월 후 군대에 입대했다. 60세가 넘은 어머니를 홀로 남겨 두고 군에 입대해야 하는 터라 마음이 무거웠지만, 피할 수 없는 과정이었기 때문에 힘을 내서 3년의 세월을 견뎌냈다.

열대자에서 농사꾼의 삶을 본격적으로 시작한 것은 제대 이후였다. 어렸을 때부터 몸으로 익힌 농사일이 아니라 적응하기가 쉽지 않았는데, 군대에서 3년 동안 단련된 몸과 마음이 농사일에 큰 힘이 되어 주었다. 돌이켜보면 하나하나 하나님께서 준비해 주신 과정들이었음을 고백하게 된다. 나는 지역에서 농사를 짓고 살아가는 또래들과 사귀면서 동갑계에 들어갔다. 친구들은 내가 농사일에 적응하는 데 여러 가지로 도움을 주었다.

그리고 교회를 더욱 열심히 다니면서 교회학교 교사가 되었고, 교회 사모님의 중매로 1973년 11월 30일 지금의 아내와 결혼했다. 아내는

광성교회에서 초등학생들에게 주산을 가르치다

모태 신앙으로 신앙의 뿌리가 깊은 사람이었고, 기도하면서 교회를 열심히 섬기는 사람이었다. 그런 아내의 신앙이 나에게 영향을 주어 함께 새벽기도회에 다녔고, 나도 자연스럽게 교회 일에 더 열심을 내었다. 서리 집사 직분까지 받은 뒤에 좀 더 열심을 내면서, 담임 목사님께 인정을 받아 교회의 중요한 직책들을 감당하기 시작했다. 회계도 담당하고 구역 인도자의 사역도 맡아 하면서, 교회가 무엇인지 점점 깊이 알아갔다. 그때 담임 목사님은 매우 진실하고 부지런한 분이셨기에, 나는 존경하는 마음으로 목사님께 순종하며 교회 일을 열심히 했다. 광성교회는 네 개 마을로 형성된 교구에 교인은 100여 명으로 대부분 농사를 짓고 사는 농민들이었다. 나는 이들과 사귀면서 지역에 서서히 삶의 뿌리를 내렸다.

어느 여름날 교회 집사님이 바다에 가서 조개를 잡고 오시다가 깊은 도랑에 빠져 익사하는 사건이 발생했다. 그때 나는 마을 사람들과 시신을 찾기 위하여 그 도랑으로 갔다. 새벽 2시경에야 시신을 발견하여 집

가나안농군학교 수료식(1970년)

사님 댁으로 옮겼다. 그 후 임종 예배를 드리려고 목사님 사택을 찾아갔는데, 목사님은 그 시간까지 주무시지 않고 기도하며 기다리고 계셨다. 나는 그때 참된 목회자의 모습을 보았고, 더욱 목사님을 존경하게 되었다.

어느 날 고등학교 친구가 찾아와서 2년제 전문대학교 과정인 한국방송통신대학에 입학할 것을 권유하면서 필요한 서류와 등록 과정을 소개해 주었다. 그 친구 덕분에 나는 다시 공부할 기회를 얻었다. 아버지가 돌아가신 뒤에 포기할 수밖에 없었던 공부를 다시 시작한 나에게는 그 배움의 과정이 정말 소중했고, 함께 수학한 이들과 귀중한 교제를 나눌 수 있었다. 농사를 지으며 공부하는 것이 쉽지 않은 일이었지만, 나는 아내의 헌신적인 도움 덕분에 2년 과정을 무사히 마칠 수 있었다. 공부하고 농사지으며 성실하게 신앙생활을 해나가는 가운데 하나님께서 두 아들을 선물로 주셨고, 허름한 초가집을 헐고 20평의 집을 새롭게 지을 수 있도록 축복하셨다. 1,500평의 논을 추가로 마련하여 3,000평

방송통신대 경영학과 2회 졸업(1976년)

규모의 논농사를 짓게 되었고, 외양간을 만들어 소도 한 마리 기르게 되었다.

집을 짓고 논을 구입하면서 빚을 내었는데, 이를 갚기 위해 군산시에 있는 청구목재 회사에 취직했다. 한 주는 오전 8시에 출근하여 오후 8시에 퇴근하고, 다른 한 주는 오후 8시에 출근하여 오전 8시에 퇴근하는 2교대 근무였다. 3교대 근무도 쉽지 않다고들 하는데, 2교대 근무는 정말 극한 직업이었다. 합판을 만드는 단순 반복 작업이었기 때문에 주간조 근무는 그다지 힘들지 않았는데, 야간조 근무를 할 때에는 너무 힘들었다. 집에 와서 낮에 잠을 잔다고 하지만 비몽사몽간에 눈을 붙였다가 저녁에 다시 출근하는 일상이 반복되었다. 특히 밤 12시에서 1시 사이에 찾아왔던 창자가 끊어지는 것 같은 고통은 지금도 기억이 생생하다. 몇 개월 정도 다니다가 도저히 농사일과 겸하여 할 수 없다고 판단하고 퇴사했다. 그래도 그 몇 개월간의 고단한 산업 현장 체험은 이후에 목회 여정 가운데 겪게 되는 여러 종류의 어려움을 극복하는 데 큰 도움이 되었다.

　농민으로 사는 생활에 적응하고 익숙해지던 중에 군 입대 전부터 친하게 지내던 교회 친구들이 하나둘씩 도시로 나가 취직했다. 그동안 열심히 노력하여 어느 정도 생활 기반을 다졌지만, 서로 믿고 의지하면서 함께 살아가던 친구들이 도시로 가버리고 혼자가 된 느낌이 들자 나도 열대자를 떠나고 싶은 마음이 들었다. 마침 그즈음에 친구 한 명이 한국신학대학에 입학했다. 그 소식을 듣고 나도 신학에 관심을 갖게 되었고, 한국신학대학에 2학년으로 편입했다. 아내는 이번에도 나의 결정을 적극적으로 지지해 주었고, 강력한 기도의 후원자가 되어 주었다. 1980년 3월에 입학했는데, 4월이 다 가도록 학교에서는 하루도 빠지지 않고 시국 집회가 열렸고, 정문 앞에서 경찰들과 실랑이를 벌이는 것이 일상이 되었다.

II. 목회자의 삶

1. 한국신학대학 입학과 은성교회 목회

1980년 봄, 서른이 넘은 나이에 늦깎이 신학생이 된 나에게 신학 공부는 정말 재미있었다. 수업 도중 가끔 생각나는 아들들의 귀여운 모습 때문에 마음이 조금씩 흔들린 것 외에는 즐겁고 감사할 따름이었다. 입학한 지 얼마 안 된 시점에 광성교회 목사님에게서 연락이 왔다. 익산군(현재는 익산시) 망성면에 있는 은성교회에서 전도사를 구하는데 나를 추천했다고 하셨다. 1980년 5월 첫째 주에 그 교회에 가서 성도들을 만나

보았고, 아무런 준비도 되어 있지 않았던 나는 갑작스럽게 전도사가 되어 목회를 시작했다. 겨우 2개월 신학교육을 받은 사람이 전임 목회자로 나선 것은 지금 생각해 보면 정말 어처구니없는 일이었다. 하지만 그 당시에는 제대로 된 신학교를 나온 목회자 수가 턱없이 부족했기에 가능했다. 나는 열대자에 있던 어머니와 아내, 두 아들과 함께 은성교회 사택으로 이사했다.

첫 목회지인 은성교회는 설립한 지 3년 정도 되는 농촌교회로, 10여 명의 성도가 2Km 떨어진 곳에 있던 두여리교회를 출석하다가, 힘을 합하여 망성면 내촌리에 분립하여 세운 교회이다. 교회 주변에 교항마을, 지장동마을 그리고 진기마을 등 세 개의 마을에 사는 100여 가정이 주된 선교 대상이었다. 전임 교역자이셨던 전도사님의 수고로 50평의 교회당과 사택을 건축한 상태였고, 20~30명 교우가 주일 낮 예배에 참석했으며, 두 명의 장로님이 계셨다. 장로님 중 한 분은 서울에 거주하면서 주일 낮 예배만 참석하시는 분이었는데, 그분을 제외하고는 모든 교우가 농사지으며 살아갔다.

은성교회에 부임하던 1980년 5월, 전두환 군사정권이 비상계엄령을 선포했고, 광주민주화운동이 일어났다. 이에 따라 한신대학은 휴교했다. 나는 배운 것도 없이 매 주일 설교하고, 새벽기도회와 심방, 중고등학교 학생 교육을 담당했다. 아동부는 주로 아내가 맡았는데 아내는 결혼하기 전부터 오랫동안 교회학교를 섬긴 경험이 있었고, 기도 훈련도 잘 받은 사람이어서 적응력이 매우 빨랐다.

그해 9월 2학기가 시작되면서 월요일에 서울 가서 공부하다가 금요일 저녁에 돌아와서 전도사의 일을 하면서 3년의 신학 과정을 마쳤다. 졸업 후 준목 고시에 합격하고, 신학교에서 공부한 대로 계획을 세워

한신대학교 졸업(1983년)

본격적으로 목회에 임했다. 교우들도 만족했고, 특히 교회학교 교육에 중점을 두어 아내는 어린이부, 나는 중고등학생들을 상대로 열심히 가르쳤다. 자그마한 농촌교회이지만 나에게는 새로운 꿈과 희망을 안겨 주었다.

  하지만 세상만사가 사람의 마음과 뜻대로 이루어지지 않는 것처럼, 나의 첫 목회에도 어려움이 닥쳐왔다. 장로 한 분이 나의 목회 계획에 제동을 걸었다. 서울에 거주하면서 주일에만 와서 예배를 드리던 장로였다. 그는 교회의 모든 일에 간섭하려 했다. 교우들도 싫어했고, 마을 주민들도 그에 대한 부정적인 인식을 품고 있어서 선교에 걸림돌이 되는 사람이었다. 나는 그와 부딪혔고, 갈등이 심해지면서 더 이상 은성교회에서 목회하는 것이 어려워졌다. 첫 목회지여서 열정을 쏟아부었고, 성도들 대부분이 신앙생활의 초창기를 나와 함께한 분들이라 깊이 정들어 있었다. 헤어지는 게 쉽지 않았지만 경험이 부족했던 나는 그 시련을 견뎌내지 못하고 결국 교회를 사임했다.

은성교회 시무 3년 6개월 동안 신학 과정을 마쳤고, 준목고시에도 합격하여 준목 인준을 받았다. 이 시기에 신학과 목회에 대한 이론적 체계가 많이 갖추어졌다. 전도사로 목회 경험도 쌓이면서 조금은 준비된 목회자가 되었다. 나름대로 자신감을 가지고 새로 발길을 옮긴 곳이 율곡교회이다. 교회를 옮기면서 교우들과 헤어지는 것이 너무 힘들었던 나머지 새로 가는 교회에서는 다시는 옮기지 않고 은퇴할 때까지 목회할 수 있기를 간절히 기도했다.

2. 율곡교회 부임과 목회

이삿짐을 트럭에 싣고 흙먼지를 날리며 덜컹거리는 비포장도로를 달려서 율곡교회에 도착해 짐을 풀었다. 돌아보니 엊그제 같은데 벌써 40년의 세월이 훌쩍 지났다. 도착하여 기도하러 들어가니, 바로 앞 비포장도로에서 날아온 흙먼지와 나무 난로에서 나온 그을음으로 온통 시커멓게 된 예배당이 나를 맞아 주었다.

율곡교회는 1906년 소농교회에 다니던 교인 10여 명이 장덕선 교인의 집에서 처음 예배를 드리면서 시작되었다. 마로덕 선교사[3]가 지역을 순회하면서 당회장의 직무를 수행하고 있었다. 마로덕 선교사를 직접 본 권사의 증언에 따르면, 그는 말을 타고 와서 교회 일을 본 후, 식사 때 밥그릇 안쪽 부분만 드셨다고 한다. 전임 목회자로 처음 사역하신 분은 권상근 전도사(1926. 4. 27. 부임)이다. 이후 율곡교회는 주로 전도

---

[3] 마로덕(馬路德) 선교사: 본명은 맥쿠첸(L. O. MaCutchen, 1873~1960). 1902년 한국에 와서 1941년까지 교회와 학교를 세우며 많은 사역을 감당하다가 1941년 일제에 의해 강제 추방을 당했다.

사들이 담임 사역자로 시무했다. 1946~1956년까지 10년 동안만 담임 목사가 목회했고, 그 이후에는 내가 담임 목사로 취임할 때까지 전도사들이 사역했다. 추측건대 이 시기에 한국교회의 교단 분열로 율곡교회와 어우교회로 나뉘면서 정상적인 교회 운영이 어려웠던 점이 이유인 것 같다.

율곡교회 당회록(1937년)

어려운 상황 가운데서 교회당도 여러 번 이전했는데, 내가 부임했을 때는 옛 목조건물을 헐고 새로 세워진 교회당이었다. 목조 교회당을 건축할 때 당시 구영서 영수(후에 장로가 됨)가 머리를 깎지 않을 정도로 열심을 다했다는 이야기 그리고 현재의 교회당을 건축하기 위하여 교우들이 힘을 모아서 시멘트 블록을 만들고, 앞 냇가에서 모래와 자갈을 옮겼다는 등의 이야기가 전해진다. 내가 은퇴할 무렵에는 이 교회당을 헐고 새롭게 건축해야 할 상황이었으나, 나는 그 일을 후임 목회자에게 넘겼다.

율곡교회는 일제강점기 때 개성학교(1928~1948년)를 세워 교육으로 인재들을 양성했고, 6.25 전쟁 이후에는 고아원(1955~1957년)을 설립 운영하여 전쟁고아들을 돌보는 일을 하였다. 그 후에는 양재학원(1956년)을 설립하여 학교 교육을 받을 수 없는 여성들에게 기술교육을 하여 사회 진출을 할 수 있도록 도왔다. 개성학교는 해방 이후 지역에 초등학교가 세워지면서 합병되었고, 고아원은 미국에서 오는 원조가 끊기는 바람에 문을 닫았으며, 양재학원은 이를 설립한 전도사님께서 전주시내 교회로 옮기면서 운영을 지속하지 못했다.

1947년에 건축한 목조교회당과 교인들

교회 역사 가운데에 자랑스러운 일들만 있는 것은 아니었다. 일제강점기 말기 때 예배 전에 동쪽을 향하여 천황에게 절을 하고 예배드렸다는 안타까운 이야기도 있고, 6.25 전쟁 때 예배를 드리지 못하는 위기를 맞기도 했다. 장로교단이 기장과 예장으로 분열될 때 율곡교회도 두 교회로 나뉘는 분열의 아픔을 겪었으며, 교회 설립 후 내가 부임할 때까지 76년 동안 교역자들이 없거나, 짧게 머물다 떠나는 안타까운 상황이 반복되었다. 아픔이 많았던 우리 현대사의 질곡이 산골 농촌교회의 어깨 위에도 드리워 있었다.

1) 군부독재에 저항하는 민주화 운동에 동참: 하나님의 정의를 외침

율곡교회에 처음 부임했을 때 주일 낮 예배 장년부 출석 교인은 60~70명이었고, 교회학교 어린이부는 100여 명 되었다. 젊은 선생님들이 열심히 어린이들을 가르치는 희망 넘치는 교회였다. 새로 부임한 젊은 교역자에 대한 기대감으로 열심히 봉사하는 교우들과 함께 나도 열심히 교회

일에 집중했다. 신학교에서 배운 신학적 이론과 3년 동안 은성교회에서의 목회 경험을 바탕으로 열심히 심방하고 기도하며 열정적으로 설교했다. 전도를 위하여 부흥성회를 해마다 1회, 필요에 따라 2회씩 열기도 했다. 그렇게 하는 것이 목회자로서 최선을 다

율곡교회 담임 목사 취임식(1986년)

하는 길이라 생각하고 모든 힘을 내었다.

그런데 청년 가운데는 일부분이지만 이런 전통적인 선교 방법이 아니라 사회와 정치적 일에 관심을 가지고 교회의 역할을 모색하려는 움직임이 나타났다. 이런 청년들의 작은 움직임이 교회 전체로 퍼진 사건이 있었다. 부임 2년이 지나서 어느 정도 교우들과 친밀한 관계가 형성되었던 시점이었다. 가까운 곳에 있는 고산성당 가톨릭농민회 회원들이 소몰이 투쟁을 벌였다. 1985년 솟값이 폭락하여 송아지 가격이 강아지 가격보다 싸다고 할 정도 떨어지자, 전국에서 소를 사육하는 농가들이 시위를 벌인 사건이다.

이 사태는 1978년 2월, '수입자유화 기본 방침'이 확정되고, 그에 따라 1980~1984년에 육우 17만여 두, 젖소 3만 5,000두, 쇠고기 2억 7,000여만 근을 수입하여 솟값을 폭락시킨 것이 원인이었다. 이때까지 농민들은 자신들이 가난하게 사는 이유가 못 배우고 게으르기 때문이라고 생각하는 경향이 있었는데, 이 일로 정부가 잘못된 정치를 행할 때 국민이 가난하게 된다는 사실을 깨달았다. 농민들은 자식처럼 귀하게 키우던 소를 거리로 몰고 나와서 정부 정책을 비난하는 시위에 참여

했다.

나는 지역에서 이와 같은 시위가 일어났을 때, 젊은 교우들과 동참했다. 이미 신학교에 다닐 때 집회와 시위에 참여해 본 경험이 있었고, 교회의 사회참여를 주제로 하는 책들에 관심을 가지고 많이 읽기도 했었다. 또한 내가 속해 있던 전북노회에는 신앙인의 사회적 책임을 묻고 실천하던 훌륭한 선배 목사님들(현재는 모두 고인이 되신 은명기 목사, 강희남 목사, 신삼석 목사, 김경섭 목사 등. 김경섭 목사는 율곡교회 출신이었음)이 계셨다. 그분들이 후배 목사들에게 영향을 주어서 지역사회의 여러 집회와 시위에 적극적으로 참여하는 것은 당연한 일이었다.

1961년 군대를 동원하여 국가권력을 찬탈한 박정희는 20년 동안 무력으로 백성을 다스렸다. 그는 자신에게 저항하는 사람들을 재판하여 처형하거나, 쥐도 새도 모르게 죽이거나, 온갖 고문으로 간첩을 만들어 옥살이를 시켰다. 그래서 목숨을 걸지 않고는 감히 저항할 수 없게 만들었다. 박정희가 죽은 뒤에는 전두환 일당이 등장하여 비상계엄령을 선포하고 새로운 군부독재를 이어갔다. 그들은 광주민주화운동을 용공분자들의 책동이라고 매도하여 군대를 동원하여 무참히 학살하고 국가권력을 장악했다. 이러한 전두환 일당에 대하여 국민은 저항했다. 그들은 공권력을 동원하여 감시와 탄압을 일삼았지만 국민의 저항은 계속되었다. 이 시기에 국민 저항을 선도한 곳은 대학들이었다. 전국의 대학들은 군사독재정권에 저항하여 집회와 시위를 끊임없이 계속했다. 이렇게 대학에서 점화된 집회와 시위는 국민 속으로 스며들기 시작하여 도시에서는 산업노동자들과 농촌에서는 의식화된 농민들이 군사독재정권에 항거하는 집회와 시위를 벌였다.

전두환 정권 때의 솟값 폭락은 여러 농업 정책의 한 단면이었을 뿐이다. 저곡가(低穀價) 정책은 농업을 희생양으로 삼아 산업화를 추진한 군부독재의 대표적인 농업 정책이었다. 농민들은 이 정책이 농민들의 삶을 어렵게 만든 원흉이라는 것을 의식화 운동을 통해 알게 되었다. 그때까지 농민들은 자기 목소리를 내지 못했다. 나라님을 하늘처럼 떠받들어야 한다고 믿어 왔던 농민들은 파출소 앞을 지날 때도 주눅이 들어서 고개를 숙이고 지나다녔다. 지금은 우습게 들리겠지만, 당시 의식화 교육 중에는 '파출소 앞에서 고개 들고 당당하게 걷기 운동'이 있을 정도였다. 이렇듯 '순사'만 보면 주눅이 들던 농민들이 중무장한 전경들과 당당하게 맞설 수 있게 된 것은 민주화 운동의 중요한 성과였다. 국가권력의 존재 이유는 '군림'이 아니라 '섬김'이라는 인식이 이 작은 변화를 통해 국민의 의식 속에 자리 잡게 되었다.

이러한 시대적 사명에 부응하여 교회도 자신의 목소리를 내기 시작했다. 불의에 맞서는 것은 '불순종'이 아니며 '거역'도 아니다. 교회의 사명은 세상 권력에 순종하는 것이 아니라 하나님의 명령에 순종하는 것이다. 하나님께서 정의를 말씀하시는데 교회가 사회의 정의에 침묵한다면 그것이야말로 불순종이다. 율곡교회는 농촌지역에 있는 작은 교회였지만 역사 속에서 부르시는 하나님의 명령에 순종하는 교회가 되기 위해 애쓰고 기도했다. 내가 본격적으로 민주화 운동에 동참했을 때, 젊은 교우들은 든든한 동반자였고 헌신적인 동지들이 되어 주었다. 덕분에 율곡교회는 끊임없는 감시와 억압 속에서도 지역사회에서 민주화 운동의 기지 역할을 감당할 수 있었다. 율곡교회는 지역사회의 수많은 회의와 모임뿐 아니라 대학생 농활대 같은 활동의 거점이 되었고, 비좁은 예배당이 미어터질 정도로 모여 앉아서 기장청년회 전국대회를 치르기도 했다.

전북노회 시국기도회(1990년)

나는 전북 기독교장로회 농목 회장, 전북 목회자정의평화위원회 총무, 전북 기독교사회운동연합 공동대표로 활동하면서부터 본격적으로 민주화 운동에 참여했다. 이때 지역의 민주화 운동을 주도하면서 때로는 집회나 시위를 직접 주도하기도 했고, 교회 차량(12인용 봉고차)은 교우들을 위한 용도보다 시위와 집회를 위하여 사용하는 일이 더 많았다. 유인물이나 현수막 등을 싣고 다녔으며, 집회에 참석하는 교우들과 목회자들을 모시고 다녔다. 그때 운동의 중심에 계셨던 고(故) 은명기 목사님께서 "율곡교회 차는 민주화 운동 차"라고 말씀하시곤 하셨다. 나는 무엇을 하면 다른 것들은 생각하지 않고 그 일에만 매달리는 성격 탓에, 민주화 운동에 참여하면서 군사독재의 상징인 전두환을 몰아내고 민주화를 이루는 일에 전념했다.

일장(一長)이 있으면 일단(一短)이 있다. 민주화 운동에 열중하면서부터 자연스럽게 교회에 있는 시간보다 밖으로 나와 있는 시간이 더 많아지게 되었다. 교우들 가운데 "목사님 만나기가 힘들다"라고 불평하는 분들이 많아지고, 나의 활동에 정면으로 반대 의사를 표명하시는 분들도 생겨났다. 돌이켜볼 때 아쉽고 안타까운 점은, 그런 분들을 설득하고 이해시키며 나아가기에는 당시의 내가 너무나 젊고 저돌적이었다는 점이다. 심지어 나는 나의 활동을 반대하는 분들을 '시대를 알지 못하는 분들', '의식이 없는 분들'이라고 규정해버리고, 나와 뜻을 함께하는 교우들만 데리고 집회와 시위 현장을 찾아다녔다. 특히 '6월 항쟁'으로 역사에 기록된 1987년 6월은 주일 예배를 제외한 대부분의 시간을 교회 밖에 나가서 생활했던 것 같다.

그래도 민주화 운동의 큰 물결에 참여하고, 교회의 예언자적 사명을 감당하기 위해 노력했던, 험난했던 시절이 지나간 자리에 꽤 많은 것이 남았다. 좋은 것부터 이야기하자면, 먼저 자부심이 남았다. "군사독재 시대에 민주화를 위하여 일하도록 부르시는 하나님의 부르심에 응답하였노라" 하는 자부심, "민중의 고통을 외면하지 않고 그들과 함께했다"라는 자부심이 율곡교회의 자부심으로 남았다. 우리가 교회의 양적 성장을 위해 충성하지는 못했으나, 정의가 하수처럼 흐르게 하라 하신 말씀에 순종했다는 자부심은 앞으로도 율곡교회의 내적인 자산이 될 것이다.

다른 한편으로 아픈 상처도 있었다. 열심히 앞장섰던 교우들이나 뒤에서 반대의 목소리를 냈던 교우들 모두에게 엇비슷한 상처가 남았다. 앞에 섰던 이들에게는 뒤에서 반대하는 이들에 대한 반감이, 뒤에 서 있던 교우들에게는 앞에서 주장하는 이들에 대한 거부감이 자리 잡게 되었다. 그 결과로 교인들 사이에 보이지 않는 갈등이 생기고 말았다. 특별히 무엇을 잘못했기 때문에 상처가 된 것은 아니었다. 오히려 불편함과 미움 그 자체가 상처였다. 서로 화목하고 이해하며 사랑을 나누어야 할 교회에 갈등과 미움의 골이 새겨지고 말았다. 교회 밖에서 들려오는 말들 속에도 칭찬과 비난이 섞여 있었다. 진보적인 사람들은 율곡교회의 사회 참여를 부러워하기도 했고, 때로는 교회에 나와 예배에 참석하기도 했다. 다른 한편으로 지역의 기득권층이나 보수적인 사람들에게 율곡교회는 지탄의 대상이 되었으며, 다른 교회들은 율곡교회를 이단이라고 손가락질하곤 했다. 그러한 와중에 교회를 떠나는 교우들도 있었다.

 이와 같은 교회 안팎의 갈등들이 어느 순간 나의 내면으로 옮겨 오게 되었을 때, 그것은 심각한 목회적 회의감과 위기감을 불러일으켰다. '싸우는 일'에 몰두하다 보니 그 일에만 능숙한 사람이 되어버린 나 자신의 모습을 대면하는 것이 쉬운 일이 아니었다. 사람의 마음을 잘 살피면서 어루만져 주고 다독여 주어야 할 목회자가 공격적으로 사람을 대하여 마음에 상처를 입히는 경우가 더 많아지면서, 나는 깊은 내적 갈등에 빠졌다. 큰 목소리로 진리와 정의를 외쳤지만, 어떤 사람들은 나를 만나는 것을 싫어했다. 그뿐 아니라, 나 또한 나와 함께하지 못하는 사람들을 노예근성을 버리지 못한 사람들이라고 함부로 폄하했다. 목회자가 교인들을 깨뜨리고 개조해야 할 대상으로만 보게 되었을 때, 교회는 당연히 따뜻함을 잃어버리고 갈등과 대립만 남은 교회가 되지 않겠는가!

 그리고 나는 그동안의 활동들을 성찰하는 과정에서 또 한 가지, 그간 외면하고 있었던 중요한 문제에 대해 고심하게 되었다. 그것은 내가 그토록 지키고자 고군분투했던 농촌의 현실을 직면하면서 얻게 된 과제였다. 우리는 농민의 생존권을 위해 싸운다고 거리로 나갔는데, 막상 농민들은 농촌을 떠나 우리가 싸우던 거리의 주변인으로 전락해 가고 있었다. 많은 이의 희생과 헌신으로 민주화의 물결이 한 뼘씩 앞으로 나아가고 있었지만, 막상 그것을 누려야 할 가난한 농민들의 삶은 전혀 나아지지 않고 있었던 것이다. 아스팔트 농사도 중요하지만 농사꾼들이 다 떠나버린 농촌에 무슨 농민운동이 필요하겠는가? 이때부터 나는 어떻게 하면 농촌과 농업을 지킬 수 있을 것인가에 몰두했고, 농촌을 떠나려는 젊은 사람들을 설득하여 농사를 지으면서도 잘살 수 있는 길을 함께 모색했다. 나는 이 길이 농촌도 살고 농촌교회도 사는 길이라고 판단했다. 전도할 사람이 없는데 누구를 교회로 초청한단 말인가?

2) 율곡교회의 농업, 농민선교: 생명이라는 주제를 생각

수많은 사람의 피와 땀의 결실로 한국 사회는 서서히 정치적인 변화를 이루어냈다. 군부독재는 막을 내렸고, 일시적이고 제한적이었지만 평화적인 정권교체의 기쁨도 맛보았다. 현실적으로 가능성이 없어 보였던 진보 정당들이 결성되어 국회에 진출하기도 했다. 하지만 이와 같은 정치적 변화가 농촌의 현실에 주는 영향은 미미하기만 했다. 농촌 사회는 고령화가 가속화되어 "농촌에서 60대면 청년층에 속한다"라는 말이 현실이 되었고, 수많은 초등학교가 폐교되거나 통폐합되었다. 동네마다 빈집들이 늘어 가고, 경작을 멈춘 묵은 논밭도 늘어 가고, 어린아이의 울음소리를 듣기 어려운 적막한 농촌으로 몰락하고 있었다. 여기에 농산물 수입 개방으로 농업의 몰락은 더욱 가속화되었다. 우루과이 라운드와 세계무역기구(WTO)의 출범 그리고 자유무역협정(FTA)이 체결되면서 한국 농업은 그야말로 설 자리를 잃어 가고 있었다. 농경지가 넓은 나라들은 대규모 생산과 유통으로 수익을 낼 수 있지만, 우리처럼 농경지가 좁은 나라는 경쟁에서 밀려날 수밖에 없었다.

그런데 농업은 그 특성상 공장에서 물건을 찍어내듯이 단기간에 곡물을 생산할 수 없을 뿐 아니라, 단기 교육을 통해 속성으로 농사법을 익힐 수도 없다. 위기 상황이 발생했을 때 재앙은 피할 수 없다. 그러므로 삼성전자의 연간 매출액과 농업생산액이 비슷해졌다고, 수익성 낮은 농산물의 재배 중단, 특히 식량 생산을 포기하는 국가정책을 세워서는 안 된다. 그럼에도 농업 정책은 줄기차게 농업 포기 방향으로 치닫고 있었다. 그 결과 면적이 작은 산골의 논과 밭은 묵게 되고, 경지 정리한 논에 조경수 묘목을 재배하거나 비닐하우스를 만들어 시설 재배하는 농민들이 늘어 갔다. 이제 한 사회에서 농업에 부여된 '식량안보'와 같은 고유한 영역은 무너져버리고, 농산물도 산업의 한 품목에 불과하다는 게 기정사실이 되어 갔다.

무너지는 농업, 농촌의 현실은 농촌지역에 있는 교회들에게도 똑같이 적용될 수밖에 없다. 농촌의 고령화, 공동화(空洞化)는 농촌교회의 고령화, 공동화로 직결될 수밖에 없는 것이다. 이에 목회자들 역시 교인들이 줄어드는 농촌교회를 떠나 도시교회로 옮기거나, 도시지역에서 새롭게 개척교회를 시작하면서 농촌교회의 교인들을 도시로 불러들이는 목회자들도 있었다. 이런 과정에서 목회자들은 스스로 의도했든 의도하지 않았든 이농현상을 부추기는 전도자의 역할을 했다. 이러한 변화의 물결에서 율곡교회도 예외가 아니었다. 1970년대에서 1990년대에 이르는 동안 많은 교우가 도시로 이주했다. 한 해에 교인들 열 명 장례식을 치르기도 하고, 여섯 가정(대략 20명)이 이사를 하기도 했다. 100명이 넘던 교회학교의 학생 수는 1990년대에 이르러 30명 이하로 줄어들었다.

나 역시 이와 같은 농촌교회의 현실 앞에서 갈등하지 않을 수 없었다. 도시교회로 나가서 번듯한 교회의 목회자가 되는 길과 어려운 농촌교회를 떠나지 않고 주께서 원하시는 목회자의 길이 내 앞에 놓여 있었다. 나는 갈등하며 기도했다. 응답은 아내를 통해 주셨다. 하나님은 아내를 통해 여기 농촌에 남아서 주님께서 주시는 사명을 찾으라는 응답을 주셨다. 또한 하나님은 내가 이곳으로 처음 왔을 때 올린 기도를 생각나게 하셨다. 그것은 지금 옮기는 교회에서 은퇴할 때까지 목회할 수 있도록 해달라는 기도였다. 확실한 응답을 받은 나는 내적인 갈등을 멈추고, 여기 농촌에서 목회자로서 할 수 있는 일, 농촌을 살릴 수 있는 실질적인 대안을 찾기 시작했다. 이후 율곡교회에서 노력했던 일들을 정리하면 다음과 같다.

(1) '뿌리회'를 만들어 지역에 알맞은 농업을 찾아보다(1987년)

먼저 나는 교우들 가정에서 경작하는 논과 밭의 면적을 조사했다. 분석해 본 결과 경작 면적이 협소한 중산간지에 적합한 농업 방식을 찾아야 한다는 결론을 내렸다. 이를 두고 대안을 모색하던 중에 집사님 한 분이 한우에 대하여 여러 가지 정보를 제공해 주었다. 그 후로 교우들 가정에서 한두 마리씩 기르고 있는 한우에 관심을 갖게 되었다. 나는 교인들에게 한우 사육을 본격적으로 장려하면서, 남신도회를 중심으로 '뿌리회'를 만들었다. 식물의 뿌리와 같이 농촌과 농업 그리고 농촌교회를 보존하자는 의미를 담은 이름이었다.

처음 시작한 일은 사료 공동구매였다. 사료대리점에서 구매하면 약 10~20%를 더 주어야 했기 때문에 이 사업은 호응이 괜찮았다. 발생한 수익금 일부를 모아서 우리보다 먼저 농업과 농촌의 문제에 대한 실질적 대안을 모색 중이던 충북 청원군의 덕촌교회를 탐방했다. 덕촌교회를 다녀온 후 우리도 할 수 있다는 자신감이 생겼다. 생산뿐만 아니라 유통에도 관심을 가졌고, 완주한우영농조합 법인을 설립하여 한우 사육과 판매를 공동으로 하는 공동체 운동을 1992년에 시작했다. 영농조합법인은 1992년 노태우 정부 때 대통령 특별법으로 농업과 농촌을 위한 정책으로 제정하여 김영삼 정부 때 전국적으로 확산되었다(2021년 기준 25,605개가 설립됨). 완주한우영농조합 법인은 이 법에 따른 전라북도 1호 법인체였다. 임의 단체인 뿌리회로 활동하던 교우들이 이루어낸 뜻깊은 성과였다.

뿌리회 활동으로 형성된 친밀함을 바탕으로 16명의 교우가 각자 집에서 사육하던 한우를 한곳에 모아 공동목장을 만든 것이 첫 번째 사업이었다. 500평 정도의 땅을 임대하여 먼저 50평 축사를 건축하고 나머지 부지에 울타리와 운동장을 만들었다. 이 목장에서 한우 30두를 공동 사육했다. 이때 나는 이스라엘의 모샤브와 키부츠처럼 자본주의 체제 안에서 공동생산 체계로 농업을 지키는 공동체를 꿈꾸며 일을 진행했다. 주거와 육아까지도 공동으로 해결하는 키부츠 같은 모델은 현실성이 떨어지기 때문에, 조금 느슨한 공동체인 모샤브 형태로 방향을 정했다. 생산과 소비의 일부분만 공동구매하여 분배하는 것이다.

이 일을 진행하면서 나는 매일 아침저녁으로 목장에 가서 소에게 먹이를 주고, 직접 사료를 만들기 위한 재료를 조달하는 일을 하기도 했다. 가까운 지역에 있었던 하이트맥주 공장의 맥주박[4]을 구입하여 사료 원료로 활용하기도 하고, 전남 구례에 있는 우리 밀 공장에서 밀기울을 가져오거나, 정부미 도정 공장에서 쌀겨와 싸라기를 구입해 오기도 했다. 이렇게 구입한 재료로 회원들과 함께 직접 사료를 만들었다. 한우 사육 경비를 줄이려고 우리 스스로 사료를 만드는 작업에 도전해 본 것인데, 이 일은 사실상 무모했다. 사료를 만드는 일 자체도 쉽지 않았거니와, 적절하게 영양소를 맞추어서 사료를 만드는 일은 전문성을 요하는 어려운 일이었다. 그래서 나중에는 충남에 있는 TMR 사료[5] 회사에

---

[4] 맥주박은 맥주를 제조할 때 나오는 부산물로, 대맥의 전분을 당화해서 맥주를 만들고 난 뒤 나오는 대맥의 껍질 등의 불용해성 물질의 혼합물이다. 영양소나 기호성 등이 부족하지만, 저렴한 가격으로 사료 공급을 할 수 있었다.
[5] TMR 사료는 'Total Mixed Ration'의 줄임말로, 소에게 필요한 영양소를 고려하여 여러 성

사료 제작을 위탁해 보기도 했으나 지속하지는 못했다.

    나는 모샤브와 같은 공동체를 꿈꾸며 한우영농조합을 세워 가는 일에 온 힘을 다했지만, 두 가지 중요한 한계가 있었다. 첫째는 지도자인 내가 한우 사육으로 공동체를 이끌어 갈 수 있을 만큼의 경험과 지식을 갖추지 못했다는 점이고, 둘째는 회원들의 공동체 의식이 깊지 않았다는 점이다. 우리는 공동목장 운영을 포기하고 농장을 개인에게 팔았다. 공동 사육하던 소들은 각 회원의 집으로 돌려보냈다. 이 일은 나에게 자본주의 제도 안에서 공동체를 세우는 일이 얼마나 힘들고 어려운 도전인지 일깨워 주었다.

(2) 완주한우영농조합법인

공동생산을 포기하고 이를 극복할 수 있는 대안으로 공동판매를 해보자는 조합원들의 의견이 있었다. 의견을 반영하여 한우 사육은 회원들 가정에서 각자 하고, 판매는 영농조합에서 하기로 하였다. 우리는 고산면 소재지에 있었던 한양회관이라는 식당을 인수하고, 완주한우영농조합 직판장과 식당을 개설하여 한우 유통 사업을 시작했다. 이 사업은 크게 성공했다. 당시는 외국에서 들어오는 수입 소고기와 국내산 소고기가 잘 구별되지 않은 상태에서 판매되던 시절이라서 소비자들이 한우를 구매할 때 항상 불안감이 있었다. 그런데 농민들이 사육한 소를 직접 판매한다고 하니 많은 소비자에게 믿음을 준 것이다. 조합원들이 한마음으로 이 일에 힘을 합한 것도 중요한 성공 요인이었다. 거의 매일 1천만 원 안팎의 매출을 올렸고, 추석이나 설 명절에 직판장에서 한우를

분을 혼합하여 제조한 사료를 말한다.

구매하려면 100m 이상 긴 줄을 서야 하는 사태가 벌어지기도 했다.

한우 유통 사업을 하는 과정에서 나의 역할은 농민들이 어려워하는 행정과 회계 업무를 담당하는 일이었다. 이 일은 나의 일상을 흔들어 놓았다. 성경을 읽고 기도하며 교회를 섬겨야 하는 목사의 책무가 점점 뒤로 밀려나고 일일 결산을 하기 위하여 매일 밤 11시에 한양회관으로 가서 돈을 세어야 했다. 세금 관련한 복잡하고 어려운 일들을 처리하자니 신경도 많이 쓰이고 해야 할 일도 많았다. 그리고 노회나 시찰회, 남·여신도회 등의 모임에 참석하면 마치 영업사원 같이 한우 유통 사업에 대해 소개하는 일도 해야 했다.

농사일밖에 모르던 교우들에게 한양식당과 직판장은 새로운 계기를 마련해 주었다. 식당을 운영하기 위해 영농조합 회원들이 주방에서 음식을 만들고, 홀 서비스 같은 일에 참여하면서 자연스럽게 일자리가 마련되었다. 일자리가 생기니 젊은 회원들이 지역에 뿌리를 내릴 수 있는 생활 기반이 마련되었다. 판매되는 고기의 양이 늘어나면서, 회원 농가의 한우 사육 두수도 급격하게 늘었다. 처음에는 한두 마리씩 키우던 농가들이 20~50마리로 늘렸다. 이로써 논과 밭에서 나오는 농산물 판매 수입에만 의존하던 시절과 비교할 수 없는 높은 수익을 낼 수 있었다. 도시로 나가 직장을 다니는 젊은이들과 비교해도 소 사육으로 얻는 수입은 결코 적지 않았다. 한우 유통 사업이 크게 성공하자 〈한겨레신문〉에 율곡교회가 소개되기도 했고, 나는 기독교 방송의 '새롭게 하소서' 프로그램에 출연하기도 했다.

하지만 이 사업은 오래 지속되지 못하고 3년을 정점으로 점점 쇠퇴했다. 그 시발점은 세금 문제였다. 처음 시작할 때 인수한 한양회관은 비과세 음식점이었다. 농민이 생산한 쇠고기를 직접 판매하는 영업은 비과세라 세금을 납부하지 않고 영업할 수 있었다. 그런데 유사한 품목으로 영업하는 주변 식당들과 전주의 식당들이 한양회관을 세무서에 신고하면서 전주세무서의 현장 조사를 받게 되었다. 5천만 원의 누적된 세금을 납부해야 한다는 통지가 날아왔다. 다행히 농민들이 직접 운영하느라 세부적인 사항을 알지 못해서 발생한 일이라는 사실이 잘 소명되었고, 금번에 부과된 세금은 면제하고 앞으로 영업수익에 맞추어서 세금을 납부하는 것으로 마무리되었다. 하지만 이 문제를 계기로 한우영농조합은 다시 한번 취약한 속살을 드러냈다. 매월 제대로 세금을 내면서 영업해야 한다고 하니 조합원들이 주일에도 영업을 하자는 결정을 내렸다. 성도들의 신앙이 돈의 권세를 이기지 못한 것이다. 그와 더불어 영업이익 분배 문제가 불거지기 시작했다. 공정한 수익 분배구조를 갖추지 못한 탓이었다. 결국 나는 영농조합법인의 모든 직책을 사임하고 회원을 탈퇴했으며, 조합은 여러 가지 내적 갈등으로 점점 약화되었다.

(3) 친환경농업

한우영농조합의 성공과 쇠퇴의 달고 쓴 과정을 거치면서, 나는 "돈이 있는 곳에는 문제도 함께 있다"라는 쓰디쓴 교훈을 얻었다. 이후로 '신앙인으로 농사짓는 일'에 관심을 갖기 시작했다. 농촌의 빈곤을 해결해야 농촌교회의 미래도 있다는 이전의 생각이 완전히 틀린 것은 아니었지만, 농촌의 문제와 농촌교회의 문제가 반드시 일치하는 것이 아님을 뒤늦게 깨달은 것이다. 한우영농조합 활동을 통해 실제로 많은 젊은 가정이 고향에 안정적으로 정착할 수 있었으니 실패했다고 할 수는 없었다. 그리고 그들 가운데 교회의 기둥 역할을 하는 가정들이 많이 배출되었으니 교회적으로도 열매가 분명히 있었다. 율곡교회는 주변의 교회들이 대부분 약화되는 상황에서 오히려 양적으로 부흥하는 놀라운 경험을 하였다.

하지만 나는 목회자로서 그러한 외적인 성장과 변화에 만족할 수 없었다. 우리가 하는 운동이 겉으로만 그럴듯해 보이고, 속으로는 돈을 섬기는 운동이 되어서는 안 된다고 생각했기 때문이다. 그래서 나는 신앙과 농업의 내적 일치를 추구하기 시작했고, 친환경 유기농업에서 그 해답을 발견했다. 땅과 물을 오염시키는 비료와 농약을 사용하지 않고 건강한 먹거리를 생산하며, 하나님의 창조 세계를 보전하는 친환경농업이야말로 신앙적 농업이라는 믿음이 생겼다.

이를 실천하기 위하여 나는 먼저 우리 밀 농사와 벼농사를 시작했다. 친환경농업을 개시하고 마주하게 된 가장 어려운 문제는 풀이었다. 잡초 제거에 실패하여 수확을 포기한 적도 있었다. 우여곡절 끝에 친환경농법을 익히고, 어느 정도 자신감이 생겼을 때 '율곡공동체 영농조합법인'을 설립했다(2000년). 친환경농법을 보급하고 지역에 정착시키기 위함이었다. 교인들을 설득하여 교회 재정으로 논 2,200평을 구매한 후 함께 친환경농업으로 경작했다. 이 논을 통해 오리농법, 우렁이농법 등을 시범 보이고 지역에 보급했다. 그리고 '율곡공동체 영농조합'을 기반으로 '땅 기운 쌀 작목반'을 조직되기도 했다. 이 모임은 율곡교회 교인들뿐 아니라 친환경농업에 관심이 있던 교회 주변 농가 70여 명이 함께한 모임이었다. 이로써 생명농업운동이 교회 안에 머무르지 않고 교회 밖으로 확산하는 중요한 계기가 되었다.

하나님께서 생명농업의 길을 인도하심이 분명했다. 2000년에 친환경농업을 위한 영농조합법인을 설립했는데, 2001년 김대중 '국민의 정

친환경 벼농사 포트모(던짐모) 작업

벼 포트모(던짐모) 모판을 못자리로 옮기는 작업 (뒤쪽은 사택)

부'는 친환경농업을 지원하기 위하여 친환경농업 육성법을 제정하고 시행령을 공포했다. 그리고 우리의 운동이 점점 힘을 얻던 시점인 2006년에 노무현 '참여정부'는 친환경농업을 확대하기 위하여 전국적으로 광역친환경농업단지 조성 사업을 실시했다. 1개 단지에 100억 원 사업비를 지원하여 전국에 50개 단지를 조성한다는 목표로 추진된 사업이었다. 이 사업을 수주하기 위해 율곡교회를 중심으로 형성된 친환경농업 작목반과 고산농협이 힘을 합했고, 완주군에서 적극 지원했다. 우리는 6년간의 경험과 성과를 바탕으로 구체적인 사업안을 제시함으로써 100억 원짜리 광역친환경농업단지 조성 시범 사업을 유치하는 쾌거를 이루었다. 이로써 완주 지역에서는 친환경농업이라는 말이 익숙한 말이 되었고, 이후 600여 농가가 참여하는 놀라운 변화가 일어났다. 나는 이 과정을 통해 하나님의 도우시는 손길을 강력하게 체험했으며, 친환경농업(생명농업, 유기농업)은 신앙인이 선택할 수 있는 가장 올바른 농업이라는 확신을 더욱 강하게 가지게 되었다.

친환경농업은 이념적인 가치뿐 아니라 우리 농업의 현실적인 대안이기도 했다. 값싼 수입농산물에 밀려서 국산 농산물이 점점 설 자리를 잃어 가는 상황에서 친환경 농산물이 소농(小農)의 경쟁력을 담보해 줄

추수감사절 한마당 잔치

수 있을 것이기 때문이었다. 특히 완주군 고산면 일대는 중산간 지역이기 때문에 평야 지대와 달리 대부분이 소농인데, 그 약점이 친환경농업 분야에서는 강점이 되었다. 중산간 지역은 병충해와 수질 오염이 평야 지대에 비해 상대적으로 적기 때문이다.

하지만 이 고상한 사업에도 현실적 난관은 여지없이 닥쳤다. 가장 큰 문제는 노동력이었다. 친환경농업은 일반적인 농업에 비해 더 많은 노동력을 요구하는데, 우리 농촌은 만성적인 노동력 부족에 시달렸다. 처음에 광역친환경단지가 조성되면서 정부의 지원금이 제공될 때는 600여 농가가 참여했으나, 지원금이 끊기자 점점 감소하기 시작했다. 많은 노동력을 투자하면 그만큼의 보상이 주어져야 하는데, 시장에서는 그만큼 고부가가치 상품으로 수용되지 못했다. 게다가 정권이 교체될 때마다 친환경농업 정책이 오락가락하게 되자, 참여 농가의 수가 제자리걸음을 반복하거나 축소되는 안타까운 상황이 이어졌다.

하지만 이 친환경농업은 규모만을 목표로 한 사업이 아니라, 신앙고백을 바탕으로 한 가치지향적 운동이었기 때문에, 신앙과 개인적 소신, 철학을 가지고 함께해 주는 사람들이 있었다. 그들은 흔들림 없이 그 어려운 길을 걸어갔고, 지금, 이 글을 써내려 가는 순간에도 변함없이 소중한 가치를 위해 땀을 흘린다. 나 역시 그들과 함께하는 마음으로 3,000평을 친환경농법으로 경작한다. 나는 친환경농업이 한우영농조합처럼 급작스럽게 확장될 수 있을 것이라는 믿음으로 이 일을 하고 있는 것은 아니다. 현실적으로는 쉽지 않을 것이라고 판단한다. 그럼에도 이 어려운 사업에 동참하는 것은 지구적 환경 위기 앞에서 창조 세계 보전을 위한 신앙적 한 걸음이 될 수 있다는 믿음 때문이다.

아래 글들은 한 사람의 목회자로서 신앙고백을 따라 친환경농업에 참여하면서 경험했던 일들을 일기에 기록해 두었던 것들이다.

〈불평 가운데서 찾은 감사〉

어제의 피로 탓인지 새벽 네 시를 알리는 알람 소리를 듣고 겨우 일어나 알람 소리를 죽여 놓고 다시 누웠다. 새벽기도회에 나가야 한다는 압박감과 피곤한 몸을 조금이라도 더 쉬게 하고 싶은 마음이 교차했다. 깜박 잠이 들었다 깼다를 반복하면서 일어나지 못하고 잠자리에 그대로 누워 있는 나를 아내가 흔들어 깨운다. 힘겹게 일어나서 정신을 차리고 새벽기도회에 나갔다. 성경을 읽는데 글자가 자꾸만 겹쳐 보이기도 하고 '아'와 '이'가 잘 구분되지 않아 여간 힘들지 않았다. 새벽기도가 끝난 후 어제 가져다 놓았던 깻묵을 논으로 옮기고 논에 뿌리기 시작했다. 아침 해가 솟아 올라왔.

이마, 얼굴, 등줄기에 땀방울이 흘러내리기 시작했다. 참으로 무더운 날씨이다. 오늘 밤부터 이곳도 태풍의 영향권에 들어가려는지 태풍 전의 고요함이라고 할까, 바람 한 점 없이 무덥다. 무더운 날씨는 점점 힘을 잃게 한다. 그리고 배가 고파 온다. 목에 갈증도 심하다. 군대에서 훈련받을 때 배고 프고 힘들고 목마르던 기억이 떠오른다. 그때는 어쩔 수 없이 강제로 했다. 탈영하지 않으면 어쩔 수 없이 당해야 하는 고통이었다. 그런데 지금은 그렇지 않다. 지금이라도 그만하고 집으로 가면 된다. 그런데 그렇게 할 수 없는 자신이 한심스럽다.

지금 막내 처제와 동서는 중국 여행 중이고, 동료 목회자 중에 농촌에서 목회하는 후배 목사는 프랑스에 초청되어 가 있다. 외국 여행을 초청받아 가보지는 못할망정 지금 이 무슨 고생이란 말인가! 참으로 자신의 하는 짓이 불만스럽기 짝이 없다. 이렇게 고생하여 농사가 잘되면 그나마 다행인데 만약의 경우 잘못되기라도 할 경우에는 모든 교우의 원망을 혼자 받아야 하는 일을 지금 하고 있는 것 아닌가! 이런저런 생각을 하다 보니 다리의 힘이 더 없어지고, 어깨마저 내려앉는 것같이 아파 온다. 이런 일을 해서 나 자신에게 득이 되는 것은 전혀 없다. 그런데 왜 이처럼 힘들고 고통스러운 일을 계속하고 있는지 나 스스로도 알 수 없다.

농촌에서 목회하는 목사는 많다. 그들 중에 이렇게 농사를 짓는 사람은 몇 명 되지 않는다. 평범하게 목회만 해도 잘할 수 없는 무능한 내가, 얼마나 대단하다고 농사짓고, 소 키우고 그리고 재가복지한다고 이리저리로 다니고… 지금 내 모습이 참으로 황당하다는 생각까지 든다. 문득 이번 주가 맥추감사주일이라는 사실이 떠올랐다. 과연 이렇게 불평과 불만이 가득한 마음으로 교인들에게 "감사하십시오"라고 말해도 되는 걸까? 생각하니 더욱 마음이 무거워졌다. 몸의 고단함보다 마음에서 일어나는 갈등 때문에 괴로움이 더 심하다. "지금 내가 하고 있는 모든 일이 위선이란 말인가!"라는 자책감이 몰려왔다. 전에 자신이 교우들에게 했던 말들도 머릿속에 떠올라서 나를 괴롭혔다. "무엇을 하든지 기쁜 마음으로 해야 합니다!" 나는 이 말을 여러 번 강조하여 말했다. 그런데 지금 나는 이렇게 불평만 가득한 마음으로 일을 하고 있다.

논바닥에 풀썩 주저앉고 싶은 생각이 든다. 그래도 간신히 중심을 잡고 미끄러운 논바닥에서 깻묵을 계속 뿌렸다. 목이 마른 정도를 넘어 '탄다'고 표현하고 싶을 정도로 갈증이 심해졌고, 배는 더욱 고파서 허리가 자꾸만 앞으로 꾸부러졌다. 한편으로는, 조금만 참고 집에 가면 먹고 싶은 것을 마음대로 먹을 수 있지만 이처럼 힘들게 일하면서도 먹을 것이 없어 굶주리는 사람들도 있지 않은가?라는 생각을 해보았다. 이 생각을 하자 불만 가득한 마음이 조금씩 안정되는 것 같았다. 해외여행을 하는 사람들과 내 처지를 비교하는 것보다, 실직하거나 병고 속에서 고생하는 사람들과 내 처지를 비교하는 편이 훨씬 좋았다. 내가 그들보다 얼마나 좋은 여건에서 살고 있는지 생각하다 보니 미안한 마음이 들고 육체의 고통도 어느 정도 누그러졌다.

이처럼 허기지고 목마른 것은 잠시 아닌가! 곧 집에 가서 먹고 쉬면 지금의 고통은 오히려 더 큰 편안함으로 보상받게 될 것이다. "환란 중에도 즐거워한다"(롬 5:3)라고 했던 바울 사도의 말씀이 떠오른다. 그렇다. 지금 내가 하고 있는 일은 세상적인 기준으로 말하면 참으로 바보요 어리석은 사람이 하는 행위이지만, 주 안에서 생각하면 자기 십자가를 지고 그분의 뒤를 따르는 일이 아니던가! 나의 이익을 위한 일이 아니기 때문에 내가 짊어진 짐의 가치는 더 크다. 특히 재가복지센터 일은 이 일을 통하여 주변에서 힘들게 살아가시는 어르신들이 도움을 얻고, 위로와 힘을 얻게 해드리는 일이 아니던가. 자꾸 좋은 쪽으로 생각하다 보니, 나 자신이 바보로 보이던 마음이 슬그머니 사라지고 대견스러워지기 시작했다.

육의 고통은 정신을 맑게 해주는 청량제가 될 수 있다. 정신이 점점 맑아지기 시작하면서 나의 생각은 주님을 향하게 되었다. 주님은 아무 죄가 없이 고난을 당하셨지만, 나는 얼마나 많은 죄를 지은 사람인가! 거짓과 위선 속에서 매일 같이 지은 죄가 태산보다 더 많지 않은가. 내가 당하는 모든 어려움은 그 죗값으로 당하는 것이라 하더라도 할 말이 없다. 눈으로 지은 죄, 마음으로 지은 죄, 헛된 욕망으로 지은 죄 그리고 입술로 지은 죄 등, 나의 잘못들로 인하여 얼마나 많은 사람의 마음에 상처를 주었을지 생각해 보면 내가 당하는 어려움으로 인한 고통은 결코 크다고 할 수 없다. 그럼에도 불구하고 나는 지금 이렇게 선한 사업에 동참할 기회를 부여받지 않았는가? 나는 이 한 가지 사실만으로도 하나님의 은혜에 감사해야 한다.

생각이 여기에 이르렀을 때 오히려 힘이 속으로부터 솟아나는 듯했다. 그리고 지금 내가 하는 일들이 나 자신에게 아무런 이득이 없을지라도 지역에 사는 농민들에게 도움을 줄 수 있고, 꺼져 가는 등불과 같은 우리의 농업을 지키는 일에 힘을 보탤 수 있게 된다면, 그것을 죄 많은 나에게 하나님께서 주신 큰 선물로 받아들여야 한다. 부족하고 어리석은 자이지만 하나님의 영광된 일에 동참할 수 있도록 허락하신 하나님의 은혜에 감사해야 할 것이다. 누구든 당장에 당하는 어려움만 생각하면 불평과 불만의 늪에서 헤어나올 수 없지만, 조금만 시야를 넓고 깊게 가져 보면 이처럼 은혜의 숲에 이를 수 있다.

땀과 깻묵 가루가 얼굴과 온몸에 뒤범벅이 되었다. 샛바람이 얼굴을 스쳐 지나간다. 그 바람이 얼마나 시원한지 온몸에 생기를 북돋아 준다. 이 바람과 같이 성령의 역사도 바로 우리 믿음의 사람들이 힘들고 어려울 때 새 힘을 주시고 용기를 주시고 희망을 안겨 주신다는 사실을 새삼 확인할 수 있다. 오늘 아침 주님은 이 못난 종에게 너무 큰 은혜를 베풀어 주셨다.

〈논에 거름을 내는 날〉

오늘은 남신도회에서 논에 거름을 내는 날이다. 이른 아침부터 논에 거름을 내려고 남신도 회원들이 논으로 가는 길을 만들기 시작했다. 교회에서 지난해에 구매한 논 900평이 있는 곳은 산 밑이라 다른 논 두 곳을 거치고 용수로에 흙을 채워서 경운기나 짐차가 지나다니는 길을 따로 내야 했다. 길 내기를 마치고 아침을 먹으려고 거실에 있는데 뜬금없이 함박눈이 내려서 온 산과 들과 길을 하얗게 만들기 시작했다. 이러면 일을 못 하겠다 싶어서 마음이 갑자기 답답해졌다.

요즈음은 논농사를 짓기 위해 거름을 내는 일이 드물다. 하우스 재배나 특용 작물, 과일나무 등을 위해서는 열심히 거름을 내지만, 논농사를 짓기 위해 거름을 내지는 않는 것이다. 이유는 간단하다. 논농사는 수익이 많지 않기 때문이다. 값싸고 손쉽게 화학비료를 사용하면 되기 때문에 굳이 거름을 낼 필요성을 느끼지 않는다. 하지만 우리 교회는 특별한 논농사를 위해 거름을 내기로 했다. 유기농업이라고 하는 농사법을 실천하기 위해서이다. 유기농법은 화학비료나 농약을 사용하지 않고 거름을 넣어서 짓는 농사를 가리키는 말이다. 이를 무공해 농업이라고도 하고, 우리는 생명농업이라고도 한다. 농약과 비료는 미생물들과 물을 죽이게 되지만, 유기농법은 이것들을 살리면서 사람들에게 건강한 먹을거리를 제공하기 때문에, 생명농업이라고 부를 수 있는 것이다. 정부에서 공식적으로 붙인 명칭은 친환경농업이다.

농업도 공업과 마찬가지로 환경을 파괴하고 오염시키는 주범 중의 하나다. 제초제 사용과 과다한 화학비료 사용, 축산폐수와 같은 것들은 물을 죽이는 심각한 주범들이다. 우리가 계속 이것들을 방치하면, 흙과 물이 점점 오염되어 결국은 사람이 살 수 없는 세상이 될 수밖에 없을 것이다. 정부는 이러한 심각한 재앙을 막기 위하여 친환경농업을 장려하려고 친환경농업에 관한 법을 제정하려 하는 중이다.

이 생명농업을 교회에서 신앙적 실천의 일부로 진행하게 되기까지는 많은 시간과 노력이 필요했다. 오랜 시간 교인들과의 설전이 있었고 기다림이 필요했다. 가까스로 교인들을 설득하여 올해 처음으로 시작한 일인데, 이처럼 앞이 보이지 않을 정도의 함박눈이 내리는 것을 보고 있자니 많이 안타까웠다. 오늘은 3월 29일인데…….

망연자실한 채로 거실에 앉아서 펄펄 내리는 눈송이들을 바라보고 있는데 봉산에 사시는 이 장로님이 거실에 들어오셨다. 그는 뜻밖에 경쾌한 어조로 "목사님, 일해야지요" 하셨다. 나는 놀라서 "눈이 이처럼 오는데 어떻게 일을 합니까? 눈이나 좀 그치면 하시지요"라고 하면서 장로님께 앉기를 권했다. 둘이 앉아서 이런저런 이야기를 하는 동안 다른 남신도 회원들의 소리가 들렸다. 밖을 보았더니 그렇게 하늘을 가득 메우고 쏟아져 내리던 눈은 보이지 않고 하늘은 훤하게 트여 있었다. 참 날씨 변화가 이렇게 심할까 하고 생각하면서 거름 내는 트럭을 타고 축사로 갔는데, 축사에는 이미 남신도 회장과 회원들이 나와서 열심히 거름을 차에 싣고 있었다. 약간 미안해졌다.

아침에 내린 눈발로 인하여 기온이 상당히 차가웠는데, 나오신 분들은 날씨가 이렇게 쌀쌀하면 거름을 내기는 더없이 좋은 날이라고 하셨다. 평평 내리는 눈을 보면서 오늘은 일을 못 하겠다고 생각했던 내가 얼마나 부족한지 깨닫는 순간이었다. 아마도 내가 망연자실해 있을 때, 그분들은 교회에서 일하는 날이라 하나님께서 도우신다고 생각하면서 나오셨으리라.

트랙터 세 대, 트럭 네 대, 경운기 한 대, 포클레인 한 대, 스키로더 한 대가 동원되었고, 남신도회 회원은 15명 정도가 나와서 함께 거름 내는 일에 참여했다. 친환경농업 실천을 위해 '율곡공동체 영농조합법인'을 설립한

1975년에 건축한 교회당 앞에서 창립 101주년을 기념하며(2007년)

것이 지난해인데, 만 1년 후에 이렇게 많은 교우가 힘을 합하여 친환경농업을 실천하는 모습을 보고 있자니 만감이 교차했다.

  10여 년 전에 체결된 우루과이 라운드와 세계무역기구(WTO)의 출범 등으로 이제 우리 농업이 막바지에 다다랐다는 절박감 때문에 정신없이 시위를 했던 시절이 있었고, 스스로 농업과 농촌의 살길을 찾아보아야겠다고 생각하며 교우들과 함께 한우영농조합을 시작했던 시기가 있었다. 그 뒤로 새로운 길을 모색하며 유기농업을 혼자 시작했다. 같이 할 사람도 없었고, 누구에게도 같이 하자고 권하지도 않았다. 꽃을 가꾸는 마음으로 시작한 유기농업이었는데, 사실은 이 일이 나를 그동안 무척이나 힘들게 한 무거운 짐이었다. 당회에서 장로님들과 여러 번 다투기도 했다. 다른 일로는 서로 논쟁한 일이 없었는데, 이 유기농업에 대하여서만은 의견이 많이 달라서 서로 격렬한 논쟁을 했다. 장로님들의 마음을 이해 못 할 것은 아니었다. 목사가 여름만 되면 논에 엎드러져 있다가 새벽에는 피곤을 이기지 못하여 늦잠을 자기도 하니 장로님들의 마음이 편할 리가 없었을 것이다. 또 한편으로는 나를 아끼는 마음에서, 목회만도 힘든데 농사일까지 하는 것이 안타까워서 하셨던 말씀들이 있다는 것도 안다. 하지만 장로님들의 마음을 상하게 하지 않게 해드리려는 마음으로 이제 농사를 그만두어야겠다고 생각하면, 마치 머리털을 깎인 삼손처럼 힘이 하나도 없어지고, 삶의 의미가 사라지는 것 같은 상실감이 찾아오곤 했다. 나로서는 어쩔 수가 없었다. 그것은 모두가 반대하는 예루살렘으로의 길을 가지 않을 수 없었던 바울의 걸음처럼, 성령이 이끄시는 걸음이었다고 고백할 수밖에 없다. 나는 장로님들이 싫어하고 교우들도 반가워하지 않는 농사를 지을 수밖에 없었다.

그런데 오늘 이렇게 남신도회 회원들이 장비를 모두 가지고 나와 큰 공사가 벌어진 것 같이 일하는 모습들을 보고 있자니 감회가 새롭지 않을 수 없었다. 이제 나는 마음 한편으로 저분들이 이 일을 주도하도록 이끌어 드려야 하겠다는 마음을 단단히 먹었다. 내가 시작한 일이기는 하지만, 일하기 좋은 날과 궂은 날도 구분 못 하는 나보다, 농사일 전문가인 저분들이 이 일을 담당해 주어야 더 좋은 열매를 거둘 수 있을 것이기 때문이다. 나는 목회자로서 기도하는 일에 더 힘을 써야 할 때가 온 것 같다.

율곡교회가 생명농업에 뛰어드는 것은 정말 의미가 큰 일이다. 율곡교회가 있는 이 지역은 만경강 상류 지역으로 전주 3공단으로 급수되는 급수장이 있고, 이 물이 익산과 군산 지역으로 공급되어 농업용수와 공업용수로 사용되고 있다. 이곳은 지리적으로 전주와 익산 그리고 군산의 상류 지역으로 이곳에서 물을 깨끗하게 사용하는 것은 참으로 중요하다. 이러한 지역에서 친환경적인 농사를 짓고, 깨끗한 농산물을 생산한다는 것은 여러 가지 면에서 유익하다. 이 일을 위하여 지금까지 나는 몸으로 교우들에게 보여 왔다. 그런데 이제 교우들이 움직이기 시작했다. 나보다 훨씬 더 숙련된 농업기술을 가진 그들이 앞장서게 되었다. 이제 나는 그들이 하는 일이 얼마나 하나님 앞에 올바른 일인지 그리고 그들이 하는 일이 오늘 이 세상에서 얼마나 중요한 일인지를 분명히 인식하게 하고 그 일에 보람을 느끼면서 할 수 있도록 말씀과 기도로 돕는 일이 내 몫이라는 깨달음을 얻었다.

이 감격스러운 순간이 있기까지 함께하신 하나님의 은혜에 감격할 뿐이다. 모두가 반대하는 일이었으나 끝까지 믿음으로 승리할 수 있도록 힘주시고, 찌들고 처진 나의 어깨를 어루만져 주시고 세워 주신 주님의 손길이 아니라면 지금의 나는 없었을 것이다. 이제 시작에 불과하지만, 나는 내게 주시는 분명한 계시와 소망의 환상을 볼 수 있다. 저들을 통하여 일하실 하나님의 놀라운 역사, 이 지역이 하나님께서 기뻐하시는 농사를 지음으로 살아있는 신앙을 증거하는 그날이 멀지 않았음을 확신할 수 있다. 오! 주님 감사합니다.

3. 사회복지 시설 운영: 섬김과 나눔을 실천하기 위한 구체적 활동

1) 완주노인복지센터

율곡교회가 사회복지 사업을 고민하게 된 것은 2000년 무렵이었다. 당시는 '국민의 정부'가 외환위기(IMF)를 어렵게 극복하고, 사회적 안정을 위해 대대적으로 사회복지 사업을 추진하던 중이었다. 기업들의 구조조정으로 양산된 실업자 문제와 노숙자 문제, 저출산 고령화의 현실에 대처하기 위하여 정부는 대책을 수립해야 했다. 이에 '국민생활기초보장법'이 2000년 10월 시행되었고, 각종 사회복지 사업이 적극적으로 추진되었다.

이와 같은 국민의 정부 정책이 펼쳐지던 시점에 율곡교회는 교회 창립 100주년을 눈앞에 두고 있었다. 2006년이 교회 창립 100주년인데,

2000년 무렵에 100주년 기념 사업을 해야 한다는 의견이 교우들 사이에서 제기되었고, 어떤 사업을 할 것인지를 놓고 여러 의견이 설왕설래(說往說來)했다. 그 의견들을 종합해 보면 100주년을 기념하여 지금의 예배당을 허물고 새롭게 예배당 건축하자는 의견, 100주년 기념관을 지어서 선교의 기지로 삼자는 의견, 사회복지 사업을 하여 지역에 기여하자는 의견, 100주년 기념교회를 개척하자는 의견 등이었다. 어떤 사업을 하든지 자금이 필요했기 때문에, 100주년 기념 사업을 위한 특별헌금을 하여 1년 동안 저축했다. 2001년 한 해 동안 교우들이 온 힘을 다하여 8천만 원의 헌금을 모았고, 그 헌금으로 어떤 일을 추진할 것인지에 대하여 설문조사를 했다. 위의 네 가지 항목을 대상으로 조사한 결과 가장 많이 선택한 것은 사회복지 사업이었다. 이 결정은 한국교회의 일반적인 정서와 맞지 않는 의외의 결과였다. 율곡교회 내부에서도 예배당이나 기념사업회관을 건축하는 일, 교회를 개척하는 일을 우선적인 일로 생각하는 분들이 많이 계셨다. 하지만 다수의 의견을 존중하여 사회복지 사업을 진행하기로 결정했다.

사회복지 사업을 시작하면서 먼저 당회원들과 함께 여러 사회복지 기관을 탐방했다. 남신도회에서는 지역에 거주하시는 분 중에 열악한 주거환경에 사시는 분들의 집을 개선하기 위하여 '집수리봉사단'을 만들어 섬기는 일을 했으며, 여신도회를 중심으로는 기존의 장애인 시설과 노인복지 시설에 자원봉사를 다니면서 사회복지 사업에 대한 인식의 지평을 넓히기 위한 노력을 진행했다. 이러한 활동으로 교인들이 전반적으로 섬김과 나눔에 대한 신앙 의식이 넓어졌다.

이와 같은 준비 과정에서 사회복지 사업을 제대로 이루기 위해서는 안정적인 재원 확보가 필수라는 것을 알게 되었다. 그래서 남신도회에

노인복지센터 가을 뜰놀이

서 복지 사업의 재정 마련을 위해 소를 키우기로 결정했다. 남신도회 회원 중 축사에 여유 공간이 있는 분들이 사료비를 받고 소를 기르기로 했다. 여기에서 발생한 수익을 사회복지 기금으로 적립했다. 또한 교회 재정으로 농지를 매입하여 친환경농법을 지역에 보급하면서 동시에 농사를 지어 나오는 이익금을 사회복지 사업을 위하여 사용하도록 제직회에서 의결했다.

어떤 분야의 복지 사업을 진행할 것인지에 대하여 의논한 결과, 고령화된 농촌사회에서 가장 절실하게 요청되는 노인복지 사업을 진행하기로 결정했다. 그리고 사업의 구체적 방향은 시설을 지어서 대상자들을 수용하는 방식이 아닌 가정봉사원을 파견하는 재가복지 사업 쪽으로 정했다. 성도들은 건물을 지어 뭔가 하고 있다는 표가 나는 사업을 선호했지만, 노인들의 정서적 특성과 사회복지의 동향을 분석해 본 결과 재가복지가 옳다는 결론을 얻은 것이다. 이후로 지역아동센터를 함께 운영했고, 점차 활동 영역을 확대해 가면서 나중에는 시니어클럽도 운영했다.

　노인복지 사업을 진행하는 일에는 나의 개인적인 상황과 감정도 많이 이입되었다. 특별히 연로하신 어머니께서 향년 92세로 하나님의 부르심을 받으신 일이 나로 하여금 적극적으로 노인복지 사업에 매진하게 하는 동기가 되었다. 교회 안팎의 일에 매진하느라 어머니께 제대로 효도하지 못한 것이 마음 아픈 아쉬움으로 남은 것이다. 비록 어머니에게는 효를 하지 못했으나, 속죄하는 마음으로 지역의 어르신들을 보살피는 사회복지의 일에 적극적으로 참여하게 된 것이다. 아내와 나는 교인들과 함께 지역(고산면, 화산면, 비봉면, 운주면)에 거주하시는 기초생활수급자들을 위한 봉사활동에 적극적으로 참여했다. 아내는 미용사가 되어 어르신들의 머리를 깎아 드렸고, 나는 교회 봉고차로 병원 동행을 하는 봉사활동을 하였다. 사회복지 사업을 하려고 하면 사회복지사 자격이 필요한 것을 알고 한국사이버대학에 입학하여 사회복지사 2급 자격증을 받기도 했다.

　매주 1회 이상의 봉사활동을 통해 아내와 나는 노년을 설계하는 기회를 얻기도 했다. 봉사활동을 하면서 만나는 분들 대부분이 몸이 건강하지 못했고, 경제적으로 빈곤하여 생활에 어려움을 겪고 있는 분들이었다. "빨리 죽어야 하는데 죽지 못해서 걱정이다"라고 말하면서 불편한 삶에 대하여 힘들어하셨다. 이런 모습이 되지 않으려면 몸의 건강과 경제 활동 수단이 필요하다는 것을 절실하게 느꼈다.

　이렇게 출발한 노인복지 사업은 완주노인복지센터라는 건실한 사회복지 기관으로 열매를 맺었고, 지금도 다양한 사업으로 지역에 거주하는 노인들을 섬기는 기지 역할을 하고 있다. 이동 목욕 서비스팀 운영, 완주무료경로식당 운영, 완주이동사회복지관 운영(찾아가는 이동복지관),

완주노인복지센터 문화 체험, 위봉산성 업고(Up Go) 놀자

허약·중풍·독거 어르신의 통합 예술치유 프로그램, 노-노케어 전문인력 양성 교육, 농한기 농촌 노인 건강생활 프로젝트 등 다양한 프로그램을 운영하면서 고산면을 중심으로 주변 세 개면(화산면, 경천면, 비봉면)에 계신 분들을 대상으로 복지 서비스를 제공하고 있으니 참으로 감사한 일이다.

2) 고산지역아동센터

외환위기 가운데 출범한 '국민의 정부'는 사회 각 분야에 긴축재정 정책을 시행할 수밖에 없었고, 교육에 대해서도 경제적 논리를 적용하여 농·산촌에 있는 학교들을 통폐합했다. 정부의 이러한 정책에 대하여 문제 제기의 일환으로 '작은 학교 살리기 운동'이 시작되었다. 전국교직원노동조합이 주축이 되었다. 이 운동은 현실적으로 중요한 의미가 있었다. 학교가 사라지면 그나마 농촌을 지키고 있던 젊은이들이 함께 사라져 버릴 것이기 때문이었다.

율곡교회 인근에 있는 고산 서초등학교(후에 삼우초등학교로 명칭 변경)도 학생 수가 줄어들면서 고산초등학교와 통폐합 대상이 되었다. 이때 나는 이를 막지 않으면 안 된다는 절박한 심정으로 '작은 학교 살리기 운동'을 하는 단체와 연대했다. 다행히 지역의 전교조 소속 교사들이 고산 서초등학교 교사로 왔다. 나는 그들과 힘을 합하여 고산 서초등학교를 지키기 위한 필사의 노력을 기울였다. 우선 지역의 초등학교를 폐교하지 않고 지켜내려면 학교 운영위원이 되어야 한다는 사실을 알고 학부모인 교인들에게 내가 학교 운영위원이 될 수 있도록 부탁하여 지역 운영위원이 되었고, 운영위원장을 맡았다.

나는 운영위원장이 되었을 때 간단하게 인사말을 하였다. "내가 운영위원이 된 것은 오직 한 가지 목적 때문입니다. 그것은 이 학교가 고산초등학교와 통폐합되는 것을 저지하기 위해서입니다"라고 말했다. 이 말을 들은 당시 교장선생님의 하얗게 질린 얼굴이 지금도 떠오른다. 왜냐하면 그 교장선생님은 교육청에서 이미 통폐합 지시를 받았기 때문이다. 그 후 말로 다 못 할 우여곡절이 있었으나, 결국 우리는 폐교를 막아내고 인근의 삼기초등학교와 합병하여 삼우초등학교를 출범시켰다. 이 모든 역사의 실질적인 주체로 활동하신 송수갑 선생님과 나영선 선생님은 나중에 삼우초등학교 교장선생님으로 수고해 주셨다.

삼우초등학교는 당시 국회의원의 도움과 전라북도 교육청의 지원으로 학교 건물을 새롭게 지을 수 있었고, 전국적으로 소문난 혁신학교가 되었다. 수도권에서까지 이 학교에 자녀들을 입학시키려고 이사 오는 사람들이 생길 정도였다. 새롭게 건축된 학교가 혁신학교가 되어 그 소문이 전국으로 퍼졌고, 그 덕에 학교 주변에 새로 집을 짓고 이사 오는 학부모들이 무려 30여 가정이 된 것을 볼 때, 교육의 힘이 얼마나 큰지 새삼 깨달았다. 해마다 진행되는 가을 운동회 행사에 지역과 학교가 하나 되는 잔치판이 벌어질 때는 참으로 형언하기 어려운 큰 기쁨을 맛보곤 했다. 나는 이 또한 하나님의 인도하심이었음을 고백하지 않을 수 없다. 목사가 위원장이 되고 교인들이 학부모 위원으로 활동하여 성사시킨 일이니, 하나님이 도우신 것이 아니면 누구의 힘이겠는가!

초등학교 운영위원장이 되어 활동하던 어느 날, 교장선생님과 학교 운영에 관하여 협의하려고 학교에 갔다. 마침 교무주임 선생님이 교장 선생님에게 학생들의 동향을 보고하고 있었다. 곁에서 이를 듣던 중에 가슴에 새겨지는 이야기가 있었다. 세 자매가 있는데 부모님이 계시지 않아 고모 집에 위탁하여 살고 있는 아이들이 있었다. 이 아이들이 고모의 딸인 사촌 언니에게 심한 신체적인 체벌을 당하고 있다는 내용이었다. 그 신체적인 체벌을 받은 아동(유치원)을 교장실로 불러서 살펴보니 온몸에 매를 맞아 성한 곳이 없을 정도였다고 했다.

그때가 12월 중순으로 곧 겨울방학이 시작될 무렵이었다. 나는 그 아이들이 겨울방학 동안 학대를 받지 않을 수 있는 방안을 생각하다가 그 아이들만 따로 보호하는 것보다 돌봄이 필요한 아이들을 찾아서 함께 돌볼 길을 찾아보기로 했다. 우선 그런 아동들이 얼마나 되는지 초등학교를 통하여 파악했다. 정상적인 가정이 아닌 조손가정이나 친척 위탁 가정에 있는 아동들이 18명이나 되었다. 그때 고산 서초등학교 전교생이 48명이었는데, 그중 18명의 아동이 부모의 보호를 온전히 받지 못하고 있는 농촌의 현실을 알게 되었다. 조손가정의 대부분은 도시로 나가 살던 자녀가 이혼하면서 농촌의 부모님께 손주들을 맡기면서 형성되었다. 이는 당시 외환위기의 파편이 농촌까지 이른 것이기도 했다.

나는 당회를 소집하여 이와 같은 아동들을 위하여 교회가 할 수 있는

고산지역아동센터 마당에서 체육 활동

고산지역아동센터 겨울 식물원 탐방

일을 의논했다. 결론으로 교회 식당을 겸하고 있는 친교실을 사용하여 오전 10시부터 오후 5시까지 일요일을 제외한 6일 동안 교회학교 선생님 중에 시간 여유가 있는 분들이 그들을 돌보아 주고, 여신도들은 매일 점심 식사를 준비하여 제공하기로 했다. 초등학교에 이를 전하고 참여할 학생들을 모집하니 20명이 모였다. 이 모임을 '유니콘 공부방'이라 하였고 후에 '고산지역아동센터'로 발전했다.

부모가 있어도 형편이 어렵고 돌봐주지 못하는 아동들, 편부모나 조부모 슬하에서 학습권을 제한받고 정서적인 어려움을 겪으며 자란 아이들을 방치할 경우, 어른이 되어 불행한 인생을 살게 될 확률이 커지고, 지역사회와 나아가 국가적인 미래에도 악영향을 끼칠 수 있다. 이에 교회의 여유 공간과 인력을 활용하여 어려운 가정의 아동들이 최소한의 도움을 받고, 꿈을 펼칠 기회를 얻을 수 있도록 하기 위해, 2002년부터 유니콘 공부방으로 시작하여 2004년 10월 27일 다음과 같은 목적으로 고산지역아동센터를 설립했다.

① 고산 지역의 아동 청소년들이 농산촌지역의 지역적 특성을 장점으로 삼아 건강하게 성장하여 건전한 사회 구성원으로 성장하도록 한다.

② 고산 지역의 아동 청소년들이 사회, 교육, 문화적으로 소외되지 아니하도록 하고 아동 청소년들이 속한 가정, 학교, 지역사회 속에서 발생할 수 있는 불안과 갈등을 잘 극복할 수 있도록 한다.

③ 고산 지역 아동 청소년들이 문화적인 감성을 기르며 올바른 이성관과 사회관을 형성하고 창의적이며 자립심이 강한 사회 구성원으로 자라나게 한다.

이와 같은 설립 목적을 세우고 지난 20년 동안 많은 아동에게 도움을 주었고, 이를 위하여 여러 선생님께서 수고했다. 하나님의 자비로우심과 긍휼하시는 은혜가 지역아동센터라는 작은 기관을 통해 또 한번 빛을 발했던 아름다운 사건이다.

3) 완주시니어클럽

나는 노인복지센터와 지역아동센터를 교회에서 운영하는 동시에 친환경농업을 하면서 사회복지와 농업을 결합할 수 없을까 하는 생각을 했다. 일반적인 사회복지를 통해 제공받는 지원들은 국가나 후원단체가 일방적으로 모든 비용을 감당한다. 따라서 혜택을 받는 분들의 자존감에 상처를 입힐 수 있고, 심리적 부담감이 발생할 수도 있다. 그래서 국가와 후원단체들의 지원을 받기는 하더라도 어르신들이 자신들의 노동의 대가로 후원을 제공받을 수 있다면 그러한 심리적 부담감을 줄일 수 있으리라고 생각한 것이다.

이러한 구조의 사회복지 사업을 모색하던 중에 완주군청 사회복지과 노인전담 팀장인 이애희 씨에게 시니어클럽이라는 사회복지 기관에 대하여 소개를 받았다. 이애희 팀장은 시니어클럽이 고령사회를 대비, 노인들의 경제 활동 및 사회참여 활동을 통하여 일하는 노인들의 밝고 건강한 노후를 정착시키고자 2001년 보건복지부 장관의 지정에 의해 탄생한 사업이라고 설명해 주었다. 시니어클럽은 '돌봄'이라는 복지의 고정된 패턴을 넘어 경제적 활동으로 확대된 개념의 복지였던 것이다. 이애희 팀장은 나와 함께 청주시니어클럽을 방문하여 향후 노인복지에서 일자리를 만드는 것이 필요함을 직접적으로 확인해 주었으며, 그 후 시니어클럽을 설립하여 운영할 수 있는 행정적인 절차에 필요한 여러 가지에 도움을 주었다. 그리고 노인 일자리에 필요한 작업장을 예배당 바로 앞에 건축할 수 있도록 적극적으로 지원해 주었다.

약 3억 원의 건축비가 소요되는 건물을 짓는 일은 쉽지 않았다. 우선 건물을 세우기 위한 땅이 있어야 했다. 율곡교회는 200평의 대지를 마련하기 위하여 교회가 소유한 논을 팔아야 했다. 이를 위하여 당회와 제직회를 설득하는 일, 이 기관을 운영하는 법인을 만드는 일 등 힘들고 어려운 과정이었지만 커다란 물의를 일으키지 않고 진행되었다. 성도들이 교회의 사회복지 사업이 얼마나 귀중한 것인지 그동안 몸소 체험해 온 바 있었고, 이를 통해 젊은이들의 일자리가 마련되고 새로운 인재들이 교회에 자리 잡기도 하는 등 많은 교회적 유익이 동반된다는 것도 목격했기 때문일 것이다. 결국 이 모든 역사를 이루신 하나님의 은혜로 된 일이었다.

완주 시니어클럽
고산작업장

완주시니어클럽
봉동작업장

〈완주시니어클럽의 목적〉

완주시니어클럽은 지역사회 노인들의 사회적 경험을 활용하여 근로활동 및 사회참여에 대한 욕구를 충족시켜 노인들의 삶의 질을 향상시키고 활기찬 노년생활을 만드는 것을 목적으로 하고, 사회 전반적인 노년층에 대한 인식을 변화시키고 경제활동을 통해 그들의 경험과 기술을 사회에 환원하고자 한다.

완주시니어클럽은 초고령사회에 진입한 완주군을 시니어들이 살기 좋은 제반 여건을 조성하여 시니어의 역량을 강화하여 노인 일자리 참여 및 취업, 창업을 통해 노년기를 성공적으로 살아갈 수 있도록 동력을 만들고 제공하고 실현할 수 있도록 하여 완주군이 고령친화도시 실현, 완주군이 초고령사회 선도모델이 될 수 있도록 하며 시니어의 더 멋진 세상을 구현하고자 한다.

완주시니어클럽 삼례 새참수레식당

2007년 4월에 시작한 완주시니어클럽은 2025년에 공동체 279명, 노인 역량 활용 490명, 노인 공익 활동 1,096명, 취업형 195명 등이 참여하는 대규모 사회복지 기관으로 성장했다. 지금도 친환경 영농사업단과 사계절 영농사업단을 운영하면서 농업과 사회복지가 연계된 일을 하고 있다. 나도 은퇴 이후에 친환경 영농사업단에 참여자로 활동하고 있다.

사회복지 사업은 우리 사회의 절실한 필요성 때문에 다양하게 진행되어 사회적으로 소외된 분들에게 많은 도움을 주고 이 사회를 밝게 하는 데 기여했다. 하지만 때로는 오용 혹은 악용되어 온 사례가 발생하기도 했다. 특히 재정이 열악한 교회는 순간의 유혹을 이기지 못해 보조금을 전용하는 경우가 있었고, 교회 재정이 부유한 교회에는 교인 수 배가(倍加)를 위한 수단으로 사용하는 사례도 있었다.

율곡교회는 이러한 잘못된 함정에 빠져들지 않으려고 고군분투해 왔다. 교우들이 직접 사업의 내용을 결정함으로써 절차적 정당성을 확보했고, 온 교우가 적극적으로 사업 진행에 참여함으로써 소수의 전유물이 아닌 공동체의 사업이 되도록 이끌어 왔다. 또한 교회가 지역사회에 대한 헌신의 대가를 가시적인 성과로 보상받고자 하는 조급한 욕심을 부리지 않았다는 점은 참으로 감사하며 자찬할 만한 일이다. 우리는 겉으로 드러난 규모의 확장보다 교회가 간직해야 할 내적인 가치와 비전을 쌓는 데 주력해 왔고, 이를 통해 쌓아 온 저력이야말로 비할 데 없이 소중한 율곡교회의 자산이 되었다. 우리는 교회의 선교가 무엇을 소재로 하든지 '하나님의 선교'(Missio Dei)의 신앙고백 위에서 이루어져야 한다는 것을 실천하려고 노력해 왔다. 사람의 재주가 아니라 하나님의 능력이 이끌어 주실 때 참된 선교가 이루어질 수 있기 때문이다.

4. 율곡교회 31년 목회 여정에 대한 평가

이상으로 1984년 1월 첫 주부터 2015년 3월 율곡교회 담임 목사 은퇴까지 율곡교회 교우들과 함께했던 일들 가운데 중요한 일들을 글로 옮겨 보았다.

  모든 일에는 좋은 면과 나쁜 면이 공존한다. 율곡교회와 함께 민주화운동을 함으로 군사독재정권을 몰아내는 데 일조하여 정의로운 사회가 되는 데 교회의 역할을 감당한 것은 좋은 면이다. 그 당시 집회와 시위에 참석하셨던 분들은 지금에 와서 그때 일들을 자랑스럽게 말한다. 마치 독립운동을 하셨던 분들이 자신이 한 일들에 대하여 자긍심을 가지는 것과 같다. 실제로 오늘 우리나라가 이만큼 민주화되는 데 미력하나마 율곡교회가 교회의 역할을 감당한 것은 분명하다.

  그러나 이로 인하여 교회가 많은 어려움과 후유증(後遺症)에 직면하

현 교회당에서 입당예배를 드린 후(2017년)

게 되는 나쁜 면도 있었다. 교회가 시대적 사명을 감당하고 있다는 자긍심의 이면에 쉽게 봉합될 수 없는 분열의 싹도 함께 자라고 있었던 것이다. 착하기만 하던 교우들이 투쟁하는 전사와 같이 되어서 모든 일에 비판적이고 공격적으로 변하게 된 것도 한 단면이다. 비판 정신을 강조하느라 화해와 화합이라는 중요한 가치를 간과했고, 사회 정의를 말하느라 사랑으로 서로 섬기는 공동체 정신을 외면했기에 교회 안에 냉랭함이 팽배하기도 했다. 이로 인하여 환대의 미덕을 잃고 열려 있어야 할 교회 문이 닫혀 있어 쉽게 들어오기 힘든 교회가 되기도 했다.

이런 냉랭함은 끝내 완전히 극복되지 못하고 교회 내부에 잠재해 있다가 내가 교회에 은퇴한다고 광고했을 때 수면 위로 그 모습을 드러냈다. 그로써 후임 담임 목사 청빙 과정에서 교회가 심한 몸살을 앓기도 했다. 자신들이 원하는 목사를 청빙하려고 지나치게 고집을 피우는 이들의 모습을 지켜보는 심정은 착잡하기만 했고, 그들의 말과 행동으로 상처를 받기도 했다.

교회가 적극적으로 농업에 관심을 가짐으로써 젊은 세대가 지역에 자리 잡을 수 있는 터전을 마련해 주고, 친환경농업을 보급함으로써 지역 농업의 방향을 잡은 것 등은 좋은 면이다. 하지만 친환경농업을 하다가 농사에 실패한 사람들의 경우 오히려 더 큰 경제적 어려움을 겪기도 했다. 또 한편으로, 소고기 유통 사업이 성공했을 때 수익을 분배하는 과정에서 돈 문제로 서로에 대한 불신과 불평이 싹트기도 했다. 어렵고 힘든 일에 도전할 때 겪은 어려움도 크지만, 잘되어 가는 과정에서 더 욕심을 부리느라 서로 부딪혀서 생긴 생채기도 쉽게 낫지 않는 법이다. 돈 때문에 생긴 서로에 대한 악감정은 쉽게 사라지지 않고 그들의 가슴 한편에 계속 남아 있었다.

교회가 사회복지 사업을 한다고 해서 무조건 지역사회의 지지를 얻는 것은 아니지만, 다행히 율곡교회는 이 사업들을 통해 지역사회에서 꽤 좋은 평판을 얻었다. 트집을 잡거나 비판하는 분들이 없지 않았지만, 더 많은 이가 율곡교회의 사업을 적극적으로 지지하며 인정해 주었다. 더불어 안정적으로 운영되는 기관들은 젊은이들에게 농촌에서 생활할 수 있는 직장을 마련해 주기도 했기 때문에 안팎으로 좋아 보였다. 하지만 사회복지 사업이 체계가 잡혀 가면서 기관에 상근하는 직원들 외에는 복지 사업에 관심을 가지는 교우들이 점차 줄어들기 시작했다. 교회가 벌인 사업이기 때문에, 교우들이 전부 나와서 봉사하지는 않더라도 지속적인 관심과 참여가 꼭 필요한데, 교우들의 관심은 점점 사그라지고 일부는 사회복지 사업을 거추장스럽게 달린 혹과 같이 생각하며 귀찮아하는 사람들이 생기기도 했다.

율곡교회와 함께한 지난 31년을 정리해 보았다. 율곡교회에서 목회를 시작할 때 위에서 말한 일들을 다 해야겠다고 목회 계획을 세운 것은 당연히 아니다. 목회자들의 모임에 참여하면서 데모꾼 목사가 되기도 했고, 교우들이 도시로 떠나가는 것을 안타까워하다 보니 한우 사육과 유통하는 일을 시작하게 되었으며, 친환경농업의 선두 대열에 서게 되었다. 교회 백주년을 맞이하여 교우들이 무슨 일을 할 것인가를 찾다 보니 사회복지 사업에 뛰어들었는데, 잘된 점만 나열하기에는 나의 부족함이 너무나 선명하게 떠오르고, 잘못되었다고 말하기에는 그동안 하나님께 받은 은혜가 말할 수 없이 크다.

아마 지난 31년 동안 율곡교회에서의 사역을 냉철하게 비평하자면 "사업에 집중하느라 사람을 살피지 못했다"라는 말로 요약할 수 있을 것 같다. 한 생명을 천하보다 귀하게 생각하라고 하신 주님의 말씀을 새기지 못한 것이고, 사람들 가운데 있는 하나님의 형상을 간과(看過)하는 우를 범한 것이다. 만일 하나님께서 나에게 또 한 번의 기회를 주신다면 꼭 반대로 해보고 싶다. 일보다 사람을 우선하는 목사로 사역해 보고 싶다.

III. 율곡교회 은퇴 후의 삶과 활동

이제 내 인생 마지막 세 번째 부분에 대한 이야기이다. 첫 번째 부분은 부모님의 은혜로 살았다면, 두 번째 부분은 하나님의 은혜로 살았으며, 세 번째 부분은 그 모든 은혜에 보답하기 위하여 노력하며 살아가는 시기라고 할 수 있다.

은퇴 후의 삶을 계획할 때 가장 우선적인 과제는 율곡교회와의 관계를 어떻게 할 것인지에 관한 것이었다. 나는 이미 지금 살고 있는 봉산리에 삶의 터전을 마련해 두었던 터라 율곡교회를 완전히 떠날 수 있는 형편이 못 되었다. 은퇴 후 처음 1년은 교파를 초월하여 지역의 모든 교회를 순례했다. 하지만 정해진 예배처 없이 떠돌이 생활을 하는 것이 얼마나 고달픈지 깨달았다. 그래서 쉽지 않은 일이지만 율곡교회로 돌아가기로 마음먹었다. 대신 세 가지 원칙을 스스로 정했다. 첫째, 설교를 하지 않는다. 둘째, 교인들의 애경사가 있을 때 인사는 하지만 예식은 집례하지 않는다. 셋째, 교회의 모든 회의(당회, 제직회, 신도회 등)에 참석하지 않는다. 새로 부임하는 목사님에게 폐를 끼쳐서는 안 되었고, 나 스스로 이제는 교회와 분리된 제3자의 입장이 되었음을 다짐해야 했다.

나는 인생의 마지막 여정을 보람되게 살기 위하여 은퇴 5년 전부터 준비했다. 경종 농사를 짓기 위하여 논과 밭을 장만하고, 소를 기르기 위하여 축사를 짓고 소 여섯 마리를 입식했다. 이 터전을 바탕으로 교회로부터 완전히 독립한 목사로서 걸음을 걷기 시작했다.

1. 기살림생활협동조합 활동

내가 은퇴 이후에도 계속 이어서 한 일이 있는데, 그것은 '기살림생협' 일이다. '기살림생협'은 한국기독교장로회 교단 차원에서 만든 기관이다. 나는 영농조합법인을 운영해 본 경험이 있어서 그 안에서 내가 할 일이 있을 것이라고 기대하며 참여해 왔다. 이 생활협동조합의 기본 취지는 농촌교회 교우들이 생산한 농산물을 도시교회 교우들이 구매할 수 있도록 연결하여 도시와 농촌이 하나로 연결되게 하는 것과, 특별히 친환경 생산물들을 유통하는 통로를 개척함으로써 창조 세계 보전에 일익을 담당하는 것이었다. 기살림생협은 농촌교회에는 자립할 수 있는 생산 기반을 만들도록 도움을 주고, 도시교회에는 농촌 교우들의 삶을 나누고 신선한 농산물을 제공받도록 해줄 것이라는 기대를 안고 시작되었다.

우리나라에는 이미 여러 형태의 생활협동조합이 설립되어 운영되고 있다. 나는 직접 생활협동조합을 설립하거나 운영해 보지는 못했지만, 완주한우영농조합을 운영해 본 경험을 바탕으로 기살림생협에 도움을 줄 수 있었다. 당시 교단 산하의 기독교농촌개발원 원장이었던 정병길 목사와 나는 친환경 농사를 짓는 농촌교회의 목회자와 교우들을 찾아다니면서 기살림생협을 소개하고 동참해 줄 것을 호소함으로써 생산자 확보에 도움을 줄 수 있었다.

또 한 가지 내가 생협에 도움을 줄 수 있었던 것은, '화식우'라고 불리는 소고기를 납품하여 생협 운영에 보탬이 되었던 일이다. '화식우'란 사료 대신 전통적인 방식으로 소죽을 끓여서 길러낸 소를 가리킨다. 나는 〈한겨레신문〉 부속기관인 초록마을이라는 농산물 유통업체와 완주한우영농조합이 서로 협약을 맺어 이 방식으로 사육한 소를 거래할 때 직접 참여해 본 경험이 있었다. 화식우의 판매 가격은 일반 소보다 1.5배가 더 비쌌지만, 소비자 만족도가 높아 좋은 성과를 낸 바 있었다. 초록마을과의 사업은 그 기관이 다른 업체에 넘어가면서 중단되고 말았지만, 나는 화식우 사업이 가능성 있는 사업이라는 것을 체득했다. 그래서 대형 가마솥을 구입하여 축사에 설치하고, 기살림생협에 납품할 소고기를 생산했다.

매월 한 마리의 소를 도축하여 소비자에게 택배로 보냈다. 가격은 완주한우협동조합 직판장의 판매가를 기준으로 삼았다. 일반 정육점보다 저렴한 가격으로 싱싱하고 품질 좋은 고기를 살 수 있게 되자 주문이

폭증했다. 더군다나 화식우는 그 나름의 독특한 맛이 있었던 터라 소비자들의 만족도가 더욱 높았다. 나 혼자의 힘으로는 주문을 감당할 수 없는 지경이 되어, 남원 자활에서 생산하는 화식우를 매입하여 주문을 충당해야 했다.

물론 이러한 성공에는 이면도 있었다. 가장 큰 문제는 소죽을 끓여서 먹이는 일 자체가 매우 강도 높은 노동력을 요구한다는 점이었다. 당시에 소죽을 끓이며 겪었던 일을 일기로 적어두었던 것을 옮겨 본다.

〈허리 요통〉

어제 허리 요통이 생기는 바람에 오늘 소죽을 끓이는 일이 매우 걱정되었다. 어제는 아내가 대신 소죽을 끓여 주었지만, 오늘은 대신할 사람이 없다. 아침에 고양이 밥을 주다가 그릇 밖으로 떨어진 사료 한 알을 주워 담으려고 허리를 굽혔는데, 통증이 심상치 않게 느껴졌다. 소죽을 끓이려면 허리를 굽혔다 펴는 동작을 계속 반복해야 하는데, 이렇게 아파서야 어디 일을 하겠나 싶어서 염려와 근심이 폭풍처럼 밀려오기 시작했다. 아무리 생각해도 대신해 주거나 도와줄 사람이 없었다. 아내는 울릉도로 여행 갔고, 작은 아들은 바쁘고, 민아[6]는 교생실습을 하느라 남원시에 가 있고, 며느리도 직장에 가야 한다. 이리저리 생각을 굴려 보다가 용안에 사는 처남이 생각나서 얼른 데리고 왔는데, 그마저도 바쁜 일이 있어서 바로 돌아가야 했다. 침술사인 처남은 그냥 가기 미안했던지 침을 놔주고 돌아갔다.

어쩔 수 없이 혼자 끓여야 했다. 가능하면 허리에 부담을 주지 않는 동작

---

[6] 민아는 앞에 고산 서초등학교 이야기 중, 학대받던 세 자매 중 맏언니이다. 친척 집에서 살 수 없어서, 여러 위탁가정의 도움을 받으며 근근이 생활하다가 어느 시점부터 우리 집에서 돌보게 되었고, 지금은 한 가족이나 다름없는 식구가 되었다.

으로 했다. 하다 보니 어느 정도 요령이 생겼다. 허리를 굽히지 않고 쭈그려 앉은 자세로 죽을 퍼 나르고, 힘을 잘 배분해서 소죽을 젓고 하는 식으로 겨우 마무리 지었다. 하지만 시간이 오래 걸리는 것은 어쩔 수 없었다. 평소 같으면 세 시간이면 할 일을 네 시간 반에 걸쳐서 진땀을 흘리며 마쳤다. 정말로 힘들고 고단한 하루였다. (2016년 5월 1일)

〈화장품과 농산물〉

전주 태평교회에서 전북노회 여신도회 지도자 교육에 참석하여 기살림생협에 대해 설명하였다. 모든 회의와 순서를 마치고 마지막에 5분 정도 나에게 주어졌다. 짧은 시간이지만 설명할 기회가 주어진 것에 감사하는 마음으로 40여 분을 운전하여 가서, 약 1시간 정도 회의장 밖 교회 현관에서 기다렸다. 순서가 되어 들어가 보니 화장품 업체에서 나와서 자신의 화장품을 소개하고 있었다. 수익금의 일부를 어려운 교회를 위하여 헌금한다는 홍보를 하고 있었다. 그 광고가 끝난 뒤에 나에게 기살림생협에 대하여 설명할 기회가 주어졌다. 이 짧은 시간에 내가 아무리 열심히 이야기한다고 한들 얼마나 효과가 있을까 하는 의구심이 들었지만, 그래도 최선을 다해 홍보를 마쳤다.

집으로 돌아오는 길에 오늘 있었던 일을 돌이켜보는데, 너무나 마음이 착잡하고 울적해졌다. 우선, 여신도회 임원들이 기살림생협을 소개하는 일을 화장품 판매보다 덜 중요하게 여긴다는 점이 마음 아팠다. 교단에서 진행하는 사업을 소개하는 목회자를 화장품 판매하는 사장보다 더 나중 순서로 배치하다니, 자존심도 상할뿐더러 배신감마저 느껴졌다.

더 마음 아픈 일은 식당에서 겪어야 했다. 내가 한 장로님과 마주 앉아 식사를 마치고 나오기까지 생협에 대해 묻는 여신도 회원이 한 명도 없었다. 그런데 식당 입구에 설치된 화장품 가판대에는 여신도들이 줄을 서서 기다리고 있었다. 화장품의 가격이나 품질이 상당히 괜찮았던 모양이라고 하는 생각이 들었지만, 그렇다고 우울한 마음이 위로가 되지는 않았다. "생협에서 친환경 농산물이 아니라 화장품을 판매해야 하나 보다"라는 자조적인 생각마저 들었다.

한편으로는 "정말로 아름다움을 유지하고 싶다면 좋은 음식을 먹어야 할 텐데, 저렇게 겉치장만 신경 쓴다고 될 일인가?" 하는 마음마저 들었다. "나는 지금 교단의 사역자들과 함께 개인의 건강뿐 아니라 교회와 지구적 삶의 건강을 생각하면서 고생하고 있는데, 막상 관심을 가져 주어야 할 성도들이 우리가 하는 일을 싸구려 화장품보다 못하게 취급하는구나" 하는 실망감이 깊이 엄습해 왔다. 집으로 오는 길에 앞을 분간하기 힘들 정도로 비가 세차게 내려 나의 마음을 더욱 심란하게 했다. (2017년 3월 15일)

2. '이지바이오 돼지농장 재가동을 반대하는 완주 사람들'(이하 이지반사)[7] 활동: 지역사회와 함께 극복한 환경 문제

갑작스럽게 기살림생활협동조합의 일을 중단할 수밖에 없는 상황이 지역에서 발생했다. 20여 년간 지역 주민들의 골칫거리였던 돼지농장 문제를 해결해야 했다. 이 돼지농장은 봉실산 북편 골짜기에 위치하여 바로 앞에는 천호천이 흐르고, 그 천호천을 따라 지방도로가 있으며, 봉산

---

[7] 가입 단체: 고산권 벼농사 두레, 고산미소시장 사민회, 립보책방, 생협 봉동용 진마을 모임, 서봉마을 귀촌인 모임, 마주협동조합, 세월호기억 모임, 수요일의환대, 숟가락공동육아, 씨앗받는농부, 씨앗문화협동조합, 안수사신도회, 완주군농어업회의소, 완주지속가능포럼, 율곡교회, 즐거운독서모임, 지유명차 완주점, 풀뿌리교육지원센터, 네 개 학부모회(고산초, 삼우초, 고산중, 고산고), 비봉면 봉산리 5개 마을(원봉산, 용동, 죽산, 사치, 월암), 고산면 어우마을.

돼지농장 전경

리 용동마을과 사치마을에서는 200m 내에 자리하고 있다. 이런 지리적 여건 때문에 처음 이 돼지농장이 들어올 때부터 지역 주민들과 갈등이 끊이지 않았다. 농장에서 나는 악취와 거기서 흘려보내는 오염수 때문에 지역 전체가 몸살을 앓아야 했다.

문제가 많았던 돼지농장은 그동안 운영하는 주체가 여러 번 바뀌었는데, 이전 농장주가 폐업을 하면서 부여육종이라는 영농조합 법인에게 농장을 팔았다. 그리고 부여육종이 농장 운영을 재개하는 과정에서 주민들과 심한 갈등이 벌어졌다. 주민들이 대책위원회를 구성하면서 나도 함께했는데, 대책위원장을 맡은 분이 갈등의 무게를 이기지 못하고 사퇴하면서 내가 대책위원장을 맡게 되었다.

이 문제가 워낙 심각하고 어려운 문제였던지라, 나는 당분간 소죽 끓이는 일을 할 수 없게 되어 다른 한우 생산자를 기살림에 연결해 주고 돼지농장 문제에 집중했다. 그 농가는 소죽을 끓이지는 않았지만, 믿을 만한 생산자였기 때문에 나는 안심하고 그분에게 소고기 공급을 맡겼다. 기살림 생활협동조합에서도 이를 수용해 주었다.

돼지농장 문제는 도시의 대자본이 힘없는 농촌에 들어와 환경오염을 비롯한 각종 피해를 입히는 악덕 기업 횡포의 전형이라고 할 수 있었다. 지난 20여 년간 어쩔 수 없이 그들의 불법적인 횡포를 참고 지내던 주민들은, 잠시 멈추었던 돼지농장이 다시 재가동한다는 말을 듣고 진저리를 치며 반대에 나섰다.

새로 농장을 인수하여 재가동을 계획했던 회사는 이지바이오라는 기업의 계열사인 부여육종이었다. 부여육종은 5년 전에 이 농장을 인수한 후 여러 수단을 동원하여 농장을 재가동하려고 시도해 왔으나, 주민들의 반대가 너무 심하여 목적을 이루지 못하고 있던 터였다. 주민들을 설득하는 일이 뜻대로 되지 않자, 부여육종은 내부 수리 공사를 진행하여 완주군을 설득하기 시작했다. 오염수와 악취를 배출하지 않겠다는 약속을 함으로써 농장 재가동의 명분을 얻으려고 한 것이다.

주민들은 이러한 시도를 차단하기 위해 200여 명이 모여 지역에서 항의 집회를 열었고, 1차 55명, 2차 130명이 서울로 상경하여 이지바이오 본사 앞에서 항의 집회를 벌였다. 이윤 창출이 기업의 목적이라고 하지만, 그것을 위해 힘없는 주민들을 희생시키고, 물과 흙과 공기를 오염시키면서까지 자신들의 목적을 달성하려 드는 것을 우리는 가만히 두고만 볼 수 없었다. 그들의 악행은 비단 가까운 지역민들에게만 영향을 미치는 것이 아니라, 이 물이 흘러 내려가는 하류 지역의 모든 사람에게 나쁜 영향을 미칠 것이었다. 그뿐만 아니라, 이윤 창출만을 목표로 삼는 기업이 비양심적으로 생산한 고기는 틀림없이 먹는 사람의 건강을 해치는 음식이 될 것이다. 결국 기업의 이윤을 위해 모두가 피해를 봐야만 하는 상황이 벌어지고 만다.

돼지농장 재가동 반대 1차 집회

따라서 나는 이 일을 작은 지역의 소소한 일이라 생각하지 않고, 도시민이나 농민들 모두에게 피해를 주는 악과 대항하는 일이라고 여겼다. 힘들고 어려운 길이 될 것이 뻔했다. 하지만 기도하는 자세로, 십자가를 지신 주님을 생각하면서 그 길을 선택했다. 악에게 지지 말고 선으로 악을 이기라는 성서의 말씀을 기억하면서 다짐했다. 다행히 주변에는 같은 생각을 가지고 함께하는 깨어 있는 젊은 사람들과 지역 주민들이 많았다. 나는 앞으로 있을 모든 성과의 공은 그들에게 돌리고, 내가 져야 할 짐만 묵묵히 지고 가겠노라 다짐하며 나섰다. 주께서 함께하시므로 나는 기쁜 마음으로 감사하며 그 길을 갈 수 있을 것이었다.

나는 이지바이오 본사 앞에서 2차 상경 집회를 한 후, 혼자 남아서 1인 시위를 하려는 계획을 세웠다. 이 계획을 실행하기 전에 생각을 정리한 글을 옮겨 본다.

〈1인 시위 계획〉

나는 왜 70이 넘은 나이에 생업(소죽 끓이는 일)을 포기하고 집을 떠나서 서울의 낯선 곳에서 사람들의 곱지 않은 시선을 받아 가며 이지바이오 회사 앞에서 시위를 하려고 하는가? 첫째, 내 인생의 절반 이상을 살아온 지역(고산면, 비봉면)이 대규모(돼지 12,000두) 돼지농장 운영 때문에 환경이 오염되어 사람이 살기 힘든 곳이 되어 갈 것이기 때문이다. 둘째, 토양양분총량제, 수질오염총량제 등으로 가축 사육이 제한되고 있는 시점에, 한 기업의 대규모 사육은 지역 농민들이 가축을 사육할 수 있는 몫을 잠식하여 농민의 밥그릇을 빼앗기 때문이다. 셋째, 내가 투쟁하는 1차 목표는 이지바이오 회사가 우리 지역에 돼지농장 운영을 포기하게 만드는 것이며, 2차 목표는 국가로 하여금 농민이 농업을 할 수 있도록 보호하는 법을 만들도록 하는 것이다. 넷째, 신앙적으로 볼 때, 자본(물질, 돈)이 하나님 자리에 앉아서 사람들을 지배하고 있는 오늘 이 세대의 악에 대하여 저항하며 투쟁하는 것이다. 1980년 광주민중항쟁 사건 이후 나는 군사독재정권이라는 악에 대항하여 투쟁했다. 그때는 신학대학에서 알게 된 민주화 의식으로 행동했다. 율곡교회에 와서 1986~1987년까지는 교우들과 함께 '민주', '정의'의 깃발 아래에 온 힘을 다하여 투쟁했다. 그래서 체육관에서 대의원들이 대통령을 선출하는 법을 고쳐서 국민이 직접 대통령을 선출하는 대통령 직선제로 개헌하는 데 미력하나마 힘을 보탰다.

이제 나는 지금 허물어지고 황폐화되어 가는 이 농촌과 농업을 지키기 위하여 투쟁한다. 민주와 정의를 넘어 생명과 평화의 깃발 아래에서 나의 온 힘을 다하여 투쟁할 것이다. 젊었을 때는 왕성한 혈기를 가지고 저항과 분노로 행동했다면, 지금은 신앙고백과 하나님을 의지하는 믿음으로 겸손하게 이 일을 감당해 나갈 것이다. 모든 일의 중심에는 주님이 서 계시도록 할 것이다. 이 중심을 잃어버리면 내가 하는 모든 일이 또다시 후회 가득한 일들이 될 것이기 때문이다. 나는 매 순간순간 숨을 쉬는 것같이 기도할 것이며, 성서의 말씀을 통하여 일을 처리할 수 있는 지혜를 얻게 될 것이다. 지금 이 길이 주께서 인도하시는 길임을 확신하며, 감사하는 마음으로 감당할 것이다.

1) 이지바이오 회사 앞에서 1인 시위

이와 같은 마음으로 봉산리 돼지농장의 실제적인 주인인 서울 이지바이오 본사 앞에서 1인 시위를 시작했다. 처음 시작부터 끝까지 겪었던 일들을 글로 옮겨 본다.

(1) 1인 시위 첫째 날

서울을 향하여 출발하는 날 아침에 한예현 집사가 집으로 와서 짐을 싣고 고산미소시장 주차장으로 갔다. 주차장에서 버스 세 대에 나누어 타고 월암마을, 죽산마을, 용동마을 입구에서 주민들을 태워서 130명의 주민이 전세 버스를 타고 서울 이지바이오 본사 앞으로 갔다. 오전 8시 30분에 출발하여 11시에 도착했다. 여러 방송국의 기자들과 취재진이 열심히 촬영했고, 집회와 시위는 진행자의 인도에 따라 잘 진행되었다. 오후 1시가 되어 함께 상경했던 분들이 모두 버스에 탑승하여 귀향 준비를 했다.

안호영 국회의원의 주선으로 '이지반사' 대표 3인과 이지바이오 회사 이사 두 명이 커피숍에서 면담을 하였다. 영농회사 부여육종의 지분 100%가 이지바이오로 되어 있는데도 이사들은 부여육종은 자신들이 지시할 수 없는 독립된 사업체라고 발뺌했다. 면담은 아무런 소득 없이 끝났다. 함께 상경했던 모든 분이 다 귀향하셨고, 나는 이지바이오 본사 앞에 설치해 둔 작은 자바라 텐트에 홀로 앉았다.

오후 2시경이 되자 서울 강남구청에서 텐트를 철거하라는 계고장을 주고 갔다. 이지바이오 회사에서 구청에 민원을 내어 내려진 통지였다. 나는 오후 4시에 텐트를 철거하여 근처에 있는 서울동부교회(기장 소속의 교회)로 옮겨 두었다. 오후 6시, 첫날 농성을 마치고 서울향린교회에서 운영하는 오피스텔로 갔다. 최용기 목사의 소개로 갔던 것인데, 교회 관계자들과 협의가 되어 있지 않았다. 내가 도착하기 전에 이미 5~6명이 회의를 하려고 모여 있었다. 방해되지 않으려고 짐을 들고 나와 길거리를 서성이다가 저녁 식사를 하고

서울 이지바이오 본사 앞에서 1인 시위

다시 들어갔는데 그때까지도 회의 중이었다. 어쩔 수 없이 밖에서 기다리다가 회의가 끝난 뒤 다시 짐을 풀려고 하는데, 또 다른 분들이 들어와서 회의를 한다고 했다. 나는 풀려던 짐을 다시 동여매어서 들고 밖으로 나왔다. 그곳은 내가 거처할 곳이 못 된다고 판단하고 근처에 있는 여관이나 모텔을 찾았다. 11월 서울의 밤거리는 차가웠고 낯선 곳에서 하룻밤 묵을 방을 찾아 헤매는 내 모습이 처량하다는 생각이 들었다. 밤 9시쯤 겨우 모텔을 찾아 귀경 첫날 밤을 보냈다.

(2) 1인 시위 둘째 날

오전 7시에 모텔에서 나와 서울 동부교회 앞까지 택시를 타고 왔다. 동부교회 담임 목사와 장로 두 분을 교회에서 만나 내가 서울에 온 이유를 설명했다. 다행히 이해하고 허락해 주어서, 가지고 온 짐을 교회 빈 방에 맡겨 두고 이지바이오 본사가 있는 빌딩 앞에 현수막을 치고 의자에 앉아 시위를 시작했다. 이날은 입동이었다. 서울의 차가운 바람이 나를 힘들게 했지만 못 견딜 정도는 아니었다.

새끼를 낳은 어미 소가 사료를 전혀 먹지 않는다는 아내의 전화를

받고 가나동물병원 원장에게 전화했다. 오후 2시경 가나동물병원 원장에게서 연락이 왔다. 소의 상태가 나빠서 이틀간 치료해 보겠는데 상태가 좋아지지 않으면 폐사될 수도 있다는 나쁜 소식이었다.

토요일과 일요일은 회사의 휴일이라 농성을 하지 않기로 하고 오후 3시에 철수했다. 시위용품을 동부교회에 옮겨 놓고 서울남부터미널에서 익산 왕궁행 버스를 타고 집으로 왔다. 터미널로 차를 가지고 마중 나온 둘째 아들과 이지바이오와 싸움에 대하여 많은 이야기를 나누면서 집으로 왔다. 토요일과 일요일 이틀 동안 소를 치료했지만 소 상태는 차도가 없었다.

(3) 1인 시위 셋째 날

새벽 4시에 일어나 소 사료를 주고 어미가 아픈 송아지에게는 대용유를 먹였다. 전날 오후부터 아침까지 늦가을 비가 세차게 내렸다. 내리는 비를 뚫고 익산 팔봉 시외버스 정류소로 가서 서울남부터미널로 가는 버스를 탔다. 아내가 익산까지 태워다 주었다.

다행히 서울에 오니 비가 그쳐서 남부터미널에서 동부교회까지 걸어갔다. 시위 현수막과 의자를 이지바이오 본사 건물 앞에 설치하고 시위를 했다. 오늘은 어디에서 잠을 자고 내일 이곳으로 올 것인가 하는 걱정 때문에 마음이 불편했다. 서울에 사는 사람들을 생각해 보았지만 아무래도 가족에게 기대는 것이 제일 편안할 것 같아서 구로구에 사는 누나 집으로 가기로 했다.

오후 4시 30분에 농성을 철수하여 지하철을 타고 누나 집으로 갔다. 나는 누나에게 "농한기에 서울 친구 회사에서 돈을 벌기 위하여 왔다"라고 거짓말을 했다. 지금 내가 하는 일을 누나에게 사실대로 설명하면 누나의 동의를 얻을 수 없고, 누나가 불안해할 것이 뻔했기 때문이다. 누나에게 미안했지만 어쩔 수 없었다. 누나는 "70이 넘은 니가 농촌에서 살기가 얼마나 어려우면 겨울에 서울 와서 돈을 벌어야 하느냐"라고 말하면서 조카가 사용하던 방을 잘 청소하여 내주었다. 서울에서 편안히 누워 잠을 자는 일이 이처럼 어렵다는 것을 새삼 절감했다. 이날 이후 나는 전철로 구로역에서 강남역까지 출퇴근을 하며 1인 시위를 이어갔다.

나의 1인 시위에 많은 분이 함께해 주었다. 큰아들과 제주노회의 젊은 목사들, 안재학 목사가 지지 방문을 와주었다. 안 목사는 나를 위로하기 위하여 농성 현장에서 대금을 연주해 주기까지 했다. 박일진 님(대통령농어민특별위원회 축산분과 위원장)과 유범수 님(완주신문 기자), 권요한 님, 최용기 율곡교회 담임 목사님과 교우님들 그리고 이지반사 회원들이 찾아와 힘을 보태 주었다. 특히 신학교 동기인 장용근 목사는 허리를 다쳐서 불편한 몸인데도 사모님과 함께 오셔서 나에게 힘을 실어 주었다. 서울 강남의 큰 빌딩은 시골의 한 노인이 대항하며 서 있기에는 너무나 크고 위압적이었다. 하지만 위에 열거한 많은 분이 함께해 주었기에 나는 즐거운 마음으로 감당할 수 있었다. 무엇보다 나는 기도하며 하나님께서 나와 함께하신다는 마음으로 서 있었다.

(4) 1인 시위 12일째

1인 시위를 하기 위해 누나의 아파트를 나서서 구로전철역으로 가는 길에 아내에게서 송아지를 낳은 어미 소가 오늘 새벽에 죽었다는 전화를 받았다. 약 500~550Kg 되는 큰 소였다. 갑자기 다리에 힘이 풀렸다. 1인 시위를 하면서 당하는 힘든 일들보다 더 충격이 컸다. 경제적 손실도 속상했지만, 그걸 살려 보려고 안간힘을 썼을 아내에 대한 미안한 마음이 더욱 나를 힘들게 했다. 지하철을 타고 내리고 갈아타는 발걸음은 천근만근 짐을 지고 가는 듯했다. 큰 소가 죽으면 폐사 처리를 해야 한다. 회사 앞에 도착하자마자 작은아들 친구인 김영범과 포클레인을 가지고 있는 김재윤에게 각각 전화를 걸어서 폐사 처리를 부탁했다.

무거운 마음으로 오전 8시 50분부터 이지바이오 회사 빌딩 앞에서 시위를 시작했다. 영하 3도의 차가운 날씨였다. 강남대로를 휘젓고 지나가는 바람이 온몸을 꽁꽁 얼게 했다. 몸과 마음이 너무 힘들어 멍하니 의자에 앉아 있었는데, 문득 민주화 운동을 하셨던 선배들의 이야기, 특히 고인이 되신 허병섭 목사님에 대한 이야기가 떠올랐다. 그가 지명수배를 받아 도피 생활을 하던 중에 그의 아내는 생계를 유지하기 위하여 포장마차를 하는데, 경찰의 사주를 받은 사람들이 포장마차를 부수는 등 심하게 괴롭히자 결국은 견디지 못하고 이혼하게 되었다는 이야기이다. 그분의 고통에 비하면 내가 오늘 당하는 고통은 너무 작은 것이라고 생각했다. 돌이켜보면, 나는 운동을 한다고 하면서 옥살이 한 번 하지 않았다. 너무 편하게 지낸 것이다. 때로는 고난 없이 영광만 받으려고 한 것 같아 죄송한 마음이 들기도 했다. 이제 나는 제3의 인생을 살면서 내가 할 수 있는 방식대로 고난의 길을 결단하고 걸어가고 있다. 지금까지 입으로만 했던 운동을 이제 몸으로 실천하는 것이다. 힘들고 어렵지만 주께서 기뻐하시는 일이라면 즐거운 마음으로 감당해야 할 것이라고 거듭 다짐했다.

이런 와중에 또 다른 어려움이 하나 기다리고 있었다. 누나의 집에 정신적으로 온전하지 못한 미자라는 조카가 있었는데, 그녀가 자기 삶의 자리에 갑자기 끼어든 내가 늘 불편하여 함께 식사도 하지 않고, 내가 집에 들어서면 자기 방으로 가서 밖으로 나오지 않았다. 아침을 먹고 있는 나에게 누나가 "네 입에서 냄새가 많이 난다고 미자가 말하니 욕실에 가서 가글을 해라"라고 말했다. 전날 아침에는 스마트폰으로 라디오에서 아침뉴스를 듣고 있는데 미자가 신경이 날카로워서 이런 라디오 소리가 나면 잠을 못 잔다고 하여 뉴스를 듣다가 끄기도 했다. 하여튼 시비가 많았다. 나는 매우 기분이 상하지만 참을 수밖에 다른 방법이 없었다.

새벽에 일어나 조카 미자에 대한 마음을 정리했다. 지금까지 내가 자기중심적으로 살아왔다는 것을 깨달았다. 나의 존재가 다른 사람에게 어떤 불편함을 줄 수도 있다는 생각을 해보지 않고 살아왔던 것이다. 그래서 그동안 내 입에서 냄새가 나든 말든 전혀 신경 쓰지 않고 지내왔는데, 앞으로는 미자와 누나를 배려하며 피해를 최소화해야겠다고 마음먹었다. 서로 견딜 만한 정도를 유지할 수 있는 방법을 찾았다. 누나는 미자에게 돈을 주면 마음이 풀어질 거라고 했다. 그래서 10만 원을 봉투에 넣어 주었더니 조금은 부드러워졌다.

(5) 1인 시위 끝자락

서울 강남 이지바이오 본사 앞에서 1인 시위를 하는 끝자락에 전주 고백교회의 이강실 목사, 한상렬 목사가 와서 이틀 동안 함께해 주었다. 한상렬 목사는 "여 목사가 대기업의 농업 잠식과 그로 인해 발생하는 여러 가지 문제점에 대항하여 싸우는 것은 한국 농업 역사에 일조하는 것이고, 하나님께서 주신 소명이다"라며 격려해 주었다. 그 말을 듣고 나는 앞으로 대기업의 농업 잠식과 그 일로 인하여 발생할 수 있는 경제 문제, 농업 생산구조의 변화에서 비롯되는 문제, 농민 소외 문제 등에 대해 좀 더 깊이 공부해 볼 마음이 들었다. 무엇보다 이 나라 농업과 농촌의 지속 가능한 길이 무엇인지 찾아내는 일에 내 생애의 남은 분량을 바칠 수 있다면 매우 의미 있는 일이 될 것이라는 생각이 들었다. 신앙적인 면에서 볼 때, 돈이 모든 것을 지배하는 이 시대에 물신과 싸워서 하나님의 형상을 닮은 인간성이 회복되는 길을 찾아보는 일은 귀중한 사명이다. 나는 겸손하게, 모든 동지를 존중하며 감사하는 마음으로, 힘들고 어려울 때일수록 기도하며 나아가야겠다고 다짐했다.

서울에서 20여 일을 보냈다. 지내 온 과정을 살펴볼 때 주께서 인도해 주셨음을 고백하지 않을 수 없다. 그분의 도우심으로 나는 험난한 여정을 끝까지 잘 견뎌낼 수 있었기에, 앞으로의 길을 또한 주님께서 인도하실 줄 믿는다.

11월 30일은 결혼기념일이지만 같이 여유 있게 밥 한번 먹기 어려울 정도로 돼지농장 문제가 매우 급박하게 진행되고 있었다. 영농회사법인 권춘의 사장은 냄새가 나지 않는 최신형으로 돼지농장을 변화시키겠다고 하면서 봉산리 주민들을 설득했다. 이 말에 설득당한 사람들이 생겨나면서, 안타깝게도 주민들 사이에 내분이 일어났다. 이런 문제는 대기업과 직접 맞상대하는 것보다 더 까다롭고 어려운 문제였다. 나는 기도할 수밖에 없었다. 하늘에서 주시는 지혜를 간구했다.

주민 설명회를 앞두고 깊이 말씀을 묵상하며 기도하던 중에, 성령께서 주시는 지혜와 믿음이 마음속 가득히 충만해졌다. 나는 주민들에게, 먼저 우리가 이길 수 있다고 말했다. 그리고 자기와 생각이 다른 이웃들을 비방하거나 모함하지 말자고 호소했다. 왜냐하면 우리는 함께 살아가야 할 이웃이기 때문이다. 이기든 지든 서로에게 상처를 주어 원수 관계로 살아갈 수는 없지 않느냐고 호소했다. 이 주민설명회를 연 뒤부터 주민들 사이에 내분은 더 이상 확산하지 않았다.

돼지 입식 저지를 위한 천막 농성

이지반사는 완주군에 대하여 돼지농장 재가동 불가 통보를 해줄 것을 강력하게 요구했다. 우리 쪽에서 선임할 변호사를 통해, 군의원들을 통해, 이지반사 회원들의 일인 피켓시위를 통해 그리고 마지막에는 한상렬 목사와 동행한 군수 면담을 통해 우리의 뜻을 분명하고도 집요하게 전했다. 그런 노력의 결과로 완주군은 행정소송을 당할 각오를 하면서 돼지농장 재가동 반대 입장을 주민들에게 밝히고 부여육종에 동일한 입장을 통보했다.

2) 법정 다툼: 부여육종(이지바이오)의 고소와 재판 과정

이지바이오는 법무법인 광장을 고용하여 완주군을 상대로 '불허가 처분 취소'를 청구하는 행정소송을 제기했다. 또한 주민대표 여섯 명을 업무방해, 집시법 위반, 도로교통 방해 등으로 형사 고발했다. 이어 완주군(수)과 주민대표 여섯 명을 상대로 민사상 손해 배상(각자 3억 원) 청구소송을 제기했다. 아마도 그들은 대형 로펌을 등에 업고 고소 고발로 응수

하면 순박한 시골 사람들이 겁을 집어먹고 지리멸렬하게 되리라고 판단했던 것 같다.

하지만 우리는 이에 굴하지 않고 당당하게 맞서서 법정투쟁을 전개했다. 우리는 법정 싸움에서 주도권을 장악하기 위해 변호사와 협의하여 완주군을 상대로 제기한 행정소송의 '피고 보조인 신청'을 했다. 법원이 이를 받아들여서, 우리 중 세 명이 행정소송의 피고 보조인[8]이 될 수 있었다. 이로써 완주군과 한 팀이 되었다. 이를 통해 이지바이오는 완주군과 우리 사이를 갈라치기 할 수 없게 되었고, 또 한편으로 완주군 측이 이지바이오와 타협적인 협상을 할 가능성을 사전에 차단할 수 있었다.

나는 이렇게 법정 다툼을 하면서 지난 민주화 운동 시절이 떠올랐다. 집회 중에 전경과 몸싸움하다가 경찰서에 연행된 경험은 여러 번 있었지만, 법정에서 재판을 받거나 경찰서에서 피의자로 조사를 받아 본 경험은 없었다. 피고가 되어 재판을 받는 것은 생소한 경험이었다. 하여 나의 일상은 이 재판을 중심으로 돌아갈 수밖에 없었고, 재판에 신경을 곤두세운 채 매진했다.

행정소송 건은 원고-부여육종, 피고-완주군, 피고 보조-지역 주민 3자 구조로 진행되었다. 형사고발 건은 완주경찰서에서 2차에 걸친 심문을 받은 뒤, 검찰에서 기소하여 벌금형으로 통지가 왔다. 우리는 변호사와 협의하여 이 건에 대한 정식재판을 청구했다. 이 과정 중 경찰서에

---

[8] 피고 보조인이란 해당 재판과 관계가 있는 사람이 피고를 돕기 위해 법원에 피고 보조 참가자 신청을 했을 때, 판사가 이 신청을 받아들여 인정한 경우를 말한다. 피고 보조 참가자는 재판 과정에서 재판 서류들을 피고와 동등하게 받을 수 있고, 판사의 허락으로 재판정에서 발언을 할 수 있으며, 재판 과정에 진술서를 제출할 수 있다.

서 두 번째 심문을 받을 때 일기에 기록해 두었던 것을 옮겨 본다.

〈경찰 조사받던 일에 관한 기록〉

현재 시각은 새벽 3시이다. 어제 있었던 일들을 정리해 보려고 책상 앞에 앉았다. 어제는 매우 분주한 하루였다. 젊은 시절이라 해도 그렇게 분주하게 움직이다 보면 실수할 가능성이 높은데, 어제는 크게 실수하지 않고 하루를 보낼 수 있었다. 하나님의 은혜이다.

그런데 불현듯 양심을 두드리는 질문 하나가 송곳처럼 가슴을 파고들었다. "나는 진실했는가? 거짓은 없었는가?" 정신이 번쩍 들었다. 어제 완주경찰서 조사 과정에서 거짓 진술을 했기 때문이다. 과실을 줄여 보려는 생각에 트랙터를 윤형교 다리 위에 가져다 놓았던 사실을 숨겼다. 고발인이 많은 사진을 제출했는데, 그중에 내 트랙터가 촬영된 것이 보이지 않았다. 그래서 말하지 않고 가만히 있으면 그냥 넘어갈 수 있겠구나 싶어서 내 트랙터도 거기 있었다고 말하지 않았다. 나의 이 비겁한 모습이 떠오르자 갑자기 부끄러워 견딜 수가 없었다. 조금이라도 과실을 줄여 보려는 본능적인 마음 때문에 하나님 앞에 부끄러운 죄인이 되고 만 것이다. 이는 함께 형사고발 당한 사람들에게 정말 미안한 일이다. 함께 트랙터를 끌고 가서 시위를 벌였는데 나만 벌을 받지 않는다면 그들이 배신감을 느끼게 될 것 같았다. 언젠가 이 문제가 사실대로 드러나면 나는 지역 사람들 앞에서 부끄러운 사람이 되고 말 것이다. 한참을 고뇌하다가 결단을 내렸다. 오늘 완주경찰서에 찾아가서 어제 받은 피의자 조사 중에 잘못된 진술이 있음을 밝히고 수정을 요청하기로 결심했다. 마음이 불편해서 아침 식사를 굶은 채 완주경찰서로 갔다.

어제 숨겼던 사실을 담당 경감(지능수사팀장)에게 말했다. 사실을 진술하고 경찰서를 나오는 나의 마음은 생각보다 단순하지 않았다. 시원할 줄 알았는데, 그렇지 않았다. 마음 한편에 참 바보 같은 일을 했다는 생각이 들었다. 그냥 묻어두어도 되었을 일을 자처하여 불리하게 만들고 나왔으니 영리하다고는 할 수 없었다. 또 하나는 홍정훈 변호사에게 매우 미안한 일이기도 했다. 그는 나의 과실을 면제해 주기 위하여 바쁜 시간을 쪼개어 피고인 조사에 함께하였고, 조사 과정에서도 많이 신경을 써주었는데 내가 그의 노력을 허사로 만들었기 때문이다.

하지만 나로서는 어쩔 수 없는 측면도 있었다. 내가 이번 일을 하면서 가장 중요하게 생각한 것이 신앙인으로서 부끄러운 행위를 하지 않겠다는 마음이었기 때문이다. 그래서 바보 같은 결정이었지만, 나 자신과 하나님 앞에서 부끄러운 길을 선택할 수는 없었던 것이다. 나는 이런 결정을 내리게 된 것이 성령님의 인도였다고 고백한다. 자신에게 손해가 될 것을 알면서도 바로잡고자 노력할 수 있었던 것은 내 안에 역사하시는 성령님의 인도하심이 분명하다. 그래서 나는 나의 행동을 창피한 바보짓이 아니라, 성령의 인도하심에 따른 감사한 일로 고백하려 한다.

하나님께서는 내 결단이 틀리지 않았음을 확인할 수 있는 기회까지 주셨다. 오후에 서예반 회원으로 등록하기 위해 코로나백신 접종확인서를 떼려고 고산성모병원에 갔다. 그곳에서 함께 고생했던 조영호 장로와 마주쳤다. 어색한 태도로 나의 인사를 받는 그를 보면서 오전의 행동이 바보짓이 아니었음을 재차 확신할 수 있었다. 원칙적이고 고지식한 면이 강한 조영호 장로는 내가 벌을 경감받기 위해 거짓 진술을 했다는 사실을 알게 되면 크게 실망할 뿐 아니라 나를 경멸할 수도 있는 사람이다. 그를 마주치고 나니 하나님께서 나로 하여금 떳떳하게 모든 상황에 대처할 수 있도록 바른길로 인도하셨음이 분명하다는 믿음을 갖게 되었다.

형사고발 건으로 피의자 신분이 되어 경찰서에서 조사를 받는 일은 간단

한 일이 아니었다. 하지만 더 어렵고 중요한 일은 행정소송 재판이었다. 이 지반사 회원들은 행정재판의 모든 과정을 법원에서 피고 보조자에게 송달되는 재판기록 자료들을 공유하면서 대응 방법을 의논했다. 이 과정은 집행위원장인 차남호 님이 진행했다. 그는 다양한 의견들을 잘 조정하여 결의하고 실행하는 탁월한 재능을 지니고 있었다. 덕분에 나는 늘 든든한 마음으로 함께할 수 있었다. 특히 회의록을 요약 정리하여 회원들에게 전달하는 능력은 내가 지금까지 만났던 사람들 중 으뜸이었다.

나는 행정재판에 피고 보조자로 참석하기 위하여 두 달에 한 번 꼴로 전주지방법원 재판정에 출석했다. 그리고 1심 재판의 판결을 앞두고 내 이름으로 법원에 최후진술서를 제출했다. 당시 제출한 진술서를 여기에 옮겨 본다. 이 진술서의 초안은 내가 작성했고 차남호 집행위원장이 완성했다.

〈최후 진술서〉

존경하는 재판장님

공정한 법질서를 지키기 위하여 애쓰시는 재판장님의 노고에 깊이 감사드립니다. 특히 원고의 초대형 양돈농장 현장에 오셔서 공정한 법 집행을 위하여 노력하시는 모습은 무척 감동적이었습니다.

저는 현재 '업무방해, 집시법 위반'을 이유로 부역육종에 고소 고발되어 칠십 평생 처음으로 피의자 신분이 되어 2차에 걸친 경찰조사를 받았습니다. 나아가 3억 원의 손해배상 청구소송에 피소되어 재판을 기다리고 있습니다. 이 모두가 이 사건 재판과 관련이 있다고 판단하여 피고의 보조 참가자가 되었습니다. 이제 피고 보조 참가자 자격으로 마지막 진술을 하려고 합니다.

먼저 본인을 간략하게 소개하고자 합니다. 제가 완주군 비봉면 봉산리

원봉산 마을로 이사한 것은 2015년 1월이었습니다. 이전에는 완주군 고산면 율곡리 소재 율곡교회에서 31년 동안 목회 활동을 하다가 2015년 3월에 담임 목사직을 자원 은퇴했고, 마지막 여생을 보낼 곳으로 이 마을에 들어온 것입니다. 이사한 지 얼마 되지 않아 봉산리에 있는 이 사건 돼지농장 문제로 20년 넘게 갈등을 빚고 있음을 알게 되었습니다. 아울러 이 문제를 해결하기 위해 구성된 대책위원회에 자연스럽게 참여하게 되었습니다. 제가 자연스레 대책위원회에 참여하게 된 것은 봉산리에 인접한 율곡교회 목회 활동과 관계가 깊은데 그 배경을 간략히 소개하겠습니다.

첫째로, 율곡교회 목회 활동 중에 종교적 책무 외에 지역사회의 일에 관심을 갖고 적극 참여해 왔습니다. 지역에서 환경문제가 발생하면 이를 해결하기 위해 주민들과 함께 적극 참여하였고, 힘들고 어렵게 살아가는 농민들의 삶에 조금이라도 도움을 주기 위해 교인들과 함께 사회복지 사업의 주체로 활동하였습니다. 완주노인복지센터, 고산지역아동센터, 완주시니어클럽 등이 그것입니다. 고산면과 바로 인접한 비봉면 주민들도 이런 활동 경력을 잘 알고 있었기 때문에 제가 대책위원회에 참여하는 것은 아주 자연스러운 일이었습니다.

둘째로, 농업·농촌문제에도 관심을 갖고 적극 참여해 왔습니다. 무엇보다 친환경농업을 지역에 뿌리내리게 하는 데 앞장섰습니다. 완주군 친환경농업연합회 초대 회장, 전라북도 친환경농업연합회 초대 공동대표로 봉사하였습니다. 또한 고산농협과 연대하여 광역친환경단지 조성을 위한 국가정책사업에 공동대표로도 활동한 바 있습니다.

저는 현재 농업인으로 생활하고 있습니다. 벼농사 1천 평과 밭농사 1천 평을 친환경농법으로 짓고, 한우 다섯 마리를 친환경축산으로 사육하고 있습니다. 농업이 환경을 오염시키는 행위를 최소화하기 위해 노력하는 삶을 살고 있습니다.

  이러한 제 삶의 이력에 비추어 대규모 돼지사육에 따른 환경오염을 막기 위한 주민대책위원회 활동에 참여하는 건 지극히 당연한 것이었습니다. 이에 대해 부여육종은 앞서 얘기한 대로 형사고발과 손해배상 청구소송으로 무거운 멍에를 씌우려고 합니다. 지독한 돼지분뇨 악취에서 벗어나기 위한 활동은 헌법에 보장된 환경권 실현을 위한 기본권의 행사일망정 민형사상 처벌 대상이 될 수 없다고 생각합니다. 나아가 지금까지 진행된 이 사건 심리를 통해 부여육종의 가축사육업 허가신청에 대한 완주군의 불허가 조치는 그 정당성이 충분히 소명되었다고 믿습니다. 따라서 이 사건 재판 결과가 관련 민·형사 소송에 결정적 영향을 미치는 만큼 원고의 청구를 기각하여 주시기 바랍니다.

존경하는 재판장님

  부여육종은 부여 지역에서 사육두수 2만 6천 마리에 이르는 초대형 돼지농장을 운영하고 있습니다. 이 돼지농장 문제가 불거진 후 저희가 부여의 돈사 일대를 둘러본 결과 그곳 주민들 또한 돼지분뇨 악취에 시달리고 있음을 확인할 수 있었습니다. 돈사 바로 옆 마을에는 애초 십 수 가구의 주민이 살고 있었는데, 부여육종이 농장 부지를 매입하고 운영하는 과정에서 대부분 부여육종에 집을 매각하고 이주하였고, 현재 두어 가구만 남아 있는 상태입니다. 한 주민(80대 여성)에 따르면 "농장 바로 옆이니 당연히 냄새가 난다. 특히 돼지를 실어 나르거나 할 때는 냄새가 심한 편이다"라고 밝혔습니다. 또한 부여육종 돈사와 약 1Km 떨어진 임천면 점리 마을의 70대 주민 조모 씨는 현재(2020년 7월 당시) 상황을 이렇게 증언했습니다.

  "늘 그런 건 아니지만 부여육종 농장에서 악취가 풍길 때가 있다. 마을 앞으로 농수로가 흐르는데 그 지형을 따라 올라오는 것 같다. 냄새가 견딜 수 없을 지경이 되면 부여육종에 항의해 개선을 요구해 왔는데, 그러면 생화학제가 처리된 비싼 사료를 먹이든가 해서 냄새가 줄어들곤 했다. 이 악취에 대한 보상 격으로 부여육종 측이 우리 마을에 해마다 5백만 원의 기금을 제공하고 있다."

조 씨의 이러한 증언은 설령 최신설비에 악취 저감 시설을 갖춘다 하더라도 실제 가동하지 않거나 제대로 작동하지 않으면 언제든 악취가 발생할 수 있음을 보여주는 것입니다. 더욱이 부여의 돈사는 지은 지 6년밖에 되지 않은 복층구조의 밀폐형 돈사라는 점에서 악취 저감에 유리한 시스템이라 할 수 있습니다.

반면 이 사건 농장의 돈사는 지은 지 30년 가까운 낡은 건물입니다. 현장검증에서도 확인되었듯이 무척 낡아 있고, 건물 벽의 뻥 뚫린 환기창은 천막 천으로 덮어 언제든 말아 올려 열어젖힐 수 있는 개방형 구조로 되어 있습니다. 퇴비사 또한 건물 벽과 지붕이 훤히 뚫려 있는 개방형 구조입니다. 결국 이 사건 농장의 양돈시설은 신축하지 않는 한 아무리 개보수공사를 해도 밀폐가 불가능한 구조로 되어 있습니다. 사실이 이러함에도 본점의 밀폐식 돈사와 기술력을 근거로 악취 발생 여지를 부정하는 것은 견강부회의 전형이라 할 것입니다. 이와 관련해 원고 측은 지난 7월 8일 열린 심리에서 "가축사육 과정에서 발생하는 악취는 불쾌감을 안겨 줄 뿐 인체에는 무해하다"라는 변론을 펼친 바 있습니다. '인체에 무해하다'는 주장도 근거가 부족하거니와 악취 때문에 겪는 사람들의 고통을 그저 '불쾌감'이라는 식으로 호도한 것 또한 현실과 동떨어진 인식입니다.

저희는 이미 '석명준비명령'에 따라 제출한 준비서면에서도 구체적으로 밝힌 바 있지만, 돼지분뇨 악취는 이루 말할 수 없는 고통을 안겨 줍니다. 황

화수소, 암모니아 등이 질병 발생에 미치는 영향은 과학적으로 규명돼야 할 영역이지만, 악취가 일으키는 심한 두통과 스트레스만 하더라도 결코 인체에 무해하다고 강변할 수 없습니다. 돼지분뇨 악취를 견디다 못해 결국은 이주를 해야 하는 현실은 이를 반증합니다. 나아가 우리 사회의 삶의 질이 전반적으로 높아지면서 악취는 이제 인간의 존엄성과 연관되기에 이르렀습니다.

이에 비춰 악취에 대한 원고의 기본적 인식은 인간의 존엄·기본권과 동떨어진 것입니다. 원고 측의 주장은 결국 "인체에 해를 입히지도 않는데 악취 발생으로 불쾌감을 주는 정도는 문제될 게 없다"는 식의 얘기가 됩니다. 이런 시대착오적 인식과 무감각이 농장의 설비나 운영에 그대로 반영될 것이라는 점에서 이 사건 농장이 재가동된다면 돼지분뇨 악취의 폐해는 불을 보듯 뻔하다 할 것입니다.

부여 지역에서 초대형 돼지농장을 운영하면서 주민들의 환경권을 침해해 온 대가로 이윤을 축적해 온 원고가 그것으로 만족하지 않고 또다시 생태환경에 부담을 주려 하는 것은 지나친 욕심입니다. 저는 원고 측이 주민들에게 피해를 주고 환경을 오염시키는 일을 멈추어 주기를 간절히 바라면서 완주군에 해당 농장 부지를 매입해 주기를 요청하였습니다. 부여육종도 이윤을 추구하는 기업이고 이를 위해 농장을 매입한 만큼 공익적 차원에서 재가동을 불허하더라도 그에 따른 경제적 손실은 입지 않도록 배려할 필요가 있다는 뜻입니다. 적정한 가격에 매입하여 환경친화적으로 활용해 주기를 여러 차례 요청해 왔고, 완주군 또한 이를 받아들여 어려운 재정 사정 속에서도 농장 부지를 매입하려 노력하는 것으로 알고 있습니다.

지역 주민은 더 이상 악취와 오염의 피해를 입지 않고, 기업 또한 사업 추진 중단에 따른 손실을 보지 않는 상생의 길이라 할 수 있습니다. 본 소송에서 원고의 청구가 기각된다면 이 상생의 절차는 더욱 촉진될 것입니다.

존경하는 재판장님

저는 수백 년 동안 조상 대대로 물려받는 고향에서 삶을 일궈 온 노년의 지역 주민들, 맑은 공기 깨끗한 물이 있는 자연 속에서 살아가려고 산촌을 찾는 귀농인들이 평안하고 행복한 삶을 누리는 고장을 일구는 데 남은 생을 바치려 합니다. 대규모 돼지농장이 다시 가동된다면 저의 이 간절한 소망은 한 순간에 무너지고 말 것입니다. 고향을 가꿔 온 노년의 주민들, 자연과 함께 하려는 귀농귀촌인들이 더불어 행복하게 살고자 하는 소박한 꿈을 이룰 수 있도록 재판장님의 지혜로운 판결을 간절히 구합니다. 고맙습니다.

2021년 7월 13일
피고 보조 참가인 여태권
전주지방법원 제2행정부 귀중

최후진술서를 법원에 제출하고 인간적인 노력으로는 이 어려운 재판을 이길 수 없다고 생각하고, 마지막 선고를 앞두고 하나님의 도우심을 간구하기 위하여 금식기도를 시작했다. 여기에 금식 4일째의 일기를 옮겨 본다. 일기예보에서 폭염경보가 있었던 날이다.

〈2021년 7월 21일 (수), 36/24도 폭염경보〉

금식 4일째 날이다. 금식 3~4일에는 어려움이 있어 오늘을 잘 넘겨야지 생각하면서 소 먹이를 주는데 너무 힘이 들어서 쉬어 가면서 겨우겨우 했다. 방에 들어와서도 몸에 힘이 없어 아무런 활동도 하지 않고 대부분 누워 있었다. 다시 힘을 내어 일어나 마태복음 6장을 붓글씨로 쓰는데 한 줄도 쓰지 못하고 중단했다. 일어서서 무엇을 할 수 없을 정도로 기력이 쇠잔하였다.

정말 힘들고 고통스러운 시간이었다. 왜 이렇게 힘들고 고통스러운 일을 해야 하는지? 이렇게 할 이유가 무엇인지? 지금쯤 판사는 판결문을 이미 작성해 놓고 내일 판결문을 읽으면 그것으로 끝이 아닌가? 생각이 여기에 이르니 더욱 견디기 어려웠다.

이렇게 나 자신과 힘겨운 싸움을 하고 있는데 오후 5시 50분 이지반사 집행위장인 차남호 님으로부터 전화가 왔다. 전화 내용인즉 내일 선고공판이 연기되어 9월 16일 변론공판을 재개한다는 것이었다. 나는 정신이 번쩍 들었다. 이 무슨 일인가! 순간 주께서 이 죄인의 기도에 응답해 주셨다는 생각이 들었다. 하나님께서 나에게 기회를 주신 것이다. 완주군에서 돼지농장을 매입하도록 하는 데 온 힘을 다하라는 메시지도 함께 주셨다. 차남호 님과 변호사 님, 그 밖에 이지반사 회원들은 각자 입장에서 나름대로 생각을 하고 있겠으나, 금식하며 기도하는 나의 입장에서는 하나님께서 부족한 죄인의 기도를 들어주셔서 돼지농장을 완주군에서 매입할 수 있도록 길을 열어 주신 것이라는 확신이 들었다.

나는 곧바로 완주 군수에게 전화하여 면담을 요청하고, 다음 날 오후 3시 30분에 만나기로 약속했다. 나는 "주여! 감사합니다"를 여러 번 소리 높여 부르짖었다. 그리고 살아 계신 하나님께서 나와 함께하심을 절절하게 느낄 수 있었다. 힘이 났다. 나는 금식을 풀고, 내일부터 완주군이 돼지농장을 매입하도록 혼신의 힘을 다해야겠다고 마음을 다졌다. 이 일은 내가 금식기도를 은밀하게 한 것과 같이 은밀하게 진행해야만 한다. 자칫 내 행동이 사람들에게 전해져서 오해와 불편을 낳지 않도록 해야겠고, 또한 나 자신도 내가 하는 것이 아니라 주께서 하시는 일이니 이를 나의 자랑으로 삼아 교만해지지 않도록 해야 한다.

나는 금식을 끝내기로 하고 집으로 가서 미음을 끓일 쌀과 보리 한 홉을 가져와서 난생처음으로 미음을 끓였다. 끓이는 방법은 『사람을 살리는 단식』이라는 책을 보고 따라 했다. 서툴지만 하루 분량을 끓여 찻잔 70%의 분량을 먹었다.

　새로운 기운이 내 안에서 돋아나 밤 9시인데 산책을 나섰다. 축사 앞 냇가 천호천을 따라 봉산다리까지 다녀왔다. 내가 걷고 있는 이 냇가가 돼지농장 재가동으로 오염되어 악취가 나지 않고 지금처럼 맑은 물이 흐르기를 기도했다.

그해 10월 21일 1심 재판부는 원고의 청구를 기각했다! 아무도 예상 못 한 결과였다. 다들 불가능에 가깝다고 했고 그런 만큼 걱정이 컸지만, 1심 재판부는 결국 완주군과 주민들의 손을 들어주었다. 완주군의 돼지 사육업 불허가 처분이 적법하고 정당하다며 업체 측의 청구를 기각한 것이다.

　법원은 세 가지 처분 사유를 모두 인정했다. 사육시설이 너무 낡아 관계 법령이 정한 기준에 부적합하고, 1만 마리를 사육하는 경우 수질오염총량제에 따른 오염부하량을 초과한다는 사실이 충분히 인정되며, 농장이 '가축사육 제한지역'에 들어서 있어 위법하고 환경오염 우려가 크다는 점을 현장 검증을 통해 확인했다는 것이다. 이로써 주민들의 싸움이 정당했다는 것을 공인받게 되었다. 지역사회에는 이 사실을 '기적 같은 결과'로 받아들였고 그만큼 기쁨이 컸다. 여기저기 1심 승소를 알리는 현수막을 내걸고 그동안 문제 해결을 위해 애쓴 이들에게 감사를 표하는 글을 문자로 보냈다. 그야말로 축제 분위기였다. 그러나 싸움은 아직 끝나지 않았다. 1심 승소는 절반의 성공인 셈이었다. 부여육종은 12월 9일 민사상 손해배상 청구와 관련해 완주군을 뺀 개인(완주 군수,

주민 5명)에 대한 소를 취하했다.

행정소송 항소심은 1심과 달리 빠르게 진행돼 1차 심리(6월 14일)에 이은 2차 심리(7월 6일)만에 변론 종결이 선언됐고, 2022년 9월 14일에 선고가 이루어졌다. 이번에도 부여육종의 항소가 기각되고 완주군은 다시 승소했다. 이 승리는 형식상으로는 완주군의 승리로 기록되었지만, 실질적으로는 작은 농촌 마을 주민과 이지반사 회원들의 승리였다. 우리는 작은 힘들을 모아 거대한 기업과 싸워 이겼다. 그야말로 '계란으로 바위를 깬 것'과 같고, '다윗과 골리앗의 싸움'에서 다윗이 이긴 것과 같은 기적적인 일이었다.

3) 농장 매입과 마을 축제

2023년 1월 12일 열린 완주군의회 임시회의에서 비봉 돼지농장 부지 매입이 포함된 '2023년도 수시분 공유재산 관리계획'이 승인됐다. 돼지농장 부지 매입이 승인된 것이다. 이에 따라 완주군과 부여육종은 '농장 매매를 위한 2차 협약'을 체결하고, 농장 매입을 위한 예산 편성이 확정되는 대로 부여육종은 상고를 취하하기로 합의했다.

이를 위해 5월 10일 열린 완주군의회 임시회의는 농장 부지 매입 대금 56억 7천만 원이 포함된 추경예산을 승인했다. 이에 따라 완주군-부여육종은 2023년 6월 16일 농장 부지에 대한 최종 매매계약을 체결했다. 부여육종은 합의에 따라 대법원에 올라가 있던 행정소송 상고를 6월 19일에 취하했다. 이로써 2015년 5월 부여육종의 비봉 돼지농장 매입에서 시작된 농장 재가동을 둘러싼 업체와 지역 주민의 분쟁은 8년 만에 최종적으로 해결되었다.

이지반사는 자신들의 활동을 기록물로 남기기 위하여 "계란으로 바위를 깨다"라는 보고서를 발간하고 동영상을 제작했으며, 지역 주민과 함께하는 잔치를 열어 축하하기로 했다. 여기에 "계란으로 바위를 깨다" 보고서를 발간하면서 내가 올렸던 글을 옮겨 본다.

〈계란으로 바위를 깨다〉

봉산리 주민들은 2015년 여름에 시작된 싸움이 2023년 여름에 끝을 맺으니 만 8년을 부여육종과 싸웠다. 그리고 나는 2019년부터 이 일에 적극적으로 참여하였으니 함께한 시간이 만 4년이 된다. 이제 모든 싸움이 끝난 시점에 이르고 보니 그 4년 동안의 일들이 주마등처럼 스쳐 간다.

나는 31년에 걸친 율곡교회(완주군 고산면 율곡리) 목회 활동을 접고, 봉산리로 삶의 터전을 옮기면서 행복한 농부로 조용하게 살겠다는 소박한 꿈을 꾸었다. 하지만 조용하고 행복하게 살고자 했던 나의 바람과는 거리가 먼 일들이 나를 기다리고 있었다. 그 가운데서도 나의 삶 전체를 흔들어 놓았던 사건은 이지바이오의 돼지농장 재가동 소동이었다.

이 사건이 나의 소박한 꿈을 송두리째 뒤흔들어 놓았지만, 이지반사(이지바이오 돼지농장 재가동을 반대하는 완주사람들)와의 활동을 통해 작지 않은 성취를 이루었으므로 원망도 회한도 없다. 무엇보다 작은 우리가 큰 자본을 이겼다는 점이 가슴 뛰는 기쁨으로 남았다. 비봉 돼지농장 사태의 본질은 자본과 사람의 싸움이었다. 거대 자본 이지바이오가 자본을 더 불리기 위해 사업을 확장하는 과정에서 빚어진 일이 이 사건의 본질인 것이다. 그들은 '자본' 축적에만 골몰했을 뿐 그로 인한 '사람'의 피해 따위는 안중에도 없었다. 입으로는 환경, 지역 주민을 들먹였지만 어디까지나 자신의 목적을 이루기 위한 명분에 지나지 않았다. 나아가 그들은 지역 주민들을 자신들의 뜻을 거스를 수 없는 힘없고 보잘것없는 존재로 무시하고 있었다.

그들은 우리에게 자신들의 막강한 힘을 유감없이 보여주었다. 학계(대학교수, 전문가)와 정계(국회의원, 행정)를 통해 힘을 행사했으며, 대형 '법꾸라지'(법무법인 광장, 태평양)들을 동원하여 지자체를 압박하고, 행정소송과 형사 고발, 민사상 손해 배상 청구로 주민들을 겁박했다. 그 바람에 우리는 경찰서에 불려가 피의자 신분으로 조사를 받아야 했고, 이런저런 재판에

투쟁 과정을 기록한 책

나가 노심초사해야 했다. 나로서는 70세 넘은 생애에서 처음 겪은 일들이었다. 그런 가운데서도 우리는 모든 것을 잘 극복하여 자본을 이기고 우리의 목표를 이루어냈다. 그것은 우리가 '하나'였기에 가능했다.

농·산·어촌의 소멸 위기에도 불구하고 모두가 도시로 향하는 시대를 거슬러 자연과 더불어 살고자 농촌으로 들어오는 이들이 있다. 흔히 '귀농, 귀촌인'이라 부르는 이들이다. 이들의 성향은 매우 다양하다. 때문에 귀농·귀촌인들은 토착민들과 갈등을 겪고 다툼에 휘말리곤 한다. 가치관이나 생활 습관의 차이를 넘어서기가 쉽지 않기 때문이다. 그러나 이지반사로 뭉친 봉산리 주민과 고산권 귀농·귀촌인들은 달랐다. 돼지농장이 가동되는 와중에 큰 피해를 입은 봉산리 토착민들과 자연과 더불어 쾌적한 삶을 바라는 귀농·귀촌인들은 공동의 목표를 세우고 끝까지 함께했다. 나는 그 함께함이 돼지농장 재가동을 막은 결정적 힘이라고 본다. 봉산리 지역 주민들은 앞장서서 싸우는 외지인들을 존중해 주었으며, 앞서 싸우는 귀농인들은 지역 주민들의 진심 어린 연대를 신뢰하고 끊임없이 고마움을 표했다. 이렇듯 서로를 배려하고 감싸면서 공동의 목표를 이루는 데 하나가 되니 그 힘은 점점 커져

축하 잔치에서 소회를 말하는 필자

서 결국에는 거대 자본을 이기는 지경에 이르게 된 것이다.

이지반사는 이제 그 소임을 다하고 해산한다. 그러나 자본은 다른 모습과 방법으로 언제든지 사람을 짓밟고 억압하여 그들의 욕심을 채우려 할 것이다. 이지반사라는 이름은 없어지지만 4년의 자취와 경험은 이 보고서를 통해 역사에 남을 것이다. 나뉘지 않고 하나가 되면 반드시 이길 수 있다는 확신과 함께, 이지반사의 끝이 하나의 새로운 시작으로 이어지기를 바라는 마음 간절하다.

2023년 8월
이지바이오 돼지농장 재가동을 반대하는 완주사람들
상임대표 여태권

2023년 9월 2일 오전 11시에 이지반사 회원들과 국회의원, 군수, 군의회 의장, 비봉면 이장들, 비봉면 사회 각 단체 회장, 다섯 개 마을 주민들이 비봉면 게이트볼장에 모였다. 300명이 넘는 인원이 모여 한 마당 큰 잔치를 벌였다. 그리고 이 잔치에서 이지반사는 해산을 선포했다.[9] 정말 뜻깊은 해단식이었다.

4) 강제 노역 사회봉사: 새로운 출발을 위한 준비

이지반사는 그 임무를 다하여 해산을 선포했다. 지금까지 이 일을 위하여 모금한 금액과 회원들의 회비는 각종 행사 경비로 사용하고, 남은 금액은 형사재판 2심에서 벌금형을 받은 4명(조영호 200만 원, 여태권 200만 원, 이상목 100만 원, 국윤도 100만 원)에게 지급하여 벌금을 납부하도록 했다. 나는 200만 원을 이지반사로부터 받아 벌금으로 납부하지 않고, 전주지방법원에 신청하여 하루 10만 원씩 20일간 강제 노역으로 대신하였다. 전주보호관찰소에서 교육을 받고 그 이후 정해 준 아름다운가게 전북본부 시설에서 20일간 사회봉사 활동을 하였다. 말이 사회봉사이지 강제 노역이었다.

　내가 벌금을 납부하지 않고 강제 노역을 선택하게 된 데는 다음과 같은 이유가 있었다. 첫째는 나 자신을 위해서였다. 내가 돼지농장 싸움을 승리로 이끌었다고 주장하고 싶어 하는 내 안의 자만심, 교만한 마음을 낮추고 겸손해지는 시간이 필요했다. 어떤 노동이든 노동은 나를 겸손하게 해줄 것이었다. 둘째는 아내를 위해서였다. 아내가 임플란트 시술을 앞두고 있었는데, 적지 않은 비용 때문에 불안해하고 있었던 것이다. 나는 그 200만 원을 아내의 통장에 입금해 주었다. 강제 노역이긴 했으나, 평생 처음으로 오직 아내만을 위한 노동을 했다. 물론 아내는

---

[9] 기사 참고. 〈전주일보〉, "완주, 비봉 돼지농장사태 최종 타결 축하잔치 성료", 2023. 09. 03. https://www.jjilbo.com/news/articleView.html?idxno=277090.

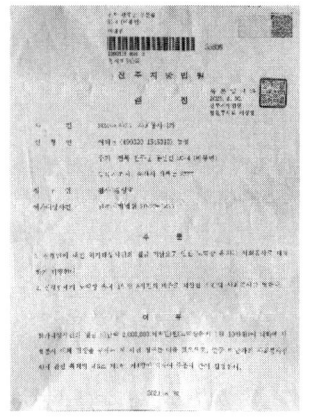
전주지방법원의 사회봉사 명령

강력하게 반대했다. 하지만 내가 끈질기게 설득하자 진심임을 알고 받아 주었다. 지금 생각해도 참으로 의미 있는 일이다. 셋째는 이 사건의 의미를 분명히 하기 위해서였다. 나는 돼지농장의 사건의 본질을 '자본과 사람의 싸움'이라고 정의했다. 그래서 이 싸움의 맨 마지막을 돈(결국 자본)으로 끝맺음하고 싶지 않았다. 감옥에 가든지 강제 노역을 하든지, 어떤 식으로든 '사람'으로 이 일을 끝맺고 싶었다. 감옥에 가는 것도 한 방법이었으나, 그러려면 뭔가 더 복잡한 과정이 필요했다. 그래서 강제 노역으로 끝맺음하기로 결론지었다.

나는 2023년 10월 30일~11월 23일까지 토요일과 일요일을 제외하고 하루 9시간씩 전주 아름다운가게 작업장에서 강제 노역을 했다. 중간에 그만두고 싶은 마음이 여러 번 있었지만 잘 끝냈다. 아래는 강제 노역 첫 하루를 보내면서 기록한 것이다.

〈강제 노역 첫째 날〉

오늘 사회봉사 활동을 시작한다. 점심 식사로 고구마와 김치를 준비하고 간식으로 땅콩과 커피를 챙겼다. 지난 목요일 법원은 내가 사회봉사를 해야 할 기관의 이름을 알려 주었다. 아름다운가게 전주전북본부점인데 시간으로 30여 분 걸리는 곳이다.

출근 전에 소 먹일 콩대를 파쇄하는 중에 콩대 속에 낫이 섞여 들어가는 바람에 파쇄기 칼날이 많이 상했다. 칼날과 함께 파쇄한 콩대는 소 먹이로 줄 수 없어서 다시 다른 콩대를 파쇄했다. 쉼터에 쌓인 빨랫감을 집으로 옮겨 놓고 얼른 출근하려다 보니 소똥이 덕지덕지 붙은 작업화를 신고 있었다. 다시 쉼터로 가서 다른 신으로 갈아 신고 출근을 서둘렀다. 첫 출근이라 그런지 허둥지둥이다. 아름다운가게 주차장에 주차를 했는데 그곳은 손님 전용이라 주차하면 안 된다는 직원의 지적을 받고, 500m 떨어진 예은교회 주차장으로 옮겼다. 주차 문제가 어려워 대중교통을 이용해야 할지 고민이 된다.

아름다운가게에서 하는 일은 기증받은 헌 옷을 매장에 진열하기 위하여 옷걸이에 거는 작업이다. 매우 단순한 작업이다. 이 일을 하면서 군산에 살 때 청구목재공장에서 일했던 기억이 떠오르면서 씁쓸하였다. 오전 작업 중 20분 휴식 시간이 있었다. 4년 전 이지바이오 본사 앞에서 1인 시위 할 때는 함께하는 동지들이 있어 외롭지 않았는데, 지금 이 일은 홀로 감당해야 하는 나만의 일인지라 더 어렵게 느껴졌다. 그래도 오늘은 첫날이라 어색하고 힘들지만, 이번 주가 지나면 조금 적응이 되겠거니 하는 생각으로 자신을 위로했다.

오후 4시가 되니 힘든 정도가 최고조에 달했다. 2시간이나 남았는데, 이 지루한 시간을 어떻게 견디나 싶었다. 10분간 휴식이라 하여 휴게실에서 간식을 먹고 휴대폰을 들여다보고 있는데, "이곳은 직원들의 휴게실이니 사용하지 말아 달라"고 하는 직원의 지적을 받았다. 범법자와 직원과 차별이 있음을 알려 주는 것이었다. 지금 나 자신의 현실이 실감 났다. 또 어떤 차별을 받게 될지 염려스러웠다. 사회봉사를 그만두고 벌금으로 끝내고 싶은 유혹이 슬슬 머리를 든다.

강제 노역인 사회봉사는 오전 9시 10분 전에 화상으로 전주보호관찰소에서 출석 확인을 할 수 있도록 컴퓨터 앞에 서고, 오후 1시 10분 전과 오후 6시 10분 전에도 한다. 이렇게 하루에 세 번 출석 확인을 하고 시작된 강제 노역은 생각보다 힘들었다. 반복되는 단순 작업 자체도 만만치 않게 힘들었고, 때때로 당하는 차별은 자존심을 무너뜨리면서 참기 어려운 상태까지 나를 몰아가곤 했다. 그러나 하나님께서 함께하심으로 끝까지 잘 견딜 수 있었다.

꽤 길었던 20일의 강제 노역 시간을 다 채우고 집으로 왔을 때, 나의 선택이 옳았음을 깨달았다. 벌금을 내고 간단히 마무리 지었으면 느끼지 못했을 완전한 안도감을 느끼게 되었기 때문이다. 이제 돼지농장의 일이 완전히 마무리됐다는 생각에 모든 힘겨움이 한꺼번에 사라지는 것을 느꼈다. 돌이켜 보면 힘들고 험난한 긴 여행을 다녀온 것 같다. 지금 내가 그러한 길고 험난한 여행이 주는 소회를 고스란히 느끼고 있는 것이다. 늘 하던 농사일도, 다니던 교회도, 지역에서 만나는 사람들도 새로움으로 다가왔다.

이야기를 마치며

1948년 12월 10일(음력)에 태양계 안에 지구라는 작은 별, 그 별 안에 조그마한 한반도 대한민국 경상북도 고령군 성산면 창리 마을에서 태어나, 전북 이리시 송학동에서 청소년 시절을 보내고, 전북 옥구군 미성읍 열대자로 와서 결혼하여 두 아들을 둔 청년 농사꾼으로 살다가 목회자가 되어, 전북 완주군 고산면 율곡교회에서 31년을 살았고, 목사 은퇴하여 10년 동안 완주군 비봉면 봉산마을에서 살면서 경험했던 일들을 글로 이야기해 보았다.

부모님에게 이어받은 신앙도 아니요, 특별한 은사 체험을 한 것도 아니다. 그저 남들과 다름없이 농사짓고 살아가던 청년이 어느 날 갑자기 부르심을 받아 목회하는 사람이 되었다. 나로서는 맡겨 주신 사명을 감당하고자 있는 힘을 다했다고 말할 수 있다. 그 길에서 때로는 나 자신의 한계에 부딪쳐서 좌절하기도 했고, 때로는 주님의 은혜로 예상하지 못한 성과를 거두기도 했다. 여기에 이르기까지 모든 것이 주님의 은혜였다. "그러나 나의 나 된 것은 하나님의 은혜로 된 것이니 내게 주신 그의 은혜가 헛되지 아니하여 내가 모든 사도보다 더 많이 수고하였으나 내가 아니요 오직 나와 함께 하신 하나님의 은혜로라"(고전 15:10).

은퇴 이후 지난 10년은 목회자에서 평신도로 자리를 옮기는 시간이었다. 이제 나는 목회자가 아닌 평신도의 한 사람으로서 교회 공동체의 유익을 위해 할 수 있는 일을 찾아야 한다. 하지만 아직 부족한 사람인지라, 현실 감각이 정확하지 못하다. 그래서 나는 기도한다. "내가 주님의 몸 된 교회를 위하여 가장 잘할 수 있는 일과 내 생명이 다하는 그 순간까지 할 수 있는 일을 찾게 하소서"라고.

지금 나는 어느 곳에서든지 사람들이 나의 직업을 물으면 농업이라고 대답한다. 나는 대한민국의 농민이 되었다. 사람과 자연과 하나님을 생각하면서 농사짓는 농민이 되었다. 농사를 지어 나와 우리 가족 그리고 내가 잘 아는 분들의 양식이 되는 농사를 짓는다. 특별히 나는 유기농, 친환경농업을 하는 사람이다. 그리고 거기서 한 발 더 나가 한우를 기르면서 발생하는 축분을 잘 발효하여 좋은 퇴비를 만들고, 그 퇴비를 거름으로 사용하여 경종 농사(벼, 옥수수, 감자, 마늘, 양파, 배추, 무, 콩, 팥, 고추, 파, 등 15가지 농작물)를 짓고, 기르는 소(한우)에게 풀을 많이 먹이고, 경종 농업에서 나오는 농업부산물을 최대한 활용하여 소먹이로 사용하는 경축순환농업을 실천하고 있다.

아내와 나는 고산 천변을 걸으면서 이런 이야기를 나누었다. 우리가 사는 지역은 참 좋은 곳이다. 주변에 비봉산, 봉실산, 안수산이 있어 풍광이 아름답고, 그 산에서 등산할 수 있어 좋으며, 또 이 지역을 가로질러 흘러가는 천호천과 고산천이 있어 걷기 운동을 하기 좋은 곳이다. 이런 곳에서 건강하고 행복하게 살게 해주신 하나님께 감사해야 한다는 이야기이다. 아내와 이야기를 나누며 속으로 생각했다. "이처럼 맑은 물이 흐르는 천(川)을 오염시키고, 아름다운 산을 훼손하려고 하는 사람들이 있다면, 그들이 누구든지 간에 나는 그들과 맞서서 싸울 것이다. 이 아름다운 자연을 지키기 위한 노력을 나의 남은 생애 동안 계속하리라."

주의 몸 된 교회를 섬기는 성도로, 생명을 존귀하게 대하는 농부로 그리고 지역사회를 지키는 파수꾼으로 나의 남은 생애를 살아갈 수 있다면 그보다 더 큰 영광은 없으리라는 생각을 해본다. 끝으로, 이 글을 읽으시는 분 가운데 농촌지역에서 목회를 사명으로 생각하시는 분들에게 한 말씀 드리고 싶다.

"농촌지역에도 주께서 기뻐하시고 자신에게도 보람된 일들이 얼마든지 많이 있습니다. 용기를 잃지 마시고 기도하시기 바랍니다."

교회와 지역을 아우르는
통전적 목회자
| 경남 함양 옥동교회 |

엄용식 목사

I. 출생과 성장 그리고 신앙생활

제 고향은 황해남도 송화군 장양면 예천리입니다. 물론 그곳에서 태어나지는 않았습니다. 미국에서는 고향을 마더 랜드(Mother Land)라고 합니다. 어머니가 살고 계신 곳이 고향입니다. 독일에서는 부국(父國)이라고 말하지요. 아버지가 살고 계신 곳이 고향입니다. 대한민국에서는 조국이라고 부릅니다. 조부(祖父) 즉 부모의 아버지인 할아버지가 계신 곳이 고향입니다. 제 아버지는 6.25가 일어나기 전에 홀로 남쪽으로 내려왔습니다. 전쟁통에 밀양까지 내려왔다가 어머니를 만났습니다.

홀로 내려온 아버지는 아무것도 없이 맨주먹으로 시작했습니다. 평택을 거쳐 수원에 자리를 잡았습니다. 당시 아버지는 공무원으로서 박봉으로 여섯 남매를 키웠으니 살아가기가 힘들었을 것입니다. 집 한 칸 없이 살았고, 이사를 열일곱 번이나 했습니다. 제 소원은 펌프 있는 집으로 이사 가는 것이었습니다. 아침저녁으로 물을 길어 항아리를 채워 놓아야 놀 수 있었기 때문입니다.

여섯 남매를 키우느라 고생하며 많이 아팠던 어머니는 미신을 섬겼습니다. 어느 날 교회에 다니시는 집사님의 전도로 교회에 나가기 시작했습니다. 한번 하나님을 믿는 것으로 방향을 정하자 새벽기도부터 나갔습니다. 그리고 저를 전도했습니다. 결국 어머니의 말씀에 순종하는 마음으로 중학교 3학년 때부터 교회에 나가기 시작했습니다. 가끔 새벽 기도회에 저를 데리고 나갔고, 부흥 집회에도 어떻게 하든 저를 데리고 다녔습니다. 저는 어머니께 순종하는 마음으로 다녔지 별로 신앙이 없었습니다. 집회에서 손뼉 치면서 요란하게 기도하는 모습은 너무 이질적이라 앉아 있는 게 참 힘들었습니다. 별나게 믿는 것처럼 보였습니다.

그러다가 고등학교 졸업반 때 김장환 목사님이 시무하던 수원의 중앙침례교회에서 'Youth For Christ'라는 청소년 집회에 참석하여 하나님을 인격적으로 만나고 구원을 받았습니다. 성가대와 교회학교를 섬기면서 신앙생활을 열심히 했습니다. 제가 다닌 교회는 수원교회로 기독교장로회 교단에 속해 있었습니다. 목사님과 전도사님 그리고 주변에 있는 좋은 친구들 덕분에 개혁적이고 진보적인 생각을 갖게 되었습니다. 나중에 보수적인 대한예수교장로회 대신 교단에서 신학을 해서 진보와 보수 양쪽의 장단점을 잘 알게 된 것은 하나님의 은혜였습니다.

그 후 공군에 입대하여 전역하기까지 군목에게서 신학교에 가라는 말씀을 들었습니다. 담임 목사님과 부목사님, 준목을 포함하여 여덟 분에게 신학교에 가라는 말씀을 들었습니다. 어느 땐가 그것을 하나님의 소명으로 받들기 시작했습니다. 결국 야간 신학교인 대한신학교를 가게 되었습니다. 군대에서 전역해서 혼자 사업을 하고, 책도 읽고 싶어

역전 근처에 서점을 열었습니다. 서점은 잘되었습니다. 서점을 운영하며 신학교를 다녔습니다. 2학년 때 교육전도사로 사역하기 위하여 임지를 알아보았습니다. 학교와 친구를 통해서 알아본 결과 두 곳에서 사역자를 구하고 있었습니다. 한 곳은 개척한 지 6개월 된 지하에서 예배드리는 교회인데, 사례를 할 수 없는 교회였습니다. 또 한 곳은 시각 장애인이신 목사님이 사역하고 있는 교회인데 그런대로 규모가 있었습니다. 두 교회 모두 서울 천호동에 있었습니다. 두 교회를 놓고 기도하던 중 사례도 할 수 없는 어려운 교회로 가야 한다는 감동이 왔습니다. 결국 그 교회 목사님을 찾아가 교육전도사로 써달라고 부탁했습니다. 담임 목사님은 사례를 할 수 없는데 괜찮겠느냐고 하셨습니다. 애초에 사례는 생각하지 않았다고 하니 허락해 주셨습니다. 그래서 1981년 1월 첫 주부터 서울 천호동에 있는 늘푸른교회에서 사역하게 되었습니다.

제가 목회 사역을 한 것은 전도사 5년까지 포함하면 41년입니다. 이제야 목회가 무엇인지 조금 알 것 같습니다. 한 마디로 주님을 사랑하는 것입니다. 성경을 보면 실패하고 낙심한 베드로에게 주님께서 찾아와 하신 말씀이 "네가 나를 사랑하느냐?" 하는 질문이었습니다. 이제 사람 낚는 어부가 되어야 하는데, 가장 중요한 것은 재능이 있느냐? 돈이 있느냐? 실력이 있느냐가 아니라 "네가 정말 나를 사랑하느냐?"를 물으신 것입니다. 주님을 사랑하면 다 됐다는 말입니다. 목회에 정말 필요한 것은 "주님을 사랑하느냐?" 하는 질문입니다. 주님을 사랑하면 그것에서 다 나온다는 것입니다.

다윗은 성전을 지을 마음만 먹었는데도 하나님께서 축복을 내리셨습니다. 솔로몬은 백성을 잘 다스릴 수 있는 지혜를 달라고 하였습니다. 모두 마음을 잘 먹어서 복을 받은 사람들입니다. 성경에 어디 이 사람들뿐이겠습니까? "아, 그렇구나. 마음만 잘 먹어도 복 받는구나." 저도 마음 하나만이라도 잘 먹어야겠다고 생각해서 언제나 주님을 사랑하는 마음으로 목회하려고 노력했습니다. 이것이 제가 농촌 목회를 한 교회에서 만 35년 하게 된 이유입니다. 하나님의 은총이지요.

    저는 본래 잘하는 것이 없습니다. 키도 작습니다. 가난한 가정에서 태어났습니다. 황해도에서 월남한 아버지와 밀양에서 살고 계신 어머니에게서 태어났습니다. 돈도 없고 학벌도 없고 재능도 없습니다. 공부도 수학과 역사 빼놓고는 다 평범하게 했습니다. 저는 수원에서 20년을 넘게 살았습니다. 수도권에서만 30여 년 가까이 산 셈입니다. 날고뛰는 사람들이 주변에 수두룩했습니다. 이런 사람들과 경쟁하다가는 지레 죽겠다는 생각이 들었습니다. 또한 도시에서 그런대로 자립하고 예배당을 지으려면 성도들의 등가죽을 벗겨야 하는 현실을 보면서 절대 그렇게 살고 싶지 않았습니다. 그래서 "나는 도시에서는 아무 쓸모 없는 놈이다. 농촌에 가서 살아야 하겠다"라고 생각했습니다. 그러나 일편단심 언제나 주님을 사랑하는 마음으로 살기로 결단했습니다.

II. 결혼 조건과 배우자 선택

지금 저하고 살고 있는 아내도 그런 관점에서 선택했습니다. 신앙생활을 열심히 하는 저를 보고 괜찮다고 생각해서 가까이한 아가씨가 다섯 명 있었습니다. 얼마를 사귀다가 심각하게 결혼 조건을 이야기했습니다. 첫째, 나는 죽어도 농촌에 갑니다. 만일 교회를 옮길 일이 있으면 지금 시무하고 있는 교회보다 어려운 교회로 옮기지, 절대 더 좋은 교회로는 가지 않을 것입니다. 둘째, 경제적으로는 어려울 것입니다. 절대로 돈을 달라고 하지 마십시오. 주는 대로 살아야 합니다. 셋째, 가정에 충실하지 못할 수 있습니다. 왜냐하면 나는 공인이라 최선을 다하겠지만 설혹 충실하지 못한다고 해도 원망하지 마십시오. 넷째, 남자는 죽을 자리가 있습니다. 제 바지를 붙잡고 "나와 자식은 어떻게 하라고요? 하면서 가지 못하게 막지 말고 보내주십시오." 그러면서 『하나님의 지하운동』의 저자인 범브란트 목사님의 이야기를 해주었습니다.

1945년 루마니아의 국회의사당 건물에서 4천여 명의 성직자 대표가 모인 종교회의가 소집되었습니다. 감독들과 신부들과 목사들과 랍비들과 회교 지도자들은 스탈린 동지가 이 종교회의의 후원자라고 선언하자 박수갈채를 보냈습니다. 그들은 스탈린이 세계 무신론자 조직의 회장이라는 사실은 기억하지 않으려고 했습니다. 노령의 니코딤 대주교는 그 회의를 축복했고, 수상 그로자가 개회 선언을 했습니다. 그는 자신이 신부의 아들이라고 말하며 교회를 아낌없이 지지하겠다고 약속하였고, 성직자들은 지지의 박수를 보냈습니다. 칼빈주의자, 루터파 목사, 최고의 랍비 등 종교 지도자들이 차례로 일어나 연설을 했습니다. 모두가 기꺼이 공산당과 협조하겠다는 의사를 표시했습니다.

이때 리처드 범브란트 목사님 옆에 앉아 있던 사비나 사모님은 더 이상 참을 수 없었던지 "당신이 일어나서 그리스도의 얼굴에 발라 놓은 수치를 씻어내리세요"라고 말했습니다. "만약 내가 그런다면 당신은 남편을 잃게 될 것이오" 하고 리처드 범브란트 목사님이 대답했습니다. "저에게 비겁한 남편은 필요 없어요. 어서 일어나서 말하세요"라고 사비나 사모님이 단호하게 말했습니다.

리처드 범브란트 목사님은 발언권을 요청했고 그들의 허구를 질타했습니다. 공산주의 정권에 협력할 수 없다고 강력하게 소리쳤습니다. 범브란트 목사님의 연설에 4,000여 명의 종교 지도자가 마치 잠에서 깨어난 것처럼 정신이 번쩍 들었습니다. 성직자 종교회의는 아무런 결과도 얻지 못한 채 소란스럽게 끝나고 말았습니다. 범브란트 목사님의 연설 결과는 차디찬 감옥행이었고, 14년을 죽을 고비를 넘기는 감옥 생활을 그린 것이 『하나님의 지하운동』이라는 책입니다.

이 이야기를 해주면서 "만일 같은 일이 생긴다면 나의 등을 떠밀어서라도 보내주세요"라고 말했고 다섯째, 예수 그리스도께서 기뻐하는 일이 아니라면 선택하지 않겠다고 했습니다.

이 말을 들은 아가씨들은 "저 사람 따라다녀 봤자 고생문이 훤하겠다"라고 생각했는지 모두 도망가고 지금의 아내만 허락했습니다. 친구가 사역하는 조그만 농촌교회에 가서 담임 목사님을 모시고 15명의 친구와 둘러앉아 예배를 드리며 조촐하게 결혼식을 올렸습니다. 물론 신혼여행도 없었습니다.

III. 늘푸른교회와 옥동교회

늘푸른교회에서 5년간 사역할 때 3년 동안 사례비 없이 사역했습니다. 4년째 되던 해에 결혼했기 때문에 10만 원의 사례비를 받았습니다. 교회가 형편이 어려워서 받을 때도 있고 받지 못할 때도 있었습니다. 십일조와 감사헌금을 2만 원 내고, 월세 4만 원을 내면 남는 것은 4만 원인데 생활하기가 힘들었습니다. 그러나 하나님의 사명을 가지고 사역한다는 기쁨으로 인해 다른 어려움은 전혀 문제가 되지 않았습니다. 어려울 때마다 하나님께서 천사들을 보내어 도와주셨습니다. 특히 화물 운전을 하는 이태현 집사를 잊을 수 없습니다. 이분은 한 달에 한 번씩 "전도사님!" 하고 소리쳐 부르는데, 문을 열면 쌀자루를 던지고 뒤도 돌아보지 않고 달아나곤 했습니다. 저에게는 천사 같은 분이었습니다. 정말 고마운 분입니다.

늘푸른교회에서 시무하는 동안 강도사 고시에 합격하고 목사 고시에도 합격했습니다. 5년째 되던 1월에 담임 목사님께 "금년 안으로 늘푸른교회를 떠나서 농촌에서 목회하겠습니다"라고 하면서 자유롭게 목회지를 찾아볼 수 있도록 시간을 달라고 했습니다. 목사님은 걱정하면서 허락해 주었습니다. 때마침 저를 아껴 주시던 권사님이 딱하게 보았는지 50만 원을 주셔서 그것으로 중고 오토바이를 샀습니다. 중앙지리원에서 자세한 강원도 지도를 사서 월요일부터 토요일까지 강원도 전역을 10개월에 걸쳐 답사했습니다. 남들이 가지 않는 오지에서 목회를 하고 싶었고, 우리나라에서 가장 낙후된 곳이 강원도라는 생각 때문이었습니다.

1985년 초, 오토바이를 타고 강원도 바닥을 헤집고 다닐 때 죽을 고생을 했습니다. 다닐 때 경비를 절약하기 위해 오토바이 뒤에 조리 도구와 먹을 것 그리고 텐트를 가지고 다녔습니다. 어느 때는 타이어가 터져 오도 가도 못할 때도 있었고, 산속을 다니다 보니 날이 저물어 깜깜한 산중에서 천막을 치고 잠을 자기도 했습니다.

하루는 오토바이를 타고 가다 큰 냇가를 건너야 했습니다. 물이 흐르고 있었는데 얕아 보였습니다. 빨리 달리면 건너갈 수 있을 것 같아 힘차게 냇가로 돌진했습니다. 냇가에 들어가자마자 거꾸로 처박혔습니다. 얕게 보였지만 실제로는 허리까지 차는 물이었습니다. 오토바이가 둥둥 떠내려갔습니다. 간신히 정신을 차리고 오토바이를 꺼내려 하니 꼼짝도 하지 않았습니다. 죽을힘을 다해 간신히 오토바이를 꺼내 냇가 언덕에 올려놓고 큰 대(大) 자로 나가떨어졌습니다. 그냥 그렇게 30여 분을 누워 있었습니다. 간신히 일어나 시동을 거니 걸리지 않았습니다. 할 수 없이 그곳에 천막을 치고 하룻밤을 보냈습니다. 다행히 다음 날 오토바이가 정상적으로 작동하여 계획한 일정을 무사히 마칠 수 있었습니다. 우리나라에 선교사로 오신 분들이 복음을 위하여 얼마나 수고가 많았을까? 하는 생각에 감사기도가 저절로 나왔습니다.

최후로 목회지 다섯 곳을 정하고 집이 마련되는 곳에 교회를 세우리라는 생각으로 떠나려 할 때, 경남 함양에서 시무하고 계셨던 옥동교회 김성대 목사님에게서 전화가 왔습니다. 김 목사님은 꼭 만나야 한다고 부탁했습니다. 왜 만나야 하느냐고 물으니 자신의 처지를 설명하면서 옥동교회로 오라는 것입니다. 그 목사님이 오산에 교회를 개척해서 급히 임지를 떠나야 하는 상황이 생긴 것입니다. 옥동교회에 올 사람을 알아보다 찾지 못하고 총회에 연락하니, 서기 목사님이 농촌에 미쳐 오토바이 타고 강원도를 다니는 사람이 있는데 만나 보라고 전화번호를 알려 준 것입니다. 그래서 나는 "강원도 개척을 위해 1년 동안 다녔고, 이제 마지막으로 임지를 정하려고 하는데, 그런 이유라면 만날 수 없습니다"라고 답했습니다. 그러나 김 목사님은 몇 번이고 부탁했습니다. 미안하기도 하고 목사님의 부탁에 박절하게 거절만 할 수 없어 서울역 근처에서 만났습니다. 저를 설득하다 안 되니 김 목사님은 저에게 다음 주일 저녁 설교를 부탁했습니다. 저는 목회자가 설교자로서 설교 부탁을 받으면, 특별한 사정이 없으면 큰 교회이든 작은 교회이든 반드시 응해야 한다는 생각을 하고 있어서 허락할 수밖에 없었습니다.

다음 주에 주일 낮 예배를 마치자마자 버스를 타고 함양으로 향했습니다. 왜 그렇게 멀고 길도 좋지 않은지 다섯 시간 넘는 힘든 여행을 하고 옥동교회에 도착하여 바로 설교를 했습니다. 그날 교회 빈방에서 자고 월요일에 서울로 올라왔습니다.

화요일 오전에 교회에 출근하려 하는데 옥동교회 김 목사님에게서 전화가 왔습니다. 옥동교회 교인들과 저의 청빙을 놓고 의논하여 모두 좋다고 허락했다고 하면서, 자기는 이사를 했으니 내려오라는 것입니다. 기가 막혔습니다. 1년 내내 교회를 알아보느라 죽을 고생을 하며 오토바이를 타고 다녔는데 하나님의 뜻은 경남 함양 옥동교회였습니다. 담임 목사님께 사정을 말씀드리니, 수요일 저녁에 인사하고 떠나라는 것이었습니다. 결국 수요일 저녁 예배 후에 성도들에게 인사하고, 목요일 아침 일찍 트럭에 짐을 싣고 옥동교회로 내려왔습니다. 주일 저녁에 설교하고, 월요일에 함양에서 서울로 올라오고, 화요일에 옥동교회로 내려오라는 말을 듣고, 수요일에 성도들에게 인사하고, 목요일에 옥동교회에 부임했습니다. '번갯불에 콩 튀겨 먹는다'는 말이 실감 나게 농촌 교회 사역을 이렇게 시작했습니다. 의도한 일은 아니었지만 하나님의 부르심으로 알고 순종했습니다.

이삿짐을 풀고, 그 주간 예배당 뒤에 있는 화장산 정상에 올라 예배당과 마을을 바라보면서 신발을 벗고 무릎을 꿇었습니다. 갈렙이 여호수아에게 고백한 것처럼 "이 땅을 제게 주십시오. 이곳에 저의 뼈를 묻겠습니다"라는 서원 고백을 했습니다. 농촌 목회는 정주 목회가 되지 않으면 어렵다는 것을 깨달았기 때문입니다. 대지에 입 맞추고 오랜 시간

하나님과 대면했습니다. 이렇게 제 첫 단독 목회를 옥동교회에서 시작하게 되었습니다. 목회하면서 처음 가졌던 마음을 잃지 않기 위하여 매년 고난주간이 되면 교회가 내려다보이는 다섯 봉우리를 매일 하나씩 5일에 걸쳐 올라가 기도하며 시간을 보냈습니다. 화장산, 월명산, 연화산, 백암산, 천왕산은 모세의 호렙산과 같이 하나님을 만나는 저의 성지입니다.

IV. 옥동교회 목회

옥동교회는 리(里) 단위의 교회입니다. 지리산 북쪽에 있는 함양은 오지(奧地) 중의 오지입니다. 급하게 부임하게 되어 이삿짐을 1톤 트럭에 싣고 서울에서 함양까지 내려갔습니다. 꼬불꼬불한 비포장 길이었습니다. 마음 한편으로는 처음으로 단독 목회를 하는 것이기에 가느다란 희망을 품고 떠났습니다. 그러나 다른 한편으로는 "과연 내가 잘 해낼 수 있을까?"라는 생각으로 두려움도 있었습니다. 그러나 하나님을 의지하고 하나님의 뜻에 맞는 교회를 세우리라고 다짐했습니다. 도움받는 교회가 아니라 도움을 주고 농촌에 모델이 되는 교회를 세우고 싶었습니다. 만 35년, 햇수로는 36년이란 세월 동안 자랑할 것이 전혀 없는 부끄러운 목회를 했습니다. 송구스러운 마음으로 제가 해왔던 목회를 소개하려고 합니다. 제 목회는 은퇴 이후까지 대략 4기로 나누어 생각할 수 있습니다. 한 기를 12년씩 나누었습니다.

제1기: 농촌을 위하여 일할 수 있는 젊은이들을 세우고, 예배당 건축을 목표로 삼았습니다. 처음부터 교회가 예배당 안에 머무르는 것이 아니라 지역을 위하여 지도력을 발휘하는 사역을 하고 싶었습니다. 그러나 아무리 지역을 위하여 사역한다고 하더라도 혼자서 할 수 없습니다. 성도들이 협력하지 않으면 불가능한 것입니다. 그래서 먼저 사람을 세우는 일을 했습니다. 1985년부터 1997년까지입니다.

제2기: 농촌운동을 전개했습니다. 직접 농사를 짓고, 여러 시민사회단체를 결성하여 지역을 살리는 생명운동을 전개했습니다. 1998년부터 2008년까지입니다.

제3기: 지금까지 하던 일을 정성스럽게 하고, 은퇴 준비를 하면서 마무리를 은혜롭게 하고 싶었습니다. 하나님 앞에 합당한 목회자가 되고 싶었습니다. 일을 많이 하는 목회자, 엄청난 업적을 쌓는 목회자가 아니라 예수 그리스도의 심장을 가진 목회자가 되고 싶었습니다. 나의 모습을 통하여 주님의 모습이 나타나기를 원했습니다. 그래서 길로 나섰습니다. 길을 걸으며 주님을 묵상하고 음성을 들으려고 노력했습니다. 걷는 고난을 통해서 죄로 가득한 저의 모습을 보게 되었습니다. 2009년부터 2020년까지입니다.

제4기: 은퇴하여 마을목회를 하는 시기입니다. 30여 년 전에 지어진 농가주택을 수리하여 들어가 마을 주민 모두를 성도로 삼고 같이 사는 삶입니다. 예배당 중심의 삶이 아니라 마을이 중심이 되는 교회를 만들어 갈 것입니다. 이제부터는 많이 가지는 싸움이 아니라 많이 버리는 싸움을 할 것입니다. 많이 비울수록 자유롭고 행복할 것입니다. 허허롭게 살고 싶습니다. 2020년부터 2025년 현재까지입니다.

V. 제1기(1985~1997년)

1. 부임시의 상황

부임 당시의 옥동교회(1985년)

옥동교회는 1976년에 개척되어 세 분의 목회자가 다녀갔는데 제가 4대 목회자로 부임한 것은 1985년 11월 14일입니다. 교회가 개척된 지 9년 만의 일입니다. 당시 농촌교회의 현실은 전도사로 와서 목사 안수받으면 떠나는 것으로 인식하고 있던 시절입니다. 옥동교회도 그동안 여느 농촌교회와 마찬가지로 목회자들이 2~3년 있다가 떠나는 것이 관례처럼 여겨져서 9년 동안 고창곤 목사님, 조창연 목사님, 김성대 목사님 이렇게 세 분이 다녀갔습니다.

옥동교회는 하나님의 은혜로 세워진 교회입니다. 당시 대한신학교 학장으로 계셨던 세계선교회 한국 지부장 이의완 목사님께서, 옥동교회에서 얼마 떨어지지 않은 곳에 음성 나환자 마을에 있던 대궁교회를 미국과 연결하여 70만 원 정도의 선교비를 보내고 있었습니다. 대궁교회의 김봉춘 목사는 고마운 마음으로 십일조를 떼어 저금을 했는데 50만 원 정도가 모였습니다. 이 돈으로 이웃 옥동마을에 1976년 3월 20일에 천막을 치고 기도처를 세웠습니다. 그리고 이의완 학장님께 목회자를 보내 달라고 요청해 고창곤 목사님이 제1대 목회자로 부임했습니다.

당시 옥동교회는 미국 선교 기관에서 매월 168,000원씩 후원을 받고 있었습니다. 그러나 저는 농촌교회가 자립하지 못하는 원인 가운데 하나가, 도움만 받기에 익숙하여 스스로는 아무것도 하지 못하고 있다고 판단하고, 설교하면서 "당장은 어렵지만 이른 시일 내에 선교비를 받지 않겠습니다"라고 선언했습니다. 결국 말이 씨가 되어 선교비가 두 번 받고 끊어졌습니다. 교회에서는 미국 선교비와 교회에서 50,000원을 합해 218,000을 사례비로 주고 있었습니다. 교회가 난감한 처지에 놓이게 되었습니다. 그러나 저는 교회에서 주는 것만으로 먹고 살겠다고 선언했습니다. 어려운 점이 많았는데 당시 우리 교회의 어려움을 알고 성수교회와 화평교회에서 선교비를 보내 주었습니다. 그것이 큰 힘이 되었습니다.

2. 분명한 목회 지침을 세우다

지리산 자락 작은 농촌교회에서 목회하면서 목회는 한 마디로 생명을 살리는 일이라고 믿었습니다. 예수님께서 평생을 붙들고 삶의 기준으로 삼았던 생명을 살리는 일에 나름대로 하나님을 의지하고 열심히 살아 보자고 결심했습니다. 목회는 '무엇을 하느냐'가 아니고 '어떤 자세로 하느냐?'가 더욱 중요합니다. 예수님께서는 베드로에게 "내 양을 먹이라"고 명하시기 전에 "네가 나를 사랑하느냐?" 하는 자세를 먼저 질문하셨습니다(요 21:15-17). 사도 바울도 하나님에게 받은 은혜를 먼저 고백하고, 그 은혜의 보답으로 선교와 목회 사역을 시작했습니다. 자세보다 일이 앞설 때 그 목회는 하나님 앞에 아무 의미도 없게 됩니다.

그렇기에 제가 가장 중요하게 생각한 것은 목회는 '나의 일'이 아니요 '하나님의 일'이라는 것입니다. 또한 목회의 주체는 '내'가 아니요 '하나님'이심을 믿음으로 고백했습니다. 오직 저는 하나님의 목회를 위한 택한 그릇이요, 종이요, 그것도 아주 무익한 종일 뿐임을 고백합니다. 따라서 성도는 내 양이 아니라 예수님께서 피로 값 주고 사신 '예수님의 양'임을 알고, 책임감이나 의무감 때문이 아니라 다음 두 가지 자세로 목회를 하려고 했습니다.

첫째, "나의 나 된 것은 하나님의 은혜로 된 것이니"(고전 15:10) 그 은혜에 대한 응답의 자세로 하려고 했습니다. 바울의 고백대로 빚진 자(롬 1:14)의 자세입니다. 둘째, 영혼을 사랑하는 열정으로 목회하려고 했습니다(살전 2:8; 고후 12:15). 목회자의 목회 목표는 교회의 성장이나 물량적인 성장이 아니라 성도들의 영적 성장이어야 합니다. 따라서 저는 성도들의 삶 속에 그리스도의 형상이 이루어지기까지 해산의 수고를 아끼지 않으려고 애썼습니다(갈 4:19). 성도들의 믿음의 성장을 위해서라면 자신을 기쁘게 관제로 드릴 각오로 사역했습니다(빌 2:17). 이것이 바로 목회의 기쁨이라고 생각했습니다.

먼저 무엇을 하기 전에 분명한 목표를 제시함으로 성도들이 어떻게 해야 하는지 알 수 있도록 했습니다. 평소 목회에 대한 꿈을 꾸면서 생각한 내용입니다. 영구표어로는 "사랑만 하기에도 시간이 부족하다"라고 정했습니다.

1) 옥동교회의 꿈

① 우리의 꿈은 교회의 지체들이 헌신 된 그리스도의 제자로 살아가는 것이다.

② 우리의 꿈은 흩어진 지체들이 가정과 직장, 학원 그리고 사업장에서 평화를 만들고 복음을 전함으로 민족의 치유자로 살아가는 것이다.

③ 우리의 꿈은 온 마을을 그리스도의 사랑으로 묶고, 서로 격려하며, 함께 예배하고, 배우고, 화목하게 살아가는 교회 가족으로서 사랑의 교제를 나누는 것이다.

④ 우리의 꿈은 우리 교회에 출석하는 교인들이, 단순한 구경꾼이 아닌 자신들에게 주어진 은사와 재능을 발견하여, 교회 사역의 여러 분야에서 기쁨과 보람으로 사역을 감당하는 것이다.

⑤ 우리의 꿈은 고통받는 이웃들을 돌아보며 우리 사회를 향하여 감동적인 선한 이웃의 역할을 하는 것이다.

⑥ 우리의 꿈은 살기 좋은 건강한 농촌을 만들어, 농촌도 희망이 있다는 것을 보여주며 이 시대의 대안이 되는 주님의 교회가 되는 것이다.

⑦ 우리의 꿈은 우리 교회가 21세기 역사의 장에서 농촌에 설립되어 있는 복음적인 모델 교회가 되어 교회 갱신과 사회 변혁 그리고 세계 선교의 조용한 누룩이 되어 민족과 세계를 섬기는 것이다.

2) 교회 목표

우리의 꿈을 이루기 위하여 구체적으로 일곱 가지를 교회의 목표로 삼았습니다.

(1) 복음을 전하는 선교 공동체

선교는 주님의 지상명령이요, 교회가 추구해야 할 목표이다. 특히 가정과 직장의 선교사로 파송되었음을 인식하여, 분명한 신앙고백을 삶 속에 나타내야 할 것이다.

(2) 가정과 사회를 변화시키는 치유 공동체

주일의 교회와 월요일의 직장이 연결되지 못하는 것은 우리의 최대 약점이다. 가정과 사회에서 어둠과 싸우며 갈등하는 성도들의 상처를 치유하며, 이 땅을 하나님의 나라로 건설하도록 하는 것이 우리의 비전이 될 것이다.

(3) 교회와 사회를 위한 봉사 공동체

주님의 몸인 교회를 사랑할 줄 알아야 하며, 이것을 위하여 모든 성도가 어떤 곳에든 봉사해야 한다. 온 교회가 이 시대적 사명이 무엇인지 알고 그 역할을 할 수 있도록 무장된 그리스도인이 된다. 머리인 그리스도의 뜻만이 살아서 움직이는 교회, 예수님의 방법으로만 일하는 교회가 되어야 한다.

(4) 미래의 지도자를 세우는 비전 공동체

새로운 시대 신앙의 지도자들을 만들기 위하여 적극적으로 인재를 발굴하고 훈련하며, 이 시대적 사명을 감당하게 한다. 전체 어린이와 학생들 가운데 자질 있는 학생들을 선발하여 이 지역사회를 섬기는 일꾼으로 양성한다.

(5) 농촌을 통하여 시대를 이끄는 생명 공동체

농촌에 사는 농민이라는 자긍심을 갖도록 한다. 농촌과 이 땅을 사랑하는 것이 진정한 애국이라는 사실을 깨닫게 한다. 구태의연한 관습과 열등의식에서 자유하며, 새로운 농촌에 도전하여 이상적인 농촌을 건설토록 한다.

(6) 절약, 절제하는 환경 공동체

이 시대가 더 많은 물질의 소유와 소비를 목표로 살아가고 있으며, 삶의 행복을 물질의 소유로 인한 안일에 두고 있으므로 엄청난 오염물질을 배출하고 있다. 그 결과 자연 스스로의 자정능력을 초과하는 환경오염으로 지구는 심한 몸살을 앓고 있다. 이에 우리 그리스도인들은 절약과 절제로 검소하게 살며 나눔을 목적으로 한다.

(7) 시민운동을 통한 개혁 공동체

기독교에 있어서 종교개혁 이후 가장 큰 운동은 에큐메니컬 운동이다. 에큐메니컬 운동은 두 가지 큰 목표가 있는데, 하나는 분열된 교회들이 서로 연합하자는 교회 재(再)일치 운동이요, 다른 하나는 전 세계에 대하여 기독교인의 책임을 다하자는 교회의 대(對) 사회적 운동이다. 교회가 사회적인 문제를 논하는 데 가장 큰 강조점을 두는 것은 소위 책임사회라는 것이다. 우리가 살고 있는 이 사회를 책임 있는 사회로 만들어 가자는 것이다. 그러면 누가 누구에게 책임을 다하자는 것일까?

첫째, 땅 위에 사는 인간이 하나님께 대하여 책임을 다하는 사회로 만들자는 것이다.

둘째, 각 사람이 그 이웃에게 책임을 다하는 사회로 만들자는 것이다.

셋째, 정치적 기구나 경제적 조직이나 지도자들이 하나님과 국민에 대하여 책임을 지는 사회로 만들어가자는 것이다. 이 시대의 아픔을 함께 나누며 앞에 서서 시대를 이끌고 가는 개혁의 주체 세력이 되어야 한다.

3. 부임한 다음 해부터 시작한 일: 선교

복음을 구체적으로 접하지 못한 영혼들이 산적한 곳이 농어촌입니다. 장래성과 가능성이 있는 곳, 그런 곳에는 남들도 다 가려고 하며 누구든 교회를 세우려고 애를 씁니다. 그러나 이제는 '교회를 세울 만한 곳'보다는 '교회가 필요한 곳'에 교회를 세워야 한다고 생각했습니다. 주님은 복음의 땅끝을 바라보며 일할 것을 우리에게 요구하셨지, 교회를 세울 만한 곳에만 우리의 시선이 머물기를 원하지 않으셨습니다. 농어촌 목회자들에게 요구되는 것은 무엇보다도 철저한 헌신과 복음 전파의 열망입니다. 목회자는 그 지역의 삶 속에 들어가 함께 살고 함께 호흡하며, 주민들과 함께 울고 함께 즐거워해야 할 자세를 가져야 한다고 생각했습니다.

그래서 옥동교회가 지역사회와 마을을 위하여 앞장서서 일하기 시작했습니다. 마을 청소를 할 때는 앞장서서 참여했고, 간식을 사서 나누어 드렸습니다. 회관에 찾아가 간식을 나누어 드리고 마을 일에는 교회가 앞장서서 헌신했습니다. 특히 마을회관을 건립할 때 경제적으로 큰 도움을 드렸습니다. 마을 주민들이 고마웠던지 감사패를 해주셨습니다. 그 내용은 이렇습니다.

감사패

대한예수교장로회 옥동교회 목사 엄용식

귀하께서는 평소 근면 성실하며 타의 모범이 됨은 물론 본 부락 발전에 항상 협조를 하여 주시고, 특히 이번 회관 건립에 특별한 정성을 표하여 주신 데 대하여, 전 동민의 뜻을 한데 모아 고마움을 영원히 기리고자 이 패를 새겨 드립니다.

1995. 7. 15. 함양군 유림면 옥동부락 동민 일동

그동안 많은 감사장과 감사패를 받았지만, 마을에서 감사패를 받은 것이 그 어떤 패보다 더욱 소중하고 값진 것이었습니다.

제 꿈은 농촌교회라고 도움만 받을 것이 아니라 어려운 도시교회를 한번 도와 보자는 것입니다. 미국 선교부에서 들어오던 168,000원도 끊겨, 사례비도 5만 원밖에 되지 않는 상황에서 선교하자고 하니 심한 반대에 부딪혔습니다. 그러나 목회자의 뜻을 이해하고 성도들이 협조해 주셔서 농촌교회와 도시교회 두 곳을 선정하여 10,000원부터 시작하여 매년 10,000원씩 올려 십 년 만에 100,000원까지 올라갔습니다.

10여 년을 외부에서 도움만 받던 교회가 자립을 이루는 데는 부임한 후 7년이 걸렸습니다. 모든 재정을 공개하고 협력을 구하니 스스로 책임지는 성도들이 되었습니다. 그 후로는 10만 원씩 계속 두 군데를 돕다가, 2000년 들어와 목회 계획을 짜면서 교회를 선교 체제로 바꾸어 어

린이 주일학교, 학생회, 청년회, 청장년회, 여전도회 이렇게 다섯 기관이 한 교회씩 맡아 선교하자고 했습니다. 물론 반대도 있었고 어려움도 많았습니다. 그러나 부족한 종을 성도들이 믿음으로 따라 주셨습니다.

우리 교회의 어린이들이 100원, 200원씩 헌금을 하여 한 달 모으니 5만 원이 되었습니다. 어린이들이 선교 봉투를 만들어 군것질할 돈을 절약하여 선교 헌금을 한 것입니다. 여기에 교회에서 5만 원을 보태서 한 교회를 담당하고, 학생회도 마찬가지고, 나머지 기관도 이런 방식으로 모든 기관이 선교에 동참하게 되었습니다. 이렇게 선교하기 위해서는 모든 재정을 동결하고 절약해야만 했습니다. 그래서 우리 교회는 어린이 주일학교와 학생회와 기관에 재정 보조가 없습니다. 자체적으로 해결하게 되어 있습니다. 그렇게 하지 않으면 선교를 할 수 없기 때문입니다. 우리의 선교는 절대로 여유가 있어서 하는 것이 아닙니다. 다만 하나님의 명령에 순종하는 것뿐입니다. 물론 자랑할 것도 없습니다.

제가 이곳에 부임한 후부터 목회를 마치기 전까지 한 해도 쉬지 않고 선교를 할 수 있었고, 심지어 예배당 건축을 할 때도 선교를 쉬지 않았습니다. 그 결과 하나님께서 복을 주셔서 예배당도 아름답게 건축할 수 있었고, 주변의 땅도 1,000평 넘게 사게 되었으며, 사택도 구입할 수 있었습니다. 교회 건축하느라 1억 가까운 부채와 사택을 구입하기 위하여 6,000만 원의 빚이 생겼지만, 현재 부채를 모두 갚았습니다. 사실 옥동교회는 선교로 복을 받은 교회입니다. 옥동교회는 매월 자체적으로 선교 보고를 합니다. 그 자리에서 우리가 선교하고 있는 교회와 기관, 해외 선교사들의 형편과 상황을 설명하고 함께 기도했습니다. 우리 교회는 철야기도와 새벽기도 시간마다 우리가 선교하는 교회와 기관을 위하여 열심히 기도하고 있습니다.

1) 해외 선교

(1) 중국 선교

교회에서 얼마 떨어지지 않은 곳에 '금강도기'라는 질그릇 만드는 공장이 있었습니다. 함양읍에 가려면 공장 앞을 지나가야 하는데 저녁이나 주말에 가끔 중국인들이 보였습니다. 한 번은 네 사람의 중국인이 걸어가고 있어 차를 세우고 읍내까지 태워다 주었습니다. 손짓발짓하며 이야기를 나누어 보니, 중국 한족 사람들이 도기 공장에 15명이 산업 연수생으로 와서 2년간 근무한다는 것입니다. 그렇지 않아도 세계 선교를 꿈꾸고 있던 저에게 절호의 기회였습니다. 어느 날 그들이 묶고 있는 기숙사에 놀러 갔습니다. 그들은 반갑게 맞아 주었습니다. 그것이 계기가 되어 가끔 기숙사에 놀러 갔고 자연스럽게 교회에 놀러 오라고 했습니다. 이때 조○○이라는 청년과 맹○○라는 청년이 반응을 보였습니다.

어느 날 두 청년이 교회로 놀러 왔고 그들에게 식사를 대접했습니다. 자연스럽게 교제가 이루어져 그들이 정규 예배에 참석하게 되었습니다. 두 청년이 친구들을 전도하여 15명의 중국인이 모두 교회에 출석하게 되었습니다. 전혀 말을 알아듣지 못하면서도 한 주일도 빠지지 않고 교회에 나왔습니다. 이들을 구원하기 위하여 기도하며 생각하던 중 중국 선교회를 알게 되어, 그곳으로부터 성경과 성경 공부 테이프와 교재를 얻을 수 있었습니다. 예배 후 그들을 모두 모아 녹음기를 틀어 놓고 성경 공부를 시켰습니다. 마침내 15명 모두에게 세례를 베풀었습니다.

그들을 청년회에 소속하게 하였고, 한국 명절에 초청하여 성대한 잔치를 베풀어 주었습니다. 매 주일 성경 공부를 하며 우리 청년들이 그들의 신앙을 위하여 도움을 주었습니다. 겨울과 여름에는 수련회를 개최

산업 연수생으로 와 있던 중국 한족 청년들과 산행

하여 신앙 훈련을 하였고, 가끔 청년들과 같이 산행을 하며 호연지기를 기르며 한국 산하의 아름다움을 구경시켜 주었습니다. 후에 중국 사역자들 교육을 위하여 중국을 방문했을 때 그들이 한국 청년들과 함께한 그 시간을 잊을 수 없다는 고백을 듣기도 했습니다.

어느덧 2년의 세월이 흘러갔습니다. 그들이 이제는 모두 중국 고향으로 돌아가야 했습니다. 그중에 가장 믿음이 좋고 성실한 조○○과 맹○○를 선택하여 "선교사가 되지 않겠느냐?" 하고 제안했습니다. 두 청년은 아주 기쁜 마음으로 받아들였습니다. 이렇게 하여 그들이 떠나가기 두 주 전 예배 시간에 선교사 파송 예배를 드리고 중국으로 그들을 파송했습니다.

도기 공장에 있던 15명의 중국 형제는 기한이 되어 모두 중국으로 돌아가야 했는데, 한국 도기 공장 측에서 일의 연속성을 위하여 2명은 남겨두고 13명만 보냈습니다. 남겨진 2명이 다시 한국에 들어온 15명을 모두 전도하여 교회에 나오게 되었고, 그 2명은 6개월 후에 중국으로 떠났습니다. 이렇게 계속해서 10여 년 이상 연결되어 도기 공장에 취직한 모든 중국 한족 형제를 전도하여 세례를 주고, 그들을 고국으로 돌려보냈습니다.

조○○, 맹○○ 두 형제는 중국에서 신학교를 다닐 수 있도록 학비 전액과 생활비, 책값 등을 5년간 지원하였고 결국 가정교회를 섬기는 목회자가 되었습니다. 맹 형제는 청년은 집에서 극심한 반대에 부딪혀 목회를 포기했고, 조 형제는 중국의 가정교회 10곳을 섬겼습니다. 조 형제의 사역은 더욱 발전하여 교남에 교회를 세우게 되었습니다. 예배당을 얻어 주고, 교회에서 필요한 집기들을 마련해 주었습니다. 조 형제의 사랑이 넘치는 목회 사역으로 교회는 크게 성장했습니다.

한족 사역자들을 위하여 중국을 방문하여 세미나를 진행하던 중, 조 형제가 조심스럽게 "신학교를 하고 싶습니다"라고 생각을 꺼냈습니다. 얼마나 반가운지 "모든 것을 지원할 테니 시작하라"며 허락했습니다. 일사천리로 일이 진행되어 건물을 얻고, 공부할 수 있도록 집기를 마련하고 학생들을 모았습니다. 몇 사람의 동역자가 협력하여 교남에 신학교를 세웠습니다. 처음에 신학생 10여 명을 선발하여 교회에서 먹고 자고 하면서 공부하게 하였고, 학비와 생활비 전액을 지원했습니다. 이렇게 훈련받은 신학생들은 중국 내륙으로 들어가 선교의 놀라운 진전을 이루었습니다. 그러나 불행하게도 성장해가는 조 형제의 사역을 시기한 다른 동역자의 고발로 교회는 공안에 의해 강제로 폐쇄되었고 신학교는 문을 닫게 되었습니다. 조 형제는 "절대 선교해서는 안 되고 설교해서는 안 된다"라는 공안의 선고를 받고, 이제는 교남 주위의 가정교회를 섬기고 있습니다. 안타까운 일입니다.

우리는 하던 일을 멈출 수 없어 청도에 계신 한족인 한○○이라는 목

중국 신학교에서 강의하는 모습(2011년)

사님을 지원하게 되었습니다. 한 목사님은 신학교를 운영하면서 젊은 이들을 훈련하여 내륙 깊은 곳으로 보냈습니다. 우리가 직접 중국에 들어가 선교하지 못했지만, 한국에 들어온 형제들을 훈련해 역으로 중국으로 들여보내 선교를 하게 된 것입니다. 전적으로 하나님의 은혜입니다.

(2) 필리핀 선교

노회 산하에 필리핀을 오가며 단기 학생 선교를 하고 계신 류제석 목사님이 계셨는데 마침 선교사 파송을 준비하고 있었습니다. 선교사 파송 교회를 구하던 중에 옥동교회가 협력하기로 결의했습니다. 선교사 파송식을 갖고 그를 필리핀으로 파송했습니다. 류 선교사님은 민도로 섬 내의 산지족인 망얀족을 섬겼습니다. 제일 먼저 필리핀 아니누안에 옥동교회를 건축했고 옥동교회가 협력했습니다. 아니누안 옥동교회에는 필리핀 현지인인 토토 전도사를 세웠습니다. 이곳은 화이트 비치라는 관광지가 있어 선교에 유용한 곳입니다. 옥동교회는 매월 지원을 하는

필리핀 아니누안 옥동교회(2005년)

한편 교회의 자립을 위하여 교회 입구에 작은 구멍가게를 시작하게 했습니다. 또한 류 선교사님은 자립을 위해 주변의 땅을 구입하여 필리핀 사역자들에게 쌀농사를 짓게 했습니다. 이것으로 어느 정도 경제적인 문제를 해결할 수 있었습니다. 저도 10여 차례 필리핀을 방문하여 현지 사역자들의 교육에 힘썼습니다. 류 선교사님의 선교는 더욱 확대되어 현재는 10여 곳에 교회를 건축했고, 도저히 공부할 형편이 되지 않는 어린 학생들을 선발하여 공부할 수 있도록 도와주고 있습니다.

현지 필리핀 사역자들을 한국의 옥동교회에 초청하여 교인들과 교제하고, 한국의 문화를 소개하며 많은 사랑을 나누기도 했습니다. 자신들을 돕는 한국의 교회가 농촌에 있다는 것과, 교회가 크지 않은데도 그런 선교를 한다는 것에 놀라워했습니다. 그들이 필리핀으로 돌아갈 때는 옥동교회 모든 기관과 성도들이 한 아름씩 선물을 드리기도 했습니다. 필리핀 사역자들은 물론 옥동교회 성도님들도 보람과 감사가 넘치는 소중한 기회였습니다.

(3) 인도 선교

총회(당시 예장 대신)에서 인도 선교사로 훈련받던 오복수 전도사님이 옥동교회 전도사로 시무하게 되었습니다. 선교사로 나가야 하기 때문에 특별 강도사 시험을 보아 합격하여 우리 교회에서 강도사로 시무했습니다. 얼마 뒤에는 노회에서 목사 고시를 보았고 합격하여 목사로 임직했습니다. 결국 인도 선교사로 파송했습니다. 불과 1년여 기간에 옥동교회에 전도사, 강도사, 목사를 부교역자로 모시게 된 것입니다.

제가 농촌 목회를 30여 년 하면서 하나님께 투정을 부린 적이 있습니다. "하나님, 주변에 많은 교회에서 부교역자들이 활동하는데, 저는 농촌 목회를 30여 년 하면서도 부교역자 한 사람 없이 목회를 마치게 되니 좀 그렇습니다." 이런 투정 아닌 투정을 부린 적이 있는데, 하나님께서는 오복수 선교사를 보내 아무 말도 못 하도록 입을 막으셨습니다. 웃기는 이야기로 저도 이제 전도사, 강도사, 부목사를 부교역자로 데리고 있었다고 자랑할 수 있게 되었습니다.

오복수 선교사는 인도에서 8개 교회를 섬겼습니다. 선교사가 원하면 예배당을 지어 주겠다고 했지만 거절했습니다. 예배당을 지어 주면 현지인 사역자들이 경찰서에 고발하여 선교사를 쫓아내고, 그 예배당을 자기 것으로 만든다는 것입니다. 그래서 많은 선교사가 쫓겨났다고 합니다. 참 가슴 아픈 이야기입니다.

현지 인도 교회의 자립을 위하여 270만 원 상당의 배터리 릭샤를 두 대 구입하여 기증했습니다. 배터리 릭샤를 통한 자립 방법은 이렇습니다. 두 교회를 선정하여 배터리 릭샤를 한 대씩 사줍니다. 그러면 교회는 믿음이 좋은 한 성도에게 1년간 운영권을 줍니다. 하루에 약 1,000루피를 버는데 그중에 300루피는 교회에 헌금하고 300루피는 저금합니다.

그리고 남은 400루피를 가지고 생계를 유지합니다. 물론 십일조는 반드시 해야 합니다. 모아 둔 돈은 나중에 일 년간 수고한 성도에게 주어서 과일 가게를 차리게 합니다. 일 년 후에는 과일 가게 사장님이 되는 것입니다.

인도 배터리 릭샤(2015년)

교회에 헌금한 300루피를 한 달 모으면 6,000루피가 되는데, 한화로 11만 원 정도 됩니다. 이것을 현지 목회자의 생활비로 사용합니다. 그리고 배터리 릭샤는 주 5일 일하고 토요일과 주일은 교회에서 교인들을 실어 나른다든지 목회자 심방용으로 사용합니다. 이런 식으로 하면 한 교회가 자립하는 것은 물론, 성도들에게도 도전을 주게 되어 교회 성장에 큰 도움을 줄 수 있습니다. 이 방법이 잘 정착하면 8개 교회 모두 적용할 예정입니다. 이것이 인도 선교의 좋은 모델이 되었으면 하는 바람입니다.

(4) 네팔 선교

옥동교회에서 권사로 임직받은 임영희 권사가 옥동교회 40주년과 자신의 칠순을 기념하여 네팔에 예배당을 건축하게 되었습니다. 어디에 건축하면 좋을까 고민하던 중 정해광 장로가 회장으로 있는 은파선교회를 통하여 약 1,000만 원 정도를 들여 네팔의 산지족인 체빵 부족을 위하여 산꼭대기에 교회를 건축했습니다. 네팔에서 예배당을 건축하려면 한국과 달라서, 자재비가 1/3, 운반비가 1/3, 인건비가 1/3이 듭니다.

네팔 로항 옥동교회(2016년)

자재를 일일이 사람들이 어깨나 등에 지고 산으로 운반해야 하기 때문입니다.

임영희 권사는 그동안 70세가 되도록 하나님의 은혜를 받고 살았는데 주님께 한 것이 없어 늘 송구스럽게 생각하던 가운데, 어떻게 하면 주님을 기쁘시게 할까 고민하다 교회를 건축하고 싶다는 마음을 갖게 되었습니다. 하나님께서 심어 주신 아름다운 마음으로 결국 그 꿈을 이루었습니다. 평생의 소원을 풀었습니다.

헌당식 하는 날 2016년 11월 4일 네팔을 찾았습니다. 로항 지역까지 이동하는 데 이틀이 걸렸습니다. 승합차를 임대해 수백 미터 되는 절벽을 내려다보며 구불구불한 비포장도로를 하루 종일 아슬아슬하게 가다가, 다시 버스로 갈아타고 계곡을 거스르는 물길을 타고 올라가 마을에 도착하고도 2시간을 산속으로 걸어 들어가야 로항에 도착합니다. '로항 옥동교회'라는 간판을 보자 눈물이 났습니다. 앞으로 이곳을 위하여 기도할 것이고 이 지역 선교를 위하여 협력할 것입니다.

(5) 그 외의 선교

기타 해외 선교는 이슬람권 선교를 위하여 튀르키예 선교사를 지원하고 있고, 국내에는 주변에 어려움을 겪는 교회를 적극적으로 돕고 있습니다. 교회 건축이 어려운 교회는 건축헌금을 지원해 주거나, 직접 교인들이 뛰어들어 예배당을 건축해 드렸습니다. 함양에 있는 어떤 교회의 예배당은, 외부는 가까스로 세웠는데 내부는 전선이 그대로 드러난 채 예배를 드리고 있었습니다. 우리 교회에 건축을 업으로 삼고 있는 두 집사님이 공사를 맡고, 교회가 자재를 사서 내부 인테리어를 완성해 드렸습니다.

외딴섬에 있는 어떤 교회의 교인이 네 명인데 태풍으로 지붕이 날아가 어려운 처지에 있다는 소식을 들었습니다. 우리 교회의 학생들과 청년들을 중심으로 자재를 배에 싣고 공휴일에 찾아갔습니다. 하루 종일 수고하여 교회 지붕을 덮는 공사를 완료했습니다. 형제 교회의 어려움을 외면할 수 없었기 때문입니다.

가정 선교를 하고 있는데 6개 구역과 2개 기관에서 불우한 이웃이나 소년 소녀 가장 등 한 가정씩 선택하여 집중 지원을 했습니다. 구역원들이 시장에 가서 생선 두 마리를 사면 한 마리는 섬기는 가정을 찾아가 드리고, 어려운 일이나 힘든 일들을 도왔습니다. 특히 농사철이면 농사일을 돕고, 화장실이 없는 가정은 화장실을 지어 주는 등 꼭 필요한 일을 월례회에 내놓고 의논하면서 모든 기관이 함께 힘을 모아 집중적으로 섬기고 있습니다.

기관 선교는 농어촌교회를 돕는 농어촌선교회, 정신장애자들을 돕는 함양정신요양원, 군 선교를 담당하는 향목회, 교회 연합을 위하여 함양기독교연합회를 집중적으로 지원하고 있습니다. 시민사회단체 선교는 함양시민연대와 지리산기독교환경연대, 지리산생명연대, 지리산 댐 대책위원회 등에 지원하고 있습니다.

우리 교회는 전형적인 리(里) 단위의 농촌교회입니다. 옥동교회는 선교에 모든 것을 걸었습니다. 농촌교회 6곳, 도시 개척교회 4곳, 농어촌 선교회(예장 대신)를 비롯한 기관 7곳, 기타 5곳 등 모두 22곳에 매월 10만 원에서 25만 원씩 선교합니다. 교회 1년 예산은 대략 1억 2,000만 원 정도입니다. 그 가운데 2015년에는 44,164,380원을 선교비로 사용했고, 2016년에는 51,685,000원을 선교비로 사용했습니다. 전체 예산의 50%를 선교비로 쓴다는 것을 목표로 삼고 있습니다. 물론 물질만 보내는 것이 아니라 따뜻한 마음과 기도도 나눕니다. 선교는 돈으로만 하는 것이 아니기 때문입니다.

저는 선교비를 보내면서 몇 가지 원칙을 세웠습니다. 첫째, 선교비는 매월 첫날에 제일 먼저 보냈습니다. 그래야 쓰시는 분들도 계획을 세울 수 있고, 제일 먼저 드림으로써 그만큼 우리의 선교가 소중하다는 것을 의미하는 것이기도 하기 때문입니다. 둘째, 주보에나 다른 곳에 광고하지 않았습니다. 물론 선교한다는 말은 했지만 어디에 선교하고 있다는 말은 될 수 있는 대로 삼갔습니다. 왜냐하면 받는 분이 부담스럽게 여길 것을 염려하기 때문이었고, 혹 우리에게는 자랑이 될까 두렵기 때문입니다. 셋째, 편지나 보고서를 요구하지 않았습니다. 상처나 부담만 줄 것이기 때문입니다. 농촌지역은 평생 섬겨야 할 곳입니다. 또 그만큼 전도도 어렵습니다. 매월 보고서를 쓰는 것만큼 부담되는 것도 없을 것입니다. 넷째, 기한을 약속하되 약속한 것은 상대방에게 어떤 문제가 있든지 반드시 지켰습니다. 가끔 주변을 보면 선교를 하면서 이것저것 간섭하는 것을 볼 수 있습니다. 말을 듣지 않으면 선교비를 갑자기 끊어버립니다. 또 어떤 분들은 교회 건축을 하거나 재정에 조금만 어려움이 생기면 제일 먼저 선교비를 중단합니다. 무책임한 일입니다. 도움을 받는 분들에게는 목숨과도 같은 선교비입니다. 지극한 정성으로 해야 합니다.

우리가 이렇게 선교에 매진하는 것은 주님의 지상명령에 순종하기 위함입니다. 이것은 농촌교회나 도시교회나 구분이 없습니다. 그래서 자기가 선교하기 위하여 맡은 지역은 끝까지 책임져야 하고, 지구촌 구석구석 어디든지 완전히 복음화해야 합니다. 제가 농촌에 온 것도 하나님의 명령에 순종하기 위함입니다. 교회는 약자 편에 서야 하고 여리고 도상에서 강도를 만난 사람 같은 이 시대, 이때의 농어민을 도와야 하는 것이 저의 사명이라고 믿었습니다. 농민도 하나님 앞에 구원받아야 할 대상입니다. 천하보다도 귀한 것이 하나님의 형상을 지닌 한 사람의 생명이라고 가르치는 것이 기독교입니다. 대형교회의 중요성도 인정해야 하지만 10명, 20명의 농어촌교회를 지키고 돌보는 농어촌 목회도 중요합니다. 이들을 돕지 않으면 하나님의 선교는 불가능합니다. 한국 농촌 복음화는 세계 선교의 지름길입니다. 세계 인구의 60%가 아시아에 살고 있습니다. 아시아 인구의 대부분이 농민입니다. 한국 농촌 복음화는 아시아 선교의 모델이 될 수 있습니다. 한국의 농촌을 복음화하여 세계 선교의 기지로 만들어야 합니다.

4. 청소년 교육에 온 힘을 쏟다

1) 도서관을 만들다
옥동교회에 부임하여 주변을 살펴보니 학생들이 많이 있었습니다. 이 청소년들을 교회에 발을 들여놓도록 할 방법이 무엇인지 고민했습니다.

기도하는 가운데, 부모들이 학생들의 공부에 관심이 많기 때문에 도서관이 있으면 좋겠다는 생각이 들었습니다. 마침 예배당 앞에 비어 있는 집이 하나 있어서 그 집을 수리해 공간을 만들고, 합판을 일일이 톱으로 잘라서 책상과 의자를 만들어 도서관을 개관했습니다. 마을 사람들이 도서관을 보면서 칭찬을 많이 했습니다. 학생들이 방과 후에 교회에 와서 공부했습니다. 자연스럽게 교회와 친해졌고, 나중에 그 젊은이들이 교회의 큰 자산이 되었습니다. 학생들이 밤늦게까지 공부하는 모습은 참 뿌듯한 광경입니다. 공부하는 학생들에게 과일과 간식을 주니 참 좋아했습니다. 교회에서 공부하던 학생이 후에 성인이 되어 함양에서 일하고 있었습니다. 제가 용무가 있어 그곳에 갔는데 그 젊은이가 저를 금방 알아보고 "목사님! 저 모르시겠어요? 교회 도서관에서 공부하던 ○○○입니다" 하는데 얼마나 반가웠는지 모릅니다. 일이 수월하게 풀린 것은 덤이었습니다.

2) 학생들에게 장학금을 주다

저의 청소년 교육의 가장 큰 주안점은 장학금과 수련회를 통하여 학생들을 기르는 것입니다. 농촌에는 젊은 사람이 오지 않습니다. 우리가 자체적으로 길러내지 않으면 교회는 얼마 가지 않아 문을 닫아야 합니다. 그래서 전체 학생들에게 장학금을 줄 목표를 세우고 고등학생에게는 분기마다 20만 원씩, 중학생에게는 10만 원씩 장학금을 주어 자부심을 갖고 공부하게 했습니다. 몇 명의 학생은 서울에 있는 교회와 연결하여 장학금을 받게 했습니다. 이들이 나중에 결혼하여 자녀들이 생기면 "엄마 아빠도 장학금을 받고 공부했다"라고 말할 수 있을 것입니다. 나중에 이들이 성인이 되어 직장에 취직하면 자연스럽게 후배들을 위하여 장학헌금을 했습니다. 이렇게 좋은 전통을 쌓아 선후배 간의 관계도 아름답게 맺어 가는 것을 볼 수 있었습니다.

이렇게 하여 옥동교회는 좋은 소문이 나서 학생들이 교회에 많이 나왔습니다. 그들 중 몇 명은 교회에 남았지만 대부분의 학생이 졸업하여 사회로 나갔습니다. 나간 학생들이 승합차와 복사기를 사주는 등 초창기에 큰 힘이 되었습니다. 일부 젊은이들이 고향에서 살겠다고 남아서 현재 교회에 청장년이 40여 명이 넘습니다. 교인의 2/3 정도가 젊은이입니다. 농촌교회 성도들의 평균 연령이 70세 이상이 대부분이고 젊은이라고는 눈을 씻고 찾아보기 어려운 현실에서, 이것은 특이한 일임이 분명합니다.

3) 고향에 남는 교육을 하다

젊은 교인들에게 주변 농촌에 건강하고 바람직한 삶을 살고 있는 공동체나 교회 등을 찾아다니며 현장 경험을 하게 했습니다. 그리고 젊은이들에게 가능하면 농촌에 남도록 권유했고, 특히 교회를 떠나는 사람들에게는 모 교회에 효도하라고 가르침으로써 서울, 대구, 부산 지역 등에 고향 교회를 사랑하는 모임을 만들었습니다. 이들이 나중에 학생들을 위하여 장학금을 보내고, 수련회를 하면 찬조금을 보내며, 교회 행사에 물질적으로 협력하는 등 큰 힘이 되었습니다.

농촌에서 가장 힘든 부분이 아이들을 가르치는 교사, 피아노 반주자, 차량 운전자가 결혼해서 함양을 떠나면 교회 분위기가 급격히 침체하기 때문에, 교육의 단절을 막기 위하여 청년들에게 피아노와 자동차 운전면허를 취득하게 했습니다. 그 결과 반주자 5명과 운전자 12명을 확보했습니다. 옥동교회는 성가대, 중고등부 교사, 어린이 주일학교 교사

학생회 문학의 밤(2005년)

가 모두 중복되지 않으며 각각의 기관에서 충성스럽게 섬깁니다.

4) 수련회에 모든 에너지를 쏟다

학생들을 훈련시키기 위한 계획을 세웠고, 제일 좋은 방법이 수련회를 통하여 학생들과 함께하는 것이라고 생각했습니다. 이것이 옳은 판단이었다는 것이 그 후에 증명되었습니다. 수련회는 겨울수련회와 여름수련회를 했습니다. 그 결과 함양에서는 학생들을 잘 교육한다고 소문이 나서 학생들을 옥동교회에 보내기도 했습니다. 옥동교회에서 목회하는 만 35년 동안 한 해도 쉬지 않고 겨울과 여름수련회를 열었습니다.

일반적으로 교회마다 제자 훈련을 합니다. 덕분에 성경 지식은 풍성해집니다. 그러나 생활 훈련이 되지 않기 때문에 반쪽짜리 신앙이 될 수 있습니다. 예수님은 제자들을 훈련하실 때 이론적으로만 하신 것이 아니라 몸소 모범을 보이시며 같이 먹고 자면서 생활 훈련을 하셨습니다. 예수님의 모습을 옆에서 지켜만 보아도 그들은 큰 도전을 받았을 것입니다. 저도 예수님의 제자 훈련에 착안해서 수련회를 통하여 공동체 훈련을 시키고, 매일 같이 그날 배운 것을 나누면서 다른 사람이 느낀 것을 공유하며 서로 도전을 받을 수 있도록 했습니다. 훈련 내용은 다음과 같습니다.

(1) 겨울수련회

겨울수련회는 영성수련회입니다. 대부분 3박 4일의 일정으로 진행했습니다. 이때야말로 교회에서 부족했던 성경을 가르칠 기회이고, 학생들의 신앙을 정립할 수 있는 계기가 되었습니다. 아울러 다른 곳에서는 배울 수 없는 공동체 훈련을 할 수 있었습니다. 신앙을 추상적으로 배우는 것이 아니라, 생활 훈련을 통하여 자신의 신앙을 어떻게 표현할 수 있는지 깨닫는 계기로 삼았습니다. 자연 휴양림이나 수련관, 기도원, 교회 등을 빌려서 수련회를 가졌고, 때로는 외따로 떨어진 산속으로 들어가 혹독한 훈련을 했습니다. 프로그램은 이렇습니다.

- 새벽 집회: 새벽의 영성 집회는 학생들의 영혼을 깨우는 소중한 시간입니다. 아주 중요한 시간으로 정성을 들여 말씀을 전했습니다.
- 새벽 구보 및 운동: 새벽기도회가 끝나면 추운 겨울에 밖으로 나가 구보하고, 계곡으로 들어가 얼음을 깨고 세수하는 훈련을 했습니다.
- 성경 통독: 구약, 신약으로 나누어 통독하면서 목회자가 전체적인 그림을 그려 주었고, 66권의 성경 가운데 한 권의 성경이 끝날 때마다 중, 고등부로 나누어 퀴즈대회를 열어 점수를 매겨 마지막 날에 도서 상품권을 선물로 주었습니다. 이것은 학생들에게 집중력을 높이는 방법으로 큰 효과가 있었습니다.

겨울수련회 중 산행 훈련

- 신앙 서적 매일 한 권씩 읽기: 내용이 좋은 소책자를 택하여 미리 복사해서 가지고 가서 나누어 주고, 매일 한 권씩 읽고 독후감을 쓰게 하고 잠자기 전에 읽은 내용을 나누었습니다.
- 성경 강해: 성경 가운데 적은 분량을 택하여 4일간 집중적으로 강의를 했습니다. 이것이 제일 중요한데 목회자가 기도하면서 정성을 다하여 준비했습니다.
- 일기 쓰기: 매일 하루를 보내면서 받은 은혜를 일기에 기록하고, 매일 밤 자기 전에 전체가 모여 받은 은혜를 나누었습니다. 학생들에게 발표력도 생기고, 말을 조리 있게 할 수 있는 훈련이 되었습니다. 그뿐만 아니라 자연스럽게 상대방의 말을 주의해서 듣는 훈련을 받게 되었습니다.
- 분반 학습: 선생님들의 몫인데 미리 공과를 준비하여 나누어 주고 선생님들이 말씀을 가르쳤습니다.
- 농촌 문제 연구: 현재 농촌의 문제들을 나누며 농촌이 살기 위해서 사람이 필요하다는 사실을 깨닫게 하고, 가능하다면 농촌에 남을 수 있도록 권유했습니다. 목회자가 농촌에서 장기 목회를 하기 때문에 자신 있게 권할 수 있었습니다.
- 공동체 훈련: 학생들은 몇 개의 모둠으로 나누어 식사부터 설거지, 청소, 모둠 발표, 수련회 장소로의 이동 등 모든 것을 모둠 자체적으로 할 수 있도록 훈련했습니다. 이렇게 함으로써 서로를 섬기는 법을 터득하게 되었고, 자신이 할 일이 있다는 것을 깨닫게 되었습니다. 평소 가정에서 어머니가 해주는 밥을 먹고, 농사일도 부모님이 다 하여서 물 한 번, 흙 한

번 만져 보지 않은 아이들이 훈련을 통하여 가정의 소중함과 부모님의 고마움을 깨닫게 되었습니다. 이런 것은 교회가 아니면 가르칠 수 없는 것입니다.

- 산행: 수련회 기간 점심을 먹고 난 오후를 택하여 눈 덮인 산에 올라갔습니다. 학생들을 산으로 이끌며 자연 속에서 삶의 의미를 찾아보도록 하였습니다. 하나님이 만드신 창조 세계를 찬양하며 하나님께 영광을 돌렸습니다.
- 간증하기: 교회에 돌아와서 그 주일 오후에 수련회를 다녀온 간증을 하도록 했습니다. 신앙고백을 하게 한 것입니다. 자신의 자녀들이 수련회를 다녀와서 받은 은혜를 나누는 모습은 특히 부모들에게 감동을 주었습니다. 자연스럽게 자녀들의 신앙 성장을 볼 수 있는 기회가 되었습니다. 이렇게 되니 수련회에 빠지는 학생들이 없었습니다.

위의 일정을 수련회 기간에 일관성 있게 빠지지 않고 진행했습니다. 그 결과 영적인 부분을 잘 훈련할 수 있었습니다. 힘든 훈련이었지만 학생들이 잘 참고 견뎌 준 것은 여름에 나가는 문화 기행 때문입니다.

(2) 여름수련회(문화 기행)

여름에는 지리산을 종주하기도 하고, 매년 한 도(道)씩 정하여 문화 기행을 진행했습니다. 수련회를 통하여 하나님께서 창조하신 아름다운 자연을 보고 영광을 돌리게 되었고, 많은 문화 유적을 보면서 역사의식과 조상들의 지혜를 살펴볼 수 있었습니다. 사람들은 흔한 것은 귀하게 여기지 않는 습성이 있습니다. 가식의 화려함에는 곧잘 현혹되면서도 평범하고 소박한 가운데 있는 아름다움은 쉽게 놓쳐버립니다. "아는 것만큼 느끼고, 느낀 만큼 보인다"라고 누군가 말했습니다. 우리나라가 얼마나 아름다운 문화를 가지고 있는지 여행을 통하여 깨달을 수 있었습니다.

우리가 사는 곳은 경상도이기 때문에 학생들이 전라도에 대한 거부감을 은연중에 가지고 있습니다. 이것을 깨뜨리기 위하여 제일 먼저 전라북도의 동학혁명 근거지를 살펴보며 한국 근대사에 대해 공부했습니다. 다행히 반응이 좋아 다음으로 전라남도를 다녔습니다. 이렇게 매년 한 도씩 정하여 지금은 한국의 모든 도를 다 돌았고, 의미 있는 곳이나 경치 좋은 곳은 학생들이 다 다녀왔습니다.

한 예로 어떤 학생이 마산으로 고등학교를 갔는데, 그곳에서 환경에 대해 글을 쓰게 되었습니다. 우리가 새만금 간척지에서 천막을 치고 4일간 훈련을 한 적이 있습니다. 이 경험을 바탕으로 글을 썼는데 전체에서 대상을 받았습니다. 그 학생은 자신의 글이 대상을 받은 것을 보고 깜짝 놀랐고, 그 기쁨을 저에게 편지를 보내면서 "목사님의 교육이 살아 있는 교육이라는 것을 다시 알게 되었다"라고 하면서 감사해했습니다.

이렇게 현장에서 체험한 경험은 살아 있는 교육으로 학생들의 삶을 지배하는 것을 알 수 있었습니다. TV에서 나오는 내용이 자신들이 다녀온 것이기 때문에 신기해하고, 학교에서 공부할 때 많이 활용되는 것을 보고 자신들도 깜짝 놀라곤 했습니다.

〈전라남도를 다닐 때의 프로그램 예〉

- 8월 7일(월): 순천 - 애향원 - 낙안읍성 - 보성 - 차밭 - 율포 해수욕장
- 8월 8일(화): 고흥 - 소록도 - 강진 - 영랑생가 - 다산 초당 - 해남 - 녹우당 - 달마산과 미황사 - 송호해수욕장

여름수련회 문화 기행 중 광주 5.18묘역에 들러 참배

- 8월 9일(수): 보길도 - 부용동 정원 - 예송리 상록수림 - 중리해수욕장 - 토말 - 장도 청해진 유적지 - 진도 - 우수영 국민관광단지(울돌목) - 신비의 바닷길 - 운림산방
- 8월 10일(목): 영암 - 월출산 - 목포 - 유달산 - 광주 - 망월동 5.18묘역 - 소쇄원 - 담양 - 죽물박물관 - 죽녹원

수련회를 위해 핸드북을 정성스럽게 잘 만들었습니다. 그냥 몰려다니기만 하면 아무 의미가 없기 때문입니다. 준비한 것만큼 결과가 나타납니다. 다니는 곳곳마다 의미를 찾고 역사를 통하여 오늘을 볼 수 있게 교육했습니다. 그래서 약 100쪽이 넘는 책자를 만들어 미리 학생들에게 나누어 주고, 읽고 수련회에 참석하도록 유도했습니다. 목회자는 더 많은 자료를 준비해서 가는 곳마다 학생들에게 질문하기도 하고, 자세한 설명을 곁들여 이해를 도왔습니다. 여름수련회는 눈으로 보고, 온몸으로 체험할 수 있도록 계획을 세웠습니다. 그러면 영적인 부분이 약해

질 수 있기 때문에, 새벽 시간과 저녁 시간에 영성 집회를 했습니다. 몇 달 전부터 심혈을 기울여 준비하여 말씀을 전하니 학생들이 큰 은혜를 받았습니다. 학생들이 교회에서 간증할 때 보면, 다른 기도원 부흥 집회나 청소년 집회를 갔다 오고 나면 남는 것이 없다고 하는데, 수련회를 통하여 받은 은혜는 잊지 않는 모습을 볼 수 있었습니다.

여름수련회는 주로 8월 중순에 진행했습니다. 왜냐하면 학생들을 훈련하는데 주위에 사람이 많아 복작거리면 교육이 어렵기 때문에, 한적한 기간을 택하여 훈련의 집중도를 높였습니다. 이 무렵에 가면 모든 경비가 절약됩니다. 대부분 해수욕장도 폐장했고, 민박도 통째로 얻을 수 있으면서 가격이 매우 쌉니다. 학생들이 고등학교를 졸업하고 사회에 나가서도 고향 교회에서 훈련받은 것을 잊지 못하고 자랑스럽게 생각했습니다.

(3) 지리산과 설악산 종주

3년에 한 번씩 지리산과 설악산을 종주했습니다. 지리산은 우리나라에서 한라산(1,950m) 다음으로 높습니다. 해발 1,915m이고, 남쪽 소백산맥 종단에 경상남도 서부와 전라북도 동부, 전라남도의 동북부 등 3도에 걸쳐 있습니다. 또한 전체 면적이 1,500Km^{2}로 5개 군과 15개 면을 밟고 있는 거대한 산입니다. 해발 1,500m 이상의 봉우리만 18개를 거느리고 있습니다. 계곡도 70여 개에 이릅니다. 산정에서 보면 능선이 신비롭습니다.

아득한 옛날부터 지리산에 숨어 사는 사람들이 많았으니 세속을 떠난 은자들의 지혜가 지리산 곳곳에 진하게 배어 있습니다. 지리산에는 어지러운 세상을 피하여 평화롭게 살고자 하는 사람들이 많이 찾아들

학생회 지리산 종주(2005년)

었습니다. 훌륭한 도인, 빼어난 선비뿐만 아니라 나라 잃은 백성들, 권세가의 탐학에 시달리던 백성들, 압제자에 항거하다 쫓겨 온 의인들이 지리산에 안겨 새 삶을 꾸렸습니다. 일설에 따르면 백제에 멸망당한 마한의 유민들과 신라에 나라를 빼앗긴 가야의 유민들도 지리산으로 쫓겨 들어왔다고 합니다.

험악한 세상을 등지고 지리산에 묻혀 산 사람들은, 깊고 깊은 산중에 바깥세상과는 전혀 다른 세계를 만들었습니다. 거기에는 주인도 노예도 없었습니다. 빼앗는 자도 빼앗기고 통곡하는 이도 없었습니다. 아무도 헐벗거나 굶주리지 않았습니다. 산 사람들은 모두 한 가족처럼 지냈습니다. 그 자락 밑에 살고 있는 우리가 얼마나 감사하고 행복한지 느낄 수 있는 종주였습니다. 지리산 종주를 통하여 극기 훈련을 했습니다. 극기 훈련은 몇 가지 장점이 있습니다.

첫째, 고난을 이기는 훈련입니다. 종주하는 가운데 많은 어려움이 있었습니다. 어떤 경우에는 나흘 동안 계속 비가 쏟아지는 가운데 종주를 하기도 했습니다. 그러나 그런 어려움을 극복하는 과정에서 학생들이 성숙할 수 있었고, 아주 친밀한 동지 의식을 경험했습니다. 특히 일상생활 중에 어려움이 생겨도 지리산을 종주할 때의 정신으로 이겨나가는 모습을 자주 볼 수 있었습니다. 평생 잊지 못할 경험을 한 것입니다.

둘째, 자연을 아름답게 보면서 하나님을 찬양하게 됩니다. 지리산을 다니면서 곳곳에 피어 있는 야생화의 고고한 자태와 향기는 잊을 수 없습니다. 바위와 나무가 어우러진 모습은 감동적입니다. 자신도 모르게 하나님을 찬양하게 됩니다. 세석 산장에서 바라본 별자리는 학생들이 두고두고 잊지 못합니다.

셋째, 공동체 훈련을 통하여 서로를 섬기는 법을 배우게 됩니다. 힘든 학생들의 배낭을 대신 짊어지고, 부족한 식사와 간식을 서로 나누며, 산행 중 상처를 입은 사람을 서로가 돕습니다. 참 인간적인 아름다움을 경험하게 됩니다.

예전에는 지리산에서 천막을 칠 수 있었습니다. 한 번은 임걸령에서 학생들과 함께 천막을 치고 쉬고 있는데, 밤 11시쯤 뱀사골에서 넘어온 사람들이 도움을 요청했습니다. 술 먹고 지리산에 올라간다고 나갔던 사람이 다리가 부러져 들것에 실려 임걸령까지 온 것입니다. 여러 사람이 부상자를 노고단 산장까지 가기 위해 메고 왔지만, 너무 힘들어 도움을 요청한 것입니다. 우리가 천막을 친 곳에는 우리 외에도 7~8개 팀이 천막을 치고 잠을 자고 있었는데 아무도 나오지 않았습니다. 그런데 듬직한 우리 학생들이 자원하여 노고단까지 갔다가 새벽 4시경 돌아왔습니다. 학생들은 그날 평생 잊지 못할 뿌듯한 경험을 했습니다. 우리가 다른 사람의 불행을 돕지 않으면 내가 그 불행의 당사자가 될 수 있다는 것을 모르고 있습니다. 잠도 제대로 자지 못한 채 온종일 걸었던 학생들이 얼마나 자랑스러웠는지 모릅니다.

 수련회 기간 중 지나가는 지역 가운데 명산이 있으면 반드시 산행을 하고, 그렇지 못할 경우에는 방학 기간에 산행을 계획합니다. 나무나 꽃 등의 이름을 알아 가고, 자연의 소중함을 온몸으로 깨닫게 됩니다. 이제는 학생들이 저보다 더 많은 꽃과 나무의 이름을 알고 있습니다. 하나님께서 만드신 자연 속에서 서로 간의 일체를 경험하는 것입니다.

(4) 생태수련회

꽃잎과 나물을 뜯어 비빔밥을 해 먹고, 갯벌에 나가 생명의 충만함을 발견하며, 밤하늘의 별들을 바라보며 우주의 신비를 생각합니다. 생명과 환경을 위하여 싸우는 현장에 가서 왜 저분들이 온몸으로 싸우고 있는지 보게 합니다. 그 결과 학생들이 학교와 가정에서 작은 것을 실천하며 환경 파수꾼 역할을 하게 됩니다.

생태수련회 모습(2005년)

 옥동교회는 청소년 수련회를 통하여 성장한 교회입니다. 지금은 그들이 성장하여 지리산생명연대, 지리산환경연대, 함양시민연대 회원이 되어 시민사회 운동을 하고 있고, 지역에서 지도자가 되어 섬기고 있습니다. 물론 이것이 교회 성장의 전부라고는 말할 수 없습니다. 지도자의 겸손한 지도력, 좋은 평신도들의 헌신이 반드시 필요합니다. 그러나 수련회는 그 교회에 한두 사람이라도 있다면 꼭 필요하다고 생각합니다. 생명에 대한 소중함이 이 세상을 변화시킨다고 믿기 때문입니다.

(5) 영성 집회 참석

교계에서 진행하는 좋다는 영성 집회에 열심히 참여했습니다. 먼저 신앙을 바로 세우지 않으면 아무리 좋은 것을 해도 무너질 수 있다는 판단 아래, 신앙을 바로 세우는 데에 초점을 맞추었습니다. 그래서 초창기에는 전가화 목사의 '믿음의 집'을 몇 차례 다녔습니다. 그 후에 두란노 경배와 찬양집회, 기도원 집회, 각종 청소년 집회 등을 찾아다녔습니다. 이런 데에 학생들이 참여하는 것만으로도 은혜가 되었습니다. 사람들이 은혜를 사모하며 열정적으로 기도하는 모습은 학생들에게는 큰 충격으로 다가왔을 것입니다.

농촌에서 자신의 울타리를 넘어가 본 적이 없는 학생들이 전혀 다른 성격의 집회를 통하여 다양한 신앙 세계를 경험하게 했습니다. 문제 있는 집회도 많았지만 집회가 끝난 다음에 항상 밤에 모여 하루의 경험을 나누는 것을 잊지 않았습니다. 그래서 문제를 발견하고 자신의 신앙을 정립할 수 있도록 바로 잡아 주었습니다.

(6) 기도 훈련

요즘 한국교회가 밭갈이는 하지 않고 계속 씨만 뿌리고 있기 때문에 교인들의 머리만 커지고 그것이 가슴으로 내려가지 않고 있습니다. 행동으로 옮겨지지 않다 보니 열매 없는 교인, 의식적인 바리새인 교인들을 양산합니다. 그래서 교회가 서로 미워하고 증오하며, 오히려 불신 사회보다 더 냉혹하고 차가운 경우가 많습니다. 성도가 기도를 쉬는 것은 죽은 것과 같습니다. 사무엘도 "기도하기를 쉬는 죄를 여호와 앞에 결단코 범하지 아니하고"(삼상 12:23)라고 했습니다. 학생들이 인생을 살아가면서 기도하는 사람만 될 수 있다면 어떤 어려움도 이겨내고 의미 있

학생회 전도수련회(2006년)

는 삶을 살 수 있다고 확신하면서 수련회 때마다 기도 훈련을 집중적으로 시켰습니다. 통성기도, 개인기도, 중보기도, 짝 기도 등의 훈련을 통하여 기도를 생활화하는 계기를 마련했습니다.

5. 오직 우리 힘으로 건축한 예배당

옥동 예배당은 1976년 겨울에 4인치 블록을 직접 찍어 쌓아 20평 정도로 지었습니다. 초대 목회자였던 고창곤 목사님과 권학도 전도인 그리고 성도님들이 헌신하여 지었습니다. 제가 부임하던 1985년은 만 9년이 되던 해였는데, 겨울에 블록을 직접 찍어서 만들었고 겨울에 공사를 하다 보니 건물이 부실했습니다. 여기저기 금이 갔고 깨져 있었습니다. 더구나 예배를 드릴 때는 쥐들이 천정에서 왔다 갔다 다니며 소리를 내어 예배를 방해했습니다.

예배를 방해하는 쥐들을 쫓기 위해 목사님들께 문의하니 여러 가지 해결책을 주었습니다. 어떤 목사님은 병을 깨뜨려 천장에 뿌려 놓으면 쥐들이 없어진다고 하여 읍내에 나가 가게마다 들러 병을 모아 천정에 뿌렸습니다. 하지만 아무 소용이 없었습니다. 천정에 올라가 보니 약아빠진 쥐들이 깨진 유리 조각을 한쪽으로 몰아버리고 길을 내어 다니고 있었습니다. 다른 사람에게 물어보니 압정을 뿌려 놓으면 된다고 하여 압정을 사다가 뿌렸습니다. 역시나 소용이 없었습니다. 찍찍이도 바닥에 놓았지만 별로 효과가 없었습니다. 결국 쥐와 함께 살 수밖에 다른 도리가 없었습니다.

예배당 건축이 해답이라는 생각으로 제가 부임한 다음 해부터 건축헌금을 하여 10여 년을 모으니 약 5,000만 원이 되었습니다. 이 돈을 기반으로 건축을 시작했습니다. 평소에 늘 강조하기를 외부에서 도움을 받지 않고 우리 힘으로 지어 보자고 했습니다. 저는 성도들의 등가죽을 벗겨 예배당을 짓겠다고 말했습니다. 그리하여 예배당만 보면 은혜가 되고 기도가 저절로 나오는 예배당을 지어 보는 것이 소원이었습니다. 그 결과 청년 두 명이 약 7개월 동안 순수한 마음으로 헌신했고, 성도들의 눈물겨운 헌신으로 2억 5,000만 원을 들여 2층으로 연건평 150평을 지었습니다. 외부 도움은 전혀 받지 않고 예배당을 아름답게 지어 헌당예배를 드렸습니다. 헌당식 때 성도들이 한 편씩 글을 써서 책을 내고, 찾아온 내빈들에게 선물로 드렸습니다. 글을 모르거나 쓸 줄 모르는 성도들은 젊은이들이 도와주어 글을 한 편씩 냈습니다. 눈물겨운 헌당

성전 봉헌식(1997년)

신축한 옥동교회

식이었습니다. 함양에서 제일 아름다운 교회를 지었다고 자부합니다.

우리의 작은 마음을 모아 아름다운 예배당을 봉헌했습니다. 교회가 설립된 지 21년 만의 일이요, 제가 부임한 지 만 12년 만의 일입니다. 꿈에도 그리던 예배당을 건축한 기쁨은 무엇으로도 다 표현할 길이 없었습니다. 외형적으로 건물이 서 있다는 것이 기쁜 게 아니라, 이 예배당을 건축하기 위하여 얼마나 많은 기도와 헌신이 있었는지 그 신앙고백이 기쁜 것입니다. 예배당에서 하나님의 영광을 접할 수 있고, 시와 찬미와 신령한 노래를 드릴 수 있기 때문에 감사하지 않을 수 없습니다. 이곳에서 하나님의 음성을 접하고, 기도로 교제하며 위로와 힘을 얻어 하나님께서 우리에게 맡겨 준 이 땅을 거룩한 땅으로, 하나님의 공의가 편만한 땅으로 만들고자 합니다. 예배당 건축을 통해 건물만이 아니라 주님께서 원하시는 모범적인 교회를 만들기를 원합니다. 그리스도의 뜻이 살아서 일하는 공동체, 사랑만 하기에도 시간이 부족한 교회, 가난을 볼 줄 아는 교회, 삶이 살아 있는 교회가 되기를 성도들과 함께 기도했습니다.

6. 교회의 모든 일은 월례회를 통해 결정

제직회의와 기관장 회의 등 여러 회의를 모두 없애고, 전 교인이 참가하는 월례회를 만들어 교회의 모든 일을 의논했습니다. 한 달에 한 번씩 열리는 월례회에는 모든 교인이 참여합니다. 새로 나온 성도들도 교회의 재정 상태라든지, 교회가 돌아가는 상황을 모두 알 수 있도록 했습니다. 감출 일이 없었습니다. 모든 것을 투명하게 하니 교회에 대한 신뢰도가 상당히 높아지고 모두 적극적으로 교회 일에 참여하려 했습니다.

목회자 한 사람의 의견이 마치 하나님의 의견인 것처럼 움직이는 교회는 무서운 교회입니다. 목회자의 말에 반대하는 것이 마치 하나님을 반대하는 것처럼 여겨지는 교회는 독선적인 교회입니다. 한 사람보다 여러 사람의 의견을 들어 보면 생각지 못한 지혜로운 생각이 나옵니다. 어떤 목회자는 "교회에서 민주적으로 하면 안 된다. 하나님께서 어디 인간들과 의논하고 세상을 창조하시고, 구원의 역사를 이루어 가셨느냐?"라고 말을 하지만 사람은 실수가 많은 존재입니다. 견제하지 않으면 독선으로 흐를 때가 많습니다. 민주적인 교회는 부패할 수 없습니다.

옥동교회는 회의의 결정을 만장일치로 합니다. 누군가 반대하는 사람이 있을 경우, 일이 늦어지더라도 그 사람을 설득해서 모두 같이 가려고 노력합니다. 대부분의 사람이 찬성하고 자신만 반대할 경우, 그 사람은 기꺼이 자기의 의견을 포기하고 다른 사람들과 함께하려고 합니다. 그래서 내 의견, 다른 사람의 의견이 있지 않고 모두의 의견이 있을 뿐입니다. 회의를 진행하다가 어떤 사람이 "성경에 보면 이렇습니다"라고 할 경우 모두가 그 의견에 군말 없이 순종합니다.

회의하다 보면 나의 의견과 다른 사람의 의견이 대립할 때가 있습니

예배드리는 모습(2020년)

다. 저는 회의할 때 "나의 의견이 과연 합리적인지 다른 사람들에게 검증을 받아야 한다"라고 말합니다. 자신의 의견을 고집하는 것이 아니라 언제든지 더 좋은 의견이 있으면 마음을 열고 그것을 따라가는 것입니다. 자신의 의견에 반대하는 것을, 마치 자기를 무시하는 것으로 생각하는 편협한 사고를 버리고 살아야 합니다. 보통 도시교회는 사실 이러한 회의를 하기가 쉽지 않습니다. 이단이나 교회에 불만을 가진 사람들이 회의를 통해 아무것도 아닌 것을 가지고 교회를 흔들어 놓을 수 있기 때문입니다. 농촌교회의 장점이 여기에 있습니다.

뒤에서 불평하지 않고 모든 문제를 월례회에서 의논합니다. 교인들의 제안으로 일찌감치 헌금함도 뒤에 놓았습니다. 그런다고 헌금이 줄지 않았습니다. 하나님의 뜻을 찾아가다 보면 나머지는 하나님께서 하십니다. 심지어 예배 순서까지 의논했습니다. 모든 일을 교인들이 결정하니까 목회자가 신경 쓸 일이 없었습니다. 교인들도 자신의 의견이 교회에 반영되는 것을 보고 보람을 느낍니다.

7. 색다르게 주보 제작

보통 교회에서 제작하는 주보는 예배 순서를 싣는 것이 주목적입니다. 옥동교회에 부임하자마자 주보를 발행했습니다. 제가 군대에 입대할 때 세 가지 목표를 세웠습니다. 첫째는 진짜 사나이가 되어 보자는 것이고, 둘째는 무엇이든 배우자, 셋째는 여행을 하자는 것이었습니다. 두 번째에 속하는 무엇이든 배우자는 목표를 가지고 군대에서 무엇이든 배우려고 애썼습니다. 테니스, 타자, 영어와 한문 공부 등 기회가 주어지는 대로 배웠습니다. 이렇게 군대에서 배운 타자가 주보 발행에 쓰이게 될 줄은 몰랐습니다.

예전에는 '가리방'이라는 것을 썼습니다. 당시는 Lion 상표가 제일 좋은 것인데, 어렵게 중고를 구입하여 필경사를 했습니다. 파라핀유가 씌워진 종이로 철판 위에서 철필로 긁으면 잉크가 그 사이로 스며 나오게 하여 인쇄하는 방식입니다. 1986년부터 한 주간도 빠지지 않고 제가 은퇴할 때까지 주보를 만들었습니다. 물론 그 후에 기술이 발전해 컴퓨터로 주보를 만들었습니다.

주보를 만들 때 읽을거리가 있어야겠다고 생각했습니다. 그래서 4면으로 시작한 주보를 12면까지 늘렸습니다. 예배 순서는 물론 목회자 칼럼, 옥동교회 이야기, 신앙 간증 등 읽을거리를 제공했습니다. 목회자 칼럼은 아주 은혜롭고 감동이 느껴질 수 있도록 글을 썼습니다. 옥동교회 이야기는 한 주간 동안 교회나 마을에서 일어난 이야기를 썼습니다. 고향을 떠난 성도들이 고향 소식을 알 수 있었고, 고향에 대한 향수를 불러일으켰습니다. 결석한 성도들에게는 성도들을 통해 전달했고, 나중에는 이 주보를 전도 용지로 사용했습니다. 처음에는 교회에서 신앙

성탄전야 축하 행사(2018년)

생활을 하다 타지로 나간 성도들에게 보냈습니다. 이것이 주변에 알려져 나중에는 주보를 300여 곳에 보냈습니다. 한 달에 한 번씩 주보를 발송하는 일은 경비도 경비이지만 상당히 귀찮고 힘든 일이었어도 보람이 있었습니다.

VI. 제2기(1998~2008년)

1. 목회자와 지역을 섬기는 교회 지향

교회에는 공적인 역할이 있습니다. 아름답게 지어진 예배당을 신앙 생활하는 사람들이 일주일에 하루만 쓰는 것은 낭비라고 생각했습니다. 그래서 적극적으로 연합회 행사라든지 지역사회에 제공했습니다. 선거철에는 투표장으로, 재난이 발생할 때는 대피 장소로 제공했습니다. 제가 시무하는 36년 동안 예배당 문을 한 번도 잠근 적이 없습니다. 누구든지 와서 기도하고 가라고 열어 두었습니다.

그뿐만 아니라 지역 교회에 복사기, 차량, 교회 건물 등 무엇이든 무상으로 제공하려고 애썼습니다. 그래서 주변에 있는 교회가 매주 토요일 우리 교회에 와서 주보를 복사해 갑니다. 인쇄비는 물론 종이까지 제공했습니다. 차량을 바꿀 때는 어려운 교회에 헌 승합차를 무상으로 드렸습니다. 이 모든 것은 옥동교회 게 아니라 주님의 것이기 때문입니다.

우리 교회에서는 목회자 회의이든, 연합회 행사이든 무엇을 하면 식사를 만들어 드렸습니다. 주변에 미자립 교회가 많습니다. 자립한 교회가 미자립 교회들의 약함을 담당하는 것은 의무입니다. 이웃 교회가 교회당이든 교육관이든 지으려고 한다면, 목사님을 모셔다가 설교를 듣고 마음을 다하여 헌금해서 전액을 건축헌금으로 드렸습니다. 유명한 목회자를 초청해야 유명해지는 것인지, 농촌 목회자는 어디 외부에 나가 설교할 기회가 없습니다. 옥동교회는 함양에 소속되어 있는 모든 교회의 목회자를 초청하여 강단을 맡겼습니다. 대접을 극진하게 하고 사례비도 최선을 다해 드렸습니다. 선교사님이 오시면 오전 낮 예배 강단에 세우고 사례비를 많이 드립니다. 물질이 많아서가 아니라 감동을 드리기 위해 쓰지 않고 하는 것입니다. 농촌 목회자에게 힘을 드리려고 한 것입니다.

설날이나 추석이 되면 어려운 교회 10여 곳을 선정하여 성도들이 직접 방문하여 인사드리고 쌀, 과일 상자와 함께 10만 원씩 전달했습니다. 성도들도 뿌듯해서 자랑스러워했습니다. 성도들에게 "우리가 드리는 것이 아니라 주님께서 하신 것으로, 우리는 종으로 섬긴 것입니다"라고 말씀드리자 감사함으로 하나님께 영광을 돌렸습니다.

풋살 경기장 조성(2009년)

함양에서는 처음으로 풋살장을 만들었습니다. 3,000만 원 정도 들었습니다. 그곳에서 주민이나 청소년들이 마음 놓고 운동할 수 있도록 개방했습니다. 1년에 한 차례씩 교회 대항 풋살대회를 열어 매주 토요일마다 한 달간 시합을 해서 풍성한 상금을 드렸습니다. 함양 체육회장님이 오셔서 축하해 주셨고, 상금을 보자 "우리 체육회보다 배나 더 많이 상금을 주시네요" 하고 놀라기도 했습니다. 풋살대회를 통해 참가하는 교회들도 청소년들을 전도하고, 친교하고, 단합하는 계기가 되었습니다. 풋살대회를 하는 매주 토요일이면 예배당 주변에 많은 차가 도열해 있고, 젊은 사람들이 북적대니 마을 사람들이 깜짝 놀랐습니다.

2. 어려운 이웃을 섬기며 봉사하는 교회 지향

5개 구역과 2개의 기관에서 불우한 이웃 한 가정씩 선택하여 집중 지원을 했습니다. 홀로 계신 노인, 소년 소녀 가장 등 집중적으로 섬기고 있

정신요양원 원우들 초청 잔치(1994년)

습니다. 반찬을 해드리고, 빨래와 청소 및 화장실을 지어 드리고, 농사일을 도와드립니다. 분기마다 선한 사마리아 예배를 드렸습니다. 예배를 통하여 구제헌금을 하여 전액 주변 교회와 어려운 이웃을 섬겼습니다. 이론적으로 "어려운 이웃을 섬겨라, 사랑하라"라고 해도 어떻게 할지 모르는 성도들에게 구체적으로 이웃을 섬길 수 있는 환경을 열어 준 것입니다.

3. 지역사회 운동을 하는 교회 지향

참된 기독교는 개인적인 종교로서 역할과 공적인 종교로서 역할을 균형 있게 잘 감당해야 합니다. 어느 한쪽으로만 치우치면 그것은 참 기독교가 아닙니다. 자기 실속만 차리려는 자들은 기독교를 개인화합니다. 그들이 예수님을 찾는 것은 단지 자기만족을 하고, 자기 소원을 성취하기 위한 수단에 불과합니다. 이런 사람들은 겉으로는 신앙생활을 썩 잘

하는 것처럼 보입니다. 그러나 그 내면을 들여다보면 그들은 하나님을 주인으로 모신 것이 아니라 자기가 주인이 되어 살아갑니다.

그러나 기독교는 공적인 책임이 있는 종교라는 것을 기억해야 합니다. 정의를 외치고 약한 자와 억눌린 자 편에 서서 하나님의 공의를 세우는 데 앞장서는 것을 말합니다. 사회가 도덕적으로 타락했다면 교회가 그 환부를 끌어안고 치유하기 위해 애써야 한다는 것입니다. 이것이 기독교가 감당해야 할 공적인 책임입니다. 이런 의미에서 목회가 교회 안에만 머물러서는 안 된다고 생각했습니다. 교회 밖의 사람들은 하나님을 보여달라고 합니다. 우리는 예수 그리스도의 마음으로 사람들을 만나야 합니다. 만나지 않고는 복음의 진척이 일어날 수 없습니다. 치열하게 지역사회 운동을 했습니다.

어려운 농촌을 돕기 위해 여러 가지 일을 했는데, 그중에 어려운 가정의 농사일을 도왔습니다. 처음에는 고마워하다가 몇 년 지나니 목회자가 돕는 것을 당연시하는 풍토에 맥이 빠졌습니다. 더구나 목회자가 돕지 못한 가정들은 불만이 쌓여 갔습니다. 결과적으로 좋지 못한 결과를 낳았습니다. 저도 일에 지쳐 기도도 제대로 하지 못하고 설교 준비도 힘들었습니다. 결국 방향을 전환하여 목회자가 직접 농사일에 뛰어들 것이 아니라, 영농을 옆에서 돕는 일을 하면서 목양에 전념해야겠다는 깨달음을 얻었습니다.

1) 생명농업을 하다

농촌 목회자가 직접 농사도 지어 보지 않고 농촌 목회를 하면 피상적인 목회를 할 수밖에 없다고 생각했습니다. 농사를 지어야겠다고 생각하고 땅을 알아보니 만만치 않았습니다. 성도들에게도 땅 좀 알아봐 달라고 부탁했습니다. 그래서 마을 위에 작은 저수지가 있는데 그 아래에 있는 땅을 얻었습니다. 1,500평이나 됩니다. 땅을 나누어 밭농사와 논농사를 지었습니다. 한 주일에 서너 번 올라가 일을 했습니다. 일하다 보니 힘들기도 하지만 농사에 대해 무지하니 엉망진창입니다. 바라보던 성도들이 한심하다는 듯이 혀를 찼습니다. 권사님들, 집사님들이 올라와서 일을 도와주셨습니다. 일하기 위하여 라면과 우유와 간식을 싸 들고 올라갔습니다. 먹기 위해 일하는지, 일하기 위해 먹는지 모르는 상태로 경비만 잔뜩 들어갔습니다. 나중에 결산해 보니 차라리 농사짓지 말고 사 먹는 것이 훨씬 싸게 들었습니다.

농사짓는 원칙은 농기계나 농약 그리고 비료를 전혀 쓰지 않는 것입니다. 생산된 쌀은 현미를 만들어 비닐봉지에 넣어 라벨을 붙이고 주변에 있는 목회자 및 가족과 나누어 먹었습니다. 나누어 주는 기쁨이 있었습니다. 건강하고 좋은 먹거리를 먹으니 뿌듯했습니다. 내 손으로 농사를 짓고 처음으로 쌀로 밥을 지어 첫 숟가락을 뜰 때의 그 감동은 잊을 수가 없습니다. 반찬을 먹지 않고 몇 숟가락을 입에 넣으면서 그렇게 맛있는 밥은 그때까지 먹어 본 적이 없었습니다.

2년 동안 농사를 지으면서 몇 가지 문제가 생겼습니다. 하나는 농사를 짓다 보니 목양에 전념할 수 없었습니다. 수요일에도 일을 마치지 못해 욕심부리다 허겁지겁 집에 돌아와 간신히 늦지 않게 예배를 인도했습니다. 새벽기도회에 나가 꾸벅꾸벅 졸 때가 많았습니다. 당연히 목양에 전념할 수 없었습니다.

또 하나는 농사를 짓다 싸움이 벌어지기도 했습니다. 저의 논이 마을 제일 위에 있기 때문에 물을 제일 먼저 댈 수 있었습니다. 농사지을 때 밑에 있는 논부터 물을 채워 가야 하는데, 하다 보니 제 논에 먼저 물을 채울 때가 있었습니다. 아래 논에 있던 분이 제 논의 물을 다 빼갔습니다. 다른 분들은 기계로 심기 때문에 괜찮은데 저는 손으로 모내기해야 합니다. 그래서 날짜를 정해서 모내기를 하려면 물을 먼저 대야 합니다. 그런데 밑에서 물을 빼가니 화가 났습니다. 그 이후로 몇 번이나 말했지만 안하무인이었습니다. 말해도 막무가내이니 스트레스가 이만저만이 아니었습니다. 다른 분들이 농사짓다 칼부림 난다고 하는 말을 이해하게 되었습니다. 농사를 더 이상 계속하다가는 큰일 나겠다는 생각이 들어 2년 후에 중단했습니다.

아무튼 농사를 2년 동안 지으면서 깨달은 것도 많았습니다. 성도들이 비닐봉지에 싸서 가져다 준 농산물들은 성도들의 피와 땀이 맺힌 것이었습니다. 자신이 재배한 농산물 중 가장 좋은 것을 드린 것입니다. 자신들은 찌그러지고 못생긴 것을 먹고 목회자에게는 가장 좋은 것을 드린 것입니다. 그런 것도 모르고 고맙다는 말도 제대로 하지 못하고 당연한 것을 받은 것처럼 했고, 심하게는 썩혀서 버리는 일도 있었습니다. 지나고 보니 큰 죄를 많이 지었습니다.

2) 기독교연합회 발족

제가 함양에 올 때는 기독교연합회가 없었습니다. 1980년대 초는 교회가 교단을 중심으로 각자도생하고 있었습니다. 이래서는 안 되겠다는 생각에 교회와 교단을 불문하고 헌신예배 강사로 모셨습니다. 어느 정도 친분이 쌓이자 기독교연합회의 필요성을 강조하여 몇몇 목회자가 중심이 되어 준비위원회를 구성하고 1990년 기독교연합회를 결성했습니다. 연합회 회장은 예장 고신 측이 먼저 하고, 다음은 예장 통합 측이, 그다음은 기타 교단이 하는 것으로 정했습니다. 교단별로 교회 수나 교

기독교연합회 주최 부흥회(2003년)

인의 수가 각각 3분의 1이 되어 가장 적당한 방법이었습니다. 연합회에서는 고난주간 기도회, 부활절 연합예배와 더불어 헌혈 운동, 각 교회의 어려운 환경에 처해 있는 학생들에게 장학금을 주었습니다. 한 달에 한 번씩 돌아가며 기도회를 하였고, 가을에는 연합 부흥집회, 성탄절 트리를 만들었습니다. 서로서로 열심히 섬기는 모습이 아름다웠습니다.

3) 목회자 선교회 발족

제가 처음 함양에 왔을 때 안의교회 목사님과 제가 향목회라는 이름으로 군 선교를 위해 일했습니다. 국가의 부름을 받고 군에서 복무하는 장병들을 복음으로 섬겨 보자는 생각으로 시작한 일입니다. 안의교회 목사님이 떠나시고 혼자 남게 된 제가 군 복음화를 위해 주변 목회자들을 설득하여 15교회 정도가 참석했습니다. 매 주일 목회자들이 돌아가며 군부대에 들어가서 예배를 인도하고, 혹한기 훈련 때 위문하고, 성탄절이 되면 교회마다 몇 가지 음식을 만들어 부대에 들어가 뷔페 음식상을

군부대 병사 초청(1993년)

차리고, 성탄 공연을 하고, 교회에서 사병들 모두에게 선물을 드리고, 부대 교회를 짓는 일에 협력하는 등 정성을 다해 섬겼습니다.

그러다가 부대에 민간 목사님이 부임했습니다. 향목회가 할 일을 민목이 담당하다 보니 혼선이 생겼습니다. 이후 심도 있는 토론을 통해 복합적인 선교를 위하여 목회자선교회로 이름을 바꾸었습니다. 경목회와 기독문화원을 지원하고, 함양 기독교연합회와 협력하여 지역을 섬기고 있습니다.

4) 농어촌 목회자 연합회 발족

교단에는 농어촌 선교부가 있었습니다. 그러나 농어촌 선교부가 농촌에서 목회하고 있는 목회자들을 대변하지 못하고 총회에서 임원을 하기 위한 징검다리 역할만 했습니다. 그래서 뜻있는 목회자들이 1990년에 농목회를 만들었습니다. 기장, 예장 통합, 감리교에만 있는 농목회를 네 번째로 예장 대신교단이 만들었습니다. 이후 변방에 있는 임의 기구

농선회 회원들의 농촌교회 건축 봉사(2012년)

였던 농목회가 총회에서 농어촌 선교부 대신 상설기구인 농어촌선교회로 새롭게 탄생했습니다. 이것을 위하여 농목회 회원들이 지방 노회를 설득하여 헌의안을 올렸고, 농목회 회원들이 적극적으로 지지하여 농어촌선교회(농선회)가 정식으로 출범할 수 있었습니다.

그동안 농선회에서는 자료가 있어야 계획적인 농어촌교회 사역을 할 수 있다는 전제하에 2년에 걸쳐 이사들이 전국에 흩어져 있는 농어촌교회를 일일이 방문하여 자료 조사를 해서 교단 역사상 처음으로 백서를 만들었습니다. 또한 농어촌 목회자 부부 수련회를 매년 개최하고, 목회자 자녀들에게 장학금을 수여했습니다. 그리고 미자립 농어촌교회 20곳을 선정하여 매월 10만 원씩 지원했습니다. 게다가 매년 한 교회를 선정하여 자재는 농어촌선교회에서 부담하고, 농어촌 목회자들이 재능 기부하여 무상으로 30~35평 되는 예배당을 지어 주었습니다. 농어촌 교회를 순방하여 현금 50만 원과 많은 물품을 싣고 가 나누어 주는 등 농어촌 목회자를 위로했습니다. 이처럼 농선회는 농어촌 목회자를 중심으로 농촌 사역을 새롭게 만들어 가고 있습니다.

5) 함양군 기독교환경운동연대 창립

하나님의 창조 질서를 회복하고 자연환경을 보존하는 데 뜻을 갖고 군(郡)에서는 처음으로, 전국에서는 네 번째로 1995년에 환경운동연대를 창립했습니다. 당시 사회운동에 관심이 많았던 함양제일교회 양재성

의료폐기물 처리장 반대 시위(2009년)

목사님과 함께했습니다. 현재 26교회가 참여하고 있습니다. 함양읍 내 외곽에 쓰레기장이 있는데 마을 주민들과 반대 운동을 편 결과 친환경 쓰레기장이 들어섰습니다. 또한 지리산 댐 반대 운동에 참여하여 댐 건설을 막아냈습니다. 농민회, 공무원 노조, 전교조 등 주변 시민단체와 연대하고 있습니다.

6) 함양군 지리산댐백지화 대책위 출범

함양군 시민단체들과 연대하여 1998년 함양군 지리산댐백지화 대책위를 출범시켰습니다. 의회를 설득하여 반대 운동을 한 결과 지리산 문정 댐 건설 계획이 취소되었습니다. 지자체장만 바뀌면 단골 메뉴로 지리산 댐 이야기가 나옵니다. 그러나 끈질기게 투쟁하여 2000년 김대중 정부 시절 지리산댐 백지화 선언을 이끌어냈습니다. 현재까지 지리산에는 댐이 건설되지 않았습니다.

7) 지리산생명연대 출범

1997년 서울대학교 사회학과 교수였던 이신형 교수께서 학생들과 함께 지리산 왕시루봉에 있는 선교사 별장에 드나들며 학생들을 훈련시키는 과정에서, 시민운동이 지역에서 자생적으로 생겨나면 좋겠다는 제안에 지역 시민단체와 고민하여 지리산열린연대를 창립했습니다. 대부분의 시민단체가 수도권을 중심으로 생겨났는데, 지역에서는 최초로 시민단체가 만들어진 것입니다. 1999년 지리산살리기국민행동으로 확대되었고, 2002년에는 지리산생명연대라는 이름으로 새롭게 출범했습니다. 이 단체는 학계와 시민단체를 묶어서 경실련, 참여연대에 버금가는 단체로 자리매김하고 있습니다. 저 또한 창립 멤버로 남다른 애정이 있습니다.

8) 함양시민연대 출범

건강한 함양 건설을 위하여 시민연대를 결성했습니다. 의회와 군정을 감시하고 어려운 이들의 아픔을 어루만져 주는 단체입니다. 해외 이주 여성을 위하여 한글과 한국 문화를 가르치고 있습니다. 골프장 반대 운동과 「시사함양」이라는 지역신문을 만들고 있습니다. 일반 시민들이 지역의 문제를 시민연대에 제소해 와서 활발하게 대응하고 있습니다.

9) 지리산권 시민사회 단체 협의회 결성

지리산권인 함양, 산청, 하동, 구례, 남원 등을 중심으로 시민사회 단체들의 협의회가 결성되었습니다. 이 모임을 통하여 소통하면서 생명평화 운동을 전개해 나가고 있습니다. 지리산 케이블카 반대 운동, 지리산 댐 반대 운동 등 지리산을 자연 그대로 지키기 위하여 치열한 싸움을 하고 있습니다. 또한 지리산 문화제를 개최하여 문화를 통하여 지역의 마을과 마을을 연결하고, 함께 나누는 소중한 시간을 갖기도 했습니다.

10) 지리산권 종교연대 결성

뭇 생명을 살리는 일이야말로 종교가 존재하는 이유이며 이것이 곧 영성이라고 생각합니다. 종교의 본질은 거룩함과 나눔, 섬김인데 기업과 자본의 논리가 종교 안에서 성장은 가져왔지만 가장 중요한 본질은 상실

창립대회(2005년)

했습니다. 왜곡된 종교는 거대한 몸을 유지하기 위해서 많은 시간과 물질과 능력을 낭비하게 됩니다. 이 땅이 파괴되어 가는데도 종교는 성장주의의 최면에 걸려 있습니다. 종교는 화려한 옷 입기를 멈추고 몸과 마음을 닦는 본심으로 돌아가야 합니다. 성직자들끼리 서로 미워하는 것은 종교의 본질에도 어긋납니다. 그래서 기독교, 불교, 원불교, 천주교, 유교 성직자들의 모임을 1998년 함양군종교연대라는 이름으로 출범했습니다. 이것이 2002년 확대되어 지리산권종교연대로 발전했습니다. 느슨한 단체이지만 문제가 생겼을 경우 그 시대의 정신을 일깨우는 단체로 많은 활동을 하고 있습니다.

VII. 제3기(2009~2020년): 은퇴 이야기

저는 경남 함양에 있는 옥동교회에 1985년 11월에 부임해서 2020년 10월 첫 주에 은퇴했습니다. 만 35년을 지냈는데 돌이켜 보면 부끄러운 목회를 한 것 같습니다. 목회는 업적으로 평가할 일은 아니라고 생각합니다. 멋진 교회당을 지었고, 선교를 어떻게 했고, 지역사회를 어떻게 섬겼다는 식으로 평가하는 건 본질을 놓치는 것이라고 생각합니다.

제가 30대 초반에 이 교회에 와서 60대 후반에 은퇴한 것은 전적인 하나님의 은혜입니다. 주님께서는 큰 은혜를 주셨지만 참 게으른 목회를 했습니다. 본질을 놓치고 의미 없는 일에 바빴습니다. 좀 더 잘할 수 있었는데, 왜 그랬을까? 하는 후회와 부끄러움이 있습니다.

목회자에 대한 진정한 평가는 그가 맺어 가는 열매로 알 수 있습니다. 살아가면서 맺어 가는 삶의 열매가 정의롭고, 사랑이 넘치고, 평화로운가? 목회자가 하나님을 두려워하고, 말씀대로 살려고 몸부림치며, 날마다 새롭게 변화되는 모습을 성도님들이 바라보면서, 인격적인 예수님을 만나고 있는가를 목회의 성공 여부로 삼는 게 옳은 것이지요.

목회자는 예수님을 가리키는 표지판과 같다고 생각합니다. 성도들이 목회자를 보면서 예수님이 생각나면 성공한 목회입니다. 거대한 교회당을 짓고 수많은 성도가 모여들고, 엄청난 예산과 사업을 자랑한다고 하더라도, 그 목회자를 볼 때 예수님이 생각나지 않는다면 자기 사업을 한 것이지 복음을 위하여 산 게 아닙니다. 그런 의미에서 저는 실패한 목회자입니다. 자랑할 것이 전혀 없는 35년의 삶을 살았습니다. 부끄럽죠. 그동안 부끄러운 삶을 살았다 하더라도 은퇴만이라도 은혜롭게 하고 싶었습니다. 그것이 저의 고민이었습니다.

마태복음 19장 16절 이하에 부자 청년이 나오는데, 사회적으로 성공한 관원이었음에도 그것에 만족하지 않고 영생에 대한 고민이 있어 예수님을 찾았습니다. 그러나 예수님은 그에게 한 가지 부족한 것이 있다고 하시면서 재물을 팔아 가난한 자들에게 주고 나를 따르라고 하셨습니다. 그 청년은 슬픈 기색을 띠고 근심하며 돌아갔습니다. 부자 청년은 예수님에게 불합격 판정을 받았지만, 과연 우리는 이 부자 청년과 같은 진리와 영생에 대한 진지함이 있었는지 되돌아봐야 합니다. 오늘날 한국교회가 이토록 어지러운 이유는 진리에 대한 진지한 고민이 없기 때문이라고 생각합니다. 목회에 대한 진지한 고민이 없습니다. 복음과 삶에 대한 진지한 고민이 없습니다. 자신의 사색으로 얻은 것만이 참된 지식입니다. 아무런 고민 없이 모든 것을 무비판적으로 받아들이고 사는 것은 아닌지 한번 깊이 생각해 봐야 합니다. 당연하다고 생각하는 것들에도 사실 많은 문제가 있습니다.

목회자 가운데 자신이 하나님인 것 같은 착각을 하며 사는 사람들이 얼마나 많습니까? 주의 종이라고 하니까 눈에 뵈는 것이 없습니다. 교회에서 하나님처럼 군림합니다. 성도들이 무슨 불평이라도 하면 마치 하나님을 건드린 것처럼 흥분합니다. 강대상에서 하나님의 마음을 전하는 것이 아니라 자신의 이기심을 충족하기 위해 성도들을 저주하고 겁을 줍니다. 성도들의 양심을 억압하고 권위를 내세우며 독선을 일삼습니다. 목사가 대단하기는 한 것 같습니다.

총회를 가보면 소위 목회자, 장로라는 분들이 아무것도 아닌 것을 가지고 분을 내며 싸웁니다. 실제로 저는 총회에서 흥분하며 발언하다 쓰러져 죽은 목회자를 봤습니다. 한국교회가 코로나 시국에 어떻게 전염병을 퇴치해야 하고, 이것을 기회로 하나님의 선교를 어떻게 감당해야 하는지, 또한 우리 안에 만연되어 있는 무당 종교를 어떻게 개혁해 나가야 하는지 의논하며 싸운다면 얼마든지 좋습니다. 그런데 싸우는 대부분의 문제는 교권 다툼입니다. 그것도 권세라고 움켜쥐려고 눈이 벌겋습니다. 착각하며 살고 있는 것이지요. 자신이 누구인지 모릅니다. 우리는 주님의 종입니다. 주인 되시는 주님의 뜻을 받들어야 합니다.

제가 은퇴 이야기를 하는 것은 요즘 교회마다 은퇴하는 목회자로 인해 어려움을 많이 겪는다고 하기 때문입니다. 왜 은혜로운 이야기는 없을까? 왜 스님들은 무소유를 이야기하고 그들의 삶을 통해 존경받는데 목회자들에게는 왜 그런 감동적인 이야기가 없을까? 저는 평생 자기가 사랑하며 충성했던 교회와 성도들에게 할 수 있는, 은퇴 후의 사역은 감동적인 삶을 사는 것이라고 믿습니다. 평생 자기가 설교했던 성도들에게 인생의 마지막까지 하나님과 동행하며 그분의 말씀에 순종하는 모습을 보여야 하겠지요. 아니 이것은 목회자의 마땅한 책임이라고 생각합니다.

전남 고흥군 소록도에서 43년 동안 한센병 환자를 보살펴 온 외국인 수녀님 두 명은 편지 한 장 달랑 남기고 고국 오스트리아로 떠나갔습니다. 소록도에서 평생을 환자와 함께 살아온 마리안느(71)와 마가렛(70) 수녀님들입니다. 이른 새벽 아무도 모르게 섬을 떠났습니다. 누군가에게 알려질까 봐, 요란한 송별식이 될까 봐 조용히 떠났습니다. 이런 삶을 한번 살아보고 싶다는 생각이 들었습니다. 은퇴를 위해 좋은 마음을 갖자는 것이 저의 준비였습니다. 35년간 하나님은 저를 굶기지 않으셨습니다. 농촌교회에서 목회하며 행복하게 살았는데 나머지 인생 또한 책임져 주시지 않을까요?

그래서 생각한 것이 사례비 문제입니다. 은퇴 몇 년 전부터 사례비를 매년 내렸습니다. 임금 피크제 같은 것입니다. 아이들을 다 키웠는데 무슨 돈이 더 필요하겠습니까? 적당히 먹고 살면 됩니다. 목회하는 35년 동안 저의 집은 에어컨이 없었습니다. 어머니를 30년 모시고 있는데 어머니께서 위암 수술을 한 뒤로 더위를 너무 많이 타십니다. 그래서 에어컨 이야기를 종종 하십니다. 제가 어머니를 달랬습니다. 우리 교인들의 가정이 반 정도 에어컨을 사용하면 달아 드리겠습니다. 결국 은퇴할 때까지 달아 드리지 못했습니다.

은퇴 후에 집도 준비하지 않았습니다. 왜냐하면 가만히 생각해 보니까 사람의 평균 수명이 한국은 80세 전후입니다. 은퇴를 70세에 한다고 하면 겨우 10여 년을 살려고 화려한 집을 짓고 산다는 것은 죄라고 생각했습니다. 작은 농촌 마을 어딘가에 있는 빈집을 고쳐 살든지, 소박한 집을 조립식으로 지어 남아 있는 여생을 살고 싶었습니다. 그래서 시골에 있는 헌 집이라도 구하려고 이곳저곳을 다녔습니다. 그러던 중 한 30년 가까이 된 집이지만 하나님의 은혜로 제가 기대하지 않았던 좋은 집을 얻게 되었습니다. 준비한 것은 아무것도 없었지만, 하나님은 이미 좋은 집을 준비해 주셨습니다.

저는 은퇴할 때 교회에 아무것도 요구하지 않았습니다. 원로목사도 하지 않겠다고 했습니다. 매월 생활비를 준다면 거부할 것이라고 말했습니다. 왜냐하면 농촌교회에 부담을 주고 싶지 않았기 때문입니다. 농촌교회가 자체적으로도 자립하기 힘든 마당에 교회에 어려움을 줄 필요가 없습니다. 하나님께서 먹을 것을 주실 거라는 믿음이 있었습니다.

제 친구들이 이사했다고 찾아왔습니다. 도시에서 꽤 규모 있는 목회를 하는 친구들입니다. 은퇴 이야기가 나와서 여러 이야기를 하는데 저의 은퇴를 못마땅하게 여기고 있었습니다. 조기 은퇴도, 원로목사를 하지 않는다는 것도, 은퇴식도 하지 않는다는 것도, 은퇴 후 교회에서 주는 생활비를 받지 않는다는 것도, 교회를 떠난다는 것도, 모든 것이 맘에 들지 않는다고 합니다. 조기에 은퇴하면 은퇴 후에 후회한다면서 자신들은 하고 싶지 않을 때까지 목회할 것이라고 말했습니다. 그러면서 은퇴 후에 교회에서 주는 사례도 받으라고 했습니다. 원로목사를 왜 거부하느냐고 했습니다. 저는 의인이 되지만 후임자에게 피해가 간다고 했습니다. 한동안 듣고 있다가 제가 이런 이야기를 했습니다. "우리 교회는 조기 은퇴하는 것이 전통이 될 것입니다. 은퇴하면서 교회에 돈을 요구하지 않는 것이 전통이 될 것입니다. 세상이 어떻게 가든지 주님께서 원하시는 것이 무엇인지 그 뜻을 따라가는 것이 전통이 될 것입니다." 친구들은 한동안 아무 말도 하지 못했습니다.

　어머니는 그동안 일궈 놓았던 모든 것을 내놓고 떠나는 저를 이해하지 못했습니다. 예배를 목숨처럼 생각했는데 이제 예배드릴 곳이 없다는 현실을 받아들이지 못했습니다. 그러나 목회자의 삶이 그런 것입니다. 주님께서는 때가 되면 떠나라 하십니다. 노병은 조용히 사라질 뿐입니다. 왜냐하면 그 교회에 대한 사명이 거기까지이기 때문입니다.

　마태복음 21장 28절 이하에 예수님께서 말씀해 주신 두 아들의 비유가 나옵니다. 어떤 아버지가 두 아들 중 맏아들에게 포도원에 가서 일하라고 지시했습니다. 맏아들은 "예" 하고는 가지 않았습니다. 둘째 아들은 "아니요" 하고는 이내 뉘우치고 아버지의 명령에 순종했습니다. 맏아들은 아버지의 뜻이 무엇인지 정확하게 알았습니다. 그러나 그는 아버지의 지시대로 하지 않았습니다. 우리는 이 말씀 속에서 하나님의 뜻을 아는 것이 경건 생활에 꼭 필요한 요소이기는 하지만 그 자체가 경건이 아님을 확인하게 됩니다. 두 아들의 비유는 아버지의 유업을 이어받은 맏아들과 같이 온갖 종교적 특권과 기득권을 누리면서 하나님의 말씀에 순종하는 듯했지만, 정작 하나님께서 보내신 세례 요한과 메시아의 말씀에 귀 기울이지 않고 배척하고 심지어는 죽이기까지 했던, 유대 종교 지도자들의 악행을 책망하고 경고하기 위하여 주신 말씀입니다. 신앙생활의 모범을 보여야 할 지도자들이 오히려 일반 성도들의 걸림돌이 되어 있는 모습을 책망하며 하신 말씀입니다.

오늘날 교회 안에도 이와 같이 경건을 가장한 위선자들이 있습니다. 겉모양은 경건한데 내면은 마귀의 속성으로 가득 찬 위선자들이 얼마든지 존재할 수 있습니다. 믿음이 있다고 하면서도 행함이 따르지 않는 이들이 여기에 속합니다. 그들은 믿음이 있는 것처럼 보이기는 하나 죽은 믿음을 가진 자들이어서 도무지 열매를 맺지 못하고 역사를 일으키지 못합니다. 예수님께서는 외식적인 종교 지도자들에게 "뱀들아 독사의 새끼들아 너희가 어떻게 지옥의 판결을 피하겠느냐"(마 23:33)라고 경고하셨는데, 이 경고는 믿음이 있다고 하면서도 행함이 없는 기독교인들에게도 여전히 유효함을 알아야 합니다. 이 비유는 사실 엄청난 말씀입니다. 우리가 구제받을 수 없는 죄인이라고 여기는 이들이, 우리보다 먼저 천국에 들어간다는 충격적인 말씀이기 때문입니다. 오늘날로 치면 목회자나 신학자 혹은 장로 등 열심인 사람들보다, 그들이 교리의 잣대로 정죄하는 사람들이나, 그들이 불쌍히 여기는 '믿지 않는' 이들이 먼저 천국에 들어간다고 하시는 폭탄선언인 겁니다.

안타까우신 겁니다. 껍데기만 요란한 신앙생활에 파묻힌 이들, 신앙의 본질에는 소홀하고 신앙의 실천적인 부분은 등한시하면서 온갖 신비를 다 깨우친 양 거드름을 피우는 이들, 안타까우신 것이지요. 겸손하게 자신의 잘못을 인정하지 못하고 늘 남보다 자기가 낫다고 착각하며 자기 변화를 시도할 생각은 하지 않고 남과 환경의 변화만 기대하는 이들을 향한 비수 같은 말씀입니다. 이 비유에서 아버지가 아들들에게 명한 것은 포도원, 즉 하나님 나라를 일구는 일이었습니다. 하나님 나라를 일구려면 세속 나라를 향했던 발걸음을 되돌려야 합니다. 탐욕에 이끌려 멋모르고 걸어가던 길을 멈추고 과감히 돌아서서 하나님 앞으로 돌아서야 합니다.

신앙은 영혼 깊은 곳에서 하나님과 대화하면서 하나님의 뜻에 자기를 비우며, 날마다 새롭게 변화해 가는 신성한 노동입니다. 우리는 신앙의 껍데기 아닌 신앙의 알맹이를 추구해야만 합니다. 오늘 주님의 저 엄청난 말씀이 우리 영혼 깊은 곳에서 울리고 또 울려 우리의 신앙을 바로잡아 주시길 소망합니다. 형식만 붙들고 사는 신앙에서 돌아서야 합니다. 목회자를 생각하고 바라보는 사람들에게 감동이 있어야 합니다. 그리고 모세는 죽어야 합니다. 그래야 이스라엘은 여호수아와 더불어 새로운 전진을 할 수 있습니다. 과거에 묶이면 안 됩니다. 성경 어느 곳을 보아도 하나님의 사람들은 자신의 사역이 끝나면 이름도 빛도 없이 사라졌습니다. 저도 여기까지입니다.

VIII. 제4기 (2021~2025 현재)

1. 은퇴할 때 꼭 준비해야 할 것들

은퇴 후 만 5년을 보낸 제가 은퇴를 앞둔 분들에게 꼭 드리고 싶은 말씀이 있습니다. 제일 중요한 것은 조건보다 마음의 준비입니다. 마음의 준비 없이 물질이나 주택을 준비해도 은퇴를 후회할 수 있습니다. 기억해야 할 것 네 가지는 이렇습니다.

첫째, 경제적으로 어려울 것입니다. 각오해야 합니다. 아주 힘든 교회를 빼놓고 웬만하면 교회에서 필요한 것을 해줍니다. 혹 주변 교회에서 생활비를 보내 주기도 합니다. 그러나 은퇴하면 경제적으로 심한 압박을 받게 됩니다. 평소에 하던 방식으로 살아서는 안 됩니다. 불필요한 것을 줄여야 합니다. 어쩌면 간단한 직장을 가져야 할지도 모릅니다. 농촌에서 사는 저의 경우, 한 달에 약 200만 원은 있어야 기본적인 생활이 가능합니다. 전기세, 통신료, 식료품값, 자동차 세금, 기름값, 보험료, 난방유, 부모님 용돈 등 들어가는 것이 많습니다. 그렇지 않으면 자녀에게 몸을 의탁해야 합니다.

저의 경우 국가에서 관리하고 있는 국민연금에 처음부터 단계를 조금 올려 가입했습니다. 할 수만 있다면 국민연금은 꼭 들어야 합니다. 국민연금과 노령연금으로 월 100만 원 정도 받습니다. 그래서 부족한 부분을 채우기 위해 땅을 조금 빌려 부부가 농부가 됐습니다. 혹시 농촌에 살 계획이라면 농부가 되는 것이 아주 유익합니다. 마을목회를 하는데 농부가 된다는 것은 사람들에게 가까이 갈 수 있는 유용한 방법입니다. 마음의 준비를 단단히 하고 은퇴하면 물질이 많지 않아도 행복할 수 있습니다. 마음의 준비가 안 된 상태에서 은퇴한다면 물질이 많아도 여전히 부족해서 힘들 것입니다.

둘째, 많이 외로울 것입니다. 목회할 때는 성도들이 있어 적당한 관계를 맺기 때문에 심심할 수 없습니다. 또한 노회와 연합회 등 여러 곳에 관계를 맺고 있어 찾아오는 사람이 많습니다. 그러나 은퇴하면 시무하던 교회의 성도들이나 노회의 관계자들이 한두 번은 찾아오지만 서서히 관계가 정리됩니다. 자주 찾아올 수는 없습니다. 그러면 외로움이 밀려옵니다. 외로움에 나중에는 주변 사람들을 배신자라고 정죄하게 됩니다. 이래서는 안 됩니다. 어떤 분은 은퇴했는데 찾아오는 사람이 없자 외로움에 치매에 걸렸다고도 합니다. 은퇴할 때 아무도 없는 너무 먼 곳에 가서 사는 것은 고려해 봐야 합니다. 저 같은 경우는 교회에서 반대 방향으로 20~30분 정도 걸리는 작은 농촌 마을에 들어갔습니다. 읍내도 15분 정도로 가깝고, 병원도 많습니다. 늙으면 병원에 가야 할 일이 잦아서 병원이 가까워야 합니다.

저는 운동을 좋아해서 목사님들과 일주일에 한 번씩 족구를 합니다. 가능하다면 젊은 목사님들과 자주 어울리는 것이 좋습니다. 그러면 자신이 젊어지는 것을 느낄 수 있습니다. 그러나 분명히 알아야 할 것은 늙어서 사람을 적게 만나는 것은 하나님의 뜻이라는 겁니다. 그렇기에 오히려 하나님과 더 가까워지는 계기로 삼아야 합니다. 사람을 바라보는 것이 아니라 하나님을 바라보며 살아가야 합니다. 그것이 하나님의 뜻입니다.

셋째, 할 일이 없을 것입니다. 숨 가쁘게 일을 하다 갑자기 은퇴하니 할 일이 없어집니다. 미리 생각하고 일감을 준비하면 모르지만, 대부분 일이 없어 게을러집니다. 처음에는 야심 차게 이것도 해보고 저것도 해보지만 며칠 가지 않습니다. 은퇴 후는 주님을 만날 준비를 하는 시기입니다. 그동안 수고했으니 "쉬어라" 하는 것이 은퇴입니다. 너무 많은 일을 하다가 시험에 들지 말아야 합니다.

농촌의 경우 마을목회를 해야 합니다. 예배당을 중심으로 하는 목회에서, 마을에 있는 주민 모두를 성도로 삼고 목회해야 합니다. 마을에서 존경받는 목회자로 우뚝 서야 합니다. 하나님을 모르는 마을 사람들에게 하나님을 보여주어야 합니다. 마을 어르신들에게 깍듯하게 인사하고, 마을 일에 적극적으로 나서며, 주변 도로를 꽃밭으로 만들고, 어려운 어르신들을 도와야 합니다. 마을목회를 하면 일이 참 많습니다. 가능하다면 작은 텃밭을 만들어 자신이 먹을 부식을 조달할 것을 추천합니다. 저의 경우는 550평 정도 농사를 지어 부식을 조달합니다. 가지 수를 세어 보니 40가지나 됩니다. 우리가 평소 부식으로 사다 먹는 것을 심다 보니 가지 수가 늘었습니다. 약 50~60% 정도 자립하는 것 같습니다.

얼마 전에 차를 타고 집으로 돌아오는 중에 마을회관 앞에서 노인 한 분이 손수레 밑에 깔려 일어나지 못하고 거꾸로 매달려 버둥거리는 것을 보았습니다. 차를 세우고 황급히 노인을 일으켜 세우고 업어서 회관에 들어갔습니다. 엎드려서 토하는데 양이 많았습니다. 급히 119로 신고하니 소방관들이 신속하게 도착했습니다. 가족들이 있어야 하는데 모두 부산에 살고 있습니다. 가족들에게 연락하고 종합병원인 성심병원까지 따라갔습니다. 늦은 시간까지 치료를 받고 입원실이 없어 다시 마을로 돌아와야만 했습니다. 병원비를 제가 내고 제 트럭으로 집으로 모셨습니다. 자녀들이 부랴부랴 부산에서 달려와 모친을 보고 감사해 했습니다. 마을에 금방 소문이 돌아 많은 칭찬을 받았습니다.

마을에도 일이 참 많습니다. 마을 일을 의논할 때 힘든 일을 자발적으로 맡아 하고, 경조사에 제일 먼저 달려가고, 적극적으로 마을 일에 나서면 좋은 사람이 마을에 왔다고 칭찬이 자자합니다. 주변에 농약병과 플라스틱병, 비닐 껍데기 등 쓰레기가 참 많습니다. 마대에 담아 처리하면 마을이 깨끗해집니다. 농사일을 힘들게 하는 노인을 조금만 도와주어도 고맙다고 난리입니다. 이처럼 마음만 있다면 마을에 동화되는 것은 그리 어렵지 않습니다. 적당한 일과 운동은 노후를 활기차게 살 수 있게 합니다.

 넷째, 영성 문제입니다. 은퇴하면 신앙생활을 어디서 할까 하는 것이 정말 큰 고민입니다. 제가 함양에서 은퇴 목회자들이 모여 예배드릴 수 있는 공간을 마련해 볼까 하는 생각을 했습니다. 그러나 주변 사람들이 말립니다. 목회자들이 설교를 시켜 주지 않는다고 불평하는 사람들도 생기고, "무슨 설교를 그렇게 오래 하냐? 저게 설교냐?" 등등 문제가 많다고 합니다. 또 제가 알고 있는 교회에 부탁하여 점심 식사를 해결할 생각이 있었는데 식사 문제도 심각하다는 것입니다. 어떤 교회는 교회 앞 유리창에 "신천지와 은퇴 목사는 출입을 금합니다"라고 써 붙여 놓았다고 합니다. 은퇴 목사 때문에 어려움을 겪었기 때문일 것이라고 생각하기는 했지만 그래도 너무 했습니다. 그리고 은퇴 목사도 처신을 잘해야 합니다. 얼마나 민폐를 끼쳤으면 출입 금지까지 당하겠습니까?

 저 같은 경우는 어머니와 집사람과 함께 예배를 드립니다. 세 사람의 조촐한 예배이지만 두세 사람 있는 곳에 그들 중에 함께하겠다고 하신 주님의 말씀을 믿기 때문입니다. 그동안 성도들을 성숙시키기 위하여 노력했다면, 이제는 가족을 위해 성경 공부를 하는 식으로 예배를 드리고 있습니다. 오히려 은혜가 더욱 충만한 것을 경험합니다.

2. 후배들에게 드리고 싶은 말들

1) 기도하는 목회자가 되어야 합니다

목회자에게 기도의 중요성이나 기도하라는 말은 진부하게 들릴지 모릅니다. 그러나 어떤 의미에서 목회자들이 늘 기도하면서도 기도의 중요성을 잘 모르는 것 같습니다. 목회자가 기도한다면 이 땅이 이렇게 탐욕에 물들 수는 없습니다. 그리스도인들이 기도한다면 이 사회가 이렇게 죄악으로 가득 찰 수는 없습니다.

예수님은 기도로 생애를 시작하셨습니다. 그리고 십자가상에서 죽으실 때도 기도로 마치셨습니다. 예수님의 전 생애는 기도의 생애였습니다. 평소에도 예수님은 언제나 기도하시며 하나님과 교제하셨습니다. 그 모습이 얼마나 아름다웠는지 제자들은 기도를 가르쳐 달라고 부탁했습니다. 우리의 중심에 기도가 없다면 그 모든 것은 죽은 것입니다. 기도 없는 찬양은 노래일 뿐입니다. 기도 없는 설교는 연설일 뿐입니다. 기도는 놀라운 비밀입니다.

예수님은 기도의 중요성을 아셨습니다. 항상 기도하는 것이 중요하다는 것입니다. 예수님은 기도의 능력을 아셨습니다. 기도는 꿈이 있는 사람이 하는 것입니다. 기도는 소원이 있는 사람이 하는 것입니다. 자기 한계를 초월해서 하나님의 일을 하는 사람이 하는 것입니다. 자기 힘으로 해결할 수 있는 문제라면 기도하지 않을 것입니다. 자기 힘으로 해결할 수 없는 큰 문제, 큰 꿈, 큰 소원이 있는 사람들이 기도합니다. 자녀들을 향해 원대한 꿈을 가진 부모들은 기도하게 됩니다. 무릎을 꿇게 됩니다. 하나님은 기도를 통해서 놀라운 축복을 주십니다. 길을 열어 주십니다. 장애물을 제거해 주십니다. 분명한 비전을 주십니다. 용기를 주십니다. 능력을 베풀어 주십니다. 좋은 사람을 만나게 하십니다. 기도하고 있다면 언제나 희망이 있습니다.

기도해야 할 때라고 생각하지 않습니까? 우리 사회의 현실, 이 나라의 정치와 경제의 표류하는 현실을 바라보십니까? 이 나라의 무너져 가는 도덕성을 보고 계십니까? 흔들리고 있는 자녀들, 청소년들을 바라보십시오. 기도할 때라고 생각하지 않습니까? 그런데도 깊은 잠, 냉담의 잠, 무관심의 잠 속에 빠진 우리의 모습을 바라보십시오. 우리에게 걸어오셔서 말씀하시는 예수님의 음성이 들리지 않습니까? "어찌하여 자느냐?"

2) 설교가 탁월해야 합니다

목회자에게 설교는 큰 부담입니다. 또 한국교회는 설교가 너무 많습니다. 그래서 타성에 젖은 설교, 형식적인 설교를 하게 됩니다. 특히 농촌 목회자의 경우, 알아듣지 못하는 노인들만 계시다 보니 설교 준비를 하지 않고도 적당히 넘길 수 있습니다. 그러나 목회자라면 설교에 탁월해야 합니다. 쓸데없는 이야기만 늘어놓다 마무리로 성경 이야기 약간 하다가 끝나면 안 됩니다.

제가 은퇴하고 가장 마음 아프게 생각한 것이 설교를 소홀히 했다는 것입니다. 하나님 앞에 설 것을 생각하면 두렵습니다. 설교를 빙자하여 성도들에게 화풀이하고, 설교로 성도들의 양심을 짓밟고, 복음이 아니라 율법으로 억압하려고 한 적이 얼마나 많은지 모릅니다. 제발 하나님께서 이 시대에 하시고 싶은 말씀을 전하십시오. 우리가 받은 복음이 은혜의 복음이라는 이유가 무엇입니까? 은혜는 받을 자격이 없는 이들에게 베풀어지는 조건 없는 사랑입니다. 우리는 이런 하나님의 사랑으로 구원을 받았습니다. 그런데 율법주의자들은 종교의식과 인간적인 행위를 담보로 이런 하나님의 사랑을 조건부 사랑으로 만들었습니다. 만약 이런 의식을 지키는 것이나 어떤 특별한 종교적 행위로 우리의 구원이 이루어진다면 그것은 예수님의 죽으심을 헛되이 하는 것입니다. "내가 하나님의 은혜를 폐하지 아니하노니 만일 의롭게 되는 것이 율법으로 말미암으면 그리스도께서 헛되이 죽으셨느니라"(갈 2:21).

율법은 아브라함에게 약속이 주어진 이후 그리스도께서 오시기까지 한시적으로 주어진 것입니다. 또한 그 기능과 목적 또한 제한적이어서 인간으로 하여금 죄를 자각하게 하여 그리스도께 나아가 믿음의 의를 얻도록 할 뿐입니다. 다시 말하면, 율법은 의의 안내자일 뿐, 의에 이르게 하지는 못합니다. 오히려 율법 아래 있는 동안은 인간은 자유인이 아니라 종이며, 저주 아래 있을 뿐입니다.

이러한 측면에서 우리 시대 가장 탁월한 설교자 가운에 한 사람인 '존 오트버그'는 그의 책『인생, 영생이 되다』에서 이렇게 말합니다.

"구원의 핵심은 우리를 천국으로 데려가는 것이 아니라, 천국을 우리에게로 가져오는 것이다. 구원의 핵심은 장소 이동이 아니라 삶의 변화다. 구원의 핵심은 하나님이 '내게' 해주시는 일이 아니라, 하나님이 '내 안에서' 하시는 일이다. 구원의 핵심은 하나님 나라의 삶이 한 번에 한 순간씩 내 작은 삶 속으로 스며들게 만드는 것이다."

예수 그리스도를 믿음으로 구원받아 죄를 용서받고, 우리를 구원해주신 주님의 은혜를 감사하며 오늘 이 땅에서 복음으로 살아야 합니다. 율법으로 정죄하고 비판하며 사는 인생이 아니라, 말할 수 없는 하나님의 은혜로 구원받은 사람답게 용서하고, 사랑하고, 오늘을 주님과 동행하면서 거룩한 행실과 경건함으로 살아가는 것입니다.

3) 독서를 많이 해야 합니다

목회자는 독서의 양이 차야 합니다. 독서를 게을리하는 목회자는 자격이 없습니다. 정약용은 유배지에서 두 아들 학연과 학유에게 수십 통의 편지를 보내면서 18년이 넘는 유배 생활 중에도 자녀 교육에 결코 소홀하지 않았습니다. 그는 독서만이 집안을 일으키는 길이라면서 이런 말을 했습니다. "이제 너희들은 몰락한 집안의 자손이다. 그러므로 잘 처신하여 처음보다 훌륭하게 된다면 이것이야말로 기특하고 좋은 일이지 않겠느냐? 폐족으로서 바르게 처신하는 방법은 오직 독서하는 한 가지 방법밖에 없다"라면서 "책을 읽다 도중에 의미를 모르는 글자를 만날 때마다 널리 고찰하고 세밀하게 연구하여 그 근본 뿌리를 파헤쳐 글 전체를 이해할 수 있어야 한다. 이런 식으로 책을 읽는다면 수백 가지의 책을 함께 보는 것이 된다"라고 했습니다. 즉 마구잡이로 책을 읽는 것은 아무 소용이 없다는 것을 강조한 것입니다. 어릴 때부터 독서광이었던 다산이 긴 유배 생활 속에서도 500여 권의 책을 남긴 것은 많은 독서를 했기 때문입니다.

제가 은퇴하고 나서 가장 후회한 일은 현직에 있을 때 독서를 게을리한 것입니다. 그래서 은퇴하면 책을 많이 읽으리라고 결심했습니다. 매일 새벽에 일어나 기도하고 성경을 보고 나서는 독서를 했습니다. 제가 은퇴를 하고 읽은 책을 보면 2020년 10월에 『나의 아름다운 이웃』, 『좋다고 하니까 나도 좋다』, 『나는 농담으로 과학을 말한다』, 『정신과 의사에게 배우는 자존감 대화법』, 『지적 대화를 위한 넓고 얕은 지식 1』, 『담백하게 산다는 것』, 『미움받을 용기』 모두 7권입니다. 11월에는 『영어는 세 단어로』, 『나는 까칠하게 살기로 했다』, 『자세히 보아야 예쁘다』, 『그렇게 말해줘서 고마워』, 『B급 세계사』 모두 5권입니다. 12월에는 『하룻밤에 읽는 한국사』, 『토마스 아퀴나스의 신학대전 3권』, 『나의 아름다운 정원』, 『알아두면 쓸데 있는 유쾌한 상식 사전』, 『정신과 의사의 서재』 모두 5권입니다. 거의 일주일에 한 권 이상 읽었습니다. 책을 보니 마음이 맑아졌습니다. 눈이 밝아졌습니다. 생각이 정리됩니다. 왜 이것을 몰랐을까? 왜 쓸데없는 데에 시간을 허비했을까? 왜 의미 없는 일을 쫓아다녔을까? 후회가 됩니다.

작은 행동이 모여서 좋게든 나쁘게든 중요한 결과를 낳습니다. 좋은 책 한 권을 읽는다고 해서 인생이 바뀌지는 않지만, 이후 또 한 권을 읽게 되고, 그다음 또 한 권을 읽게 됩니다. 그러면 지식과 통찰력이 쌓여 예측하지 못한 변화와 결과를 만듭니다. 시간이 흐르면서 다른 사람이 되는 것입니다. 이 모든 것의 시작은 책 한 권입니다. 대중 연설가이자 작가인 지그 지글러(Zig Ziglar)는 "입력되는 정보가 당신의 관점을 결정한다. 관점은 결과를 결정하며, 결과는 미래를 결정한다"라고 말했습니다. 더 나은 정보를 받아들이면 더 나은 생각을 하게 되고, 궁극적으로 더 나은 결과를 얻게 됩니다.

훌륭한 통찰력과 능력을 지닌 사람들과 자주 접촉하는 것이 도움이 됩니다. 비즈니스 전략가 '찰리 존스'는 "훌륭한 사람을 만나지 않고 좋은 책을 읽지 않는다면, 5년 후에도 지금 있는 모습 그대로일 것이다"라고 말했습니다. 입력되는 정보와 경험, 만나는 사람을 적극적으로 바꿔야 합니다. 그래야 전에는 몰랐던 것을 인식하게 되고, 보지 못한 것을 보게 됩니다. 그러면 전과 다른 방식으로 행동하게 됩니다.

4) 여행을 많이 하는 것이 목회에 도움이 됩니다

인생은 흘러가는 것이 아니라 채워 가는 것이라고 누군가 이야기했습니다. 인생을 심드렁하게 살아가다가 뒤늦게 환갑이 지나서야 정신이 번쩍 들었습니다. 이렇게 늙어 가다 죽을 수 없다는 생각이 들었습니다. 얼마나 더 살지는 모르겠지만 삶의 의미를 찾고 싶었습니다. 이 시점에서 내가 가장 잘할 수 있는 것이 무엇일까 생각하다 도보 여행을 떠나기로 결정했습니다. 그래서 2014년 9월에 제일 먼저 지리산 둘레길을 찾았습니다. 사실 그동안 너무 안일과 타성에 젖어, 나머지 생을 큰 잘못 없이 지내면 좋겠다는 생각을 하고 있었습니다. 그 결과 교회도 침체기에 접어든 것 같고, 성도들 또한 한 교회에서 29년을 같이 살다 보니 지루함을 느끼는 것 같았습니다. 변화가 필요함을 깨닫게 되었습니다.

지리산 둘레길 순례는 총 20구간 274Km 정도 되고 전북, 전남, 경남 3개 도에, 구례, 남원, 산청, 함양, 하동 등 5개 시군에 걸쳐 100여 개의 마을을 지나고 700리 정도 됩니다. 하루에 2~3코스 정도 약 30Km 걸었습니다. 지리산 둘레길 순례를 통하여 저의 신앙과 목회와 삶을 묵상했습니다. 제가 더 커지고 깊어지고 싶었습니다. 육체를 학대하고 고행하는 영지주의 신앙이나, 율법적인 신앙이 아니라 깨어 있고 싶었습니다. 저의 신앙이 졸지 않고 긴장감을 갖고 살기를 원했습니다. 목회자는 하나님의 음성을 듣는 사람인데 이번 기회에 하나님께 귀를 기울이기를 원했습니다.

둘레길 순례를 통해 많은 것을 느꼈습니다. 먼저 저의 영혼이 정화되는 듯했습니다. 길을 걷다 보면 길 주변에 하얀 구절초가 청초하게 피어 있었습니다. 청순한 아름다움을 보면서 나의 신앙도 저렇게 청순하고 아름답기를 기도했습니다. 산길을 걸으면서 찬양을 하기도 하고, 핸드폰으로 성경을 소리 내어 읽게 하여 말씀을 묵상하기도 했습니다. 그 누구에게도 방해받지 않고 기도하며 걸었습니다. 어리석고 무지한 생각으로 하나님을 아프게 했고, 성도들을 힘들게 했습니다. 그러면서도 잘하고 있는 것으로 착각했습니다. 주님께 충성하지 못했습니다. 하지 않았어도 될 말들이 생각났습니다. 게으른 저의 모습을 보았습니다. 시시

한 것들에 마음을 뺏기고 사소한 것들에 집착하는 자신을 만났습니다. 더욱 중요한 것들을 놓치고, 목표를 잊고 있었습니다. 가장 가까운 사람들에게 소홀했습니다. 사랑이 너무 부족했습니다. 하나님께서 회개의 영을 허락하셨습니다.

그리고 역사의식을 배울 수 있었습니다. 1951년 2월 5일 이승만 정부는 하루속히 빨치산을 소탕하라는 명령을 군에 내립니다. 명령을 받은 육군 11사단 최덕신 사단장이 소탕 작전을 개시합니다. 작전을 시작한 날은 설 다음날이었습니다. 2월 7일 가현, 방곡, 점촌, 엄천강 넘어 서주마을 주민들을 무참히 학살했습니다. 신고된 숫자만 700명이 넘습니다. 현대 한국사의 아픈 상흔과 백성들의 애환이 서린 곳입니다. 생각이 다르고, 지역이 다르고, 생김새가 다르다는 이유만으로 국가의 이름을 빌려, 때로는 공동체의 이름으로 소수자들을 협박하고 죽입니다. 늘 일방적이고도 잔인하게 진행되는 폭력입니다. 이렇게 무고하게 죽어간 양민 학살 현장이 지리산 곳곳에 존재합니다. 지리산이 핍박받는 이들의 상징이 되는 이유입니다.

신앙이라는 것도 그렇습니다. 나와 신앙이 다르다는 이유로 무자비하게 폭력을 휘두르는 일을 신의 이름으로 자행합니다. 신을 사랑한다는 열심을 가지고 오히려 신을 죽이는 일을 하는 것입니다. 주님은 "사랑하라"고 하셨는데, 오히려 형제를 미워하고 폭력을 조장합니다. 강단에서는 폭력을 부추기고 지독한 증오와 미움을 선포합니다. 무서운 일입니다. 제발 우리는 더 이상 서로를 미워해서는 안 됩니다. 서로를 불쌍히 여기고 사랑해야 합니다. 우리 민족이 남북으로 대치되어 이념으로 나뉘어 있고, 서로를 증오하니 이 일을 어떻게 해야 할지 모르겠습니다. 지리산 둘레길의 아픈 현장을 돌아보고 그것을 자신의 삶에 새기는 과정이 순례일 것입니다. 모두가 평화롭게 살아가는 꿈을 꾸어 봅니다. 이 자연 속에 기대어 살아가려는 사람들이 더욱 많아지기를 기대해 봅니다.

수철에서 800m 지점에 지막마을이 있습니다. 이 마을에는 덕계 오건 선생과 남명 조식 선생에 관한 이야기가 전해지는 춘래대와 춘래정이 있습니다. 두 분의 우정이 깃든 곳입니다. 어쩌다 술이라도 한 잔 하는 날이면 두 분이 서로 이 길을 오가며 배웅을 반복했다고 합니다. 마음을 같이 하는 정다운 친구가 그리워집니다. 이런 둘레길도 친구와 함께 할 수 있다면 얼마나 좋겠습니까? 때로는 정자에 누워, 아니면 풀밭에 누워 하늘을 보며 신앙과 우정을 나누는 모습을 그리워해 봅니다.

또 하나 배운 것은 저의 가능성을 본 것입니다. 오지 탐험가들이나, 고산준령을 넘나드는 사람들은 특별한 사람들일 것이라 생각했는데, 이 기회를 통해 나도 할 수 있겠다고 생각하게 되었습니다. 도전하는 데는 나이가 장애가 아니라는 생각이 들었습니다. 아예 해보지도 않고 안 된다는 것이 아니라, 어떤 일에 도전해서 실패한다고 하더라도 결코 실패가 아니라는 것을 알게 되었습니다. 적어도 남들이 하지 못한 일에 도전해 보았다는 훌륭한 자산을 얻게 됩니다.

지리산 둘레길을 잘 다녀오고 2015년 5월에 제주도 올레길에 도전했습니다. 올레길 430Km를 걷는다고 할 때 "목사가 성경 보고 기도하면 되지 뭐 한다고 그 고생을 하느냐"라며 핀잔하는 사람이 있었습니다. 상대방의 행동을 존중해 주고 이해해 주는 것이 아니라 자신의 기준으로 함부로 판단하는 사람들을 볼 때 마음이 아팠습니다.

그동안 저 나름대로 복음을 전하고 교회를 섬긴다고 했지만, 과연 주님께서 기쁘게 받으실 만한 것이 있는가 생각을 하니 가슴이 답답했습니다. 교회를 짓고, 성도 숫자를 늘리고, 사회활동을 통한 지역사회 운동과 선교에 많은 투자를 했다고 해서 주님이 기뻐하실까? 농촌에 있는 교회를 성장시켰다고 해서 과연 주님께서 원하시는 교회가 된 것일까?

주님께서 원하시는 것은 내가 하나님의 사람이 되는 것이지 사업을 많이 하는 게 아닐 것입니다. 말씀 한 마디로 천지를 창조하신 분이 무슨 일을 못 하셔서 이 부족한 종을 쓰시겠습니까? 주님은 저를 원하시고 제가 주님을 진심으로 사랑하는 걸 기뻐하실 것입니다. 한 주간 그저 집에서 시간을 보내며 땜질하듯 보낼 수도 있지만 안일한 잠에서 깨어 있고 싶었습니다.

그래서 길로 나섰습니다. 올레길을 걸으며 길에서 주님께 묻고 싶었습니다. 길에서 답을 찾고 싶었습니다. 그래서 광야로 나간 것입니다. 광야는 하나님의 말씀을 듣기 위해서 꼭 가야 하는 장소입니다. 하나님의 음성을 듣기 위해서는 도시의 시끄럽고 잡다한 소리를 피해서 광야로 나가야 합니다. 일상적인 환경 속에서 모든 것이 잘되어 갈 때는 하나님을 만나기 어렵습니다. 그러나 붙잡을 것이 없고 기댈 곳이 없는 환경에서 살다 보면 하나님을 만나게 됩니다. 광야에서 우리는 내 안에 숨어 있는 성취욕, 세상을 향한 야심을 만지는 시간을 가질 수 있습니다. 겉으로는 하나님의 영광을 위하여 산다고 말하지만 하나님의 것과 내 것이 뒤섞여 있는데 그것들이 고난을 통하여 정제되어 갑니다. 거룩한 것과 세속적인 것이 뒤엉켜 있는 삶이 광야에서 정결해지는 경험을 하게 됩니다.

저의 교만을 보았고, 저의 문제를 보았습니다. 극한적인 한계를 경험하면서 제가 얼마나 연약한 존재인지 깨달았습니다. 오직 하나님만을 의지하면서 주님을 부르며 길을 걸었습니다. 매일 새롭게 전개되는 아름다운 자연을 바라보며 하나님의 위대하심을 찬양했습니다. 여행을 통하여 스스로 고난 속으로 들어가고, 순수한 자연 속에서 하나님의 음성을 듣고, 육체의 욕심을 버리고 영적으로 성결해지는 것을 경험했습니다.

제주에서 또 하나의 역사적 사실 앞에 가슴이 먹먹했습니다. 제주 4.3 사건입니다. 제주 4.3 사건은 공동체에 엄청난 상흔을 남겼습니다. 제주 도민에게 4.3은 발설할 수 없는 금기의 단어였습니다. 보트 피플이 4.3 당시 제주에도 있었다고 합니다. 학살을 피해 무수한 사람이 보트에 올라 대한해협을 건너 일본으로 갔습니다. 오사카의 츠루하 시에서는 제주도 사투리를 쓰는 할망들, 할아방들의 말을 심심치 않게 들을 수 있다고 합니다. 참 슬픈 역사입니다. 우리는 나와 다른 의견을 수용할 수 있는 마음의 여유가 없습니다. 나와 다른 사람은 빨갱이로 몰아 자신과 구분합니다. 지금도 그렇습니다. 다른 이야기만 하면 종북으로 몰아 나쁜 놈을 만듭니다. 획일적인 사고만 있는 사회는 무서운 사회입니다. '다른 것'은 '나쁜 것'이 아닙니다. 우리는 달라야 합니다. 그래야 발전이 있습니다. 공산주의 사회는 지도자 수령의 생각만이 존재하는 사회입니다. 평화와 통일 그리고 인권의 소중함을 되새기는 기회가 되었습니다.

올레길 12코스 무릉생태학교에서 용수포구까지 걷는 길에서, 용수포구에 도착하기 2.6Km 지점에서 하루를 쉬고, 오전 6시 20분에 길을 나섰습니다. 태풍과 함께 걸었던 지난 이틀간의 길이 너무 힘들어, 당산봉을 비껴가려고 했는데 그만 길을 잘못 들어 당산봉으로 올라가게 되었습니다. 땀을 뻘뻘 흘리며 오르는 길에서 나도 모르게 불평이 쏟아졌습니다. 첫 아침 출발하자마자 힘든 길이기에 툴툴거리며 간신히 당산

네팔 히말라야 트레킹(2021년)

봉에 올랐습니다. 그런데 눈 앞에 펼쳐지는 광경에 입을 다물지 못했습니다. 태풍이 지나간 길에 꼬리를 물듯 따라가는 구름 조각들의 향연과 차귀도의 아름다운 모습은 평생 잊을 수가 없습니다. 정말 하나님의 솜씨에 탄복하지 않을 수 없었습니다. "그렇군요. 주님께서 이 광경을 보여주고 싶으셔서 저의 눈을 멀게 하여 이곳으로 인도하셨군요. 감사합니다. 감사합니다." 이른 새벽에 천 길 벼랑 끝자락을 따라 난 오솔길을 걸어가며 감사하고 있을 때, 갑자기 구름이 걷히며 상큼한 햇살이 비춥니다. 그렇습니다. 저는 하나님의 웃는 모습을 보았습니다. 제주도 올레길은 후배 송명호 목사님과 함께 2년에 걸쳐 걸었습니다. 인생길에 동행이 있다는 것은 큰 축복입니다. 마음이 아름다운 벗과 함께 걷는 길은 은총의 길입니다.

저의 길은 이후에도 계속되었습니다. 네팔 안나푸르나에 가고 싶었습니다. 하나님께서 창조하신 설산을 바라보며 마음껏 하나님을 찬양하고 싶었습니다. 제가 설교를 하고 성도님들이 은혜받았다고 하면 그

백두대간 종주 출발(2016년)

렇게 기쁜데, 하나님의 창조물을 바라보며 찬양하면 하나님께서 기뻐하실 것이라는 확신이 들었습니다. 그래서 무작정 비행기 표를 먼저 끊어놓고 계획을 짰습니다. 다행스럽게도 얼마 떨어지지 않은 곳에서 목회를 하고 계신 서보성 목사님이 함께해 주셔서 외롭지 않게 2015년 10월에 다녀왔습니다. 랑탕 히말라야에는 2018년 11월에 다녀왔습니다. 히말라야에서 가장 많이 다니는 세 코스 가운데 두 코스를 다녀왔습니다. 전혀 경험하지 못했던 놀라운 광경에 입을 다물지 못했습니다. 하나님의 위엄과 자연의 경이로움을 볼 수 있었습니다.

2016년부터 산을 좋아하는 사람들의 로망인 백두대간을 2021년까지 5년에 걸쳐 완주했습니다. 속된 말로 죽을 고생을 했습니다. 제 인생을 통하여 그렇게 고생한 적이 없습니다. 그러나 잊지 못할 아름다운 산행이었습니다. 2019년에는 자전거로 제주도를 한 바퀴 돌았습니다. 부산 오륙도 해맞이 공원에서 해남 땅끝까지 이어지는 장장 1,470Km의 남파랑길을 2023년 2월에 걷기 시작했습니다. 지난 2년 동안 47코스

735Km를 걸었고, 2025년에는 전라남도 구간을 시작했습니다. 이런 활동을 60세 넘어서가 아니라 좀 더 일찍 시작했더라면 하는 아쉬움이 있습니다. 언제 제 걸음이 멈출지 모르지만 하나님께서 허락하시면 계속 걸을 것입니다. 걷기 위해 좋고 편안한 것을 포기했더니 하나님의 놀라운 은혜가 임했습니다.

5) 자기가 전한 말씀과 삶이 일치해야 합니다

하나님의 종이라는 최소한의 자존심을 갖고 목회하면 좋겠습니다. 그 어떤 목회자들보다 실력이 있고, 설교에 깊은 감동이 있어야 합니다. 교인이 80세가 넘은 노인 한 명 일지라도 제대로 된 그리스도인을 만드는 데 게으르지 않아야 합니다.

저는 설교만 잘하는 목회자가 아니라 제가 전한 그 말씀을 살아내는 목회자가 되고 싶습니다. 제가 조기 은퇴를 한 이유는 이 교회에서 목회를 할 수 없어서가 아닙니다. 제가 하면 연명은 할 수 있지만 성장이 어렵습니다. 한계가 있습니다. 더 젊고 비전이 있는 목회자가 와서 교회를 성장시키고, 이 땅에 사는 영혼들을 구원하며, 성도들을 잘 돌볼 수 있어야 한다는 것을 깨달았기 때문입니다.

거창군의 어떤 면 소재지에 있는 농촌교회 이야기입니다. 목사님이 은퇴할 때가 되어 떠나야 하는데, 교회에서 전별금을 적게 드렸습니다. 목사님은 더 달라고 하면서 떼를 썼습니다. 성도들은 목사님과 싸울 수 없어 눈물을 머금고 빚을 내어 더 드렸습니다. 그 목사님이 떠나고 몇 달 지나 집을 지었다고 성도들을 초청했습니다. 가보니 그림 같은 서양풍의 집에다 나무 데크를 설치하고 잔디를 깔아 놓았습니다. 그곳을 다녀온 연세 드신 성도님이 차에서 내리면서 하시는 말이 "도둑놈이네!"

하더랍니다. 기껏해야 80세 전후로 사는 인생인데 70세에 은퇴하여 겨우 10여 년을 살려고 멋들어진 집을 짓고 산다는 것은 죄라고밖에 생각할 수 없습니다.

신앙이 무엇입니까? 신앙은 사람이 바뀌는 것입니다. 따뜻하고, 교양 있고, 이해력이 있어야 합니다. 신앙은 인격입니다. 신앙이 좋다는 것은 기도를 잘하거나, 잘 섬기는 것이 아니라 삶이 반듯한 것입니다. 자신이 한 말에 책임지는 것입니다. 이것이 인격이 바로 된 사람입니다. 본질적으로 인격이 바로 서지 못한 사람은 언젠가는 교회도 성도들도 다 팽개치고 자신의 욕심이나 자존심을 세우기 위해 교회가 파괴되든지 말든지 상관없이 행동합니다. 자신의 잘못을 볼 줄 아는 사람이 인격자입니다.

IX. 이야기를 마치면서

제 꿈은 지역과 함께 호흡하며, 지역을 살리는 교회를 만드는 것입니다. 농촌교회가 지역사회에서 지도력을 상실하고 있습니다. 인간의 영적인 부분뿐만이 아니라 인간의 사회적인 관계와 지역사회에도 관심을 기울여야 합니다. 이제는 교회에 출석하는 교인만 상대로 하며 비교인 주민들을 단순히 전도의 대상으로만 여기고 목회하던 관행을 넘어서서 교인과 주민 그리고 지역 환경을 총체적으로 망라하는 공동체를 향해 나아가야 합니다.

어떤 사람이 꿈을 꾸게 되었습니다. 목자가 잃어버린 양을 찾는 꿈이었습니다. 그는 꿈에서도 잃어버린 양을 포기하는 게 지혜롭다고 생각했습니다. 그런데 잃어버린 양을 보니 자기가 잘 아는 사람이었습니다. 그래서 그는 목자에게 잃어버린 양을 찾는 것이 좋겠다고 말했습니다. 그런데 다시 보니 잃어버린 양은 바로 자신의 아들이었습니다. 그 사람은 목자에게 어떤 일이 있어도 꼭 잃어버린 양을 찾아야 한다고 재촉했습니다. 그런데 다시 자세히 보니 잃어버린 양은 다른 사람이 아니라 바로 자신임을 깨닫게 되었습니다. 그는 목자에게 말하기를 99마리를 들에 두고라도 그 잃어버린 하나를 꼭 찾아야 한다고 말했습니다.

그 잃어버린 양 하나는 결코 포기할 수 없는 소중한 하나입니다. 하나님은 우리를 포기할 수 없는 한 생명으로 찾고 계십니다. 있어도 되고 없어도 되는 그런 존재가 아니라 꼭 있어야 하고 꼭 영원하신 하나님의 사랑을 받아야 할 소중한 존재로 여기시고 지금도 찾으시는 것입니다. 잃어버린 한 마리의 양은 결코 목자의 마음에 드는 양이 아니었습니다. 왜냐하면 다른 양들은 목자를 따랐고 목자의 음성을 듣고 인도하는 대로 갔습니다. 그러나 이 한 마리는 제멋대로 행동하여 목자의 인도를 따르지 않은 문제 있는 양입니다. 어떤 의미에서 목자에게 너무 많은 수고와 아픔을 준 양이라고 할 수 있습니다. 그런데 목자는 그런 하나를 포기하지 않고 찾되 그냥 찾는 것이 아니라 찾도록 찾지 않겠느냐고 하며 기어이 찾겠다는 의지를 분명히 했습니다. 목자는 양을 찾을 때까지 먹을 수도 없고 잠을 잘 수도 없습니다. 이윽고 엄청난 수고를 한 목자는 잃어버린 양을 찾았습니다. 친구들과 이웃들을 다 불러 모아 잔치를 벌였습니다. 잃어버린 양을 찾았기 때문에 떨 듯이 기쁜 것입니다. 이 기쁨은 죄인이 회개하고 하나님의 품으로 돌아왔을 때 하나님께서 얼마나 기뻐하시는지 하나님의 심정을 보여줍니다.

제가 제일 한심하게 생각하는 사람이 있습니다. 마라톤 경기를 하고 나서, 또는 격투기를 하고 나서 힘이 남아돌아 이리저리 힘자랑하는 사람입니다. 모름지기 경기에 임하는 선수는 최선을 다한 다음에 기력이 진해서, 다른 사람이 붙잡아 주어야 할 정도로 힘을 쏟아야 하지 않겠습니까? 이런 사람은 경기에 지고도 찬사를 받습니다. 최선을 다한 경기는 보는 사람들에게 깊은 감동을 선사합니다. 우리가 최선을 다하고 주님 앞에 서는 그날 우리에게 남아 있는 것이 있어서는 안 됩니다. 우리의 물질, 육체, 재능 모든 것을 남김없이 써야 합니다. 마지막에는 빈털터리가 되어야 합니다. 무엇인가 남기고 죽는다면, 그것은 가장 부끄러운 일입니다.

우리는 하나님의 부름을 받아 사명을 가지고 농촌에 왔습니다. 먹고살기 위해서 목회한다면 참 비참한 것입니다. 우리가 받은 사명은 예수님께 받은 것입니다. 그것은 하나님의 은혜의 복음을 증거하는 것입니다. 우리가 가진 모든 것은 오직 이것을 위해 사용되어야 합니다. 이것을 위해서는 죽기를 각오해야 합니다. 그리고 사랑과 겸손과 눈물과 인내의 마음을 가져야 합니다. 마음만 잘 먹어도 나머지는 하나님께서 책임져 주십니다.

시대와 지역 상황에 부응하는
목회적 과제의 실천가

| 경남 거제 다대교회 |

김수영 목사

I. 출생과 성장 과정

1. 고등학교 시절 예수님을 영접하고

지금으로부터 70년 전 나는 밀양아리랑으로 유명한 경남 밀양군 부북면 춘화리 춘기마을에서 태어났다. 내가 태어난 곳은 논농사를 주로 하는 전형적인 농촌 마을이었다. 부모님은 참으로 순박한 전형적인 농촌 사람으로, 일평생 논농사를 지으면서 5남 1녀의 자식들을 뒷바라지하며 키우신 정말 장하신 분들이다.

나의 부모님(김종봉, 박말연)은 그 당시 20마지기(4,000평)나 되는 논농사를 지었는데, 우리 동네에서는 제법 많은 농사를 짓는다고 땅 부자란 소리를 들은 것 같다. 60년 전, 내가 국민학교(초등학교)를 다닐 그때에 우리 동네에는 전기가 들어오지 않아 호롱불을 켜고 공부했던 가난한 시절이라 농기계 자체가 없었다. 그러기에 부모님은 농사를 전부 육체노동으로 지을 수밖에 없었다. 그러다 보니 그 많은 논농사를 지으시느라 죽을 고생을 했다고 해도 과언이 아닐 정도로 힘들게 사셨다. 그래서 "농촌 부자는 일 부자"라는 말이 생긴 게 아닐까 싶다. 그렇게 고생하며 사시는 부모님을 보면서, "나는 공부해서 출세해야지… 죽어도 농사는 짓지 말아야지"라고 다짐하면서 공부를 열심히 했던 기억이 난다. 그래서인지는 몰라도 초등학교 다닐 때 반에서 늘 1등을 했다. 부모님은 내게 큰 기대를 하셨다. 나중에 커서 판·검사가 되라고 독려해서 자연스레 판검사가 되는 것이 나의 꿈이었다.

나는 밀양중학교를 시험을 쳐서 입학했고, 중학교 때에도 성적이 늘 상위권에 있었다. 그 당시 부산경남 지역에서 가장 좋은 명문교인 부산고등학교를 지원해서 시험을 쳤는데 실력이 부족해 떨어졌다. 부산 큰아버지 집에서 청산학원을 다니며 한 해를 재수하고 다시 도전했으나 실패하고 말았다. 나는 크게 낙심하고, 낙향하여 어쩔 수 없이 밀양에 있는 밀성고등학교에 입학하여 고등학교 시절을 보냈다. 그때 중학교 1학년 시절 반 친구를 만나게 되었는데, 그 친구와의 만남이 오늘날의 내 인생을 결정하게 될 줄은 꿈에도 생각하지 못했다. 왜냐하면 그 친구가 교회를 다니고 있었는데, 그 친구의 전도를 받아 교회를 나가게 된 것이다.

나는 운동을 좋아했다. 마침 그때 탁구에 취미가 붙어 거의 매일 탁구를 치다시피 했다. 탁구장에 가면 돈이 많이 드니까 당시 교회에 탁구대가 있어서 교회를 나가게 되었고, 거기에서 그 친구를 만나 탁구를 치면서 자연스레 전도를 받아 예수를 믿게 되었다. 그게 오늘의 내가 되고 내 인생이 되었으니, 그 친구를 통해 예수님을 만난 것은 내 인생의 가장 큰 사건이었다고 해도 과언이 아닐 것 같다.

  나는 친구의 전도를 받아 모교회인 춘화교회 학생회에 나가면서 열성적으로 신앙생활을 하기 시작했다. 마침 그 당시 밀양교회에서 한국교회의 유명한 부흥강사였던 신현균 목사님을 초청해서 부흥회를 한 적이 있었는데, 저녁 집회에 참석하기 위해 왕복 20리를 걸어야 하는 먼 거리를 하나님의 말씀을 듣는 것이 좋아서 힘든 줄도 모르고 부지런히 참석했다. 삼 일째 저녁 시간 목사님의 설교 말씀을 들으면서 얼마나 감동이 크던지, 통성기도 시간에 한없이 울고 울면서 눈물 콧물을 쏟아내며 하나님 앞에 엎드려 통회하고 자복하며 회개의 기도를 드렸다. "하나님! 나같이 형편없는 이 죄인을 용서해 주옵소서"라고. 강사 목사님의 말씀을 들으면서 내가 얼마나 큰 죄인인지 비로소 깨달았다. 그런 죄인인 줄도 모르고 교만하게 살아왔던 나 자신을 발견하고는 너무 부끄러워 하나님 앞에서 고개를 들 수 없었다. 그 순간 나를 옥죄며 짓누르는 내 마음속에 깊은 죄의 문제를 해결하지 않고는 살 수 없다는 생각에 "하나님! 내 죄를 사하여 주옵소서"라고 가슴을 치면서 하나님 앞에 매달려 기도했다. "누구든지 우리의 죄를 자백하면 그 아들 예수의 피가 우리들의 모든 죄에서 깨끗하게 해 주신다"(요일 1:7)라는 하나님의 말씀을 깨닫게 되었고, "마음에 가득한 의심을 깨치고 지극히 화평한 맘으로 찬송을 부름은 어린양 예수의 그 피로 속죄함 얻었네 속죄함 속죄함 주 예수 내 죄를 속했네 할렐루야 소리를 합하여 함께 찬송하세 그 피로 속죄함 얻었네"라는 257장 찬송을 부르며 죄 사함을 받았다는 확신이 들면서 얼마나 기뻤는지 모른다. 당시 감격에 못 이겨 주위의 사람들을 의식하지도 않은 채, 찬송을 부르며 춤을 추었던 기억이 지금도 생생하다.

그때 강사 목사님이 "주의 종이 되고자 하는 사람은 일어나라"라고 하면서 기도해 주시겠다고 하는데, 나도 모르게 그 자리에서 벌떡 일어섰다. 그리고 목사님의 기도를 받으면서 나는 이제 하나님의 종으로 인침을 받았다는 확신을 갖고, 인생 전부를 바쳐서 하나님의 종으로 살아야 한다고 결단했다. 내 인생의 미래는 그렇게 결정되었다.

그렇게 주의 종이 되겠다고 벌떡 일어선 것은 일순간의 감정이 아니었다. 부흥회에 참여해서 큰 은혜를 받았던 나는, 나도 주의 종이 되어 강사 목사님처럼 사람을 이렇게 근원적으로 감동시키며 깨우치는 사역을 하며 살아야겠다는 생각이 들었기 때문이다. 이 사역을 감당하는 목회자야말로 세상에 어떤 다른 일을 하는 사람보다도 가장 의미 있고 가치 있는 일을 하는 사람이 아닐까 하는 생각에서였다. 그 깨달음과 결단 이후 이제 '하나님의 종이다'라는 강력한 자의식에 사로잡혀 살면서, 어디를 가든 무엇을 하든, 나는 '주의 종'이라는 생각으로 살았고, 그 의식은 지금도 변함없다.

사실 나는 정치에 관심이 많아서 커서 정치인이 되어야지 하는 마음이 강렬했던 적이 있었다. 세상을 실질적으로 바꿀 수 있는 길은 정치밖에 없기 때문이다. 30세에 사법고시를 패스하고 37세에 국회의원 금배지를 달겠다는 청운의 꿈을 꾸면서, 노트에 그 결심을 적어 놓고 매일 쳐다보며 나를 채찍질하면서 마음을 다지기도 했는데, 예수를 믿고 난 다음 그 모든 생각을 분토처럼 여기며 다 버리고 말았다. 그런 일보다 하나님의 종이 되어 하나님 말씀으로 사람을 근원적으로 변화시키는 일이야말로, 세상에 어떤 일보다 귀한 일이라고 하는 것을 회심을 통해서 깨달았으니까 말이다.

나는 부흥회를 통해 은혜를 받은 뒤 광적일 정도로 신앙생활에 매달렸다. 그날 이후로 '앉으나 서나 당신 생각'이 아니라 하나님과 예수님 생각으로 가득 차 있었다. 교회 일과 주의 일을 솔선수범하면서 누가 시키지도 않았는데 교회 청소를 도맡아서 했다. 주일 낮 대예배, 오후 학생회 예배, 수요예배를 한 번도 빠지지 않고 출석할 정도로 열심을 냈다. 그러는 나를 보면서 교인들이 의아해하기도 하고, 예수를 믿지 않았던 부모님은 우려하는 눈으로 바라보기도 했다. 나는 누가 그러든지 말든지 "주님만 알아주시면 되지"라는 생각에 앞뒤 가리지 않고 열심을 내서 주의 일을 했다. 하라는 학교 공부는 안 하고, 성경 공부와 기도와 전도에 매진했다. "저 친구 완전히 예수에 미쳤구만, 미쳤어"라고 할 정도였다.

그 당시 은혜를 받은 나는 전심으로 신앙생활을 하는 게 하나님을 기쁘시게 하는 행동이란 생각을 했던 것이다. 지금 생각해 보면 그런 무모하기 짝이 없었던 신앙의 열심을 학교 공부에 더 치중하게 하면서, 더 큰 미래를 준비하도록 지도해 주시는 선생님이 계셨다면 얼마나 좋았을까 하는 생각이 든다. 공부에 더 집중해야 할 시기에 그러지 못한 나는 실력이 부족한 탓에 부산대학교를 지원했다가 실패했고, 한 해를 더 재수해서 시험을 쳤지만 낙방하고 말았다.

이듬해 군대 갈 나이가 되어 입영 통지서를 받고 육군에 입대했다. 논산훈련소에서 훈련을 마친 뒤에 헌병 병과로 발령받아 헌병대 군사 훈련을 받고, 파주에 있는 1기갑여단의 헌병대에 배치받았다. 그때 박○○이라는 동기와 같이 배치를 받아 함께 근무했다. 그런데 군 생활 중에 만난 그 친구와의 인연이 내 인생 60 후반기에 새로운 기회가 될 줄은 꿈에도 생각지 못했다. 그 친구의 도움으로 오늘의 요양원을 짓게 되었으니 말이다. 생각해 보면 50년 전부터 나는 하나님의 놀라운 계획 안

군대 생활 중 친구와 함께

에 있었고, 하나님의 은혜로 기적같이 오늘의 내가 여기에 있게 되었다.

사람은 누구도 하나님의 역사와 뜻을 구체적으로 알지 못한다. 하지만 하나님은 매 순간 우리를 은혜로 인도하시며 그의 뜻대로 살고자 하는 자에게 길을 열어 주신다. 그러니 내게 주어진 소중한 인연을 함부로 대하거나 필요의 대상으로 만나고, 이용해서 안 된다. 나보다 남을 낫게 여기며 진심으로 대하고, 하나님 대하듯 하는 마음으로 인연을 맺으면 그런 인연이 나중에 하나님의 도우심으로 나타날 수 있으니, 하찮은 인연일지라도 가벼이 여기지 말아야 한다. 그냥 스쳐 지나가는 인연일 줄 알았던 군대 친구가 내 인생의 가장 큰 도움이 되는 경우를 체험하면서 느낀 깨달음이다.

군 생활 중에 나는 일요일에도 정문 초병 근무를 했기 때문에 군 복무 중에는 거의 교회를 다니지 못했다. 몸이 멀어지면 마음도 멀어진다고 하더니 교회 다니지 못했던 3년 만에 나의 신앙은 나락으로 떨어졌다. 한 주일이라도 예배를 드리지 않으면 죽을 것처럼 열심히 교회를 다녔던 내가, 교회 나가지 않는 것이 당연한 일상이 된 상태에서 1979년 6월 제대하고 집으로 돌아왔다. 집에 돌아와 보니 어머니가 건강이 좋지 않아 부산병원에 입원하고 계셨다. 그래서 나는 제대한 그날로 어머니를 대신해서 밥도 하고 빨래도 하고 청소도 하면서 아버지를 도와 농사일을 하며 가정을 지켜야 했다. 그렇지만 어머니의 빈자리는 너무나 컸다. 어머니가 계시지 않은 집은 글자 그대로 엉망이었고 한쪽이 텅 비어 있는 것 같았다. 나는 어머니 대신 집안일과 농사일을 하느라 정신없이 바빠서 다른 것을 생각할 겨를이 없었다. 제대 후 내가 뭘 하며 살아야 할 것인가에 대한 고민도 있었지만, 집안일이 우선이었다. 어머니가 퇴원할 때까지 8개월 동안 집안일에 매달려 살면서 신앙생활도 까마득히 잊고 있었다.

그러던 어느 날 그해 겨울 춘화교회 청년회에서 전도하러 왔다. 너무 창피했다. 그렇게 열심을 내서 신앙생활을 했던 내가 전도를 받게 되었으니 말이다. 그래서 다시 교회에 출석하게 되었는데, 교회 청년회에 내가 그동안 보지 못한 여청년이 있었다. 그 여청년은 원래 서울에서 살다가 아버지를 따라 밀양에 있는 이웃 동네로 이사 와서 교회에 나오고 있었다. 나는 다시 열심을 내서 신앙생활을 하면서 청년회에 출석했는데, 그때에는 내가 좋아했던 여청년 때문에 더 그랬던 게 아닐까 싶다. 그 여청년은 아주 예쁘기도 하고, 재치 있는 유머로 청년회의 분위기 메이커가 되어 모든 남청년의 선망의 대상이 되었다. 나는 그 여청년이 정말 좋았다. 적극적으로 접근하여 사귀게 되었고, 결국에 백년가약을 맺었다.

사실 나는 그때 직장도 없었고, 결혼할 만큼 준비된 상태가 아니었다. 그럼에도 정말로 사랑하는 마음에 앞뒤를 가리지 않았다. 그래서 뭘

가를 해야겠다는 생각에 그 당시에 한창 유행하던 오토바이 사업을 아버지와 의논하여 시작했다. 사업 자금은 아버지가 그렇게 애지중지하시던 논 네 마지기를 팔아 대주셨다. 밀양읍 입구에 오토바이센터를 차리고 전문 수리 기사를 채용해 사업을 시작했다. 그러나 사업이라는 것이 그렇게 만만치 않았다. 오토바이에 대해서 잘 알지도 못했고, 수리 전문 기술도 없으면서 너무 쉽게 생각하고 일을 벌였던 것이 큰 패착이었다.

수입으로 들어온 돈은 월말에 기사 인건비를 주고 나면 남는 게 별로 없었다. 게다가 수리기사가 술 먹고 다음 날 출근하지 않으면 오는 손님도 그냥 돌려보내야 했다. 그런 날이 자주 반복되니 오토바이 사업이 잘될 리가 없었다. 6개월이 지나면서 나는 큰 고민에 빠졌다. 사업을 계속하자니 앞이 보이지 않았고, 그만두자니 투자한 돈을 날릴 수 있다는 생각에 잠이 오지 않았다. 6개월도 채 안 돼 아버지가 평생 고생하며 농사지어서 산 땅, 네 마지기 논이 없어질 것을 생각하니 억장이 무너져 내렸다. 아버지를 뵐 면목이 없어서 이야기도 못 하고, 이러지도 저러지도 못하면서 절망감에 그냥 한숨만 내쉴 뿐, 할 수 있는 일이 아무것도 없었다.

나는 할 수 없이 더 큰 손실이 나기 전에 아버님에게 오토바이 사업을 접어야겠다고 말씀을 드렸다. 아버지는 너무 속상하신 나머지 몇 날 며칠 잔소리를 하셨고, 줄담배를 피우시면서 잠을 주무시지도 않고 한숨을 쉬었다. 나는 엄청난 스트레스와 자괴감으로 자살하고 싶은 충동까지 일었다. 내 한목숨 죽으면 모든 상황이 다 종료되지 않겠나 하는 생각이 들었던 것이다. 참으로 한심한 노릇이지만 그때는 그러고 싶은 생각이 계속 나를 짓눌렀고, 희망이 보이지 않으니 그럴 수밖에 없었다.

2. 하나님의 종이 되고자 신학교에 입학

나는 아침에 일어나지도 않고, 이불을 뒤집어쓴 채 왜 내게 이런 일이 일어났으며, 앞으로 어떻게 해야 할까(?)를 몇 날 며칠 고민했다. 하지만 답을 찾을 수 없었다. 그런 상황에서 나는 하나님을 찾게 되었다. 막다른 골목에 다다라서야 말이다. 다른 방법도 없고, 이렇게 있어선 안 되겠다는 생각이 들어서, 그날로 하나님께 기도해야겠다고 생각하고 무작정 팔복산기도원에 올라갔다. 예수님처럼 죽으면 죽으리라는 각오로, 이 문제의 해답 없이는 하산하지 않겠다고 다짐하면서 금식기도를 시작했다. 금식기도 중 이런 생각이 자꾸 떠올랐다. "네가 하나님의 종이 되겠다고 하나님 앞에 서원해 놓고, 다른 길을 가니 하나님께서 길을 막은 것이다"라고. 그런 응답을 받은 뒤 삼 일째 되는 날 하산했다.

하산 후 사업을 정리하고 늦었지만 신학 공부를 할 계획을 세우고 있던 중, 길거리에서 우연히 밀양중학교 동창생을 만났.

"너 지금 뭐하냐?"라고 물었더니, "서울 총회신학대를 다녀"라고 하는 게 아닌가? 나는 신학 공부를 한다는 친구의 이야기를 듣고, 반가운 마음에 다방으로 안내해 이런저런 이야기를 하면서 물었다.

"이 나이에 내가 지금 신학 공부를 해도 되겠나? 너무 늦지 않았어?"라고 물었더니, 그 친구는, "니 나이 몇 살이고? 이제 스물일곱 살이 뭐가 많노? 모세는 여든 살에 하나님의 부름을 받아 하나님의 종으로 살면서 이스라엘 민족을 구원해내는 위대한 사역을 감당하지 않았냐" 하는 게 아닌가. 나는 그 친구의 이야기에 큰 깨달음과 용기를 얻었다. 그리고 이듬해 대구 영남신학교에 원서를 내고 시험을 치렀다.

지금 생각해 보면 그 친구를 만난 것도 나에게는 큰 축복이었다. 그 친구를 만나 신학을 하게 되었으니 말이다. 사실 그 친구는 나랑 친하게 지내는 친구도 아니었고, 지금도 그 친구가 어디에 사는지, 무엇을 하고 있는지 모르며, 서로 연락도 없다. 그런데 신학에 뜻을 두고 궁금해하고 있을 때 그 친구를 우연히 만나 큰 도전을 받아 신학을 하게 되었으니, 지금 생각해 보면 하나님이 특별히 나를 하나님 종의 길로 인도하고자 그 친구를 내게 보내 주신 것이 아닐까 하는 생각이 든다.

그 친구를 만난 뒤 나는 신학교에 갈 준비를 하면서 공부를 시작했다. 그때부터 나의 가는 길이 시온의 대로처럼 활짝 열리는 기적을 체험하게 된다. 그 첫 번째가 뜻밖에 내 오토바이 사업장을 인수하겠다는 사람이 나타난 것이다. 투자비의 2/3 정도를 건질 수 있었다. 얼마나 감사하던지, 이것 또한 극적인 하나님의 개입하심과 은혜였음을 고백하지 않을 수 없다. 투자금 전부를 다 날릴 거라고 생각했는데, 1/3 정도 손해는 보았지만 그것만으로도 아버지 마음을 조금은 위안해 드릴 수 있어 얼마나 감사했는지 모른다.

두 번째가 이듬해 대구 영남신학교에 입학시험을 쳤는데, 감사하게도 전체 수석을 하여 등록금을 면제받게 된 것이다. 늦게 신학 공부를 한다고 하니 예수를 믿지 않았던 아버지는 탐탁지 않게 여기셨다. 하지만 수석을 하여 등록금이 면제된다고 하니 그제야 좋아하셨고, 그 모습을 보면서 아버지에게 효도한 것 같아 뿌듯한 기분이 들었다. 그렇게 나는 하나님의 종이 되는 첫발을 내디뎠다. 신학교 2학년 때는 부산 영남신학교로 이전했고, 영도에 있는 부산 효성교회 학생회 교육전도사로 부임하여 본격적으로 목회 사역을 시작했다. 하나님의 종이 되는 수업을 받게 된 것이다.

그리고 1982년 9월 18일 내가 그렇게 사랑하던 아내와 결혼까지 했으니 금상첨화가 아니고 무엇이겠는가? 그런데 달콤한 결혼생활도 잠시뿐, 우리는 집을 얻을 여력도 없고 교육전도사의 생활비로는 독립해서 생활하기가 어려웠다. 아내가 밀양 시댁에서 농사일을 도우며 1년 동안 지냈고 우리는 주말 부부로 살았다. 농사라고는 평생 지어 본 일이 없었던 아내는 정말 고생이 많았다. 지금 생각하면 미안하기 그지없지만, 그때는 다른 방법이 없었다.

이듬해 5월 우리는 부산 청학동에 단칸방 전세를 얻어 신혼살림을 시작했다. 힘든 신혼 생활이었지만 그래도 행복했던 시간이었다. 1983년 8월 7일에는 큰아들 영원이가 태어났다. 이듬해 1월 단칸방 사택이 있는 부산 당감동 보은교회로 사역지를 옮겨서 중고등부 사역을 하던 중 둘째 혜린이가 태어나 네 명의 가족이 되었다. 나는 그해 부산신학교를 졸업한 후 전임전도사로 통영교회에 부임했다.

II. 목회자가 되어

1. 전임전도사로 통영교회에 부임(1985년 5월)

1985년 5월, 우리는 두 칸짜리 방이 있는 통영교회 사택으로 이사했다. 부산의 보은교회 단칸방 사택에 있을 때보다 넓은 공간이라 참으로 좋았다. 특히 보은교회 사택 뒤쪽에는 큰 공장이 있어서 소음도 심하고 공해도 심해서 문을 열 수 없을 정도였는데, 다행히 통영은 공기가 아주 좋았다. 이제 살 것 같다는 생각이 들 정도로 안심이 되었다. 나는 이사 후 매일 당회실에서 아침 기도로 일과를 시작했다. 담임 목사님의 안내와 지침에 따라 교인 가정을 심방한 후 매일 목사님께 보고했다.

새로 부임한 통영교회는 교인이 200명 정도 모이는 안정된 교회였다. 나는 심방 중에 교인들과 대화를 나누면서 교회의 내부적인 문제, 즉 담임 목사님에 대한 불만을 듣게 되었고, 담임 목사님과 교인들 간의 갈등의 골이 깊다는 것을 느꼈다. 그런 이야기를 들을 때마다 나는 샌드위치가 되어 말하기가 정말 곤란했다. 나는 같은 연배(30세)인 이○○ 집사님을 만나 이야기를 자주 나누었다. 집사님은 만화가게를 운영했는데, 대단히 진취적이고 합리적 사고를 하는 분이었다. 교회를 바라보는 시각도 그랬다. 집사님을 통해서 교회의 사정을 자세히 듣게 되었다. 나는 부교역자로서 처신하기가 쉽지 않겠다고 생각하면서 어떻게 할지 고민했다. 때마침 한 사건이 발생해 교회가 크게 술렁였다. 안 그래도 대다수 교인이 금전적인 문제로 목사님을 불신하고 있었는데, 새로 전도를 받아 교회를 나오는 성도의 십일조를 목사님이 직접 받아 다른 데에 유용했다는 의혹이 불거진 것이다. 목사님은 그 십일조를 선교하는 데 사용했다고 했지만 교인들은 믿지 않았고, 당회원 장로님들이 문제를 제기하면서 교회가 어려움을 겪게 되었다.

조회 시간에 목사님은 내게 "김 전도사는 십일조를 선교비로 직접 보낸 것을 어떻게 생각하느냐?" 하고 물으셨다.

"제가 생각하기로는 십일조는 하나님께 드리는 것이기에, 교회에 헌금하게 하고, 선교부에서 공식적으로 선교비를 보내는 것이 맞다고 생각합니다"라고 말씀드렸다. 다음 날 조회 시간에 담임 목사님은 "3개월 여유를 줄 테니 다른 목회지를 알아보라"고 통보했다. 부임 후 한 달이 되는 날이었다. 너무나 황당했지만 나는 더는 목사님 밑에서 배울 것이 없겠다는 판단을 하고 다른 교회를 알아보기로 결심했다.

부교역자 역할은 담임 목사를 도와 하나님의 나라를 세우고 교회를 부흥시키는 것이다. 혹 담임 목사의 인간적인 실수나 부족한 부분이 있으면 교인들에게 잘 이해시키면서 도울 수 있지만, 도덕적인 부분은 감쌀 수도 없고 덮어서도 안 된다. 당시 나의 생각을 성경에 비추어 대답한 것인데, 자기 비위를 맞추지 않고 동의하지 않는다고 나가라고 하는 사람과는 단 한 시간도 같이 있고 싶지 않았다.

사역지를 알아보기 시작했다. 8월경에 거제도 다대교회에서 담임 목회자를 구한다는 연락을 받고 설교하러 오라고 해서 내려갔다. 더운 날씨에 양복에 넥타이를 매고 통영에서 거제 가는 시외버스를 탔다. 해금강 가는 관광객들이 많아서 그런지 버스는 만원이었고 자리가 없었다. 에어컨도 없는 버스를 타고 두 시간을 서서 가는데, 더위에 땀이 흘러 와이셔츠가 완전히 젖었다. 거제면을 지나면서부터 도로는 비포장이었다. 터덜거리며 가는 버스는 가도 가도 끝이 보이지 않았다. 1시간 반 정도 지나 탑포라는 동네에 도착했을 때, 내려다보이는 교회가 다대교회인가 싶어 차장에게 물었더니 아직도 25분 더 가야 한다고 했다. 다대교회 가는 첫날부터 내겐 너무 힘든 여정이었다.

다대마을에 도착해서 교회를 찾아갔더니 허리가 굽은 두 분 권사님이 저녁 식사를 준비하고 있었다. 인사 후 저녁 식사를 마치고 예배를 드렸다. 설교 전에 남자 집사님이 특송을 하는데 나는 큰 감명을 받았다. 음정도 틀리고 박자도 맞지 않는 찬송이었지만, 덩실덩실 춤을 추면서 찬송하는 모습이 정말 은혜스러웠다. 그날 저녁 나는 마지막이라 생각하고 혼신의 힘을 다해서 설교했다. 예배 후 비어 있는 사택에서 하룻밤을 자고, 아침에 새벽기도를 마치고, 식사 후 첫차를 타고 집으로 가지 않고 6분 정도 걸린다는 해금강으로 갔다. 아무리 생각해도 이런 오지에서는 목회할 수 없을 것 같았다. 다시는 여기를 오지 못할 것 같아서 온 김에 해금강 구경이라도 해야지 하는 마음이었다. 그런데 다대교회 집사님에게 세 번이나 계속 전화가 왔다. 다대교회에 와달라고 했다. 그때 생각하기를 이렇게 간절히 오기를 원하는데, 내가 뭐 대단한 존재라고… 이는 하나님의 부르심이다 하는 생각이 들어 청빙을 받기로 승낙하고 그다음 주에 바로 이사했다. 그 선택이 내 인생의 39년을 다대교회에서 보내게 된 시작이다.

2. 뜻하지 않게 거제 다대교회로 부임하다(1985년 9월)

40여 년 전 1톤 화물차에 이삿짐을 싣고 터덜거리며 비포장도로를 2시간 달려서 내린 거제도의 최남단 다대교회에 부임한 것은 어쩔 수 없는 선택이었다. 좀 더 정확히 표현하자면 하나님이 나를 이곳으로 내몰았던 것이었다. 화물차가 도착하자 교인들과 동네 사람들 몇몇이 나와 있었다. 차가 교회 입구까지 들어가지 못해 도롯가에 이삿짐을 내리고, 리어커로 좁은 골목길을 통해 사택까지 운반했다. 그때 동네 사람이 말하는 소리가 들렸는데, 아직도 그 말이 기억에 생생하다. "이번에 온 전도사는 참 젊네. 얼마나 있다가 갈랑고?" 하는 것이었다. 그동안 다대교회에 여러 교역자가 왔다 갔는데, 대부분 2년 안으로 다대교회를 떠났기 때문에 그렇게 말한 것이었다.

사실 이곳은 거제도에서 가장 남쪽에 위치해 있을 뿐만 아니라, 교통이 너무 불편한 곳이라 오지에 속한다. 그래서 다대초등학교에 부임하는 교사들이 오지 근무 점수를 받아 교감으로 승진하려고 승진을 앞둔 교사들이 줄을 서서 지원했다. 그렇게 온 교사들은 3년 이상 있지 않고 떠나갔다. 뜨내기 교사들이 거쳐 가는 정거장이었다. 다대교회에 온 목회자들도 마찬가지였다. 잠깐 목회하고 있다가 더 나은 목회지가 생기면 떠나가는 그런 정거장 목회지였다. 그런 측면에서 보면 나 또한 그런 일반 목회자와 별반 다르지 않았던 것 같다. 그 당시는 큰 교회 목회를 꿈꾸고 있었기 때문이다. 다대교회에 부임하게 된 배경 중 하나가, 농촌교회 목회를 하

부임했을 때의 옛 다대교회

면 시간이 많이 있을 것 같기에 그 시간을 활용해 공부해서 신대원에 진학하고, 그 바탕으로 큰 교회로 갈 수 있을 것이라는 계산이 있었던 것이다. 지금 생각해 보면 참으로 계산적이었던 나 자신이 부끄럽기 그지없다.

다대교회는 역사가 37년이나 되었지만 만년 미자립교회였다. 장년 교인 16명이 모이고 예산이 4백만 원밖에 되지 않는 정말 작은 시골교회였다. 이사하던 날, 나를 도와주러 따라왔던 친구 전도사들이 여기서 어떻게 목회할 거냐고 하면서 한숨을 쉬며 돌아갔다. 가져온 장롱이 들어가지 않아 창문 문짝 틀을 뜯어내고 힘들게 넣어야만 했다. 결국 아내의 눈시울이 젖었다.

그런 가운데서도 찬란한 미래(당시 신대원 입학 준비 중)를 내다보면서 농어촌목회를 시작했다. 석 달이 지났는데 사례비를 주지 않아 재정 담당 집사님께 물었더니 재정이 없다는 이야기를 듣고 충격을 받았다. 나

는 어떤 다른 일보다 교회 성장이 우선이라고 생각하게 되었다. 하지만 열심히 전도하기도 하고, 여러 가지 프로그램을 시도해 보았지만 별로 성과가 없었다. 특히 개인 전도시 부딪히는 결정적인 장애물이 있었다. 기존 교인들의 비도덕성과 그리스도인답지 못한 행위로 지역 주민들에게 인정받지 못하고 있는 것이었다. "저 사람 죽으면 교회 나가지요"라고 하는 사람도 있었고, "저 사람 천당 가면 나는 만당 갈 거요. 예수를 믿으려고 하면 차라리 내 주먹을 믿어요. 저런 사람이 무슨 집사냐?"라고 비아냥거리며, 기성 교인들을 비난하는 상황에서 더 이상 개인 전도나 권면이 통하지 않았다.

'병들지 않았으니 교회에 나갈 필요가 없고, 힘없고 경제력 약한 교인들과 어울리는 것은 자신들의 체면이 손상된다'고 말하는 주민들의 자존심에 나는 그만 입을 다물고 말았다. 거기에다 바닷가 사람들의 텃세와 우상숭배 등 선교의 장벽은 한두 가지가 아니었다. 난공불락의 성(城)같아 낙심이 되었다. 그렇지만 나를 이곳에 보내신 하나님의 선한 뜻이 있으리라는 믿음으로, 이 문제를 근본적으로 해결하기 위해 내가 어떤 일을 해야 할까 고민하면서 여러 방법을 강구했다. 그러다 개인 전도의 한계를 극복하기 위해서 '지역선교'를 계획하게 되었다.

오늘날 농어촌교회의 문제는 농어촌의 문제다. 농어촌을 장(場)으로 하는 농어촌교회는 농어촌의 변화가 없이는 변화나 성장이 불가능하다는 결론에 이르렀다. 단순히 전도해 교인 몇 사람 더 만드는 것이 문제가 아니라 농어촌의 근본 문제를 변화시키는 것이 해결책이며, 이를 위해 목회 계획을 짜는 것이 농민선교라는 것을 깨달았다.

그런데 이 농어촌의 문제는 사회구조적인 모순으로 빚어진 것이다. 이를 극복하려면 종교 활동 측면의 목회만이 아니라 포괄적이고 총체적인 목회가 되어야 하며, 이의 실현을 위해 농민 선교는 장기적 계획과 전망을 세우고 오랜 세월 동안 꾸준히 해야만 결실을 보게 되는 것임을 깨달았다. 나는 농민 선교에 삶을 헌신할 것인가 말 것인가를 놓고 심각한 고민에 빠졌다. 사실 나는 농민 선교를 생각해 본 적이 없었다. 농촌에 2~3년 있다가 도시교회로 나가려고 생각했기 때문에 농민 선교에 삶을 헌신한다는 게 가치 있고 의미 있는 일인 건 틀림없었지만 일평생 농촌에 투신하여 살 것을 결정하는 건 쉬운 일이 아니었다.

그래서 이 고민을 안고 동부면 부춘에 있는 축복산기도원에 올라갔다. 예수님이 금식기도하러 올라가시던 심정을 생각하면서 말이다. 그런데 그날 기도원에서 부흥 집회가 있었다. 집회에 참석해 설교 말씀을 들으며 은혜를 받은 나는 밤새껏 하나님께 매달려 기도하면서 찬송을 드렸다. 그러던 중에 내 중심의 얄팍한 인간적인 생각이 그만 깨어지고 말았다. "주님 뜻대로 살기로 했네 주님 뜻대로 살기로 했네 주님 뜻대로 살기로 했네 뒤돌아서지 않겠네. 이 세상 사람 날 몰라 줘도 이 세상 사람 날 몰라 줘도 이 세상 사람 날 몰라 줘도 뒤돌아서지 않겠네. 세상 등지고 십자가 보네 세상 등지고 십자가 보네 세상 등지고 십자가 보네 뒤돌아서지 않겠네" 이 찬송을 부르면서 그동안 주님을 위해 산다는 허울 좋은 이름으로 포장한 나 자신의 이기심을 목도했다. 그날 나는 한없이 울고 울면서 끊임없이 통회하며 기도했다. 하나님이 농촌에 가라고 하면 그저 아멘 하고 순종하고 가야지, 그렇게 해야 주님 뜻대로 사는 것이지, 주님 뜻대로 살겠다고 하면서도 어려운 농촌교회에 있지 못하겠다고 하나님께 억지를 부리며 기도하고 있다는 생각에, 나 자신이 얼마나 이기적이고 사악한 죄인인지 다시 한번 깨달으면서 하나님 앞에 통회했던 것이다.

"주님! 이제 진실로 주님 뜻대로 살겠습니다. 뒤돌아서지 않겠습니다. 이 세상 사람들이 날 몰라 줘도 뒤돌아서지 않겠습니다. 앞으로는 세상 등지고, 십자가만 바라보면서 살겠습니다. 주님만 바라보면서 뒤돌아서지 않겠습니다. 아무리 어려운 농촌교회 사역일지라도, 좌고우면(左顧右眄)하지 않겠습니다. 주님, 명하시면 가겠습니다. 오직 주님만 바라보면서 주님 뜻대로 살겠습니다"라고 결단하면서, 하나님 앞에 밤새 통회하면서 기도했다.

3. 어린이 선교사역을 시작으로(1986년)

하산 후 나는 장기적인 전망을 가지고 지역을 위해서 할 수 있는 교회의 역할을 생각하면서 우리 동네에 가장 필요한 일이 무엇인지 살펴보았다. 그 당시 다대교회가 위치한 다대마을은 참으로 열악한 농어촌지역이라 유치원이 없어서 미취학 아동들이 바닷가에서 뛰놀며 방치되고 있었다. 가장 쉽게 지역 주민들에게 접근할 수 있는 방법과 함께할 수 있는 일은 동네 어린 아이들을(유치부) 교육하는 것이라고 생각했다. 그래서 동네 학부모들을 만나 동의를 얻어 15명의 어린이를 모아 선교원을 시작했다. 이 소문이 남부면 전체로 확산되어 지역의 모든 어린이(25명)가 모이게 되어 성황리에 선교원을 개원했다. 이 일은 유치원이 없던 남부면에 센세이션을 일으킨 사건으로 지역 주민들의 큰 반향을 불러왔다. 학부모들이 기대 이상으로 호응해 주었고, 지역 주민들이 많이 칭찬해 주어서 참으로 뿌듯했다.

그 이듬해 아이들을 제대로 교육하기 위해, 자모회를 구성하고 주민들을 참여시켜 1987년 3월 교육청으로부터 다대교회 유치원 허가를 받

다대유치원 졸업식

았다. 유아교육의 혜택을 받지 못하던 어린아이들을 본격적으로 교육하면서 어린이 선교사역을 시작했다. 그리고 주일날 예배를 드리는 데만 사용했던 교회, 주일이 지나면 너무나 조용했던 교회가 유치원을 하면서 아이들로 매일 북적대기 시작하자 교회는 생동감이 넘쳤다. 이 일로 다대교회는 연약한 농촌교회지만 지역을 위해 무엇인가 할 수 있게 되었고, 교인들은 자신감을 갖는 계기가 되었다. 아이들 때문에 어머님들이 자모회로 모이면서 교회가 동네의 중심으로 부상했다. 교인들만의 교회가 아닌 주민들이 모이는 교회로 우뚝 서게 되어 다대교회를 바라보는 시각이 완전히 달라졌다.

그리고 동네에 부모에게 버림을 받은 학생이 있었는데, 중학교를 가지 못하고 가난한 할머니 집에 살고 있었다. 나는 너무 안타까워 여의도순복음교회에서 운영하는 기술학교를 알아보고, 그 학교에 아이를 직접 데리고 가서 입학시켰다. 그런데 그 아이가 그 학교에서 목공예 기술을 배워 지금까지 작품활동을 하고 있는데, 목공예 조각 부분에서 문화 체육부 장관상을 수상하는 쾌거를 이루어 온 동네의 화제가 되었다. 이는 다대마을의 큰 자랑이라 동네 어귀에 현수막을 걸어 축하했다. 뿌듯하고 보람을 느끼는 일이었다.

4. 유정란 작목반 결성과 한울타리공동체 시작(1987~1990년)

나는 새로운 가능성과 자신감 속에 또 다른 일을 계획했다. 개인 전도의 한계를 극복하기 위한 지역선교를 생각하면서 지역 주민들의 삶을 주도적으로 이끌어 나갈 수 있는 경제생활에 관심을 갖게 되었다. 이농현상으로 위기를 맞고 있는 농어촌교회의 문제도 여기에 달려 있기 때문이다. 사람이 사는 데 가장 중요한 부분이 먹고사는 문제, 즉 경제생활인데 경제적 토대를 마련키 위한 일거리가 있고, 그 일 속에서 의미를 추구하고 보람을 느끼며 살 수 있는 현장이 있다고 하면 아무리 농촌이라 할지라도 떠날 이유가 없지 않겠는가? 문제는 농촌에 그런 삶의 조건이 마련되어 있지 않다는 점이었다. 어떻게 할까 고민하던 차에 경남노회 농어촌부에서 유정란 양계하시는 분을 초청해서 세미나를 한다는 소식을 듣고 참석했다. 강의를 듣는 중에 우리 동네에 이 양계사업을 하면 안성맞춤이겠다는 생각이 들었다.

첫째, 닭똥 냄새가 전혀 나지 않는 양계라 친환경적이고, 둘째, 우리 동네는 넓은 들판이나 땅이 없는 곳이기에, 좁은 땅에서 많은 수입을 올릴 수 있는 유정란 양계사업이 가장 적합하다고 생각했다. 집에 돌아와 가능성 있는 동네 청년들을 만나서 유정란을 생산하는 양계사업을 하면 어떻겠느냐고 설득했다. 그러자 교회 청년 세 명과 동네 주민 중 뜻있는 사람 세 명, 총 여섯 명이 동참하기로 결정했다. 일사불란하게 추

한울타리공동체 사무실 및 가공 공장

진되었다. '유정란 양계작목반'도 조직하고, 계사(鷄舍)를 짓기 위해 유정란 생산자 현장을 탐방하여 많은 논의도 하고 조언도 들으면서 준비하여 드디어 유정란을 사업을 개시했다.

동업하면 망한다는 주민들의 우려 섞인 관심 속에 작목반 사람들은 적극적으로 모였고, 서로 협력해서 함께 계사를 한 동식 집집마다 돌아가면서 지었다. 이 일로 조용하던 동네가 시끌벅적하고 살아 움직이는 듯한 분위기가 조성되면서 주민들의 초미의 관심사가 되었다. 그 중심에 다대교회가 있었다. 동네 사람들은 "다대교회가 달라졌네. 이번에 온 전도사는 다른 전도사랑 다르네" 하며 칭찬도 하고 부러워하기도 했다.

가정당 1,000마리의 병아리를 입식한 후 6개월 만에 드디어 달걀을 생산했다. 그런데 그 감격이 채 가시기 전에 더 중요한 문제가 닥쳤다. 일반 달걀 값의 두 배(160원, 그 당시 일반 달걀은 80원)나 되는 비싼 유정란의 판매가 쉽지 않았다. 판로를 새로 개척해야 하는 난관에 부딪혔다. 판매할 소비처가 없는데도 한번 낳기 시작한 달걀은 쉼 없이 매일 쏟아져 나와 창고에 가득 쌓였다. 시간이 지나면서 달걀은 썩어 갔고, 유정란 사업은 큰 위기에 봉착했다.

세상사 쉬운 일이 없다지만 정말 막막했다. 달걀은 생산이 문제가 아니라 판매가 더 큰 문제였다. 내 말을 듣고 양계를 시작한 청년들인데, 달걀을 팔지 못하면 참여한 작목반 청년들이 빚더미에 올라 망하게 될 것이다. 이런 생각을 하니 잠이 오지 않았다. 그냥 일반 목회나 할 걸 후회도 해보았지만 이미 엎질러진 물이었다. 청년들은 달걀을 생산만 할 뿐 판매를 못 하니 어쩔 수 없이 내가 뛰어다니며 유정란 홍보를 하면서 판매할 수밖에 없었다.

나는 새벽기도만 마치면 달걀을 팔기 위해 집을 나섰다. 지역의 큰 교회(신현교회, 새장승포교회 등)를 찾아다니면서 건강에 좋은 생명 있는 달걀, 유정란을 팔아 달라고 부탁하면서 고개를 숙였다. 내 달걀은 아니었지만 이 달걀을 팔지 못하면 낭패라는 생각에, 절박한 심정으로 아는 사람들, 나의 농민 선교를 이해해 주는 사람들과 교회들, 생명운동에 관심이 있는 단체들(YWCA, YMCA, 참교육학부모회, 천주교생협, 한살림 등)에 적극적으로 홍보했다. 특별히 금요일마다 부산에 있는 우리 교단의 큰 교회들을 찾아가 구역장 모임 후 5분만 시간을 달라고 부탁하고, 구역장들과 여전도회 회원들에게 유정란에 대하여 설명하면서 팔아 달라고 읍소하고 읍소했다.

"우리 청년들이 생산한 유정란은 일반 달걀인 무정란과 다릅니다. 무정란은 수탉을 넣지 않고, 암탉만으로 달걀을 생산하기 때문에 품어도 병아리가 되지 않는 생명이 없는 죽은 달걀이지만, 우리 청년들이 생산한 이 달걀은 하나님의 창조 질서에 따라 암수를 같이 넣어서, 가두지 않고 풀어 놓아 기른 닭들이 낳은 자연란으로 품으면 병아리가 되는 생명 있는 달걀이기 때문에 건강에 큰 도움이 됩니다. 그뿐만 아닙니다. 우리 청년들이 생산한 이 달걀 한 개를 먹는 것은 단순히 달걀 한 개를 먹는 것이 아니라, 농촌에서 이 달걀을 생산하는 우리 교회 청년들을 지키고

생산된 유정란

살리는 일이요, 농어촌교회를 직접 선교하는 길입니다. 그리고 유정란 한 개 먹는 작은 행위가 하나님 창조 질서를 회복하고 보전하는 일에 동참하는 실천적인 신앙운동이 될 뿐만 아니라, 내 가족의 건강을 지키고, 땅을 살리며 생명의 젖줄인 농촌을 살리고, 더 나아가 나라를 살리는 소중한 신앙운동입니다"라고 설명하면서 홍보했다. 교인들은 감동을 받아서 가져간 달걀을 전부 소화해 주었다. 또, 그러고 나오면 "아이구! 전도사님 수고 많으십니다. 우리 여전도회에서 이 달걀을 계속 구매하고 싶은데 갖다 줄 수 있느냐?"라고 하는 경우가 생기면서 소비처가 늘어났고, 청년들이 생산한 달걀을 전부 팔 수 있었다. 달걀을 판매하면서 상업성을 배제했고, 어려운 농촌교회를 도와달라는 식의 동정을 구하는 것이 아니라 뜻으로 나아갔더니, 많은 교회와 뜻있는 분들(특히 천주교인들)이 적극적으로 동참해 주었다.

한번은 부산 여전도회연합회가 부산 기독교방송국 4층 강당에서 오전 11시에 모인다는 소식을 듣고, 여전도회연합회 회장님에게 전화를 드려 예배 후 광고 시간에 잠깐 유정란을 소개할 수 있겠느냐고 부탁을 드렸더니 오라고 했다. 그 시간에 맞추어서 아침 일찍 부산 가는 배를 타고 10시에 도착했다. 그런데 작목반 반장이 미리 1톤 차로 1층 입구

에 유정란 2,000알을 내려놓고는 4층에 올려놓지도 않고 그냥 가버렸다. 나는 너무 어이가 없었지만 11시까지 달걀을 예배 장소에 올려놓지 않으면 다 팔 수 없을 것 같아서 그 더운 여름날 혼자 엘리베이터를 이용해 4층으로 달걀을 옮겼다. 와이셔츠가 땀으로 흥건히 젖을 정도로 고생했다. 그래도 그날 달걀을 전부 팔게 되어 얼마나 감사하던지, 고생이 심했지만 다행이라는 생각에 작목반 반장에 대한 원망도 잊어버리고 감사하면서 터덜터덜 거제도로 내려왔다. 아마도 그런 고생을 작목반 사람들은 모를 것이다. 하지만 하나님은 알아주시겠지 하는 믿음으로 스스로 위로했다.

당시 나는 내 말을 듣고 양계를 시작한 청년들에 대한 책임감 때문에 달걀 판매에 몰두할 수밖에 없었다. 그런 나를 보고 목회는 하지 않고 달걀만 팔러 다닌다고 비난하는 목회자들도 있었고, '계란전도사'라는 불명예스러운 별명을 얻기도 했다. 심지어 어떤 목회자들은 "김 전도사! 유정란 사업해서 돈 좀 벌었냐?"라고 묻기도 했다. 처음엔 나도 인간인지라 그런 소리를 들으면 속이 상하기도 했다. 하지만 시간이 지나면 오해가 풀릴 것이라 생각했기 때문에 별로 신경을 쓰지 않았다. 그 당시 나에게 더 중요한 것은 달걀을 한 개라도 더 파는 것이었으며, 내가 그보다 더한 욕을 먹더라도 달걀을 생산하는 청년들에게 도움이 될 수 있다면 그런 욕쯤이야, 하는 생각이 들었기 때문이다.

나는 달걀을 팔러 다니면서 한 번도 자존심 상해하거나 부끄러워해 본 적이 없다. 내 달걀이 아니라 청년들의 달걀을 팔아 주는 것이니 자랑스럽기까지 했다. 나의 유익을 얻기 위해서 한 것이 아니라 청년들을 위해서 한 일이요, 그게 주를 위해서 한 일이기 때문에 그렇게 당당할 수 있었던 것이다. 아무런 대가(사례)도 받지 않았으니까 말이다.

힘든 과정이었지만 유정란 사업이 점점 안정되어 가는 것을 보면서, 나는 몇 사람으로 국한된 유정란 작목반 외에 전 교인과 주민들이 참여할 수 있는 한울타리공동체를 만들어 조합원들을 모집하고, 조직을 확대해서 새로운 일들을 추진할 계획을 세웠다. 유정란 생산자 공동체의 결성과 사업 성공(?)은 어려운 농어촌교회일지라도 힘을 합쳐 일하고 도전하면 성공한다는 새로운 가능성을 본 중요한 계기가 되었다. 교회적으로는 생산자들의 십일조 생활이 만년 미자립교회의 딱지를 떼는 데 큰 도움이 되었다. 나는 이 일을 통해서 당당하게 농민 선교의 깃발을 더 높이 들게 되었다.

5. 교회 화재와 교통사고의 시련(1991~1992년)

그런데 이게 웬일인가? 농민 선교 6년 차 되던 1991년 12월 21일 0:30분, "불이야!" 소리를 듣고 자다가 뛰어나가 보니 교회가 활활 타고 있는 게 아닌가. 너무 깜짝 놀란 나는 어찌해야 할지 모르고 발만 동동 구르고 있는데, 심한 바람에 불이 더 거세져 순식간에 교회가 전소되어 잿더미가 되었다. 119로 화재 신고를 했지만 시내에서 우리 교회까지 너무 멀어 1시간 후 소방차가 도착했을 때는 이미 다 탄 다음이었던 것이다.

동네 사람들이 모여서 "아이구! 전도사님! 이걸 어떡해요? 큰 일이네요" 하면서 위로했지만, 내 귀에는 하나도 들리지 않았다. 나는 절망하면서 그 자리에 무릎을 꿇고 앉아 하나님께 항의의 기도를 드렸다. "하나님! 어려운 농촌목회 축복해 줘도 감당할까 말까 한데, 농촌교회를 붙잡고 일어서고자 했던 6년의 몸부림을 이렇게 갚으신다면 어쩌란 말입니까?"라고. 건축이 한두 푼으로 되는 것도 아니고, 1년 예산 겨우 6

화재로 불타버린 교회 임시로 세운 천막교회

백만 원밖에 되지 않는 농촌교회가 무슨 힘으로 교회를 건축할 수 있단 말인가? 생각해 보니 눈앞이 캄캄했다.

호사다마(好事多魔)라고 하더니, 교회에서는 유치원이 매일 운영되고, 유정란 공동체가 날마다 활성화되면서 온 동네 사람들이 교회를 부러워하기까지 했는데, 이런 일이 생기다니 도무지 이해할 수가 없었다. 그렇다고 마냥 손 놓고 있을 수 없어서, 유치원은 동네 마을회관을 빌려서 임시 운영하다가 그해 아이들을 졸업시킨 후 어쩔 수 없이 폐교 신청을 했고, 주일 예배는 사택 방에서 드리다가 불탄 교회 터 위에 천막으로 임시교회를 지어 예배를 드렸다. 정말 뜻하지 않은 교회 화재로 인해 나의 농민 선교는 또다시 큰 위기를 맞았다. 하지만 나는 이에 굴하지 않고, 하나님의 더 큰 뜻이 있을 것이라는 믿음으로 새로운 도전을 시작했다.

그 첫 번째가 1985년도 신학교를 졸업한 후 7년 만에 뒤늦게 목사안수를 받은 것이다. 교회 화재로 어려운 상황에 처해 있었지만 분위기 반전을 위해서라도 뭔가 해야 했는데, 1992년 4월 8일 창원 양곡교회에서 노회 중에 목사안수식이 거행되었다. 그날 오전 나는 안수식에 참여할 교인들을 봉고차에 모시고 노회에 참석했다가 안수식을 마친 뒤 교인들을 모셔다 드리기 위해 다시 교회(거제)로 돌아왔다. 그리고 다음날 아침 노회 마지막 날 기타 토의 시간에 우리 교회 화재 사건을 보고하고 노회로부터 지원을 받고자 양곡교회로 출발했다. 그날은 비가 많이 내렸고 날씨도 축축해 기분이 별로 좋지 않았다.

교회에서 출발한 지 2시간 만에 마산에 진입하는 입구 쪽 오르막길 검문소를 통과할 즈음, 갑자기 2.5톤 트럭이 중앙선을 침범해 넘어와 내가 타고 가던 봉고차를 정면으로 들이받는 게 아닌가. 나는 순간, "아! 사고다"라는 생각이 들었고 의식을 잃었다. 그 자리에서 기절하고 말았으니 얼마가 지났는지 모르지만 내가 깨어났을 때 경찰들의 호각 소리, 차량들의 경적 소리가 들렸고, 나를 차에서 끌어 내리는 사람들의 소리가 들렸다. 그 순간 나는 이루 표현할 수 없을 정도의 엄청난 통증이 몰려와 견딜 수 없었다. 마구 소리를 질렀다. "아이구! 내 다리! 아이고, 아파 죽겠네. 나 좀 살려 주세요." 왼쪽 다리는 아래위로 뼈가 부러져서 마음대로 움직이지 않았고, 발은 왼쪽으로, 무릎은 오른쪽으로 뒤틀리면서 얼마나 고통스럽던지, 차라리 죽는 게 낫겠다 싶을 정도였다. 지금 생각해 보면 내가 기절했다가 깨어난 건 그 엄청난 고통 때문이었던 것 같다. 얼마 있다가 구조대원들이 나를 택시에 태우는 것이 기억나는데, 나는 그 고통스러운 순간에 이렇게 기도했다. "하나님! 나는 죽어도 괜찮고, 병신이 되도 괜찮지만 이건 하나님께 영광이 되지 않습니다. 어찌 하시려고 이런 시험을 주시는 겁니까?" 그런 다음 나는 또 기절하고 말았다.

트럭과 정면으로 충돌한 봉고차는 완전히 망가져 폐차되었고, 나는 중상을 입고 마산 파티마병원에 입원했다. 그런데 그 병원에서는 너무 위험해 수술할 수 없다고 하면서 큰 병원으로 옮기라고 했다. 그래서 부산 동아대병원을 알아보면서 병원에 대기하고 있는데, 노회가 끝난 다음 노회장 목사님과 여러 목사님이 병문안을 와서 기도해 주시고 위로도 해주셨다. 하지만 내겐 아무런 위로도 되지 않았고 내 귀에 들리지도 않았다. 나는 정신 줄을 놓은 사람처럼 삶의 의욕도 없이 그냥 멍하니 천정만 바라보고 있었다.

설상가상(雪上加霜)이란 말이 이런 경우를 두고 한 말이 아니겠는가. 교회에 화재가 난 지 얼마 되지도 않았는데, 목사안수 받은 다음 날 또 이런 대형 사고가 일어났으니까 말이다. 그렇지 않아도, 말하기 좋아하는 동네 사람들은 지난번 화재가 났을 때, "하나님도 무심하시지, 우째 지가 지 집(교회)을 태우노? 하나님이 계신 것 맞나?" 그랬는데 이번엔 사람들이 수군거리기를, "목사가 무슨 죄가 많아 교회도 불태우더니, 지도 저래 되노?"라고 할 것인데, 정말 이거야말로 하나님께 영광이 안 되는 일인데… 하는 생각에 큰 절망감에 사로잡혔다. 그래서 나는 하나님께, "하나님! 이 문제를 어떻게 해석해야 하는지 해답을 주옵소서"라고 기도했다.

그때 나는 하나님의 말씀을 통해서 답을 얻었다. 요한복음 9장에 날 때부터 소경된 사람을 두고 제자들이 예수님께 묻기로 "저 사람이 날 때부터 맹인으로 태어난 것이 누구의 죄로 인함입니까? 자기니이까? 그의 부모니이까?"라고 물었을 때, 예수님께서 대답하시기를 "저 사람이나 그 부모의 죄로 인한 것이 아니라 하나님이 하시는 일을 나타내시고자 하심이라"(요 9:1-3)라는 말씀이다. 나는 이 말씀을 보면서 나에게 일어난 사건에 대한 해답을 얻었다. 이 말씀은 다시 일어설 수 있는 결정적인 힘이 되었다. 내가 당한 이 큰 시험이 누구의 죄도 아니고, 하나님이 이 사건을 통해서 영광 받으시기 위해 더 큰 일을 계획하심이요, 하나님이 하시는 일을 드러내시고자 이루어진 사건임을 깨달은 것이다.

그러면 그렇지, 역사를 운행하시는 하나님께서 이 엄청난 사건을 통해서 하나님 자신의 일을 나타내시고자 하시는데 내가 더 이상 무슨 말을 하겠는가? "아멘 주여! 주님의 뜻대로 하옵소서. 주님! 나를 도구로 써주옵소서"라고 할 수밖에. 이제 시간만 지나면 하나님께서 자기의 일을 드러내실 것이라고 생각하니 살 소망이 생기고 밥맛도 생기면서 생기를 되찾았다. 그때 "사람의 백 마디 위로보다 하나님의 위로가 참 위로가 되는구나"라는 것을 깊이 깨달았고, 말씀이 사람을 살리는 힘이 되고, 능력이 되는 것임을 다시 한번 확신했다.

나는 3일 후 부산 동아대병원으로 이송되어 치료를 받았다. 그런데 동아대병원에서도 나를 그냥 매달아 놓기만 하지 수술을 하지 않는 게 아닌가. 그래서 물었더니, 내 몸 전체에 새까만 보라색 반점이 나타났는데, 그 패혈증 증상이 없어져야만 수술을 할 수 있다고 했다. 만약 패혈증이 없어지지 않으면 사망할 수 있다고 하면서 그 확률이 50:50이니 마음의 준비를 단단히 하라고 했다. 우리 가족들은 초비상이 걸렸고, 그 이야기를 들은 아내는 기절까지 했다고 한다. 그때 마침 둘째 처형이 암으로 돌아가셨는데 장례식 때문에 처가 식구들이 다 부산에 모이는 바람에 내게 병문안을 왔다. 내가 혹 충격을 받을까 봐 모두 그 사실을 숨겼는데, 나는 그 사실도 모르고 병문안을 온 줄로만 알았다. 나의 상태는 사선을 왔다 갔다 할 정도로 위중했다.

그런데 5일이 지나자 거짓말처럼 그 증상이 사라졌다. 의사 선생님이 기적이라고 하면서 "당신은 운이 좋은 사람이다. 이제는 살았다. 수술을 시작해도 된다"라고 말했다. 얼마나 감사하던지… 나는 본격적인 치

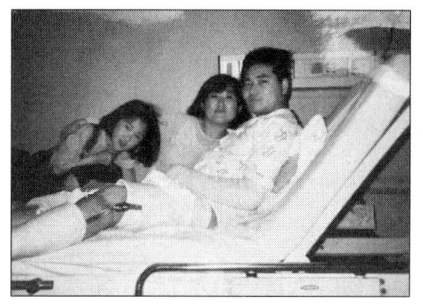

교통사고로 부산 동아대병원에 입원

료를 받았다. 3차에 걸쳐 수술을 받고, 회복을 위해 6개월 동안 입원했다. 내가 병원에 입원해 있는 동안, 다대교회 주일 예배는 새장승포교회 부목사님들이 인도해 주었다. 아내는 수술 후 나의 대소변을 받아내면서 병시중을 해주었다. 6일은 병원에 있다가 토요일이면 다시 거제도로 내려가 다대교회에서 주일을 보내고, 월요일에는 다시 부산의 병원으로 돌아왔다. 아내가 정말 고생이 많았다.

병원에 입원한 처음 1개월 동안은 우리 아이 둘이 엄마가 준비해 놓은 반찬과 밥을 챙겨 먹으면서 학교를 다녔다. 큰아들 영원이가 초등학교 3학년, 둘째 혜린이가 1학년이었는데 어린데도 아빠의 상황을 이해하면서 대견스럽게도 스스로 알아서 학교를 다녔다. 얼마나 미안하고 애처롭던지 지금 생각해도 아득하다.

큰아들 영원이는 동생 혜린이를 매일 목욕시키고 밥도 챙겨서 먹이고, 설거지도 하고 옷도 입혀서 학교에 보내고… 열 살 아이가 어른처럼 엄마 역할을 하면서 가정을 지켰다. 그런데 영원이는 올빼미형으로 저녁 8시 반쯤이면 일찍 잠을 잤다. 반면에 딸 혜린이는 부엉이형으로 밤 10시까지 잠을 자지 않는 스타일이었다. 그러다 보니, 밤 10시만 되면 혜린이가 울면서 엄마에게 전화를 했다. "엄마! 오빠야 잔다. 무서워"라고. 지나고 보니 추억이지만, 그때는 참으로 가슴 아팠다. 그래서 할 수 없이 아이들을 할아버지 할머니가 사시는 밀양으로 보내고 초등학교도 전학시켰다.

나는 완전히 회복할 때까지 마냥 병원에 입원해 있을 수 없었다. 교회도 너무 오래 비웠고, 아이들도 챙겨야 했으며, 교회를 새로 건축도 해야 할 중차대한 과제도 있었다. 나는 목발을 짚고 1992년 9월에 퇴원해서 교회로 돌아왔다. 그제야 우리 가족 넷이 다시 모였는데 아이들이 얼마나 좋아하고 행복해하든지… 가족의 소중함을 뼈저리게 느꼈다.

퇴원한 후 천막교회 앞에서

III. 시련을 딛고 일어서다

1. 화재로 전소된 다대교회를 다시 일으켜 세우다(1993~1994년)

나는 목발을 짚고 다니면서 화재로 전소된 교회를 일으키기 위해 두 팔을 걷어붙였다. 내가 해야 할 최우선 과제는 교회 건축이었다. 병원에 입원해 있는 동안 주춤했던 교회 건축을 위해 해야 할 여러 가지 일을 단계적으로 하나씩 접근했다. 매우 감사하게도 우리 교회 화재 사건이 「기독공보」에 기사화되면서 전국 교회에서 헌금을 해주었다. 내가 교통사고로 입원해 있는데도 건축헌금은 계속 답지되었다. "여호와께서 집을 세우지 아니하시면 세우는 자의 수고가 헛되며 여호와께서 성을 지키지 아니하시면 파수꾼의 깨어 있음이 헛되도다. 너희가 일찍이 일어나고 늦게 누우며 수고의 떡을 먹음이 헛되도다. 그러므로 여호와께서 그의 사랑하시는 자에게는 잠자는 중에도 복을 주시는도다"(시 127:1-2)라는 말씀을 다시 한번 체험했다.

사실 나는 아무것도 한 일이 없었는데, 교통사고 당해 사선을 넘나들면서 입원해 치료만 받고 있었는데, 하나님은 다대교회를 향하신 크신 뜻을 펼치고 계셨고, 전국 교회를 통해 그 일을 이루고 계셨다. 내가 퇴원할 즈음에 1억 정도의 건축헌금이 모금되었다. 이것은 연 예산 6백만 원밖에 안 되는 다대교회로 보면 기적이었다. 건축위원회를 구성하고 여러 가지를 논의했다. 그때 나는 건축위원회에서 이번 기회에 교회를 옮겨서 짓자고 제안했다. 그 이유는 현재 교회 부지는 차가 들어올 수 없어서 건축이 불가능하고, 다시 거기에 건축하면 동네 중앙에 교회가 있어서 조금만 시끄러워도 동네 주민들이 계속 항의를 해올 것이며, 교회 부지도 너무 좁고 하니 차제에 교회를 옮기는 게 좋겠다고 이야기했다. 나의 제안에 건축위원 모두가 동의해 주어서 교회 이전을 추진했다.

그러나 교회 부지 이전 계획은 나이 많은 권사님들이 중심이 되어 반대하면서 난관에 부닥쳤다. 반대 이유는 단순했다. "여기도 기도하며 세운 교회인데, 왜 여기에 안 짓고 다른 데로 옮기려고 하느냐"라는 것이었다. 그런데 나는 권사님들의 반대 이유가 다른 데 있다는 것을 알았다. 지금 헌금만 가지고도 건축을 할 수 있는데, 건축 부지를 새로 구입하면 다시 건축헌금을 해야 하고, 부담이 커질 것 같으니 반대했던 것이다. 그래서 권사님들에게 교회 부지를 옮겨야 할 이유를 자세하게 설명하면서 설득했다. "하나님의 역사는 앞으로 나아가는 진보의 역사지, 뒤로 거꾸로 가는 후퇴의 역사는 아니라고 생각합니다. 여기에 다시 교회를 건축하는 것은 후퇴하는 것이지 진보하는 것은 아닌 것 같습니다. 그렇다면 가만히 있는 여기 교회가 왜 불이 났겠습니까? 앞으로 다대교회 100년을 내다보고 교회를 잘 지어야 합니다. 그래야 진보하는 것이지요. 그렇게 교회를 지어야 하나님께서 기뻐하시지 않겠습니까?"

교회 부지를 물색하기 시작했다. 그게 바로 현재 교회가 우뚝 서 있는 곳이다. 원래 이 땅은 논농사를 짓던 곳이요, 동네 제일 아래에 도로와 맞물려 있어서 낮은 곳이라, 여름이면 늘 침수되었다. 그런데 그 땅을 구입하려고 하자 평당 10만 원을 달라고 하는 것 아닌가. 30여 년 전 그 당시엔 논 한 평을 3만 원이면 구입할 수 있었는데, 때마침 그해 거제 출신 김영삼 대통령이 당선되던 해라 갑자기 땅값이 치솟은 것이었다. 할 수 없이 480평을 4,800만 원 주고 구입했다. 그 당시엔 나로서는 큰 모험이었지만, 지금도 생각하면 정말 잘한 판단이었다는 생각을 지울 수 없다. 동네에 들어설 때면 제일 먼저 눈에 띄는 건물이 우뚝 서 있는 다대교회로 동네의 거울이자 상징처럼 보이기 때문이다. 차를 타고 동네에 들어설 때마다 얼마나 자랑스럽고 뿌듯한지, 그때 그렇게 인도해 주신 하나님께 감사하고 있다.

부지를 매입한 뒤에, 우리 교회 수준에 맞는 몇몇 교회를 탐방했다. 사등면에 있는 지석교회가 모델로 적당해서 교회를 설계하신 대구의 윤 장로님을 소개받아 찾아갔다. 우리 교회 사정을 자세히 설명하고 120평 정도 되는 교회 설계를 부탁했다. 그런데 설계도를 가져왔는데 149평 건물을 설계해 온 것이 아닌가? 장로님은 아무리 설계를 해도 최소한의 건물을 지어야 하는데, 149평 정도 되어야 건물 모양이 나오겠다 싶어 그렇게 설계했다고 하면서 추가 설계비는 받지 않겠다고 하셨다. 120평 건물도 그 당시 2억 2천만 원 정도 있어야 지을 수 있는데, 149평

(2억 7천만 원)은 우리 교회로서는 엄두가 나지 않는 규모였다. 그렇다고 장로님을 탓할 수도 없고 해서, 그 설계도를 받아 건축위원회에 내놓고 이야기했더니 모두가 난색을 표했다. 그래서 나는 다시 건축위원들을 설득했다. "우리가 부탁한 것도 아닌데, 이렇게 설계해 온 것은 장로님이 기도 중에 감동받아 설계한 것이니, 그냥 이 설계도를 하나님의 뜻으로 받고 기도합시다. 돈은 하나님이 그렇게 설계케 하셨으니 하나님이 준비하시지 않겠습니까? 그저 믿음으로 아멘하고 이대로 진행해 봅시다."

그렇게 해서 건축 준비는 되었는데 건축비를 어떻게 충당하느냐가 문제였다. 교회 부지를 구입하고 나니 5천만 원 정도밖에 남지 않았다. 나는 무작정 서울 영락교회를 찾아갔다. 선교부에 가서 우리 교회 상황을 설명하고 건축헌금 지원을 부탁했다. 신청서를 접수해 놓으면 선교부에서 검토 후 연락할 것이라는 약속을 받고 다시 거제도로 내려왔다. 10일 후 우리 교회를 답사하겠다고 연락이 왔다. 이튿날 영락교회 선교부원들과 선교부 실무 전도사님 여섯 명이 우리 교회를 방문하여 현장을 둘러보았다. 점심을 먹으며 하는 말씀이 "한 8천만 원 정도면 조립식으로 사택까지 다 지을 수 있겠고, 다 지은 후 영락교회 이름으로 헌당하겠습니다"라는 것이었다. 그래서 선교부장 장로님에게 "그 돈을 저희 교회에 그냥 건축헌금 해주시고 저희가 알아서 건축을 하면 안 되겠느냐"라고 말씀드렸다. 그러자 너무 황당하다는 반응을 보이면서 그냥 서울로 떠났고 더 이상 연락이 없었다. 나는 다시 영락교회 선교부를 방문해서 실무 전도사님에게 나의 농민 선교 비전을 이야기하면서, 그런 계획을 가지고 교회 건축을 하려고 하니 지원해 달라고 부탁드렸다. 내 이야기를 한참 듣고 나서, 전도사님이 선교부장 장로님에게 다시 한번 말씀드리겠다는 답을 듣고 내려왔다. 7일 후 부장 장로님과 전도사님이 우리 교회를 다시 방문했다. 한울타리공동체와 유정란 생산 공동체 현장을 둘러보고, 청년들을 만나 이야기를 들어 보고 돌아간 후, 2천만 원을 헌금해 주겠다고 연락이 왔다. 나는 하나님의 간섭하심과 도우심을 확신하면서 정말 감사해서 눈물을 흘리며 감사 기도를 드렸다. "하나님! 이 일을 통해서 하나님 영광 받으시옵소서."

사실 나는 농민 선교를 시작할 때 이런 생각을 하면서 꿈을 꾼 적이 있다. "하나님! 내가 농민 선교를 하는 것은 밥벌이하고자 하는 것이 아닌데, 교회 건물이 이렇게 작고 낡아서야 되겠습니까? 하나님의 영광을 위한 농어촌 선교센터 역할을 할 수 있는 교회 건물(그 당시 2억 정도 되는 건물을 생각)은 되어야 하지 않겠습니까?" 그런데 그런 꿈이 현실로 다가오는 것을 느끼며 나는 더욱 박차를 가해 뛰었다. 그 이후에도 나의 농민 선교에 뜻을 같이 해주셨던 전국 교회들과 성도들의 헌금과 후원이 계속해서 답지했으며, 특히 부산 대성교회의 한재엽 목사님과 성도들의 헌금과 도우심이 큰 힘이 되었다.

2. 유자청 생산으로 한울타리공동체 재정비(1992~1993년)

나는 유정란 생산자 작목반이 안정되는 것을 지켜보면서, 병원에서 퇴원한 후 그동안 주춤했던 한울타리공동체를 재정비하기로 하고 교회 건축과 함께 이 일을 적극적으로 추진했다. 유정란 작목반 생산자 외에 소외되었던 다대교회 교인들과 함께 공동체 조직을 확장하기로 계획하고, 다대마을 주민들과 교인들 그리고 남부면에 거주하는 주민들 중에 뜻을 같이하는 사람들을 참여시켜 25명의 조합원이 한울타리공동체를 창립했다.

    그리고 유정란을 공급하는 유통망을 통해, 지역에서 생산되는 농산물 및 남부면 특산물인 여차돌미역, 톳나물, 다시마, 새우 등을 전국 교회와 한살림, 전국 생협 등에 공급하여 생산물을 판매하지 못해 어려움을 겪고 있던 지역 주민들에게 도움을 주었다. 이를 통해 농어촌을 살리고자 하는 생명공동체 운동이 활성화되면서 공동체가 비약적으로 성장했다. 그때 기획한 것이 바로 유자청 생산이다. 거제도의 명물인 유자를 가공하여 청(차)으로 만들어 공동체 소비자들과 전국 교회에 공급하고, 그 수익금은 교회 건축에 사용하기로 결정하고 유자청 생산했다.

    그해 겨울 나는 1만 병 정도 생산할 계획을 세우고 2Kg들이 꿀병을 신청했다. 그런데 산더미처럼 꿀병을 싣고 도착한 10톤 화물차를 보고 나는 그만 입을 다물고 말았다. 나의 상상을 초월할 정도로 양이 많아서 덜컥 겁이 났다. 이걸 어쩌지? 다시 되돌릴 수도 없고, 무식하면 용감하다고 하더니, 제대로 알아보지도 않고 계산도 없이 만 병쯤이야 하는 막연한 생각을 가지고 신청했으니, 참으로 어처구니없는 일을 저지른 것이었다. 나는 좌고우면할 시간이 없었다. 무조건 일은 진행할 수밖에 없었기에 설탕도 신청하고 유자를 자르는 자동기계를 구입했으며, 유자 농장을 찾아가서 생유자를 구입하여 전 교인과 동네 주민들을 동원(20명)해서 한 달 동안 유자청을 생산했다.

    유자청도 생산이 문제가 아니라 판매가 문제였다. 나는 전국 교회로 뛰어다녔다. 서울 영락교회 선교부에 연락해서 유자청을 팔 수 있도록 부탁드렸더니, 금요일 오전 구역장 모임에서 광고하고 판매해 주겠다고 해서 8톤 차량 한 대에 3천 병을 싣고 올라가 새벽에 도착해 영락교회에 마당에 내렸다. 말이 3천 병이지 영락교회 마당 정문 입구에서 교회 본관 출입구까지 한 줄로 가득 진열해 놓았는데, 교회 오는 성도님들이 이게 뭐냐고 하면서 이렇게 많은 유자청을 왜 여기에 갖다 놓았느냐고 불편해했다.

내가 생각해도 너무 황당한 일이었지만, 다행히도 우리 교회 화재 사건을 이야기하고 건축헌금을 모으기 위한 것이라고 하니 많은 분이 팔아 주셨다. 그날 판매한 것이 1천 병 정도 되었다. 그것만으로도 얼마나 감사했는지 모른다. 나머지 2천 병은 옛날 전도사 시절 다대교회 여름성경학교 봉사활동을 다녀가셨던 덕수교회 손인웅 목사님께 연락을 드려서 덕수교회 창고에 임시 보관하고, 공동체 사무국장이었던 김 집사님과 서울에 기거하면서 판매했다. 여러 교회에 연락해서 유자청을 소개하고 주문하면 갖다 드리고, 주일이면 거제도로 내려왔다. 그다음 주간은 서울 소망교회 여전도회 회장이신 김○○ 권사님에게 연락해서 또 1천 병 정도를 판매했다. 그렇게 하면서 그 많은 유자청을 다 소진했다.

지금 생각하면 정말 기적 같은 일이었다. 고생고생 말도 못 할 고생을 하면서도 하나님의 일을 위해서 하는 일이기에 자랑스러웠고 뿌듯했다. 생각해 보면 정말 무모하기 짝이 없는 일을 벌였지만, 그때는 교회 건축이라는 절체절명의 과제를 해결하기 위해 어쩔 수 없는 선택이었다.

유자청 생산 판매 사업은 공동체의 역량을 다시 한번 향상하는 계기가 되어 지역 주민들의 선망의 대상이 되었다. 참여했던 생산자 조합원들에게 농한기에 한 달 임금 150만 원을 주었으니 생활에 큰 도움이 되었다. 그때의 수익금 5천만 원은 현 149평의 교회당을 건축하는 데 결정적인 힘이 되었다. 이듬해 봄에 공동체가 후원(300만 원)하여 2박 3일간 동네 노인분들 40여 명을 모시고 효도관광(서울)을 다녀오기도 했고, 대학 다니는 두 명의 교회 청년에게 장학금 200만 원을 지원하고,

유자청을 만들고 있는 모습

남은 수익금으로 출자자들에게 배당하기도 했다. 이런 활동으로 모든 조합원이 공동체 활동의 이유를 새롭게 인식하고, 긍지와 자부심을 느끼면서 더욱 열심히 참여했다.

또 한 가지는 여차동네에서 생산하는 특산물인 돌미역이 있는데, 최상의 품질을 자랑할 만한 미역임에도 판로가 없어서 굉장한 어려움을 겪고 있었다. 이 돌미역을 공동체에서 거의 전량 수매하여 판매해 줌으로써 지역 어민들에게 큰 도움을 주었다. 그 후 미역을 안정적으로 생산하면서 여차 지역 어민들에게는 중요한 수입원이 되었다.

3. 드디어 다대교회를 완공하다(1993~1994년)

1993년 7월 19일, 천신만고 끝에 다대교회 건축을 시작했다. 시공업자는 옥포제일교회 이○○ 장로님인데, 2억 6천 5백만 원에 건축하기로 계약했다. 나는 149평의 건축 규모가 얼마나 되는지 감이 오지 않아서 잘 몰랐는데, 2층에 올라가서 보니 정말 크게 보여 속으로 놀라기까지 했다. 한번은 교인 심방을 위해 동네에 가는데 동네 할머니 한 분이 인사하시면서 내게 한 말이 아직도 기억에 생생하다.

"목사님! 교회 정말 크고 예쁘네요. 옛날 말에 불난 집이 잘된다고 하던데, 정말 그런 것 같네예. 그러고 보면 다대교회 불이 잘 난 것 같네예."

"아! 그런 것 같네요. 좋게 봐주셔서 감사합니다. 어르신도 하나님 믿으시고, 복 많이 받으세요."

나는 그 어르신의 말을 들으면서 '화가 오히려 복이 된다'는 뜻의 전화위복(轉禍爲福)이라는 사자성어가 떠올랐다.

건축 중인 다대교회 모습

그 재앙 화(禍) 자를 불 화(火) 자로 바꾸어도 괜찮을 것 같았다. 사람이 조변석개(朝變夕改)한다고 하더니, 교회 불이 났을 때는 이구동성으로 "다대교회 망했다" 하더니 얼마 되지 않아 "잘됐다"라고 하니 참 아이러니했다.

교회 건축을 하면서 하나님의 기적을 체험한 것이 한두 가지가 아니다. 건축이 70% 진행되면서 내장 공사가 시작될 즈음에 시공하는 장로님이 내게 "방송 공사를 미리 해야 하는데 어떻게 하시겠습니까?"라고 물었다. 나는 "해야지요"라고 답은 했지만 더 지출할 돈이 없어서 고민되었다. 방송공사 경비는 건축비에 포함되어 있지 않아서 따로 경비를 주어야 했기 때문이다. 새벽기도회 시간에 이 문제를 놓고 기도하고 있는데, 우리 교회 교인이 아닌 어떤 분이 천막교회 뒤쪽에 앉아서 기도하고 있는 게 보였다. 누굴까 하며 기도를 마치고 나오는데, 그분이 일어나시면서 하는 말씀이,

"저는 부산에 사는 사람인데 낚시하러 왔다가 새벽기도 하려고 왔습니다. 보니 교회가 화재로 어려움을 당하고 있는 것 같네요. 건축하는 교회를 한번 둘러보고 싶은데 안내를 좀 해주시면 좋겠습니다" 하는 것

이었다. 그래서 그분을 모시고 교회로 가서 2층을 올라갔는데 둘러보더니, "목사님! 방송시설을 할 때가 됐네요. 제가 방송시설을 해드리면 어떨까요? 새벽기도 중 그런 감동이 와서 하고 싶어서 그럽니다." 하는 것 아닌가! 세상에 이런 일이…. 나는 기도하면 금방 기적같이 응답받는다는 기복신앙을 제일 싫어하는데 그런 기적이 나타난 것이다. 나는 지금도 그분이 누군지도 모르고, 연락처도 모르고, 연락해 본 적도 없다. 단지 내가 아는 것은 "하나님이 보내신 천사였을 것이다"라는 사실이다. "오! 하나님! 이 모두가 하나님의 은혜입니다. 하나님! 감사합니다. 죽도록 충성하겠습니다"라고 고백했다. 분명한 것 하나는 살아 계신 하나님은 지금도 자기의 뜻을 이루시고자 하는 곳에서 누구를 통해서 역사하시든지, 간섭하시고 개입하셔서 자기의 역사를 이루어 가신다는 것이다. 내가 하나님의 그 역사와 그 뜻에 합당하냐 합당치 않냐가 중요할 뿐이다.

그렇게 해서 화재로 전소되었던 다대교회 건축은 기적같이 마무리되었다. 그 당시 남부면에서 다대교회가 가장 큰 건물이었다. 건축을 다 마치고 결산해 보니 땅값 포함 4억이 들었다. 25명밖에 안 되는 작은 농촌교회가 30년 전 4억 공사를 한 것은, 도시교회 1만 명이 100억 공사를 한 것과 맞먹을 정도로 큰 공사를 한 게 아닐까 하는 생각이 든다. 하나님이 자기 영광 받으시기 위해서 이루신 기적의 사건임을 고백하지 않을 수 없었다. 요셉이 꿈을 꾸었던 그대로 이루어 주셨던 하나님이 나의 농민 선교의 꿈(2억)을 갑절로 갚아 주셨다. 우리는 꿈을 꾸고 하나님은 일하심을 다시 한번 깨달았다.

1994년 4월 28일 다대교회 새 성전 건축 봉헌식 예배를 드리는 날, 동네 사람들과 남부면 많은 주민들이 참석해 축하해 주었다. 전국에서

완공된 다대교회

도 많은 분이 오셔서 축하 잔치에 동참했다. 나는 건축하기 위해 고생했던 지난 일과 이 모든 것이 하나님의 은혜로 된 것에 대한 남다른 감회로 그만 강대상에 서서 한동안 펑펑 울고 말았다. 사회자의 위치와 체면도 잃어버린 채 말이다. 지금도 다대교회는 장승처럼 동네 입구에 우뚝 서서 다대마을을 지키고 있다.

〈다대교회에 바치는 헌시(獻詩)〉

원로목사 김수영

숱한 풍상을 거쳐 오늘에 이른 너
다대교회여!!!
벌써 진갑이 훌쩍 넘어 91돌을 맞는구나.
흘러가는 세월 막을 수 없다더니
어느새 그렇게 되었나
지난날 그 아픔 다 품에 안고

오늘도 바다를 내려다보며

동네를 지키는 장승처럼 우뚝 서 있는

네 모습이 든든하기 그지없구나.

그런데

너는 왜 말이 없는가

침묵이 금이라서 그런가

아니면 입이 없어서 그런가

파수꾼이 종을 울리지 아니하면

저 뭇 생명들은 어찌할 건가

말씀으로 천하 만물을 있게 하신 그분의 능력 의지하여

너는 불을 토하듯 복음을 전해야 한다.

너를 우뚝 세운 뜻이 거기 있으니

일어나 빛을 발해야 한다.

이 동네의 운명과

우리 시대 농어촌의 미래가 너에게 달렸나니

너의 어깨가 참으로 무겁겠구나

그 길은 오직 사랑과 헌신과 섬김과 인내로 가야 하는 길이요

십자가의 길이지만

너는 가야만 한다.

이미 우리 주님 그 길 가시지 않았나

넉넉히 세상을 이기신 우리 주님을 의지하여

생명을 지키고 살리는

내일을 향해
묵묵히 다시 이제 일어나야만 한다
너 다대교회여!

4. 여름수련회 장소로 각광 받다

나는 교회 건축공사를 극적으로 마무리한 뒤에, 우리 교회의 활용 방안을 생각했다. 30명 정도 모이는 다대교회로서는 규모가 너무 크기에 교회 건물을 제대로 활용하지 못한다면 낭비일 것 같다는 생각이 들었다. 사실 내가 교회를 건축할 때 주위의 많은 목회자가 농촌교회를 그렇게 크게 지어서 무엇 할 거냐고 하면서 쓸데없는 욕심이라고 비난했기에 더욱 신경이 쓰였고, 그렇게 되지 않도록 여러 활용 방안을 강구했다. 대부분의 목회자가 교회를 새로 건축할 때, 할 수 있으면 크게 지으려고 하는 욕심이 있다. 나중에 그렇게 크게 지어 놓고 활용하지도 못하고, 건축 부채를 감당하지 못해 큰 어려움을 겪는 경우가 허다한데, 우리 옆 동네 해금강영광교회가 그랬다. 20명 모이는 작은 교회가 200평 규모의 무리한 교회 건축을 한 뒤에 그 부채를 감당치 못해 경매 처분이 되었으니까 말이다.

나는 다대교회가 이제 다대교인들만의 교회가 되어서는 안 된다고 생각했다. 전국 교회와 뜻있는 분들의 헌금과 후원으로 세워진 교회이기에, 한국교회의 공동선을 위해서 쓰임 받아야 하고, 그런 목적으로 모든 교회와 지역에 제공되어야 한다고 생각했다. 그 첫 번째가 도시교회 학생들의 수련회 장소로 우리 교회를 제공하는 것이었다. 그동안 우리 교회가 도시교회로부터 많은 도움을 받았으니, 농촌교회가 도시교회에 수련회 장소를 제공하는 것은 당연한 일이기도 하고, 학생들이 수련회를 하는 동안 하나님을 만나고 은혜를 받아 모세나 바울 같은 사람이 한 사람이라도 나온다면 그거야말로 기적이라고 생각했다. 당시에는 여름에 도시 대부분의 교회가 학생회와 청년회의 신앙수련회, 교회학교 학생들의 여름성경학교를 열었다. 하지만 그런 수련회를 할 수 있는 시설이 준비된 농촌교회가 많지 않았다. 그런 상황에서 새로 지은 우리 교회는 최적의 도시교회 수련회 장소로 각광 받기 시작했다.

우리 교회는 학생들의 여름수련회 장소로 나무랄 데가 없었다. 해수욕장 옆에 있고, 초등학교가 바로 옆에 있어서 학교 운동장을 아무 때나 사용할 수 있으며, 교회 옆에 개울이 흐르고, 80~100명 정도 수용할 수 있는 1, 2층 교회 공간과 세 개의 방이 마련되어 있고, 식당과 남녀 샤워실이 있기 때문에 너도나도 우리 교회에서 수련회를 하겠다고 찾아왔다. 그래서 해마다 3월이 되면 수련회 장소로 이미 예약이 끝날 정도로 인기가 많았다. 7~8월 여름수련회가 열리는 기간 동안 온 동네가 북적북적할 정도로 많은 학생이 방문하면서 소음으로 동네 주민들에게 큰 불편을 끼치기도 했다. 하지만 수련회를 하면 주민들에게 큰 도움을 주는 계기도 되어서, 주민들이 불편하게 여기면서도 좋아하기도 했다.

나는 지역 주민들과 함께하는 수련회로 계획했다. 수련회를 오고자 하는 교회들이 답사하러 올 때 몇 가지 조건을 제시하고 동의하는 교회에만 장소를 제공했다. 첫째, 친환경적인 수련회를 위해 샴푸와 린스를 사용하지 말고 비누만 사용할 것, 둘째, 아이들의 간식으로 아이스크림이나 과자를 동네 상점에서 구입하고, 지역 농산물(감자, 고구마, 옥수수 등)을 구입하여 간식으로 사용할 것, 셋째, 우리 교회는 장소만 빌려 주는 여관이 아니니 반드시 내가 강의할 수 있도록 한 시간 배정할 것. 농촌에 왔으니 농촌 이야기도 듣고, 내가 펼치는 농민 선교의 비전과 뜻을 듣고 갈 수 있도록 요구했다. 나는 이런 전제하에 장소를 제공했기에 수련회를 올 때마다 주민들은 자기들의 농산물을 팔 수 있어서 불편함을 양해해 주면서 서로 상생했다.

그리고 교회 건축 후 남은 부채가 있어서 그것을 갚기 위해 수련회 기간 동안 학생들의 세 끼 식사를 우리 교인들이 제공했다. 아내가 주방장의 책임을 지고, 여집사님 4~5명을 고용해 식사를 준비했다. 더운 여름이라 힘들었지만, 한 해 4백만 원 정도의 수익금으로 6년을 진행하여 남아 있던 부채를 모두 갚았다. 두 달 동안 집사님들께 3백만 원 정도의 임금을 지불하므로 교인들에게도 도움이 되었다. 하지만 아내에게는 한 푼도 주지 않았다. 목사가 교회에서 밥장사한다고 쓸데없는 시비가 생길 것 같아서였다. 아내에게는 미안했지만 주님은 알아주시겠지 하는 마음으로 그렇게 했다.

5. 거제 청년 집회에 문익환 목사님을 초청하다(1993년 7월 16일)

1993년도는 나에게 많은 사건 사고가 있었던 특별한 해였다. 그해 나는 경남노회 거제시찰회로부터 청년지도 목사로 위촉받아 거제시찰 청년연합회를 지도하게 되었다. 당시엔 그래도 청년들이 연합해서 잘 모이기도 하고 활동도 많이 했다. 청년연합회의 일 년 행사 중 가장 큰 행사가 '여름청년연합회수련회'였다. 임원들이 계획을 하려고 모여 회의할 때 나도 참여했다. 회장이 나에게 묻기를, "목사님! 어떤 강사를 초청해서 집회를 하면 좋겠습니까?" 하기에, "이번 여름수련회에는 일반 목회자를 초청하지 말고, 이 시대와 역사를 고민하면서 사셨던 특별한 목사님을 초청해서 청년들의 신앙의 안목도 넓히고, 이런 시대 상황에서 기독청년들은 어떻게 살아야 하는지를 깊이 고민해 보는 시간이 되면 좋겠습니다"라고 답했다.

"그럼 어떤 목사님이 좋을는지 목사님이 추천해 주세요" 하기에, "문익환 목사님이 어떨까요?"라고 답했다. 청년들이 깜짝 놀라면서, "목사님! 괜찮을까요? 누가 문제를 제기하지 않을까요?"라고 걱정했다. "청년들만 결정하면 외풍은 내가 다 막겠다"라고 하자 한참 의논하더니, "목사님이 하자시는 대로 하겠습니다. 그렇게 추진해 주세요"라고 결정을 내렸다.

1993년 7월 16~17일(양일간) "기독청년의 역사관"이란 주제하에 거제시찰 청년엽합회 여름수련회를 덕포교회에서 개최했다. 행사 내막이 알려지면서 거제시찰회에서 난리가 났다. 거제경찰서에서는 문 목사님과 대우조선 노동조합이 연대해서 데모를 일으키지 않을까 염려했고, 집회 기간 내내 거제 전체에 초비상이 걸렸다. 그렇지만 나는 그런 것에 개의치 않고 강력히 추진했다. 그때는 문 목사님이 북한 김일성을 만나고 돌아오신 후 국가보안법 위반으로 감옥살이를 마치고 출소한 지 2, 3개월밖에 안 되었으니 그럴 만도 했다.

집회 당일 문 목사님이 비행기로 진주 사천공항에 도착하셨고, 내가 가서 모시고 거제로 내려왔다. 점심을 먹으러 동네 아랫마을 소라횟집에 갔다. 회를 시켜 점심식사를 하면서 이런저런 이야기를 나누는데, 호호백발 문 목사님이 청년이고 한창 젊은 내가 노인 같은 느낌이 들었다. 그만큼 말씀이 깊이가 있었고 대단히 논리적이며, 시대를 내다보는 통찰력과 나라를 사랑하는 충정이 크게 느껴졌다. 나와는 차원이 다른 분임을 느꼈다. 식사를 마치고 나오자 소라횟집 사장님이 반갑다고 인사

거제시찰 청년연합회 임원들과 함께

를 하면서, 목사님이 우리 집에 와주셔서 영광이라면서 점심을 대접하겠다고 하는 것 아닌가!

저녁 첫 시간, 북한에 다녀오신 이야기와 여러 가지 말씀을 하시고, 청년들에게 시대를 고민하면서 역사적인 존재(하나님의 아들)로서 청년 예수처럼 살아야 한다고 말씀하셨다. 집회는 무사히 잘 끝났다. 하지만 이 일로 노회장이 나를 소환했다. 문 목사님을 초청한 경위를 따지며 타 교단 목사를 불러서 집회했으니 시말서를 쓰라고 하는 것 아닌가? 나는 그럴 수 없노라고 답했다. 일반 교회 부흥회 때 타 교단 목사를 강사로 세우는 경우가 허다하고, 거제시찰 청년지도 목사로서 내게 주어진 임기 동안 나의 소신대로 청년들을 지도하는 것은 당연한 게 아니냐, 나는 잘못한 것이 없으니 그럴 수 없노라고 말했다. 노회장이 더 이상 할 말이 없으니 다음부터는 조심하라고 다짐을 받으면서 물러서는 바람에 일단락되었다. 나는 이런 황당한 일이 우리 교단 안에서 일어나다니 하는 생각에 실소를 금치 못했다. 이는 순전히 교세 작은 농촌교회 목사를 우습게 보고 함부로 해도 된다는 권위적인 목사들의 폭력이자 추태였다.

6. 전국 농어촌교회 목회자 세미나를 열다(1997년 12월)

나는 목회 전략을 개인 전도가 아닌 지역선교로 틀을 바꾸어 지역에 선한 영향력을 미쳐, 교회의 위상을 높여 나가면서, 교회가 지역의 중심이 되기를 위해 노력했다. 나는 피폐해지는 농촌교회를 어떻게 살릴 것인가 고민하면서, 농촌에서 수고하시는 목회자들을 초청해서 농민 선교의 사명을 고취시키고, 우리 교회의 사례를 나눔으로 농어촌교회를 함께 일으키면 좋겠다 싶어 '전국 농어촌교회 목회자 부부 초청 세미나'를 개최했다.

이 세미나는 나의 농민 선교의 비전에 공감해 주신 부산 대성교회의 한 목사님과 대성교회에서 후원해 주셔서 해마다 열게 되었다. 비록 작은 농어촌교회이긴 하지만, 도시교회와 함께 연대해서 전국 농어촌 목회자 세미나를 실시하는 것도 한국교회에 처음 있는 일이 아니었을까 싶다. 농어촌 목회자와 사모 세미나는 도시교회에서 농어촌 목회자들을 초청해서 위로의 차원에서 하는 경우가 대부분이었다. 그것도 의미 있는 일이기는 하지만, (우리 교회가 농촌교회를 위해서 뭔가 했다는) 도시교회의 자기 카타르시스 측면에서 하는 세미나이기에 농촌과 농촌교회를 변화시키는 데에는 한계가 있으며, 그런 측면에서는 별로 도움이 되지 않는다고 생각했다.

우리 교회에서 했던 '농어촌교회 목사 사모 세미나'는 평생 농민 선교를 지향하며 사시는 목사님들을 강사로 모셨고, 그런 현장을 직접 체험

전국 농어촌교회 지도자 및 사모 세미나

함으로써 도전을 받도록 하여, 농촌과 농촌교회를 새롭게 변화시켜나 가게 하는 프로그램이었다. 농촌에 뜻을 둔 목사님들이 참여했고, 큰 도전을 받아 돌아가는 모습을 보면서 보람을 느끼기도 했다. 가나안농군학교처럼 말이다. 다대교회는 농어촌에 있는 작은 교회이지만, 지원만 받는 교회가 아니라 한국교회와 어려워지고 있는 농어촌교회를 위해 작지만 할 수 있는 역할을 감당하기 위해 몸부림쳤다. 지속적으로 그 세미나가 유지되지 못한 아쉬움이 있지만, 뜻있는 다음 세대 목회자들이 계속 이루어 나가기를 소망해 본다.

7. 사람의 영과 육을 살리는 금식영성수련회를 시작하다(2001년)

나는 그동안 땅과 생명을 살리는 실천적인 신앙운동을 펼쳐 오면서, 소비자들의 의식을 깨치기 위해 생산지를 답사케 하고, 현장에서 먹거리를 생산해내는 농촌과 먹거리의 중요성을 깨우치는 교육을 실시해 왔다. 그러다 보면 자연스레 건강 이야기를 할 수밖에 없었다. 좋은 먹거리를 먹는 이유도, 무공해 무농약 먹거리를 먹는 이유도, 유기농업 농산물을 먹는 이유도 나와 가족의 건강을 지키기 위함이니까 말이다. 그리고 사람들을 만나 보면 안 아픈 사람이 없고, 건강 때문에 어려움을 겪고 있는 사람들이 너무 많았다. 건강에 관한 문제, 즉 질병에 대한 근원적인 해답을 갖지 않으면 안 되겠다고 고민하면서 건강에 대해 공부해야겠다고 마음먹었다.

그런데 한울타리공동체에 큰 변수가 생겼다. 그동안 함께해 왔던 사무국장이 그만두고 새로 온 직원으로 인해 공동체에 분열이 일어나면서 나는 공동체에서 손을 떼게 되었다. 내가 다대교회에서 평생 농민 선교를 하며 살아야 할 이유가 바로 한울타리공동체였는데 너무 실망이 컸고 허망했다. 그 상실감은 말로 다 형언할 수 없었다. 더 이상 다대교회에서 목회할 이유가 사라진 것 같았다. 그래서 교회를 떠나야겠다는 생각에 일이 손에 잡히지 않았고, 세상에 어찌 이런 일이 있을 수 있나 하는 배신감으로 잠이 오지 않았다. 나의 목회 인생에 최대의 위기가 온 것이다.

그때 그 스트레스와 속상함 때문에 그랬는지 몰라도 속이 더부룩하여 소화도 안 되고, 살도 많이 빠졌다. 대우병원에 가서 진찰을 받고 약도 타가지고 와서 먹었는데 별 도움이 되지 않았다. 그래서 건강 서적을 뒤적이다가 우연히 장두석 씨의『민족생활의학』이라는 책을 보면서 큰 깨달음을 얻고, 그 단체에서 11박 12일 동안 실시하는 단식프로그램에 참여하면서 건강을 회복했다.

단식 중에 장두석 씨가 매일 1시간 강의를 했는데, 요지는 모든 짐승은 자연의 질서대로 순종하며 살기에 천수를 누리며 살지만, 사람은 자

금식영성수련회 모습

연질서를 역행하며 살기에 병이 든다고 했다. 짐승은 병이 들면 무조건 굶고, 회복하면 비로소 먹기 시작하는데, 사람은 미련하게도 아프면 입맛이 떨어지게 하는 인체의 신호에 따라 먹지 않고 기다려야 하는데, 먹고 기운을 차려야 병을 이길 수 있다면서 도리어 인체(자연)의 질서를 역행하므로 병을 더 키운다는 것이었다. 그러면서 사람의 육체는 짐승과 같아서 짐승처럼 굶으면 어떤 병도 치료할 수 있다고 말했다. 그게 자연의 질서요 치료의 비결이자 건강의 비결이라고 했다. 나는 그 강의를 들으면서 자연의 질서는 하나님의 질서인데, 이 건강 운동을 여기서 할 게 아니라 교회에서, 목회자들이 해야 한다는 생각이 퍼뜩 떠올랐다. 단식으로 모든 병을 치료할 수 있다면, 내가 이 건강 운동을 한 차원 높여서 몸과 마음과 영혼을 치료하는 영성운동으로 펼쳐야지 하는 생각으로 이듬해(2001년)부터 '금식영성수련회'를 열게 되었다.

질병의 원인과 치료 방법도 다 하나님의 질서(원리) 가운데 있고, 하나님의 창조 질서를 제대로 알고, 그 질서에 순종함에 있다는 사실을 알게 되면서, 청년들이 창조 질서대로 생산하는 유정란 생산이 얼마나 귀한 일인가를 다시 한번 깨달았다. 또한 소비자들에게 유정란을 먹게만 하는 것이 아니라, 그 원리를 알리고 창조 질서의 원리대로 살게 하는 것이 진정한 생명운동이 아닐까 하고 생각하면서, 지금까지 해온 생명운동을 한 단계 승화했다. 그리고 모든 치료 방법도 자연 가운데서 찾고 해결해야겠다고 생각하면서 자연의학(대체의학)을 배우기 위해 경기대학 대체의학 대학원의 문을 두드렸다.

사람은 누구나 건강하게 살기를 원하며 건강을 위해 열심히 노력한다. 무병장수야말로 인간의 한결같은 염원이요 가장 큰 소망이라 해도 과언이 아니다. 그처럼 건강을 원하지만 인간은 죽을 때까지 질병에서 벗어날 수 없다. 주위를 살펴보면 온통 환자투성이지 않는가. 지나가는 사람 붙잡고 물어보면 안 아픈 사람이 없고, 어디가 아파도 다 아프다고 한다. 왜 이렇게 인간은 질병의 고통에서 벗어나지 못하는 것일까? 우리 주위에 병을 고치는 의사와 병원이 수도 없이 많고, 의술도 나날이 발전하고 있으며, 첨단의학 장비와 새로운 신약들이 속속 개발되고 있고, 병을 연구하는 연구소도 부지기수로 세워지고 있는데 말이다. 의술이 발전하는 만큼 건강해야 하고, 좋은 약을 많이 사용하는 만큼 건강해야 할 텐데, 현실은 불행하게도 그와 정반대로 간다. 원인도 알 수 없는 희한한 질병은 더 기승을 부리고, 환자가 줄어들기는커녕 점점 늘어만 가니 이를 어찌 설명해야 할까?

나는 이러한 모순의 근본이 어디에 있는지 공부했다. 혹자는 이렇게 의심하는 경우가 있다. 하나님이 인간을 창조하실 때 실수로 인간을 부실하게 만들어서 그런 게 아닌가 하고 말이다. 그건 결단코 아니다. 우리 하나님은 전지전능하시고 완전하시며, 부족함이 없다. 그래서 우리가 하나님을 의지하고 믿고 사는데, 만약 하나님이 부족하시다고 하면 그 논리 자체가 모순이다. 완벽하신 하나님이 창조하신 그 피조물들을 가만히 살펴보면, 그 모두가 완벽하고, 신묘막측해서 형언할 수 없으며, 기적 그 자체다. 특히 하나님의 피조물 중의 피조물이요, 자연 중의 자연인 사람은, 하나님이 자기 형상대로 지으신 뒤에 스스로 보기에도 매우 흡족해하시며 "그 지으신 모든 것을 보시니 보시기에 심히 좋았더라"(창 1:31)라고 자족하셨다고 성경은 기록한다. 하나님이 창조하신 자연은 부족함이 없으며 완벽하다는 말이요, 그의 피조물인 인간 또한 완벽하게 창조하셨기에 병이 들 수 없다는 말이다. 그런데 왜 사람은 끊임없이 병으로 고통당하고, 병 때문에 전전긍긍하며 살다가, 병으로 죽고 있는가.

자연의 질서를 가만히 보면 답이 나온다. 해가 뜨고 지고, 봄 여름 가을 겨울의 사계절이 진행되는 신비한 자연계나 인체의 원리를 보면 신비하기 그지없다. 우리 상상을 초월한다. 완벽하게 창조된 인체를 보면 더욱 그렇다. 그런데 산과 들에 사는 짐승들은 좀처럼 병을 앓는 일이 없다. 어쩌다 상처가 생겨도 금방 낫는다. 동사하거나 산불에 타 죽거나 사람이나 맹수에게 죽임을 당한 시체는 간혹 볼 수 있을는지 모르지만, 병사한 짐승은 찾아볼 수 없다. 집에서 키우는 짐승들을 제외한 들과 산의 야생동물들은 대개 자기에게 주어진 수명(天壽)을 누리며 건강하게 살다가 죽음을 맞이한다. 사람들처럼 병으로 죽는 법이 거의 없다. 그 이유는 짐승들이 하나님의 창조하신 질서, 즉 자연의 질서대로 살기 때문이다. 하지만 사람은 하나님의 창조 질서대로 살지 않고 자기 생각과 자기 마음대로 먹고 마시면서 산다. 그래서 우리 조상들은 "역천자(逆天者)는 망(亡)하고 순천자(順天者) 흥(興)한다"라고 했던 게 아닌

가. 나는 이 원리를 깨달은 뒤에 어떻게 하면 순천자로, 자연의 질서대로 살까 고민했다.

사실 이 세상의 모든 질서와 원리가 하나님의 질서가 아닌가? 그 뜻대로, 그 질서대로 살아야 아무런 문제가 없는데, 그 뜻을 어기고 사니 〔逆天〕, 자연은 망가져서 기후 재앙으로 심판 직전에 있고, 육체는 병들어 죽어 가고 있으며, 심령과 마음은 죄의식으로 벌받아 불안과 공포 속에 살면서 불행하게 되는 것이다. 그래서 자연으로 돌아가자, 창조 질서로 돌아가자, 인간도, 자연도, 우리 사회도 본래대로, 원리(원칙)로 다시 돌아가자고 하는 것이다. 그게 개인도, 가정도, 사회도, 국가도, 자연도, 질병을 극복하는 해답이다.

기독교에서는 그래서 인간은 하나님의 뜻대로 살아야 한다고 생각하고 하나님의 뜻대로 사는 원리를 기록한 하나님의 말씀, 즉 성경을 바탕으로, 그 성경 말씀대로 살고자 하는 것이다. 그런데 성경 말씀은 인간의 삶의 영적인 원리를 다루지, 과학책이 아니기에 구체적인 자연 질서나, 인체의 원리에 대해서는 언급하지 않는다. 크리스천들은 영적으로는 하나님의 뜻대로 살려고 노력하지만, 육체적으로는 하나님 주신 인체의 질서대로 살지 않는다. 그 결과 육체는 망가지고 병을 얻게 되어 고통 속에 살아가는 것이다. 다시 말하거니와 인체(몸)의 질서도 다 하나님이 내신 질서이기에 내 마음대로 함부로 해서는 안 된다. 내 몸의 관리 또한 하나님의 내신 질서에 따라 먹고, 마시고, 행동하고, 생각해야 한다. 그게 건강의 비결이요 행복의 비결이며, 구원의 길이다. 그리고 사람은 영육(靈肉)이 함께 하는 통전(統全)적인 존재이다. 영적 건강만을 추구하는 것(현재 기독교의 신앙)은 반쪽짜리 건강이요 온전한 건강이 아니다. 영도 건강해야 하고 육도 건강해야 한다. 그러려면 영의 건강은 영적인 원리에 따라 살아야 하고, 육의 건강은 육체(자연)의 원리에 따라야 한다.

사람은 짐승이 아니다. 즉 육체적 존재만이 아니란 말이다. 사람은 신령한 존재다. 영과 육이 함께하는 동시적 존재이다. 그러니 영을 소중히 여기고 관리하듯이, 몸도 소중히 여기고 하나님의 원리(질서)에 따라 관리해야 한다. 그게 기독교인들의 삶이자 영성이 되어야 한다. 그럴 때 영육 간에 건강한 삶을 살 수 있다. 그래서 성경은 분명히 말한다.

"너희는 너희가 하나님의 성전(몸이)인 것과 하나님의 성령이 너희 안(육체와 영혼)에 계시는 것을 알지 못하느냐 누구든지 하나님의 성전(육체)을 더럽히면 하나님이 그 사람을 멸하시리라 하나님의 성전은 거룩하니 너희(몸)도 그리해야 하느니라"(고전 3:16-17).

이제 기독교인들과 한국교회 그리고 신학자들과 신학교가 이 말씀을 영적으로만 해석하지 말고, 통전적인 시각에서 제대로 깨닫고 실천해야 한다. 그래서 영육을 동시에 건강하게 살아가도록 기도도 가르치고 설교도 해야 한다. 기독 신앙은 뜬구름 잡는 이야기가 아니다. 삶이고 행동이고 실천(행함)이다. 그러면 병 없이 건강하게 살 수 있다. 몸의 건강은 마음의 건강으로 작용해서 행복한 삶을 누리며 살 수 있을 것이다. 그래서 나는 자연의 질서에 순응하면서 만병을 치료할 수 있는 단식 프로그램, 금식영성수련회를 시작하게 되었다.

자연(하나님)은 완전하기에 스스로 존재하고 운행하며 스스로 회복해 나갈 수 있는 자정능력(복원력)이 있다. 자연 중의 자연인 우리 인체 또한 병이 나면 스스로 치료할 수 있는 자정능력이 있는데 그게 바로 단식이다. 자연계의 모든 동물(개, 고양이 등)은 누가 시킨 것도 아닌데 병이 들면 무조건 굶고 나으면 먹는다. 산에 사는 야생동물들은 약도 병원도 의사도 없지만, 본능적으로 배를 비움으로 스스로 치유하면서 산다.

사람의 육체는 동물과 같다. 그러기에 몸살이 나거나 아프면 입맛이 떨어지므로 먹지 말라(단식)는 신호를 보낸다. 그러면 몸이 보내는 신호에 따라 굶어야 한다. 그러고 나면 야생동물처럼 우리 몸(자연)은 시간이 지나면 저절로 회복된다. 우리 몸에 병(몸살)이 생기면 음식을 소화하는 데 소진하는 에너지를 줄이고, 체내의 모든 기운(에너지) 100%를 치료하는 쪽으로 보내기 위해서 본능적으로 입맛이 떨어진다. 이때는 인체의 질서(하나님의 창조 질서)에 순응하여 먹지 말아야 한다. 그런데 먹어야 기운을 얻어 병을 이길 수 있다면서 밥맛이 없는데도 꾸역꾸역 먹으니 병은 더 오래가고, 때로 더 큰 병을 얻게 되는 것이다.

닭은 1~2년 정도 알을 낳으면 기력이 쇠하여 털이 다 빠지고, 산란율도 50% 이하로 떨어져 쓸모없는 노계가 된다. 그러면 폐계로 처분하는데, 이런 노계를 10일 동안 아무것도 먹이지 않고 물만 먹이면서 강제로 단식시키면 신기하게도 새 털이 돋아나고 산란율도 90%까지 올라 1년 더 알을 생산할 수 있는 건강한 닭으로 회춘한다. 단식은 만병을 치료할 수 있는 자연의 질서요 하나님의 치유 원리다. 비만은 물론이거니와 당뇨병, 고혈압은 일주일 정도 단식하면 기본적으로 해결할 수 있다. 심근경색증, 류마티스 관절염, 축농증, 아토피, 암, 특히 성기능 장애 등 무슨 병이든 치료하지 못할 병이 없다.

요즈음 우리는 너무나 풍족하여 잘 먹고, 잘 사는 세상에서 살고 있다. 영양과잉, 즉 과식으로 인한 병이 대부분이라고 해도 과언이 아니

금식영성수련회 일정표

	첫날 (월)	둘째 날 (화)	셋째 날 (수)	넷째 날 (목)	다섯째 날 (금)	여섯째 날 (토)
06:00~07:30	접수 및 인사 나누기	풍욕으로 아침 열기 청소, 정리정돈, 관장, 세면, 아침 봉운동			풍욕 및 해돋이 아침운동	청소 및 정리정돈 최종 정리
07:30~09:00					나누기	닫는 예배 수료식
09:00~09:40		아침 치료 시간				
10:00~12:00		몸으로 드리는 예배			관장 및 청소	삶의 현장으로 다음에 또다시!!
		자연의학 아침 강연				
12:00~14:00	여는 예배 (자연의학 1)	등산 및 운동			자연의학	
14:30~17:30		냉온욕(온천)				
17:30~18:30		휴식				
18:30~19:30		잘 먹고 잘 사는 법(비디오 시청 1-2)				
19:30~20:30	오리엔테이션	몸 다스리기(요가)			치료 시간	
20:30~21:30	풍욕 후 꿈나라로	치료하기				
21:30~22:30		풍욕 후 꿈나라로				

다. 너무 넘쳐서 생긴 질병의 치료 원리는 빼주는 것이다. 단식은 마이너스 치료법으로 현대인들의 건강을 위한 최고의 치료법이다. 그런데 배고파서 어떻게 단식하느냐고 걱정하는 사람들이 있다. 7~10일을 굶어도 단식프로그램에 따라 하면 전혀 배고프지 않으며, 굶을수록 기운이 나니 걱정하지 않아도 된다.

나는 장두석 씨의 단식수련회 참석 후, 단식이 만병을 치료하는 하나님의 자연치유법임을 깨닫고, "병은 기도해서 낫는 게 아니라, 단식하

금식영성수련회 폐회 예배

면 낫는다"라고 설파하면서, 이듬해부터 바로 '금식영성수련회'를 열었다. 처음엔 1년에 두 번, 다음엔 네 번, 여섯 번, 나중에는 한 달에 한 번씩 늘려 나갔다. 참여한 수련생들이 단식 중 모든 질병이 치료되고 영적으로도 완전히 새로워지는 기적을 체험한 후, 나가서 소문을 내고, 가족들을 보내고, 주위에 아픈 사람들에게 소개해서 보내면서 한때는 문전성시를 이룰 정도로 많은 사람이 몰려왔다.

지금까지 142회 단식프로그램을 진행하면서, 질병으로 고생하는 사람들을 수도 없이 치료해 왔다. 사람들은 배가 고플 때 가장 약해지는데 참여한 수련생들이 단식을 하면서 영혼도 함께 회복되고 치료되는 모습을 보면서 얼마나 감사하고 행복했는지 모른다. 땅끝 마을 거제도 작은 교회로 전국 교회 성도들과 심지어 미국과 중국의 성도들까지 단식을 하러 왔다. 이 모두 다 하나님의 뜻을 따라 살려고 했던 몸부림의 결과로 이루어진 것이지 내가 한 일이 아니다. 하나님의 뜻이 있는 곳, 그 뜻을 실현하고자 하는 곳에 하나님이 역사하셔서 이룬 것이다.

공동체의 실패로 크게 흔들리고 있을 때, 마침 금식영성수련회를 시작하면서 마음을 다잡고 다대교회에서 버틸 수 있었고, 새로운 농촌 목회의 방향을 설정할 수 있었다. 아래에 금식영성수련회에 참여했던 참가자의 소감문 하나를 소개하고자 한다.

〈51회 수련생 소감문〉

정준호(안산시, 대학생 23)

처음 나는 수련회 오기가 싫었다. 만사가 귀찮아 버스를 몇 시간씩 타고 거제도까지 오는 것도 내키지 않았고, 무엇보다 밥을 굶는다는 발상 자체가 도무지 이해되지 않았던 것이다. 일반적으로 밥을 잘 먹어야 건강하다는 것이 사회의 기본적인 통념 아닌가? 그런데 아픈 사람을 굶긴다? 도무지 이해되지 않았지만, 부모님의 강요에 의해 어쩔 수 없이 참여했다. 배고프면 어쩌지? 집에 갈까? 그러면 안 되겠지? 오면서 이런저런 오만 잡생각을 하며 거제 다대교회 내렸을 때에 이미 나는 녹초 상태였다.

시간이 흘렀다. 목사님의 강의를 듣고 밥을 먹지 않는 시간이 늘어났다. 나는 늘 배가 고팠고 힘들었다. 그런데 어느 순간 신기하게도 시간이 갈수록 몸이 상쾌해지고 기분이 좋아지는 것을 느끼게 되었고, 내가 하나님을 찾고 있다는 것을 깨달았다. 친구와 전화를 하는데 내 입에서 생전에 하지도 않던 '하나님의 은혜로'라는 말이 불현듯 튀어나왔다. 이런! 이것이야말로 21세기의 탕자의 귀향이 아닌가? 나는 살면서 하나님을 찾아 본 적도 없고, 교회, 예배 등 내 스스로 가고 싶은 마음은 한 번도 들지 않았다. 그러던 내가 이제 돌아가면 '성경도 읽어야지', '교회에 가야지' 하는 결단을 한 것이다. "평생 교회에 가라. 예수님이 살길이다"라는 말을 듣고 살았으나 꿈쩍도 하지 않던 나의 신앙을 단기간에 비약적으로 성장시켜 하나님과 소통하게 해주신 김수영 목사님의 재량에 경의를 표한다.

단식 3일째 아침 몸이 굉장히 안 좋았다. 토할 것 같고, 머리도 무겁고, 짜증이 났다. 의욕도 사라졌고 밥만 먹고 싶었다. 하지만 목사님의 침 한 방에 그 모든 증상이 해결되고 살 것 같은 이 기분이 들었다. 이 기분을 어찌

필설로 형용할 수 있을 것인가? 나는 몸이 나은 이후 좋은 강의를 빼먹지 않고 들으려고 집중했다. 여러모로 너무나 유익하여 감사한 것뿐이다. 누군가가 내게 이 수련회에 대해 묻는다면 내가 할 말은 한 마디밖에 없다. "입 다물고 가라"고.

수련회 5일째, 머리에 제법 까맣게 머리카락이 나는 기적을 체험하면서, 지금까지 온갖 방법을 동원해도 안 나던 머리카락이 나다니… 기적으로 그저 감사할 따름이다. 끝으로 51기 수련생들 모두 몸 관리 잘하여 치유 받으시길 바라고, 금식영성수련회의 무궁한 발전을 기원합니다. 목사님! 진심으로 감사합니다.

〈첨언〉

이 청년은 머리카락이 하나도 나지 않아서 군대를 면제받은 청년이었다. 그런데 금식수련회에 참여해서 민머리에 부항을 떴더니 엄청난 어혈이 나왔다. 수련회 마칠 때쯤에는 거무스레하게 머리카락이 나기 시작했다. 이 청년은 6개월 후 머리카락이 완전히 나서 군대에 입대했다고 연락이 왔다. 금식수련회 이후에 이런 사례는 수도 없이 많아 다 기록하지 못한다.

8. 다문화 사역의 시작(2006년)

2006년도쯤 다대교회가 위치한 거제 남부 지역에 베트남(9), 필리핀(2), 라오스(1), 일본(1), 중국(2) 등에서 15명이나 되는 여성이, 농어촌에서 장가를 가지 못한 40~50대 청년들에게 시집을 오게 되어 갑작스레 다문화 가족들이 우리 지역에 많이 생겼다. 정부에서도 다문화 가족

다문화 가정 예절교육 후

들을 위한 정책을 펼치면서 한국에 시집온 여성들을 대상으로 한글 공부와 한국 문화 가르치기 등을 실시했다. 그때 나는 우리 교회에서 주도적으로 다문화 가족들을 위한 한글 교실을 일주일에 한 번씩 열어 가르치고, 그 여성들이 한국에서 잘 정착할 수 있도록 직간접적으로 도와주었다.

처음에 한국말을 잘 못할 때에는 은행에 데려가기, 편지 부치기, 시장 보기, 고현 시내 갈 때 차량 봉사하기, 병원 데리고 가기, 한국 역사를 알도록 역사 탐방 교육 등을 실시했다. 주일날에는 교회에 모여 한국 음식 만들어 먹기 등을 진행했다. 한동안 다문화 가정들을 위한 사역이 나의 농촌 목회의 주사역이 되었다. 그런데 이 사역이 교회에 새로운 변화와 활력이 되었다.

어느 농촌 할 것 없이, 요즈음 농어촌엔 젊은이들이 없고 아이들의 웃음소리를 들을 수 없다. 우리 교회도 고령화로 인해 노인들이 대부분인데 다문화 가정들이 교회에 나오면서 새로운 변화가 생겼다. 다문화 여성들이 대부분 20대였기에 저들이 교회에 나오면서 아이들의 웃음소리가 들리기 시작했고, 남편들도 따라 나오기도 하고, 시어머니들도 나왔다. 그러자 교회가 그득해지고 활력이 넘쳤다. 농촌교회의 새로운 희망이 보였다.

이제 더 이상 우리나라도 단일민족이 아님을 인정해야 한다. 베트남 친정을 가는데 비행기로 네댓 시간이면 간다고 하니 거제에서 버스로 네 시간 걸려 서울 가는 시간과 별 차이가 없지 않은가? 지구촌이라는 말이 실감이 나고 베트남이 먼 나라가 아닌 이웃 동네라고 해도 과언이 아닐 것 같다. 베트남 선교사가 일 년이 지나도록 한 사람 전도하기도 쉽지 않다고 하는데, 농촌에서 베트남 사람을 전도할 수 있게 되었으니 세계가 하나라는 말이 실감 났다.

그 성도 중에 사랑이 엄마가 친정어머님을 한국에 초대했는데, 3개월 여기 있는 동안 설교는 알아듣지 못해도 매주 교회에 나와 함께 예배드리고 식사도 했다. 귀국할 때 차비를 주고 박수로 환송하며 인사를 시켰더니, 딸아이가 교회를 다녀서 안심이 되고, 성도들이 자기 딸을 잘 대해 주어서 정말 감사하다고 하면서 베트남 가면 교회를 다니겠다고 말했다. 우리 교인들도 그날 큰 감동을 받고 다문화 가족들을 더 잘 섬기려고 애를 쓰기도 했다.

나는 전도하기가 정말 쉽지 않은 농촌교회에 새로운 선교의 장이 열린 것 같아 다문화 가족을 위한 선교프로그램을 가질 계획으로 연초에 교회 예산을 편성하기도 했다. 나라가 가난하기 때문에 이 멀리까지 시집와서 고생하는 귀한 다문화 가족들에게 복음을 전하고, 그리스도의 사랑을 심어 가는 것이야말로 어떤 다른 일보다 귀한 사역이라 생각하고 나름 최선을 다하며 노력했다.

그중에 은혜 엄마 김○○라는 여인은 전주로 시집왔는데 남편의 폭력에 견디지 못해 딸아이를 데리고 여동생이 사는 다포마을로 도망 와서 살았다. 그녀가 남편과 이혼하겠다고 해서 변호사가 작성해야 할 이혼서류를 내가 작성해 법원에 제출하고, 아이를 베트남에 보내기 위해 어렵게 여권을 만들어 주기도 했다. 이혼 재판이 전주법원에서 진행되었는데 교회 차로 은혜 엄마를 데리고 전주까지 세 차례나 오가면서 재판에 참여하고 참고인으로 진술을 해서 이혼을 시킨 사례도 있었다. 그 후에 그녀를 우리 교회 노총각이랑 결혼시켜서 지금까지 잘살도록 도와주었는데 아직도 교회를 나오지 않고 있고, 우리에게 고마움을 한 번도 표현한 적이 없다. 식사 한 번 대접한 적도 없으니 말이다. 인간적으로 보면 안타깝기도 하지만 나도 사람인지라 그녀를 볼 때면 서운한 마음이 든다. 하지만 그저 나 스스로 위로할 뿐이다. "하나님은 알아주시겠지"라고.

그뿐만 아니라, 우리 교회 나오는 베트남에서 시집온 여성 중 네 명이 아직도 한국에서 결혼식을 하지 않고 살고 있는 것을 보고 안타까워 우리 교회에서 합동결혼식을 올려 주었다. 많은 분의 후원을 받아 2011년 5월 28일(토) 12:00에 250여 하객의 축하와 하나님의 축복 속에 합동결혼식을 성대히 치렀다. 그날 주례를 했는데 정말 감동적이었다. 경비 부담이 커서 이리 뛰고 저리 뛰면서 고생은 했지만, 보람 있는 일을 한 것 같아서 참 뿌듯했다. 원래 이런 일은 거제시 차원에서 해야 할 일인데 재정 자립도가 낮은 작은 농촌교회에서 진행했으니 사람들이 대단하다며 칭찬도 해주었다. 나는 꿈을 꾸고 진행만 했을 뿐 이 또한 하나님이 하신 일이었다.

그렇게 공들이고 헌신했는데 그 다문화 선교사역이 아무런 결실을

다문화 가정 합동결혼식

맺지 못한 것 같아 너무 아쉽고 허망하기까지 하다. 나의 목회 사역의 실패인 것 같아 자책하며 다시금 나를 돌아보고 있다. 필요할 때는 교회를 나오다가 자기들이 스스로 자립하고 직장에서 일하기 시작하면서 그리고 헌금 부담 때문에 한 가정도 교회를 나오지 않는다. 다섯 가정이 이혼했으며, 두 명은 한국에 온 베트남 친구들과 재혼하여 산다. 너무 실망이 되고, "내가 무슨 일을 한 거지?"라는 생각이 들기도 한다. 그저 천하보다 귀한 사람들을 섬긴 것만이라도 하나님이 인정해 주실 것이라 믿으며 스스로 위로하고 있지만, 그래도 하나님을 알게 하고 믿음을 갖게 하지 못했다는 자괴감이 든다. 내 목회에서 유일하게 성과를 내지 못했던 일로서 지금도 마음이 편치 않다. 하지만 다문화 여성들이 처음 시집와서 낳은 아이들이 지금은 중고등학생들이 되었고, 그 아이들이 지금도 교회를 잘 나오고, 신앙생활을 잘하고 있어서 그것으로 위안을 삼으며 감사하고 있다.

9. 교인과의 갈등으로 어려움을 겪다(2005년)

나는 39년 동안 다대교회에서 목회하면서 많은 일을 겪었지만, 교인과의 갈등으로 인한 어려움은 별로 없었다. 부족한 점이 많음에도 교인들이 이해해 주고 사랑으로 지켜 주었기 때문이다. 결코 목회를 잘해서 그런 게 아니라는 것을 너무나 잘 알고 있으며 늘 감사하게 생각한다. 그래서 간혹 이웃 교회에서 목회자와 교인들 간의 갈등으로 교회가 시끄러워지고, 싸우고, 둘로 쪼개지고 하는 것을 보면 이해가 되지 않았다. 그런데 내가 다대교회 시무 15년째 되던 해, 교회 ○○ 집사와의 갈등으로 큰 어려움을 겪으면서 이해하게 되었다.

그 집사는 옛날에 중학교를 마치신 분이고, 그 시절에도 『신동아』를 볼 정도로 나름 합리적인 분이었다. 하지만 자기 문제에 관해서는 그러지 못했다. 억지를 부리기도 했지만, 그럭저럭 잘 지내왔다. 그런데 자기 처남이 이웃 가배교회의 장로가 되었는데, 자기는 그렇지 못하다는 생각에 자존심이 상했는지 자기도 장로가 되기를 희망하고 제안을 해왔다. 그때 나는 "아직 우리 교회는 장로를 세울 만큼 교세도 안 되고, 집사님은 주일 낮에만 교회를 나오지 새벽기도도 안 나오고, 삼일기도회와 다른 교회 모임에 일체 참여하지 않을 뿐만 아니라 담배도 피우시니 아직은 때가 아닌 것 같습니다"라고 반대했다. 그리고 동네 주민들이 집사에 대한 부정적 시각과 반감이 있어서 좀 더 시간을 갖고 기도하자고 했는데, 그때부터 나에 대해 반감을 갖기 시작하면서 사사건건 시비를 걸고 목회를 방해하기 시작했다.

어느 날 평생을 새벽기도회에 한 번 나오지 않던 그 집사가 갑자기 새벽기도를 나오더니 교회 바닥을 치면서 항의하듯 기도하고 방해했다. 하지만 도무지 대화가 되지 않아서 그러려니 하고 참으며 지내 왔다. 하루는 새벽기도 후 보자고 해서 마주 앉았다. 나를 보고 교회 청년들을 취직시켜 주고 돈을 얼마나 받아 처먹었느냐, 도둑놈이라고 욕하면서 내 멱살을 잡고는 교회를 나가라고 소리치는 것이었다. 너무 어이가 없어서 무슨 말이냐고 물었더니, 내가 취직시켜 준 청년의 아버지가 "그런 회사(쌍용자동차 이사로 있던 서울 동서에게 부탁해 네 명을 취직시켜 준 사례가 있음)에 들어가는데 빈손으로 되겠나" 하는 말을 들었다는 것이다. 그래서 네 명의 부모님을 모시고, 집사 집에 올라가서 "내게 돈 1원이라도 준 사람이 있으면 이야기해 보라"고 대면을 시켰다. "그런 적이 없는데 이게 무슨 말이냐?"라고 하는 것이었다. 그러자 한 청년의 아버지가 "술 먹고 그냥 허풍으로 농담으로 한 소린데 그 이야기를 믿었느냐?"라고 하는 것 아닌가!

그 집사의 방해는 거기에 그치지 않았다. 설교 시간에 소리를 지르며 방해하기도 하고, 제직회 시간에 아무것도 아닌 것으로 시비 걸기를 반복하기도 했다. 참 속이 상하고 피곤했다. 한때는 내가 여기에서 무슨 영광을 볼 거라고 이런 수모를 당하면서 목회를 해야 하나 싶은 자괴감이 들어 교회를 옮겨 볼까 하는 마음도 생겼다.

그러는 와중에 그 집사가 동네 전도 문을 막은 결정적인 사건을 일으켰다. 온 동네 사람들이 교회를 향해 욕을 하기 시작했고, 고개를 들고 다닐 수 없을 정도의 부끄러운 사건이 발생했다. 그 집사가 동네 젊은 과부에게 4개월 동안이나 매일 밤늦게 이상한 전화를 하면서 음란하게 희롱하며 접근했는데, 그 과부는 어떤 놈인지 몰라도 이놈을 꼭 잡아서 혼을 내줄 생각을 하고 자기 집에 오라고 하고는, 이웃집 사람들에게 그놈이 오면 덮쳐서 잡아 달라고 작전을 짜고 기다렸던 것이다. 그런데 그 집사가 어리석게도 그걸 모르고 자기를 좋아해서 오라는 줄로 착각하고 갔다가 동네 사람들에게 봉변을 당했다. 얼마나 두들겨 맞았던지 이 두 개가 부러지고 눈두덩이 퍼렇게 멍이 들었다. 그 상태에서 밤 12시에 나에게 전화를 했다. "목사님! 내가 다쳐서 많이 안 좋은데 병원에 좀 태워다 줄 수 없겠습니까?" 하는 것이었다. 나는 늦은 밤에 무슨 일인가 싶어 집사의 집으로 가서 태우고 급히 대우병원에 입원시켰다. 집으로 돌아오니 새벽 네 시 반이 되어 바로 새벽기도회를 시작했다. "그렇게 나를 미워하더니, 그래도 급할 때는 목사밖에 없는가 보다"라고 생각하니 헛웃음이 나왔다.

그런데 그게 끝이 아니었다. 그 집사가 자기를 폭행한 동네 주민 두 사람을 고소한 것이다. 그러자 "저놈은 인간이 아니다. 어떻게 그런 짓을 해놓고 뻔뻔스럽게 고소를 하노?" "저런 놈 천당 가면, 나는 만당 갈끼다" 하면서 온 동네 사람들이 비웃었다. 그러나 가난한 과부가 자기들 때문에 고소를 당하니 너무 미안해하면서, 집사에게 사정을 해서 합의금 6백만 원을 주고 사건을 종결했다. 이 일로 교회는 동네 사람들의 북이 됐다. "사람이 양심이 있어야지 어떻게 벼룩의 간을 빼먹노? 그 가난한 과부의 피 같은 돈 6백만 원을 받아 처먹어? 어디 잘사나 두고 보자. 에이! 나쁜 놈, 죽일 놈! 하나님이 계시면 저런 놈에게 천벌을 내려야지, 어떻게 그냥 놔두노. 하나님이 안 계신가 봐!" 하는 것 아닌가. 나는 입을 다물고 말았다. 이제 동네 사람들에게 예수 믿으라는 말을 할 수 없게 되었다.

마침 그 집사 집에서 금요 구역예배를 드리게 되어 무거운 발걸음으로 갔다. 그날 구약성경 신명기 27장 19절 "객이나 고아나 과부의 송사를 억울하게 하는 자는 저주를 받을 것이라 할 것이요 모든 백성은 아멘 할지니라" 하는 말씀을 전하면서 집사에게 그 돈을 반환할 것을 권면했다. 말씀이 끝나고 다과를 나누는데 그 집사가 "목사님! 그 성경 말씀 찾는다고 욕 봤심더" 하는 게 아닌가? 정말 답이 없는 사람이었다. 나는 그때 결심했다. 하나님의 교회, 다대교회를 저런 사람들로부터 지키기 위해 내 생명을 바치겠노라고.

이후에도 그 집사와의 갈등은 계속됐다. 나는 물러서지 않았다. 적당히 타협하고 물러서면 더 할 것이라고 생각했다. 나는 교회법에 따라 그 집사를 치리하여 출교시켰다. 집사 한 사람의 도덕성 문제로 온 교회가 치명상을 입었다. 더 이상 전도할 수가 없었다. 그 집사가 나이 들어 79세에 암에 걸려 병원에 입원했다. 불쌍한 영혼이라는 생각에 찾아가 기도하면서 위로했다. 그 집사가 죽기 3일 전, 새벽 2시에 전화가 왔다.

"목사님! 죄송합니다." "집사님! 괜찮습니다. 집사님 건강 빨리 회복하십시오" 하고 전화로 기도했다. 그러고 나서 삼 일 뒤 소천했다. 장례식을 하면서 마지막으로 주님 안에서 쉬시라고 기도했다. 나는 생각했다. "사는 게 뭐지? 아무것도 아닌데, 뭘 그렇게 아귀다툼을 벌였지" 하는 생각이 들면서 다시금 나를 채찍질했다. 좀 더 겸손하게 살고, 좀 더 너그러워지자고…….

10. 농어촌교회의 시대적 과제인 노인 선교를 시작하다(2015년 5월)

오늘날 한국 사회 최대의 화두는 저출산과 급격한 고령화로 인한 노인 문제이다. 농어촌은 그 현상이 더 심각하다. 젊은이들은 도시로 다 떠나고, 아이들의 울음소리가 끊어진 지 오래이며, 오갈 데 없는 노인들만 덩그러니 남아 있다. 그런 농촌에 있는 교회 또한 노인들이 주를 이루고 있어서 그들이 돌아가시면 농어촌교회의 미래가 과연 어떻게 될지 심히 우려된다. 예측건대 문을 닫는 농어촌교회가 속출하지 않을까 싶다.

다대교회 교인들과 다대마을의 인구분포도를 보아도 그렇다. 70% 이상이 60세 이상인데, 이런 현상은 다른 농어촌도 마찬가지일 것이다. 정부에서 조사한 통계에 따르면 2000년에 7.2%로 조사된 65세 이상의 노인 인구는 2018년에 14.3%, 2026년에는 20.8%, 2035년에는 30%에 육박하는 초고령사회로 진입할 것으로 예상하고 있다. 이런 급격한 시대 변화의 소용돌이 앞에서 농어촌교회와 한국교회가 어떻게 대처해야 할 것인지 고민이 깊다. "세상이 그런 걸 어떡하겠어?" 하고, 그냥 손 놓고 쳐다보기만 하면, 노령 인구의 증가와 함께 한국교회도 급격히 쇠퇴할 것이 뻔하기 때문이니 말이다.

그리고 선교의 대상은 사람인데, 노인들만 남아 있는 농어촌에서 그들을 위한 선교프로그램을 세우지 않고, 노인 사역을 감당하지 않는다면 농어촌교회의 존재 이유가 있겠는가 하는 생각을 하게 되었다. 그러던 차에, 농촌에서 노인 선교를 통해 새로운 지평을 열어 가고 있는 함양 안의제일교회(최상철 목사 시무)에서 2014년 6월에 동부지역 농촌 목회자 수련회가 열려서 참여했다. 나는 그 교회에서 운영하는 주간보호센터를 둘러보면서 이 사역이야말로 이 시대에 농촌교회가 감당해야 할 꼭 필요한 노인 사역이겠다 싶어 집으로 돌아오자마자 전화로 최 목사님을 거제도로 초청했다. 목사님으로 하여금 다대교회와 지역을 한 번 둘러보도록 한 다음, 우리 교회에서도 그런 노인 사역이 가능할 것인지 판단해 주면 좋겠다 싶어 모신 것이다. 목사님이 우리 지역을 돌아보고 충분히 가능하겠다고 하기에, 나는 농촌 목회 마지막 사역으로 노인 사역에 도전하기로 마음먹고 가족들과 상의한 다음 하나씩 준비했다.

나는 요양보호사와 사회복지사 자격을 취득하기 위해, 딸 아이 혜린이는 간호조무사와 사회복지사 자격을 취득하기 위해 공부를 시작했다.

그리고 다대교회 1층 교육관을 활용해 주간보호센터를 열어, 교회 차원에서 노인 사역을 하기로 계획하고 제직회 때 제안을 했다. 그러나 교인들이 반대해서 교회 차원에서 할 계획을 포기하고 개인 차원에서 하기로 했다. 이듬해 2월 아내의 사회복지사 자격증이 나와서, 최 목사님의 도움을 받아 서류를 시청에 제출하여 2015년 5월에 무지개숲노인복지센터 허가를 받았다. 그리고 정부 시스템을 활용한 노인복지 사역인 방문 요양, 목욕 이동 차량을 이용한 방문 목욕, 복지 용구 지원 등 세 가지의 재가복지 서비스를 시작했다.

노인복지센터를 처음 시작했을 때는 수급자가 한 사람도 없어서 막막했다. 하지만 "처음은 미약하지만 나중에는 창대하리라" 하는 말씀을 믿고, 어르신들을 하나님 대하듯 지극 정성으로 대하여 섬겼다. 외로이 홀로 계시는 어르신들은 위로하면서 기도도 해드리고 그리스도의 사랑으로 대했다. 그들의 여생을 조금이라도 편하게 해드리기 위해 최선을 다했다. 우리 어르신들이야말로 일평생 농사를 지으며 먹을 것 안 먹고 입을 것 안 입으면서 자식들을 헌신적으로 뒷바라지하고 가정을 지키신 분들이요, 오늘날 우리나라 발전의 시금석 역할을 한 귀한 분들 아닌가. 그런 분들을 존귀하게 여기고 잘 대접하고 섬기는 것은 마땅한 일이요, 그들의 여생이 평안하고 행복할 수 있도록 보살펴 드리는 것이야말로 우리 사회의 시대적 사명이 아닐까 생각했다. 노인복지 사역은 이 시대에 어떤 다른 사역보다 귀한 사역이라는 생각을 하면서, 사업적 대상이 아닌 한 영혼으로 여기며 최선을 다해서 섬겼다.

아직도 이 노인복지 제도를 잘 몰라서 혜택을 받지 못하는 노인들도 많고, 자녀들은 바쁘고 멀리 떨어져 있기에 노인 장기요양 등급을 내줄 사람이 없어서 이런 복지서비스를 받지 못하는 분들이 있다. 그런 분들을 등급이 나오도록 안내해 드리고, 몸이 불편해서 병원에 가기 힘든 분들을 병원에 모시고 가서 의사소견서를 넣도록 도와준다. 그러면 자녀들이 얼마나 감사하게 생각하는지 모른다.

나는 이 사역을 하면서 정말 어렵게 사는 많은 어르신을 만났다. 그런 분들을 그냥 두고 볼 수 없어서 시청에 쫓아다니면서 다섯 명을 기초수급자로 만들어 주기도 했다. 그중에 기억에 남는 한 분이 있다. 칠전도에 사시는 여자 스님이다. 그를 아무도 돌보는 분이 없어서, 노인 등급을 우리 센터에서 내서 목욕시켜 드리고, 요양 선생님을 파송해서 돌보았다. 그런데 월말에 어르신(수급자)이 부담해야 할 15% 부담금을 제대로 내지 못하고 대신 밭의 배추와 무를 뽑아 주곤 했다. 그래서 그를 기초수급자로 만들어 주어야겠다고 생각하고 시청에 찾아가 서류를 접수했다. 그런데 한 달이 지나가는데도 아무 연락이 없어 다시 담당자를 찾아가 "어떻게 진행되고 있느냐?" 하고 물었다. "여러 가지 조사해야 할 것이 많아서 시간이 걸린다"라고 하기에 다시 부탁하고 나오는데 주민생활 과장이 인사를 하는 것이었다. "목사님! 어떻게 오셨어요?" 나는 과장을 잘 몰라서 어정쩡하게 인사하면서, "아! 예, 기초수급자 신청을 한 것 때문에 왔는데, 저를 어떻게 아세요?" 했더니, "아! 그러세요? 목사님, 우선 앉으세요. 저는 목사님을 잘 알고 있습니다. 제가 27년 전, 공무원 첫 발령지가 남부면사무소였습니다. 그때 목사님이 공동체 운동 하시는 것을 보면서 인상을 깊게 받았습니다. 그리고 〈거제신문〉의 칼럼도 잘 보고 있고요." 그러고는 담당자를 불러서 "어떻게 된 것이냐"라고 물으며 서류를 살펴보더니, "아! 목사님, 스님이시네요. 그런데 목사님이 왜 스님을 그렇게 신경 쓰세요? 잘 아시는 사이라 기초수급자를 내드리려고 합니까?" 하고 물었다. 사정을 설명하자 그 과장은, "역시 목사님은 다른 목사님들과 다르시네요" 하면서, "다른 분은 몰라도 이 스님은 제가 책임지고 수급자로 만들어 드리겠습니다"라고 하면서 한 달 안에 처리해 주었다.

지금도 그때 참 잘했다는 생각이 든다. 스님도 마귀가 아니고 하나님의 백성인데, 어려울 때 돕는 게 하나님의 자녀들이 해야 할 마땅한 일이다. 돕지 않는 것이 도리어 이상한 일인데, 그 과장은 종교를 따지지 않는 내가 이상하게 보였던 것 같다. 예수님께서 "너희가 여기 내 형제 중에 지극히 작은 자 하나에게 한 것이, 곧 내게 한 것이니라"(마 25:40) 하신 말씀을 다시 한번 돌이켜보아야 하지 않겠나 싶다.

나는 이런 일들을 생활 목회로 생각하고, 목회하듯 어르신들을 진심으로 대했다. 그랬더니 그분들이 적극적으로 다른 분들을 소개해 주어서 무지개숲재가복지센터는 단기간에 비약적으로 성장했다. 지금은 방문요양서비스 80가정으로 요양보호사 50명을 파송하여 돌보며, 방문목욕도 목욕차 두 대를 이용하여 110명 이상 되는 어르신에게 목욕 서비스를 제공한다. 그리고 심신 기능이 저하되어 일상생활을 영위하는 데 지장이 있는 분들에게 일상생활·신체활동 지원, 인지기능 유지 및 기능 향상에 필요한 복지용구(침대, 휠체어 등)를 제공하여 구체적인 도움을 주고 있다.

이런 복지 사역을 통해서 나이 들어 몸도 마음도 약해지는 어르신들의 희망이 되고 있다. 또한 그 가족들에게도 큰 보탬을 줄 수 있어서 너무도 감사하고 보람도 있다. 그래서 나는 이 사역을 더 열심히 감당하면서 나의 여생을 불태우고자 한다.

동네에 나가면 어르신들이 인사하면서 목사님 때문에 우리가 이렇게 편하게 목욕할 수 있게 되어 참 좋다고 할 때면 나도 그렇게 좋을 수 없다. 우리 동네에서 목욕을 하려면 거제까지 버스를 타고 30분 나가야 한다. 모든 게 어눌하고, 다리에 힘도 없어서 내 몸 하나도 지탱하기 힘들어 버스 타기도 어려운 형편인데, 일주일에 한 번 목욕차가 집 앞까지 가서, 때 밀어 깨끗이 목욕시켜 드리고, 손톱도 깎아 드리고, 머리도 깎아 드리고, 마사지도 해드리니 정말 좋아서 인사하시는 것이다. 작은 일이지만 이게 크리스천의 선한 영향력으로 하나님께 영광이 되는 일인 것 같아 감사할 뿐이다. 아직도 우리 주위에 홀로 외로이 소외되어 있거나 방치되어 있는 어르신들이 많다. 그런 분들을 찾아서 예수 사랑으로 더 잘 섬기려고 다짐한다.

그리고 앞으로 나는 이 사역을 거제 전 지역의 모든 교회와 연대하고 협력하여 노인 선교의 새로운 장(場)을 열어 가려고 한다. 모든 교회가 이런 사업을 다 허가받아 운영할 수는 없기 때문에 이미 운영하고 있는 우리 노인복지센터와 지역 교회들이 연대해서, 돌봄이 필요한 노인 대상자를 파악하여 담임 목사님들이 직접 우리 센터에 연락하면 정부에서 제공하는 노인복지서비스를 받도록 안내하는 것이다. 우리 센터에서는 방문 요양과 방문 목욕 서비스를 받을 수 있도록 협조하고, 실질적인 도움을 주어 그분들을 지역 교회로 안내(전도)하여 도움이 될 수 있도록 할 계획이다. 그렇게 되면 선교 지역이 거제도 전역으로 확대되면서 더 큰 역할을 감당할 수 있지 않을까 하고 기대한다.

11. 어르신들을 모실 무지개숲요양원을 건립하다(2021년 9월)

나는 재가복지를 하면서 그 연장선에서 2020년 6월 거제시 남부면 저구리 산 35-9번지에 150평의 노인요양원을 건축하기 시작했다. 이 산(山)에 대한 설명은 1996년도 한울타리공동체가 다대교회 내에 사무실을 두고 있었던 때로 거슬러 올라간다. 당시 나는 한울타리공동체의 미래를 위해서, 좀 넓은 공간을 확보해서 사무실도 짓고, 양계도 하고, 농사도 짓고, 가공공장을 만들 수 있는 장소를 물색하자고 제안했다. 여러 장소를 알아본 결과 이 산의 면적은 12,000평이고, 교회에서 차로 3분 정도의 거리라 가까웠다. 논도 있고 제법 평평하며, 농가주택이 있어서 가장 적합하다고 판단했다. 그 당시 거금 2억 원에 매입하기로 공동체에서 결정하고, 2천만 원을 계약금으로 지불했다. 그런데 잔금을 치르려고 하니 공동체는 그만한 여윳돈이 없고, 조합원들이 다시 출자해서 산을 구입해야 하는데 모두 다 그럴 능력이 없었다. 계약금을 날릴 위기 상황에 처하게 되었다. 내가 주도적으로 공동체를 이끌어 가는 중에 벌어진 일이라 할 수 없이 책임을 지고 처리할 수밖에 없었다. 큰형님과 막냇동생에게 연락해 투자하도록 권유해 억지로 그 땅을 구입했다.

　나중에 알고 보니 농가주택은 무허가 건물이었고, 농림지역에 수산업 보호구역이라 어떤 건축도 할 수 없는 데다 맹지라 매매 자체가 불가능한 산이었다. 그 당시 30대인 나는 부동산 문외한으로 그것도 모르고 구입했으니 정말 낭패 중의 낭패였다. 그래서 우리에겐 쳐다보기도 싫은 산이었고, 한스러운 산이었다. 매매가 가능했으면 벌써 처분했을 것이다.

그런데 노인 사역을 시작하면서 뒤늦게 안 사실이 있는데, 그 산은 다른 어떤 건축 행위도 할 수 없는 지역인데 딱 한 가지, 복지시설인 요양원은 지을 수 있다는 게 아닌가! 기적이 일어난 것이다. "세상에 우째 이런 일이, 하나님께서 30여 년 전에, 이 노인 사역을 예비하셨던 건가?" 하는 생각이 들었다. 측량할 수 없는 하나님의 놀라운 섭리에 감사하면서 나는 요양원을 지을 계획을 세우고, 2015년에 설계를 내서 허가를 받았다. 그런데 건축 자금이 없어서 차일피일 미루고 있는데, 시청으로부터 5년이 지나면 허가를 취소한다는 통보가 왔다. 그제야 건축 자금을 대출받으러 여러 은행을 찾아서 상담해 보았지만, 대출 조건이 안 된다고 모든 은행이 난색을 표했다.

그런데 좋으신 하나님은 나에게 또 다른 사람을 준비해 놓고 기적을 이루게 하셨다. 다름 아닌 군대 친구였던 신현새마을금고 이사장 찬욱이었다. 나는 그 친구를 찾아가 사정을 이야기하고 산을 담보로 대출을 부탁했다. 그랬더니 건축이 완공되었을 때를 산정해서 5억 원을 대출해 주겠다는 것 아닌가! 그 자금으로 요양원 공사를 시작했다. 건축공정이 70% 되었을 때 건물을 재평가해서 5억 원을 더 대출받아 이듬해 2021년 5월에 완공했다. 9월에 개원하여 21명의 어르신을 모시고 있다가, 2024년 11월에 8명을 더 모실 수 있도록 55평을 더 증축했다.

50년 전, 군대 동기로 있었던 그 인연이 오늘의 나를 여기에 이르게 한 결정적인 힘이 될 줄을 누가 상상이나 했겠는가. 나는 이것 또한 하나님의 예비하심이라 믿어 의심치 않는다. 이 요양원이 복지사업이 아

무지개숲요양원

니라 하나님이 이루어 주신 뜻에 부합하는 요양원, 하나님이 기뻐하시는 요양원이 되고자 깊이 기도하면서 끊임없이 노력하고 있다.

우리 요양원의 이름은 무지개숲요양원이다. 요양원 앞길을 무지개가 잘 뜬다고 해서 무지개길이라고 하는데, 그 무지개길 숲속에 있는 요양원이라 이름을 그렇게 지었다. 이름처럼 우리 요양원은 바다와 산과 숲이 어우러진 최고의 자연 속에 자리 잡았다. 소나무 숲 산책길이 있고, 초여름엔 남부면이 자랑하는 수국이 가득하며, 아침엔 숲속에서 들리는 청아한 새소리와 신선한 공기가 어르신들의 심신을 맑게 하고 회복시켜 주는 꿈의 요양원이다.

우리 요양원은 좋은 환경에 걸맞게, 일평생 가족을 위해 수고하신 어르신들을 내 부모님처럼 모신다. 우리 요양원에 계시는 동안 행복하고 편안하게 지내면서 하나님의 사랑을 마음껏 누리며 살다가, 마지막에는 하나님의 품에 안길 수 있도록 최선을 다할 것이다. 어르신들을 단순히 수용하는 시설이 아니라 몸도 마음도 영도 회복하는 꿈의 안식처로 말이다.

    이 지역의 어르신들은 조금만 멀리 있는 요양원에는 죽으러 간다고 생각해서 안 가려고 한다. 우리 요양원은 고향인 남부면에 있으니 그런 거부감이 없고, 그저 내 고향에 사는 것이라 여기며 편안하게 계신다. 감사한 일이다. 40년을 거제도 남부면에서 살아온 나는 이 지역 어르신들을 천국 갈 때까지 모시고 함께 살다가 나도 하나님께로 갈 생각이다.

IV. 다대교회 은퇴 후

1. 39년 동안 시무한 거제 다대교회를 은퇴하면서(2023년 12월 17일)

거제도 최남단에 있는 자그마한 만년 미자립교회인 다대교회에서 목회를 시작한 지 어느덧 39년의 세월이 흘러 2023년 12월 17일 은퇴를 했다. 다대교회에 처음 부임했을 때의 옛날 사진을 보면 나도 이럴 때가 있었나 싶을 정도로 30대의 앳된 청년이었는데, 벌써 머리카락 허옇게 휘날리는 70대 할아버지가 되었으니 세월 앞에 장사가 없다는 말을 실감한다.

    지난 39년 동안 내 나름대로 농민 선교 사역을 감당하면서 열심히 뛰어왔는데 돌이켜보니 세월만 보낸 것 같아 아쉬움이 크다. 우리 교회에 방문 온 분들이 도시교회식의 성장 기준으로 질문하거나 평가하려고 하면 정말 곤혹스럽고 속이 상했다. 세속적 가치관의 물량적 성장과 '숫자 우상'의 함정을 잘 알면서도 30명밖에 안 되는 우리 교회의 상황을 생각하면 나도 모르게 주눅이 들 수밖에 없었으니까 말이다. 누군가 농촌교회에 가면 얼마나 성장했느냐고 묻지 말고, 얼마나 견디었느냐고 물어보라는 말을 떠올리면서 한 가닥 위로를 받는다.

우리 사회 최고의 화두요 모든 사람의 소망은 '성공적인 삶'이 아닐까 한다. 그래서 교회에서도 '성공적인 목회'라는 말이 유행하고 목회자라면 누구든지 그런 목회를 하고 싶어 한다. 성공적인 삶, 성공적인 목회가 과연 어떤 것일까? 대부분의 사람은 출세하고 부자되어 잘사는 것을 성공한 인생이라고 생각하고, 교회에서는 교인 수와 예산이 많은 대형교회에서 목회하면서 총회장 되고, 노회장 되는 것을 성공한 목회라고 한다. 그렇다면 농촌 목회자들은 평생에 성공적인 목회는 생각해 볼 수 없을 것 같다. 왜냐하면 농촌교회에서 목회하는 동안에는 그런 조건을 결코 충족할 수 없을 테니까 말이다. 그래서 나는 성공적인 목회라는 단어 자체가 너무 물량적이고 세속적이라 좋아하지 않지만, 농촌교회에서 성공적인 목회의 의미를 깊이 생각해 보게 했던 사건이 있었다.

내가 다대교회 전도사로 부임한 지 3년째 되던 해였다. 그때 다대교회는 동네 중앙에 위치한 40평 정도의 작은 시골교회로 재래식 변소를 사용하고 있었다. 그래서 교회 화장실을 수세식 변소로 개조하기로 하고 공사를 시작했다. 교회 안의 작업을 거의 마무리할 즈음, 정화조에서 나오는 물을 배출하기 위한 배수관을 묻어 동네 하수구로 연결하려고 하자, 그 하수관을 공동으로 사용하는 골목 주민들(18 가정)이 완강히 반대하면서 교회 정화조 관을 따로 묻어 사용하라는 것이었다. 그 당시 하수관은 80mm밖에 되지 않아 조금만 비가 와도 막히고 넘쳐서 어려움을 겪었는데, 많은 사람이 이용하는 교회 화장실 정화조를 연결하면 가뜩이나 작은 용량의 하수관이 막힐 것을 염려했기 때문이다.

우리 교회로서는 난감한 일이었다. 동네 중앙에 있는 교회이다 보니 동네 밖까지 800m 거리를 따로 묻으려고 하면 공사도 엄청날 뿐만 아니라 경비가 너무 많이 들어서 우리 교회로서는 불가능한 일이었다. 그래서 나는 그 하수관을 사용하는 골목 주민들의 가정을 찾아다니며 하수관을 근본적으로 교체하자고 설득했다. 앞으로 모든 집이 수세식 화장실로 바꾸게 될 것인데, 현재의 하수관으로는 불가능하니 하루라도 빨리 바꾸는 것이 우리 모두에게 도움이 되지 않겠느냐고 하면서 협조를 구했다. 처음에는 시큰둥했지만, 하수구가 막힐 때마다 고생했던 골목 주민들이었기에 모두 동의를 해주어 800mm 대형 하수관을 묻는 작업을 대대적으로 시작했다. 무려 4일 동안 열여덟 가정의 주민이 나와 부역을 하여 대공사를 마쳤다. 그때 동네 어르신 중에 나에게 늘 하대하던 나이 많으신 할아버지 한 분이,

"전도사! 니는 여기 있다가 가면 그만인데, 말 많고 아무런 유익도 없는 동네일을 왜 그렇게 사서 고생하노"라고 하시는 것이었다. 나는 그 말을 들으면서 "동네 사람들이 나를 이방인으로 여기고 있으며 발령받아 온 초등학교 교사나 공무원들처럼 언젠가 떠나갈 사람으로 여기고 있구나"라고 생각하면서, "농촌교회 목회의 성공은 동네 주민들에게 이방인 취급받지 않을 때가 아닐까?" 하는 깨달음을 얻었다.

그 후 나는 다대마을 다대교회에서 39년을 목회하고 은퇴했다. 사람이 아니라, 오직 하나님 보시기에 성공한 목회, 성공한 인생이 되기 위해서 말이다. 그래서인지는 몰라도 은퇴하는 날 많은 동네 주민이 와서 축하해 주었다. 그리고 모든 목회자가 당연하게 여기는 전별금을 교회에서 단 한 푼도 받지 않고 정말 가난하게 은퇴했다. 마지막까지 하나님만 바라보면서, 동네 사람들의 기대에 부응하면서 뜨내기 목회자로 살지 않았다. 그게 나의 자부심이다.

성역 39년 과정을 은퇴하면서

    정말 부족하기 짝이 없고 형편없는 종임에도 좋으신 하나님께서 긍휼히 여기시고, 고비고비마다 지켜 주시고 인도해 주셨으며, 다함이 없는 축복을 내려 주셨다. 그저 감사할 따름이다. 무엇보다 우리 아이 둘 다 한동대를 나와서, 아들은 미국 하버드대학 연구교수로 있다가 AI회사에 취직해서 일하고 있고, 딸은 요양원 원장으로 아빠와 함께 노인 사역을 감당하며 지역의 어르신들을 섬기고 있어서 얼마나 자랑스럽고 대견한지 모른다. 이 모두가 하나님의 은혜라 고백하면서, 하나님께 영광을 돌린다.

2. 제6회 경남기독문화상 수상(2024년 12월 5일)

    그동안 나는 오로지 농촌을 지키며, 열악한 농어촌교회의 어려움을 온몸으로 감당하면서 좌절하지 않고 인내하면서 기도와 꿈을 현실로 묵묵히 일구어 왔다. 도시교회의 초빙도 있었지만, 그런 유혹에 휘둘리지 않고 오직 한길, 이름 없이 빛도 없이 주님만 바라보면서 살았다. 그렇게 살았던 농민 선교 사역 일대기를 기록하여 경남 기독문화원이 주최하는 제6회 경남기독문화상에 응모했다. 감사하게도 수상자로 선정되어 2024년 12월 5일 창원 그랜드호텔에서 열린 시상식에서 기독문화상과 상금을 받는 영예를 누리게 되었다. 그동안 작은 수고에 대한 이 땅에서의 상(賞)이지만 위

로가 되었다. 하나님께서 부족한 나를 인정해 주신 것 같아 감사하면서 하염없이 눈물을 흘렸다. "그 주인이 이르되 잘하였도다. 착하고 충성된 종아 네가 작은 일에 충성하였으매 내가 많은 것을 네게 맡기리니 네 주인의 즐거움에 참여할지어다"(마 25:21). 아멘.

3부

1990년대에
부임한 목회자

몰락하는 농촌 마을에서
새 희망을 일구는 목회자

| 강원 홍천 동면교회 |

박순웅 목사

I. 들어가면서

"과거가 현재를 구원할 수 있는가?"
"죽은 자가 산 자를 구원하는가?"

— 한강, 『소년이 온다』 중에서

노벨문학상을 받은 한강 작가의 이야기에 귀 기울여 본다. "죽은 자가 산 자를 구원하는가?", "과거가 현재를 구원할 수 있는가?" 지금 기억해 보면 내가 나 된 것은 이 인용의 이야기가 나를 여기까지 오게 한 것은 아닌가 생각해 본다. 수많은 신앙의 선배들을 통해서 나를 나 되게 한 것처럼 어쩌면 나 역시 누군가에게는 생명이 되었으면 한다.

나는 영월의 도천교회에서 4년, 현재는 홍천의 동면교회에서 32년 째 목회하며 살아가고 있다. 이렇게 지내 온 것은 나보다 먼저 신앙생활을 해오신 분들과 이웃들이 계셨기에 가능했다. 내가 여기까지 걸어온 것은 교우들뿐 아니라, 마을의 이웃분들과 내가 보기에 거룩한 농민들이 있었기 때문이다.

내가 36년 동안 목회자의 삶을 살아오면서 화두로 여긴 것은 다음과 같은 주제였다. '생명', '영성', '공동체'. 이는 '감리교 농촌선교 목회자회'(이하 감리교 농목)의 40년 동안 주제이며 화두였다. 이보다도 더 큰 화두는 역시 농(農)에서 나온 생명, 영성, 평화, 공동체일 것이다.

32년 동안 농사 경험을 통하여 '생명'에 대하여 많은 것을 깨달았다. 생명은 서로 먹이고 먹히면서 또 다른 생명을 낳는다. 그런 면에서 농사는 나에게 최고의 선물이며, 동시에 이 농사를 통해서 작게나마 생명이 무엇인지 알게 되었다. 자연스럽게 목회도 '생명'에 초점을 맞추어서 했다. '영성'은 감리교 농목의 '정주목회' 프로그램을 통해서 조금씩 알게 되었다. 영성에 대해서는 영성가들의 책을 읽고 머리로만 알게 되었다면, 이 정주목회 훈련 과정을 통해서 수많은 교육, 문화, 예술, 농사, 수도 생활의 영성가들을 만나고 이야기를 나누면서 영성의 삶을 배우는 계기가 되었다. 그 덕분에 부족하지만 영성적인 삶을 살아왔다.

그중에서도 가장 큰 영향을 주신 분은 부산 괴정교회의 박효섭 목사님이다. 목사님은 동방 정교회 관상기도의 삶으로 평생을 사셨다. 특히 목회 영성에서 가장 의미 있는 것은 '교회력'이었다. 하루하루의 성서 일과에 따른 말씀은 목회와 영성의 삶에 큰 영향을 끼쳤다. 현재까지도 성서 일과에 따른 교회력과 거룩한 독서인 렉시오 디비나(Lectio Divina)를 통한 성서 읽기는 영성적 삶에 큰 힘이 되고 있다.

공동체에 대해서는 대학원에서 조직신학 분야인 교회론을 석사 논문으로 쓰면서 생각하게 되었다. 남미 해방신학의 기초공동체(교회론)

에 대하여 논문을 썼다. 남미의 가장 작은 기초 단위의 원주민 공동체에 대하여 공부하면서 나중에 기회가 닿으면 작은 마을에서 기초공동체(마을, 교회)의 삶을 살아보면 좋겠다고 생각했다. 돌이켜보면 결국 32년 동안 농촌의 작은 마을 교회에서 지냈다. 그러니 논문의 내용대로 기초공동체의 삶을 살아가고 있는 듯하다. 농사를 짓고 목회를 하면서 나름 여러 공동체를 탐방하고 공부도 하며, 나아가 현장을 찾아가서 이야기도 나누어 보는 경험을 통해 여기까지 왔다.

II. 영월 도천교회

1. "젊은 양반 뭘 먹구는 사우?" ― 김은호 학생 친할아버지의 말씀

첫 목회지에서 만난 교인의 할아버지께서 하신 이 한 말씀이 내 삶에 길을 내주었다. 어린 시절을 되돌아보고, 삶과 목회의 오랜 시간을 지나고 보니, 목회의 길은 그분의 섭리가 아니면 걸어올 수 없는 길이라는 걸 깨닫게 되었다. 나의 아버지(고 박상수 목사)도 감리교회 목회자이셨다. 농촌 목회를 주로 하셨기에 자연스럽게 나도 농촌에서 어린 시절을 보냈다. 내 기억으로 국민학교 4학년 때의 일이다. 아버지는 어릴 때부터 집에서 탁구를 가르쳤다. 탁구 치고 난 저녁쯤, 시골교회 교인 어르신께서 먹을 걸 가져왔다. 어린 나는 교인들이 여러 종류의 먹을거리를 가져다주는 것이 괜히 싫었다. "뭐야 우리가 거지인가? 왜 먹는 걸 가져다주시는 거야!" 이런 생각을 해왔다. 어느 날 아버지에게 이야기했다. "아버지 혹시 제가 나중에라도 목회를 한다면, 아버지처럼은 안 할 것 같아요." 교인들에게 얻어먹는 거지 목회는 하지 않겠다는 당돌한 생각이 있었던 것 같다. 이 이야기에 아버지는 그냥 빙그레 웃으시며 아무 대답이 없었다. 이 사건이 결국 나의 32년간 목회 방향을 만들었다. 이후 서울에서 초·중·고·대학을 보내고 목회를 시작했다.

첫 목회는 1991년 1월 4일 주일, 강원도 영월군 주천면 도천리라는 동네의 도천교회에서 시작했다. 두 번째 주일 예배 후 방에서 쉬고 있을 때, 교회 앞집의 '은호'라는 학생의 할아버지가 오셨다. 아마도 친손주뿐 아니라 여러 학생이 매주 교회를 놀이터 삼아 지내는 것을 보고 어려운 시골교회인데 모이면 뭘 먹을까 걱정이 되셨던 것 같다. 그래서인지 은호 할아버님께서 쌀 한 말 자루를 어깨에 메고 와서 교회 사택 마루에 떨구어놓았다. 그리고 나를 보면서 "젊은 양반! 이 시골교회에서 뭘 먹구는 사우?" 하며 몇 마디 이야기하고 돌아가셨다. 이 한마디는 어린 시절 내가 아버지에게 했던 이야기를 생각나게 했다. 어린 시절 시골교회의 교우들에게 얻어먹었던 생각이 순간 스쳤다. 얻어먹는 일은 안 할 거라 생각했던 내가 첫 목회지에서 이웃의 어르신에게 이처럼 먹을거리를 받으니, 내겐 충격이었다. 그 후 어떻게 살 것인지, 혹은 어떤 목회를 해야 하는가? 하는 생각으로 서너 달 정도 걷기 기도를 하면서 고민했다. 고민이 끝날

첫 목회지 영월 도천교회

무렵 4월이 되어 농사일이 시작되었다. 농번기에 농촌의 일을 돕다가 "아하! 먹거리만이라도 자급할 수 있는 목회를 해야겠다"라고 생각했다. 첫 번째로 한 일이 농촌에서 생산한 먹거리를 도시교회와 직거래하는 것이었다. 여름과 가을에 생산된 감자, 옥수수, 고추, 가지, 쌀 등을 도시교회와 연결해 공급했다. 토요일에 공급하면 주일에 도시 교우들이 구입해 주었다. 토요일 새벽부터 서울, 인천 쪽으로 하루 종일 배송하고 주일 새벽에 집에 도착해 아침 예배 준비를 서두르기도 했다. 1박 2일 동안 직거래를 하고 나면 예배 후 넋이 나가곤 했다. 그래도 마음은 고요하고 보람이 있었다. 몸과 마음이 뿌듯했다. 무엇보다도 농촌교회와 도시교회의 연대라는 사실에 더없이 기뻤다. 젊었기 때문에 용기 있게 할 수 있었던 것 같다.

이후 직거래에 대해 연구하면서 농촌과 도시교회에 좀 더 도움이 되는 것을 농촌 목회자들과 논의했다. 나중에는 직거래위원회를 결성해서 생협으로까지 발전하게 된 계기가 되었다. 나는 은호 할아버지께서 처음 농촌 목회를 하는 나에게 찾아오신 것이 하나님 모습이라고 고백하고 싶다.

2. 하루하루 평화를 맛보며 살아간 친구들이 있어 행복했다

주천면의 도원리, 도천리 그리고 수주면의 무릉리까지 합하면 무릉도원인 이 마을에는 초, 중, 고등학생들이 꽤 많이 있었다. 그중 한두 명이 교회를 나오기 시작하니 금방 20명을 넘겼다. 매주 토요일에 모여서 노래를 배우고 부르는 시간을 가졌다. 노래로는 복음성가도 있었지만 학생들은 유독 금지곡들인 민중가요나 동요를 좋아했다. 노래를 마치고

영월 도천교회 교우들과 학생들(1991년)

나면 민중의 눈으로 보는 성서 읽기를 했다. 시골의 어려운 친구들이어서 자신의 처지를 알아서였을까 어렵지 않게 흡수하며 부모님들의 슬픈 삶에 공감했다.

대학교 때 배우고 익혔던 민중가요들을 복사해서 돌며 보며 부른 것이 친구들 머리에 맴돌았던지 중·고등학교에서 부르다가 국사 선생님에게 걸렸다. 어디서 이런 노래를 배웠느냐고 묻기에 자연스레 교회 전도사님이 가르쳐줬다고 했단다. 어쩌면 그 선생님이 전교조 활동을 하던 분이었는지 더 많은 노래 악보를 구해서 다양한 민중가요를 접하게 도와줬다. 그러면서 우리는 자연스럽게 민주주의와 역사의식을 배워 갔다.

한번은 봄이 약간 지난 때 주일 오후에 친구들이 모였다. 나보고 뒷산에 놀러 가자는 것이었다. 얼떨결에 아무것도 준비하지 않고 뒤따라갔다. 한 시간 정도 산에 오르니 그때부터 친구들은 산에서 무언가를 여기저기서 따왔다. 각종 봄나물이었다. 산두릅, 엄나무 순, 홑잎, 더덕 등

나물들을 뜯어서 흐르는 계곡물에 깨끗하게 씻었다. 그러고는 큰 나뭇잎을 그릇 삼아 준비해서 가져간 쌈장을 올려 주먹밥과 함께 펼쳐 놓았다. 순식간에 예쁘고 아름다운 거룩한 성찬이 준비된 것이다. 그것도 순수한 자연의 산천에서 준비한 것이기에 더욱 놀라웠다. 너무나도 자연스러운 모습에 벅찼다. 순간 이 아이들이 정말 대단하다는 것을 알게 되었고 이들에게 무언가를 가르친다는 것이 잘못임을 깨달았다. 또한 순식간에 벌어진 친구들의 행동에서 "아하, 사는 게 별거 아니구나! 저렇게 가볍게도 살 수도 있겠구나" 하는 생각이 들었다. 나를 신선하게 일깨운 날이었다.

그 아이들이 지금은 어른이 되었다. 대학도 가고 취직도 하고 각양각지에서 자신들의 삶을 살아간다. 간호사가 된 친구, 서울 건국대학교 앞의 음식점 사장이 된 친구, 인테리어를 하는 친구, 서점을 하는 친구 등 다양하게 이제 40대 중반을 향하고 있으니 대견하다. 이제 한 나라의 기둥 역할을 해주는 친구들의 소식에 어린 시절 역사의식을 가지고 함께해 준 것이 고마울 뿐이다.

영월에서는 4년 정도 중·고등학생들과 올곧은 신앙의 삶을 서로 배우고 익혔다. 녹색의 푸른 자연 속에서 순수하게 자란 친구들, 그들은 그야말로 하나님의 형상이었다. 푸르름을 보고 자란 그들을 생각하면 못내 어른이 된 것이 부끄럽기만 하다. 당시 어린 친구들에게만 있었던 수도원의 영성인 맑음, 밝음, 고요가 나와 우리를 구원의 길로 안내하면 좋겠다.

3. "아들아! 이 어미는 새벽마다 기도한다" — 나의 어머니 강원숙

아버지 박상수 목사와 어머니

어릴 때의 나는 무언가에 골몰하고 집중했던 아이였다. 물론 좋은 쪽이든 나쁜 쪽이든 고집스럽기도 했다. 어린 친구들과 사시사철 산과 들로 뛰어다니면서 자란 것은 지금 생각해 보면 특혜 중의 특혜였다. 어릴 때 녹색을 바라보면서 살 수 있는 사람들은 은총의 시간을 보냈다고 해도 과언이 아니다. 그때는 잘 모를 수 있으나 나이가 들어서는 어릴 적에 파랑, 푸르름을 보고 지낸 기억이 그 어떤 것으로도 바꿀 수 없다.

나는 초등학교 4학년 2학기 때 서울로 전학을 했다. 어머니의 전적인 강권이었다. 어머니는 자식을 잘 키워 보고 싶어 하셨다. 아버지가 늦게 신학을 하셔서 그런지 어머니는 아들만큼이라도 일찍 교육을 시키려고 하셨다. 어려운 상황에서도 아끼고 아껴서 아들을 서울로 유학 보내셨다. 나는 서울 고모님 댁에서 생활하며 안산국민학교를 다녔다. 이때 가까운 곳에 성결교회가 있어서 초·중·고등학교까지 성결교회에 다녔다.

성결교회에서는 아주 근본적이고 보수적인 신앙생활을 했다. 어려운 시절이었기에 신앙을 중심으로 살아갔다. 학교와 학원, 교회 생활이 전부였다. 그렇게 생활하다가 힘겨운 일이 있으면 아버지가 목회하셨던 온양, 평택, 강원도 화천의 사창리 등 시골을 찾아가 시골에서 보낸 어린 시절을 회상했다. 서울에서 공부하면서도 힘겨울 때 탈출구는 바로 아버지가 목회하신 시골, 농촌이었던 것이다. 이런 기억들이 아마도 농촌 목회를 선택하게 된 동기인 것 같다.

    초·중·고 시절의 대부분은 교회 생활이 중심이었다. 이 시기에 나와 신의 존재에 대하여 골몰했다. 성경을 잘 이해하지는 못해도 많이 읽었다. 학원과 학교를 마치면 교회로 향했고, 특히 주말이면 내 또래의 교우들과 여러 행사를 하면서 성장했다. 무언가에 늘 진지하게 골몰했던 나는 중학교 때와 고등학교 때 학생회장을 맡았다. 여름마다 교회에서 수련회를 갈 때면 당시 선생님들이라 불렸던 대학생 형들, 누나들과 함께하면서 많은 것을 배웠다. 새벽기도회에도 자주 참석했고 부흥회를 통해 신앙도 성장할 수 있었다. 이 시기에 학생들이 모일 수 있는 장소가 바로 교회였고 교회는 내 삶의 모든 것이 되어 갔다.

    고등학생 시기와 대학생 때 어머니께서 자주 하신 말씀이 생각난다. "아들아! 이 어미는 새벽마다 기도한다." 젊었을 때는 내가 잘난 것으로 생각하며 살았는데, 시간이 지나면서 언제나 누군가의 마음 모음과 도움, 기도로 여기까지 왔음을 고백하게 된다. 이런 마음으로 나는 지금 늙어 가고 있으며, 인구 감소로 어려워지는 농촌 마을과 교회를 위해서 마음을 다시 모아 본다.

4. 머리에서 가슴으로, 가슴에서 손과 발로

성서를 보면서 역사에도 많은 관심을 가졌던 나는 사실 역사, 국사를 가르치고 싶었다. 하지만 고등학교 성적과 예비고사 성적이 좋지 않아 결국 교육대 진로를 포기하고 서울 감리교신학대학으로 진학했다. 나는 어릴 때부터 무엇을 하든 누군가에게 헌신적인 삶을 살 것을 늘 마음에 담고 있었다. 아마도 어린 시절부터 성서 이야기를 들으면서 예수의 삶에 대해 고민했고, 예수의 삶이 자연스럽게 스며들면서 남에게 헌신하며 살고자 마음먹게 된 것 같다.

신학을 하면서 순수했던 신앙과는 달리 학문의 영역에서 많은 고뇌를 겪고 혼란스러운 과정을 거치며 편견도 많이 깨졌다. 그러면서도 중심에는 '어려운 사람들에 대한 이해의 마음'이 있었다. 대학교 2학년 때부터 지금으로 말하면 시각장애인 학교인 부천에 있는 혜광학교로 한 달에 한 번씩 봉사활동을 다녔다. 동아리인 '반디회'에 가입해서 활동했는데 이 동아리의 중심 활동이 바로 혜광학교에서 봉사하는 것이었다. 보지 못하는 친구들을 만나면서 좀 더 예수를 향한 마음을 품게 되었고, 시간이 지나고 난 다음 특수한 목회를 하겠다는 생각을 가졌다. 대학교 3학년 때에는 반디회 동아리 후배들과 함께 수련회를 했다. 아버지가 목회하셨던 강원도 화천의 사창리 광덕계곡에서 2박 3일 일정으로 혜광학교 친구들과 함께했다. 어려운 여건이었지만 나름 큰 의미와 보람을 느꼈다. 이런 활동을 통해 사회적 약자들과 함께하는 삶이 신학의 일부분이며 목회의 영역임을 알게 되었다.

나는 냉철한 이성적 신학 공부와 함께 1980년대 민주화 운동의 한복판에서 여러 고민을 하면서 학교생활을 했다. 신학적으로는 변선환 선생님의 토착화 신학의 영향을 많이 받았다. 교수님은 이스라엘뿐 아니라 다양한 나라에서의 하나님의 역사하심과 무엇보다 우리 민족사 속에서 신앙의 뿌리를 찾는, 원래부터 우리와 함께하신 하나님에 대하여 역사적, 문화적 관점에서 단초를 열어 주셨다. 또한 이현주 목사님의 우리 민족의 구전 전승을 기독교적으로 해석한 이야기 신학이 좋은 안내 역할을 해주었다.

사실 신학교 때에는 민주화 운동으로 인해 수업을 거의 못 했다. 내

기억에 인상적인 분은 김철손 교수님과 변선환 교수님이시다. 아레오바고라는 신학교 운동장에 학생들이 모이면 두 분 교수님은 언제나 함께 계셨다. 또한 혹여 학생들이 서대문경찰서에 끌려가면 김 교수님과 변 교수님이 경찰서에 가서 학생들을 데리고 나오시곤 했다. 일 년 중 절반은 데모를 했다. 수업을 못 했지만 학교 밖 현장에서 선후배들과의 만남과 대화 속에서 실질적이고 구체적으로 배우는 것이 많았다.

1980년대를 보내면서 민주화 운동과 토착화 신학 그리고 통일신학에 관심을 갖게 되었다. 대학교 3학년 때는 반디회를 중심으로 활동하다가 4학년 때는 지금은 고인이 된 채희동 목사와 함께 10여 명의 친구가 전 세계에 유일한 분단국가이지만 한 민족이라는 점을 생각하여 '한반도예수운동회'(이하 한예운)를 결성했다. 이 모임에서는 학술제와 문화 운동을 주로 했다. 학술제는 주로 생명의 관점에서 한반도를 이야기했고, 문화제는 우리 민족의 토착적인 내용을 다루었다. 김덕수 사물놀이패의 회원이 되어 연계도 하고, 우리 소리인 창을 공부하는 친구도 있었다. 서편제, 전통 무예를 공부하는 친구들도 있었다. 그처럼 이성적인 학문을 닦는 것과 더불어 동아리 활동을 통해 나의 길을 내면서 그 길을 묵묵히 걸어온 것 같다.

5. 뜨거운 심장을 가졌던 청년들과의 신앙 운동

나와 채희동 목사는 연세대학교 연합신학대학원에 진학해서 채 목사는 서남동의 민중신학을, 나는 남미 해방신학의 교회론을 공부했다. 그동안 대학 후배들은 '한예운'을 열심히 다양하게 이끌어 갔다. 대학 졸업 후 대학원을 다니다가 1980년 중반에 군에 입대했다. 군대에서는 조용히 지내며 여러 책을 읽었다. 주로 사회적 약자들을 위해서 어떻게 살아야 할지 고민했다. 군 제대 후 곧바로 대학원에 복학하여 교회론을 공부했다. 해방신학의 기초공동체론을 가지고 조직신학의 관점에서 교회론을 논문으로 썼다. 어려서부터 늘 보아 온 사람들이 농부, 노동자이며 가난한 사람들이었기에 내 삶과 연결된 공부를 한 것이다.

 대학원 졸업 전에 신림동의 난곡에 있는 신림교회에서 청년 담당 전도사로 2년 정도 시무했다. 그곳에서 역사, 예수, 교회, 한반도의 사안들 등을 주제로 여러 특강을 열었다. 김동환, 이현주, 최완택 등 선배 목사님들에게 분기별로 특강을 듣고 함께 토론했다. 물론 이러한 계획과 강사를 선택할 때는 중요한 친구, 채희동 목사가 늘 연대해 줬다. 신림동에 있는 교회는 바로 옆에 서울대가 있어서 서울대생들이 늘어났고, 난곡의 달동네 낙골 청년들도 동참했다. 특강을 진행하면서 주변의 청년들이 많이 찾아왔다. 그 청년들과 매년 농활을 떠났는데 50~60명이 참여할 정도로 모두 활발히 활동했다.

6. 꿈 같은 동네, '무릉도원'에서의 첫 목회

때마침 대학의 동아리였던 '한예운'의 회원이 영월에서 농촌 목회를 하고 부목사로 이동한다고 해서 후임에 대한 이야기를 나눴다. 한예운의 7명 회원이 모여서 상의했다. 그중 채희동 목사가 가기로 결의했는데 채 목사가 서울에서 한생명교회를 개척한다고 계획이 바뀌었다. 결국 아무도 영월에 가지 못하는 상황이 되어서 내가 가기로 결정이 났다.

 1991년에 영월의 주천면과 수주면에 있는 무릉리, 도원리, 도천리를 아우르는 전형적인 농촌교회인 도천교회로 부임했다. 이 마을들은

친구 목사들과 함께. 왼쪽부터 이헌, 박순웅, 조규백, 김명준, 박성율

신선들이 거한다는 아름다운 마을, 그야말로 천국 같은 무릉도원 동네였다. 복숭아나무들이 시냇가에 즐비했다. 큰 강은 물이 넉넉하게 흘러서 물만 보아도 생명 기운이 충만했다. 동네 사람들도 참 착했다. 법 없이도 살아가는 사람들이었다. 그곳에서 4년간 농촌 목회를 하면서 많은 것을 느꼈다. 더군다나 영월, 평창 지역에 나이가 비슷한 선후배 전도사들과의 교우한 일은 정말 고마운 일이었다. 앞서서 농촌 목회자의 삶을 살아가는 친구들이 있어서 농촌 목회자 길을 걷는 계기가 되었다. 당시는 수입농산물 정책인 우루과이 라운드를 정부가 수용, 발표하는 시기였다. 이에 영월과 평창의 농민회가 농촌교회들과 연대해 반대 운동을 펼쳤다. 그 과정에서 농민회 활동에 가장 열심이었던 평창 산돌교회의 조규백 목사를 만난 것이 큰 힘이 되었다. 조규백 목사는 평창군 봉평 무이리에서 산돌교회를 담임하고 있었다. 처음 인사를 나누던 기억이 아직도 선명하다. 그때 조 목사는 교회 봉고차의 엔진오일을 직접 교체하는 작업을 하고 있었다. 그는 차 밑바닥에서 기어 나오면서 손을 내밀

며 "나 조규백이오, 만나서 반가워요"라고 말했다. 그렇게 엉뚱하지만 반갑게 환대하는 악수와 믿음직한 몸짓은 내 마음을 움직였다. 그 후 영월에서는 거리가 있지만 자주 만나서 농촌의 현실과 농촌교회의 역할 등에 대하여 뜻을 나눴다. 농민회와 함께 대정부 투쟁도 하고 영월과 평창 지역의 농촌교회들이 지자체를 향해 성명서도 내면서 중간 역할을 담당했다.

III. 동면교회

1. 홍천 동면교회에서 피어난 미국 위스콘신 주와의 교류

1993년도에는 우박이 엄청나게 쏟아졌다. 이 우박으로 인해 영월의 주 생산물이었던 담뱃잎에 구멍이 뻥뻥 뚫려서 피해를 입었다. 이 피해 상황을 정리한 뒤 영월군청 앞에서 농촌교회의 목회자들과 교우들 그리고 농민회 분들과 피해 보상을 위한 집회를 열었다. 이 집회와 담배 보상에 대한 시위가 〈한겨레신문〉에 보도되었다. 이 신문 내용을 때마침 미국 위스콘신 주에서 미주 목회를 하는 이동수 목사가 보았고, 그 후 위스콘신 주의 UMC 감리회와 감리교 동부연회에 있는 농촌교회 위원회와의 교류 프로그램을 10여 년간 진행했다.

홍천 동면교회로 옮겨 오면서 이 프로그램은 농촌의 작은 풀뿌리 교회들 간의 교류를 활발하게 하는 원동력이 되었다. 위스콘신의 교회와 동부연회의 교회가 해마다 교류 프로그램을 열었다. 한 해는 농촌교회의 담임 목회자와 교우들이 미국에 가고, 다음 해에는 미국의 목회자와

브루더호프 공동체의 아이들

위원회 분들이 한국에 다녀갔다. 비행기 표만 준비하면 체제 비용은 각국 위원회에서 뒷받침했다. 미국에 가서는 연회의 생산적인 구조와 회의 내용을 둘러보고, 우리 문화와 농촌교회의 신앙고백을 나누었다. 아울러 미국의 생명농업 생산자들을 찾아가서 생명농업 이야기를 나누기도 했다.

  한 공동체를 탐방한 것은 인상 깊은 귀한 방문이었다. 미국에는 지역마다 다양한 형태의 공동체들이 있어서 흥미로웠다. 그중 재세례파와 침례파의 공동체인 브루더호프(Bruderhof) 공동체를 방문했다. 200여 명으로 구성된 브루더호프 공동체는 자급자족과 함께 교육을 위해 학교까지 운영했는데 가장 중요하게 여기는 것은 예수의 산상수훈이었다. 그들은 이 산상수훈을 근거로 100여 년 동안 살아왔다. 어려운 결정과 선택을 할 때마다 그 판단의 기준을 산상수훈에 둔 것이다. 이 공동체를 방문한 것은 나에게 인생의 전환점을 가져오는 중요한 동기가 되었다. 그들이 작든 크든 뭔가를 직접 생산한다는 것이 인상적이었다. 또한 자신들의 역사를 늘 신앙으로 고백하며 다른 문화와 다른 나라의 문화와 삶을 알고 싶어 하고 공감하는 열린 공동체였기에 본보기가 되었다.

미국의 위스콘신 주 감리회 연회 목회자들과 위원들이 격년으로 우리나라를 방문했다. 한국에 오면 시골교회의 삶을 경험하고, 지역의 초등학교와 중학교에서 영어로 놀이와 언어를 가르치고, 게임을 하며 어학을 배우는 시간을 가졌다. 그렇게 두 주를 보내고 마지막 한 주는 분단의 상징인 휴전선 접경지역을 방문했다. 강원도 고성과 철원, 강화도 등 비무장 지대(DMZ)를 방문해 분단의 아픔을 느끼며 함께 통일을 기원했다. 때때로 한옥마을을 방문하기도 하고, 민주화 운동의 성지인 광주 망월동 묘역을 탐방하고 광주항쟁의 이야기도 나누었다. 감리회 동부연회의 농촌교회들과 미국 위스콘신 연회와의 교류는 농촌교회의 목회자들에게 시야를 넓히고 사고의 지평도 넓히는 계기가 되었다.

10년 차 되던 해에는 동남아시아로 눈을 돌려서 두 나라의 위원회 사람들이 캄보디아를 방문하여 알고 배우는 시간을 가졌다. 상호 교류에 중점을 두었다. 내 아내와 교회 및 마을 아이들이 3주 정도 머무르며 우리 문화를 알려 주고 캄보디아 문화를 배우기도 했다. 우리의 단소를 가르쳐 주고 캄보디아의 피리를 배우는 시간도 가졌으며, 쑥과 뜸도 가져가서 체험하게도 했다. 몇 해를 방문하다 보니 아내를 보고 엄마! 엄마! 하는 아이들이 생기기도 했다. 우박 사건이 계기가 된 인연은 20여 년 동안 많은 경험을 주었다.

2. 동면교회를 섬기는 사람들의 이야기로 기쁨을 맛보다

1994년 1월 동면교회와 인연을 맺었다. 빨간 벽돌의 교회 마당에 도착

홍천 동면교회

하니 한복을 입은 여선교회 회원들이 우리 내외를 맞아 주었다. 대부분 나보다 나이가 윗분들이었다. 예배당에 들어서서 기도한 후 찬송을 부르고 첫 말씀을 잠시 나누었다. 마가복음 10장 45절의 말씀이었다. "인자가 온 것은 섬김을 받으려 함이 아니라, 도리어 섬기러 왔노라." 동면교회에는 목회라기보다는 '그냥 산다' 혹은 '살러 온' 마음이라고 말씀드렸다. 그래서 섬김의 대상이 농촌교회 교우들과 농사짓는 농민들, 함께 일하는 사람들이었다. 30년 넘게 지났는데도 그때의 부임 설교를 기억하는 분들이 계신다. 이제 그 기억을 하시는 원주민 교우는 10여 명 남았다. 이처럼 나는 처음부터 목회 방향을 소외되거나 어려운 이웃과 함께하는 섬김의 일을 최우선으로 삼았다.

첫 목회지에서 4년을 지내고 이곳 동면교회로 오면서 농촌 목회의 화두를 잡기 위해 두세 달 동안 걷기 기도를 했다. 첫 번째 부흥회를 열고 화천 시골교회의 임락경 목사를 강사로 초빙했다. 임 목사님은 영월에서 목회할 때 자주 뵈었기에 익숙했고 무엇보다도 농촌 목회를 오랫

농부 임락경 목사

동안 현장 중심으로 해왔기에 배울 점이 많을 것이라 여겼다. 교우들은 큰 은혜를 받았다. 임 목사님이 농촌의 정서를 알고 강의를 하셨기에 더욱 공감했던 것 같다. 민중의 입장에서 성서 이야기를 풀어 주었고, 시골 사람들의 언어를 쓰면서 해학적으로 말하니 모두 공감하고 좋아했다. 이웃 종교인 수타사의 여신도들도 참석했고 낮 집회 이후엔 자기 집으로 초대하기도 했다. 오후에는 초대받은 가정에서 먹을거리와 질병 그리고 집터에 대한 이야기를 나누고 저녁 집회를 맞이했다. 임 목사님은 농사와 양봉도 오랫동안 해왔기에 목사님의 말씀에 농민들과 이웃 종교인들도 공감하는 점이 많았다.

기억나는 이야기가 있다. 산상수훈의 팔복 가운데 "온유한 사람은 복이 있나니 그들이 땅을 기업으로 받을 것이다"라는 말씀이다. 목사님이 막 제대하고 사회에 나왔을 때 거주했던 곳이 화천의 사내면 사창리였단다. 남의 집 일을 할 때인데, 아침에 일찍 일어나 하나님께 기도를 드렸단다. "이제 제대도 했고 저도 살아가야 하니 하나님 저에게 농사지을 수 있는 땅 천여 평과 집 한 채만 허락해 주십시오"라고 기도한 후 오전 일을 열심히 했다. 점심때가 되어 점심밥을 먹기 위해 기도하는 순간 위의 성서 말씀이 생각났단다. 온유한 마음을 가지면 땅을 기업으로 주신다는 말씀이 불현듯 스치기에 다시 마음을 모으고 정성을 다해서 "하나님 제가 아침에 드렸던 기도를 취소합니다. 그리고 간청하오니 제게 온유한 마음을 허락해 주옵소서"라고 기도했단다. 그랬더니 지금의 땅 1

만여 평과 집 5~6채를 허락하셨다는 간증을 하면서 온유한 마음을 위해서 기도하라고 했다.

집회를 마치고 난 뒤에도 목사님은 오고 가면서 우리 집에 들르곤 했다. 우리 아이들도 목사님의 이야기에는 귀를 쫑긋 세우고 듣는다. 임 목사님은 농촌의 삶을 온전하게 사신 분이다. 농사와 삶 그리고 마지막 삶의 끝인 장례의 모든 절차까지도 농촌의 삶으로 사신 것이 내게는 매우 인상적이었다. 이런 목회는 신학교에서 배울 수 없는 영역이다. 임 목사님을 만나지 못했다면 또 다른 삶을 살았을 정도로 큰 영향을 받았다.

두 번째로 만난 분은 부산에서 오랫동안 괴정교회를 섬기셨던 박효섭 목사님이다. 박 목사님은 '감리교 농목'에서 농촌 목회자들을 대상으로 정주목회 훈련을 할 때 만났다. 동방 정교회의 영성을 공부하며 괴정교회에서도 리마 예식서로 성찬 예배를 드리는 박 목사님을 강사로 모셨다. 임락경 목사가 동적인 목회자라면, 박 목사님은 아주 정적인 기도자셨다. 복장도 수도자 옷을 입으셨던 박 목사님은 삶 자체가 기도자, 수도자이셨다. 평생을 기도와 수행만으로 사신 박 목사님을 만난 것은 선물이고 축복이며 행운이었다.

3. 32년 동안 함께한 동면교회

동면교회는 마을 속의 농촌교회로, 예수 그리스도의 말씀을 배우고 익히면서 살아간다. 아울러 농촌교회이기에 실천적인 삶으로 생명농업을 함께한다. 생명농업의 관계망을 통해서 신앙의 유기적인 관계까지 일상에서 펼쳐 나간다. 그리스도의 성체와 보혈이 거룩하듯, 하나님의 형상인 사람들이 거룩한 삶을 살아간다. 안전한 생명의 양식이야말로 순

동면교회 교우들(KBS 자연의 철학자들 출연 장면)

수한 영혼의 성찬과 다름없기에 날마다 양식으로 함께한다. 땀 흘리는 노동이 신성하기에 날마다 단순하고 단아하고 단단하게 살아간다. 기후 위기 시대에 문제를 공유하며 탄소중립의 가치를 실현한다. 동면교회는 농촌 마을과 도시교회를 잇는 생명의 망이다.

1) 동면교회의 시작

동면교회는 1953년 9월 25일에 세워졌다. 벌써 73년이 되었다. 처음에는 허철영 님 댁에서 가정교회로 시작했다. 그러다 그해에 자녀가 없는 여성 교우 한 분이 땅을 기증하여 교회를 세웠다. 한 분의 헌신과 봉헌으로 신앙 운동이 시작되었는데, 갈급했던 마을 분들, 특히 힘겹고 소외되었던 분들께는 희망의 불씨가 되었다. 모여서 예배하고 기도하고 찬송하면서 많은 사람이 참여하여 교회가 부흥되었다. 처음 건축할 때에는 군인들도 도왔다고 한다.

차츰 교회는 마을을 품게 되고 모인 교우들이 신앙 운동으로 마을에서 자리매김을 했다. 땅을 기증하신 한 분의 영향으로 교회는 부흥하고 수많은 교역자가 다녀갔으며 복음이 전해졌다. 이 교우 분은 자녀가 없었기에 당시 교우들이 이분 친척의 산소를 명절 때면 어김없이 벌초, 금초해 주었다. 나도 32년 동안 매해 거르지 않고 교우들과 함께 정성껏 가족묘를 금초해 드린다.

그동안 여덟 명의 목회자가 다녀갔다. 대부분 2~3년 정도 목회했고, 여성이신 한모정 목사님만 16년 정도 목회했다. 교우들에게 가장 기억에 남는 목회자는 바로 한모정 목사님이었다. 어떤 면에서 기억이 나느냐고 물으니, 그냥 이웃과 교우들 한 분 한 분의 집마다 다니며 이야기 듣고 기도하며 돌본 것, 일상의 삶에서 살아간 그것이 가장 기억에 남는다고 대답했다. 어쩌면 농촌 목회는 목회자와 교우가 함께 살아가며 신앙을 생활화하는 것이다. 교우들은 목회자가 좀 더 오랫동안 같이 살아주며, 영적인 동반자, 동행자가 되어 주기를 바란다.

2) 부임 당시의 동면교회, 도시교회와의 교류

동면교회는 전형적인 농촌교회로서 논농사와 밭농사를 병행하는 마을이다. 1994년 부임했을 당시 교우들 역시 농민들이 다수였다. 친환경농업을 처음 시작했을 때 이웃과 교우들은 코웃음을 쳤다. 지금 생각하면 그럴 만도 했다. 대다수가 관행농업을 했기에 받아들이기 쉽지 않았다. 그러다 차츰 시간이 지나면서 몇몇 분이 호응해 주고, 때마침 이웃에 채소류를 생산하는 유기농업인이 있어서 용기도 나고 힘도 생겼다. 그렇게 20여 년 재미나게 일했다. 농촌교회와 도시교회 사이의 교류와 체험도 다양하게 했고 직거래도 했다.

여름만 되면 도시교회의 수련회를 농촌을 체험하는 농촌 봉사활동

동면교회에서의 활동 모습

으로 진행했다. 수원에 있는 매원교회는 거의 15년 동안 담임 목사님과 중·고등학생들, 청년들이 함께 봉사활동을 왔다. 봉사활동에서는 내가 농사지은 옥수수 대를 잘라서 교회 옆집으로 옮겨 놓으면 옆집 소의 여물로 주고, 소가 소화해 배출한 똥은 나의 텃밭으로 옮기는 일을 했다. 또한 인삼 씨앗을 채취하기도 하고, 낮에는 물놀이로 더위를 식히고 저녁에는 내가 키운 닭을 직접 잡아 보는 일 등을 했다. 닭을 잡는 이유는 우리가 다른 생명을 어떻게 먹게 되는지 그 의미를 배우게 하기 위해서였다. 또한 닭 몸 안을 살피면서 인간의 몸에 대해서도 배우는 기회를 가진 것이다. 생명이 생명을 먹는 일이 얼마나 중요하고 거룩한 일인지 알 수 있는 시간이었다. 한편, 12년 전부터는 서울 청파감리교회 환경부 부원들이 일 년에 3~4회 정도 봉사활동을 온다. 옥수수 심기, 토종 땅콩 모종 내기, 배추 씨앗 모종 넣기, 감자와 고구마 캐기 등 다양한 농사를 체험한다.

반면에 교인들은 시간이 지나면서 한 분 두 분씩 하나님 품으로 돌아가셨다. 10년 전부터는 친환경 농민과 관행 농민들도 급격하게 줄었다. 그러나 귀농·귀촌인들이 내려오면서 친환경농업으로 농사를 지으니 다행이라고 생각하며 다시 한번 마음을 모아 본다.

3) '노래하며 돌아오는 아름다운'[詠歸美] 영귀미마을

동면교회의 동면은 일제강점기의 행정구역 이름이다. 일제강점기에 나름대로 편리하게 동서남북으로 행정구역을 정했기에 우리 마을도 동면이 되었다. 그러다 3~4년 전에 원래 지역의 명칭이었던 영귀미라는 이름으로 되돌렸다. 지금은 토박이 농민은 적고 귀농·귀촌인들이 많은 편이다. 서울과의 교통망이 좋아지고 고속도로가 생기면서 귀농인들이 늘었다. 은퇴 후 내려온 귀농인들을 중심으로 지역민들과 함께 마을에 북카페도 만들었다. 북카페는 지역민들이 수시로 만나는 장소가 되었고, 젊은이들에게는 공부하고 토론하는 곳으로 활용되었다. 아이들에게는 놀이터이기도 했다. 한마디로 모두의 쉼터이다.

영귀미마을에서 제일 반가운 일은 10년 전부터 젊은 귀농·귀촌인들이 많이 내려온 것이다. 젊은이들이어서 대부분 학부모이고, 학교와 마을을 중심으로 마을 교육 공동체를 결성했다. 이듬해에 '새끼줄'이라는 협동조합을 만들어서 영귀미면(詠歸美面)인 우리 동네에 맞벌이 부부들을 위한 방과 후 돌봄센터를 홍천군 최초로 위탁받아 개설했다. 홍천군 돌봄센터 1호이며 우리 마을 젊은이들로 구성되어 운영하고 있다. 또한 벌써 3년째 젊은 친구들이 아이를 낳아 시골 마을에 아기 울음소리를 들려주어 기쁘기 그지없다. 초등학교와 중학교가 되살아나고 있는 것도 반가운 일이다.

이 아이들이 점점 자라니 중학생들을 위한 아지트, 방과 후에 쉴 수 있는 공간도 4년 전에 마련했다. '청소년 꿈틀'이란 이름으로 문을 열었다. 중학생 친구들은 그곳에서 쉬며 뭔가를 하고 싶을 때까지 기다렸다. 2년 전부터 공부도 스스로 하고, 밴드 공연 연습도 한다. 작년에는 바리스타에게 커피 만드는 방법을 배워서 일일 카페를 벌써 3~4번이나 열었다. 동네의 어르신들이 무척 좋아하며 기특하게 여긴다. 세대 간격이 좁혀지고 서로를 점점 더 알아 간다. 코로나19 전에는 마을에서 큰 음악

홍천군 돌봄센터 1호
영귀미돌봄터

'새끼줄' 나눔장터 살만한 가게

회와 축제를 3년 동안 개최했다.

  기억에 남는 행사는 2~3년 정도 함께한 '살만한 가게'이다. 아껴 쓰고, 나눠 쓰고, 바꿔 쓰며, 다시 쓰는 운동의 일환이다. 집안에 남아 있는 물건들을 모아서 한 달에 한 번씩 장터를 열었다. 초등학생부터 어르신에 이르기까지 '살만한 가게'가 열리면 모두 찾아와 물물 교환뿐 아니라, 이야기도 나누고 노래도 하며, 연극도 하고 신나게 춤도 춘다. 아이들과 함께하다 보니 자연스럽게 어른들도 참석한다.

  동면교회는 마을 속에서 이들과 긴밀하게 연결되어 있다. 소식을 나누고 적은 것으로 후원하며, 마음을 모아서 봉사한다. 교회는 언제나 마을과 지역 그리고 그 속에 있는 사람들과 동행하려고 한다. 산업화 시기에 농약과 화학비료 중심의 관행농업으로 전환되었는데 이제는 그분들도 다 세상을 떠나 막막했던 차에 귀농·귀촌인들로 새롭게 재편성되는 것이 우리 마을에는 희망이 되었다. 동면교회는 이런 가운데서도 1994년 이후 28년간 생명·영성·공동체에 목회의 초점을 맞추어 새롭게 마을에 들어온 젊은이들과 원주민이 함께 신앙생활을 해오고 있다. 젊은 귀농·귀촌인들에게는 언제나 마을 일을 우선으로 하게 하고 마을 속에서 진심 어린 신앙인의 모습을 보여달라고 당부했다.

4) "목사님두 참, 달이 밝은 게 아니라 하늘이 맑은 거쥬!" – 엄만봉 권사

농촌 목회를 오랫동안 할 수 있었던 이유가 있다. 바로 하늘에서 온 어르신들, 하나님을 믿는 농부님들이 계시기 때문이다. 오래전 수요예배를 앞두고 차량 운행 중에 밝게 뜬 보름달을 보았다. 달이 하도 밝고 둥글기에 "권사님, 오늘 달이 유난히 밝아요"라고 했더니, 권사님은 "목사님두 참, 달이 밝은 게 아니라 하늘이 맑은 거쥬"라고 답하셨다. 갑자기 망치로 뒤통수를 호되게 맞은 듯했다. "그렇지요. 달이 밝은 거라기보다는 하늘이 맑은 거죠." 수많은 세월 속에서 하나님을 안 것이다. 하나님이 맑으신 분이기에 이 어르신에게도 하늘의 맑음을 일깨우셨다는 생각이 들었다.

해마다 봄이 되면 농사 시작 전에 거의 20년 동안 반복해 들려주는 말이 있다. "목사님, 해마다 농사 처음 일이 힘드시죠. 하지만 '시작이 반'이어요." 참으로 단순하며 누구나 아는 이야기임에도 어르신께서 봄철마다 하시는 말씀이 내게는 보약이다. 지금 생각해 보면 늘 그랬다. 시작만 하면 되었다. 대부분 시작 전에 불안, 염려, 두려움, 근심으로 주저하지 않는가? 어르신 말대로 시작하면 언제나 반은 되어 있다. 시작이 반이다. 참삶이란 머리보다는 몸으로부터라는 것을 하늘에서 온 농부님들을 통해 알게 되었다.

예배를 마친 뒤 봉고차로 어르신을 집까지 모셔다 드린다. 봉고차에서 내린 어르신은 내가 한참 멀어진 뒤에도 봉고차의 백미러로 보면 여전히 내린 그 자리에서 고개 숙이고 젊은 목사를 향해 기도하신다. 뒷모습을 보고 있노라면 거룩 자체이다. 대부분의 교회와 수도원의 모토는 환대와 환송이다. 맞이하는 거룩함과 떠나보내는 최대한의 예의가 중요한데, 나는 이 어르신 농부님을 통해서 환대와 환송을 보았고 배웠다. 참으로 행복한 목사이다. 이런 어르신들의 신심 어린 마음 때문에 농촌 교회를 떠날 수 없다.

5) "풀이 잘 자라야 곡식도 잘 자라요" — 엄만봉 권사

봄에 씨앗을 뿌리고 얼마쯤 지나면 풀이 상상치도 못하게 치고 올라온다. 그러면 풀 뽑는 일을 시작한다. 일명 김매기다. 1년에 두세 번을 해야 생산물을 거둘 수 있다. 그렇게 김매기를 할 때 지나가는 사람 열이면 아홉은, "목사님, 뭐 그리 힘들게 풀을 뽑으세요. 제초제 확 뿌리면 금방 될 일을…!" 한다. 그런데 열 중 한 명은 "목사님, 풀 뽑는 일이 힘드시죠. 하지만 풀 많은 곳이 곡식도 잘 된답니다. 애쓰셔 유~" 하신다. 이 한마디, 풀이 잘 자란다는 건 퇴비의 영양분이 많다는 것이고, 유기질이 흙 속에 풍부하다는 방증이다. 이 말을 듣고 보니 풀 뽑는 게 하나도 힘들지 않았다. 어인 일인가? 하늘에서 온 어르신의 이 한마디는 그야말로 생명의 언어이다. 내 어찌 이런 분들을 놓고 다른 어디로 간단 말인가. 한 분 한 분이 모두 선생님이시다.

또 한번은 예배 후 어르신을 집으로 모셔다드리는데, 내게 이렇게 말씀하신다. "목사님, 제가 살아 보니 위를 한없이 쳐다보면 힘만 들었어요. 그런데 어느 날부터 아래를 내려다보니 얼마나 맘이 편한지 모르겠네요." 이 이야기를 듣는 순간, 순 리가 무엇인지 알게 되었다. 더군 다나 신앙인이라면 아래의 힘겨운 사람들을 볼 수 있다면 아픔이 아 닌 행복이라 여길 수 있을 것이다. 유영모 선생님께서 말씀하셨듯이 믿음이란 것의 '믿'은 바로 '밑', 아 래라는 뜻으로 바닥이다. '음'은 그 대로 '소리'이다. 그러니 믿음은 '바 닥 소리'이다. '바닥 소리'를 들으러 이집트의 히브리인들에게 오신 하

나를 농부로 인도해 준 엄만봉 권사님

나님이시다. 로마의 식민지 생활에 힘겨워하는 이스라엘 백성의 소리 를 들으러 오신 주님이시다. 이 어르신은 그런 것을 농촌에서 살면서 안 것이다. 샘물이 아래로 흐른다는 것을, 그래야 모든 생명이 더불어 산 다는 사실을. 거룩하고 아름다운 이런 분들을 두고 어찌 떠날 수 있을 까?

6) 나를 농부가 되게 인도하신 선생님 - 엄만봉 권사

마지막으로, 나를 농부로 인도하신 농부 교우님을 소개하고자 한다. 아 마도 18년 동안 거의 일주일에 세 번 정도 이른 아침 5시 30분 정도면 어김없이 전화하신 교우 농부님이 계신다. 엄만봉 권사님이다. 새벽에 전화를 한 것은 새벽기도 때문이 아니었다. "목사님, 교회 밭에 나오셔 서 김매셔야죠." 젊은 목사가 6시가 넘어 밭에 나가면 당신은 벌써 나와 김을 매고 계신다. 18년 동안 늦게 나온 나에게 화내거나 뭐라 말한 적

이 한 번도 없으시다. 사실 그때는 잘 몰랐다. 그러나 시간이 지나고서야 알았다. 이분은 목사 한 사람 바른 농사꾼 만들려고 세상에 온 참 어르신이었다. 나는 지금껏 이분이 내 선생님이었다고 고백한다. 이분의 거룩함을 배웠기에 이제는 새벽에 동터오기를 기다렸다가 밭으로 향한다. 모두 어르신 덕분이다. 다른 곳에 한눈팔지 않고 오롯이 이 어르신을 바라본 것은 내게 최고의 시간이고 행복이었다. 그러나 아직도 배가 고프다. 더 많은 어르신들의 지혜를 훔쳐 보고 싶다. 그러다 보면 언젠가 나도 나이가 그분들처럼 익어 가리라.

4. 아현교회 사회관에 피어난 모두의 '텃밭'

서울 아현교회 직거래 매장 '텃밭'

대부분의 사람이 농촌교회를 뿌리라고 말한다. 아래에서 묵묵히 생명을 일구기 때문이리라. 이는 화려하기보다는 어려운 부분만이 비추어져서 그럴 것이다. 반면에 도시교회는 화려하고 보이는 면이 많아서 꽃과 열매로 비유된다. 1996년부터 어떻게 하면 뿌리인 농촌교회와 열매인 도시교회가 한 몸인 것을 알게 할 수 있을까 고민하다 여러 과정을 거쳐서 직거래 '텃밭' 매장을 서울 아현교회의 사회관에 열었다. 몇 년 후에는 소농, 가족농 중심인 농촌교회 생산자 20여 명과 함께 '농촌과 도시의 매장'(농도 매장)을 열었다. 2015년에는 영등포산업선교회 안에 있는 서로살림생협과 통합하여 '서로살림농도소비자생활협동조합'(이

하 서로살림농도생협)의 이름으로 영등포 산업선교회 센터에 생협 매장을 개설했다.

　서로살림농도생협은 기독교인으로서 소농과 가족농을 중심으로 농촌과 도시교회를 연결했다. 소농과 가족농 그리고 작은 농촌교회를 이해하려면 이런 비유로 이야기할 수 있다. 몸이 건강하려면 작은 시냇물 같은 실핏줄이 막히지 않고 잘 흘러야 한다. 마찬가지다. 생명농업과 농촌교회가 건강하려면 이와 같은 소농, 가족농이 많아져야 한다. 뿌리인 수많은 농촌교회가 건강해지려면 더 많은 사람이 농촌으로 내려와 작은 텃밭이라도 함께 일궈야 한다. 그야말로 소농, 가족농이 많아져야만 농촌교회도 같이 살아갈 수 있다. 이제는 도시교회도 이 일에 협력해야 열매가 풍성해진다. 동면교회에서 이처럼 소농과 가족농을 늘릴 수 있었던 것은 감리교 농촌선교훈련원과의 연대를 통한 훈련 과정이 있었기 때문이다.

5. 감리교 농촌선교훈련원의 정주목회 훈련

1) 첫 번째 훈련: 전라도 지역 탐방

정주목회 훈련의 첫 번째 과정은 전라도 지역을 탐방하는 것이었다. 생명농업을 하시는 분들을 만나는 것과 더불어 공동체 탐방, 대안학교, 대안의학, 대체기술을 하는 적정기술자 등 지역의 다양한 사람들과 만나서 이야기를 듣고 나눔을 실천했다. 이때 만난 분들이 부안의 정경식 선생님, 벌교의 강대인 선생님, 원동교회의 이필완 목사님, 푸른꿈대안학교와 수녀님들의 공동체, 적정기술로 다양한 일상의 물품들을 만들고 있는 김제, 완주 사람들이었다.

정주목회 훈련 과정

특히 벌교의 강대인 선생님이 인상에 깊이 남았다. 강 선생님은 수염부터가 예사롭지 않았다. 저녁 후 이야기 나눔의 시간이었다. 첫 번째 이야기가 기도에 대한 것이었다. 강 선생님은 평소 영성에 관심이 많았다고 했다. 그중에서도 기도를 어떻게 해야 하나 해서 가까운 시골교회를 찾아갔단다. 때마침 교회의 전도사님이 주님께서 가르쳐 주신 기도를 알려주었다 한다. 그때 주기도문을 배우고는 일평생 동안 새벽에 일어나 반복해서 읊조렸다고 한다. 마치 주문처럼 말이다. 새벽마다 몇백 번 정도 반복해서 외우며 그 기도문대로 살 수 있는 것에 행복했단다. 저녁 9시가 되면 잠자리에 들고 다음 날 새벽 3시면 일어나 매일 주기도문으로 기도하는 일을 반복한단다. 그리고 날이 밝아 6시쯤이면 어김없이 삽 하나 어깨에 메고 논으로 향한단다. 논에 도착하면 삽을 내려놓고 벼들을 향해 박수 세 번을 힘껏 친단다. 그러고는 잘 잤느냐 하고 크게 벼들과 인사를 나눈단다. 그 후 자신의 두 손을 쭉 펴서 논의 한쪽 끝에서 다른 쪽 끝까지 안수기도하듯 가다가 어느 지점에서 손가락 끝의 떨림이 있어서 멈추고 보면 벼들이 병들어 있거나 아파하고 있단다. 그러면 거기에 맞는 숯을 넣어 주거나 피라미드 모양의 대나무 활대를 세운단다. 그렇게 하나하나의 생명과 마음을 소통하여 쌀을 생산한다고 하니 그 곡물을 먹는 소비자는 저절로 겸허해질 수밖에 없을 것이다.

2) 두 번째 훈련: 경기도, 충청도 지역 탐방

두 번째로 경기도와 충청도 지역을 탐방했다. 청주시 근처에 있는, 가톨릭농민회와 함께하는 생산자 공동체인 솔뫼공동체를 방문했다. 신부님이 이끄시는 공동체는 이미 도시에 있는 성당을 중심으로 한 소비자 공동체와 연대하고 있었다.

김한식 선생님이 이끄시는 공동체도 탐방했다. 이 공동체는 화장실이 독특했다. 대부분의 유기농업 단체들이 생산에 중점을 두는 것에 비해 이곳은 잘 생산된 먹거리를 어떻게 소화시켜서 재생산할 것인가에 관심을 기울였다. 그 해답이 생태 화장실로, 배설물 처리가 얼마나 중요한 것인지 배울 수 있었다. 신체에서 배설된 것이 다시금 생산으로 전환되지 않으면 영성의 삶이 완성되는 것이 아님을 말해 주는 듯했다. 자신의 배설물을 모아서 일정량이 되면 한곳에 모아 발효시킨 다음 비료와 퇴비로 쓰는 구조가 마음에 들었다. 약간의 수고만 하면 100% 쓰레기가 나오지 않는 시스템이었다. 작은 것이지만 이러한 구체적인 일들을 통해 어떻게 살아야 하는지 생각할 수 있는 계기가 되었다. 그 후 시도해 보려 했으나 만만치 않았고 대단한 실천이라고 느꼈다.

충남 홍성에서도 훈련의 시간을 가졌다. 그곳에는 교육의 중심인 풀무학교가 있다. 정식 명칭은 풀무농업고등기술학교이다. '위대한 평민'을 모토로 하고, 농업을 기반으로 가르친다. 이찬갑, 주옥로 선생님이 설립하고 홍순명 선생님이 이어서 가르쳐 왔다. 그 가르침 속에서 지역의 100년을 설계하고, 오리농법으로 유명한 주형로 선생님을 배출하기도 했다. 우리는 풀무학교 학생들이 졸업할 때 맞춰서 찾아갔다. 풀무학교에서는 졸업식을 창업식이라고 부른다. 전날 도착해서 하룻밤을 자고 일어나 아침에 학부모들과 학생들을 만나 인사를 나누었다. 내 귀에는 '반갑습니다'로 들렸는데 알고 보니 아침 인사는 "밝았습니다"였다. 낮 인사는 "맑았습니다" 그리고 저녁 인사는 "고요합니다"라고 했다. 그것도 모르고 아침 인사를 '반갑습니다'라고 했으니 웃음이 나왔다. 풀무학교 인사 용어에는 중세 수도원에서 사용했던 용어들과 공통점이 있다. 중세 수도원에서 사용한 중요한 단어가 바로 '밝음, 맑음, 고요'였다. 영성 훈련에서 중요하게 생각하는 용어이다. 그 후로 나도 이 단어들을 삶의 중심으로 삼고 길을 잃을 때면 되뇌었다.

이 마을에는 중심 역할을 한 사람이 있었다. 이찬갑, 주옥로 선생님과 홍순명 선생님 세 분이다. 지금은 홍순명 선생님의 제자인 주형로 씨가 지역 주민들과 함께 생명농업을 일구고 있다. 홍순명 선생님은 일본의 오리농법 책을 번역해서 제자인 주형로 씨가 실천할 수 있도록 길을 열어 주었다. 오리농법은 논에 모내기한 후에 오리를 풀어 오리 갈퀴로 논의 물을 뿌옇게 하면 논의 풀이 늦게 자라 벼가 좀 더 빨리 자리 잡게 하는 농법이다. 주형로 씨는 나중에 이 오리농법을 고(故) 노무현 대통령이 퇴임하여 계셨던 봉화마을에 전파해 주었다.

경기도 화성에 있는 야마기시 농장에도 방문했다. 일본인들과 함께 운영하는 공동체이다. 자급자족을 원칙으로 살면서 깨끗한 환경에서 동물의 복지까지 생각하는 것은 당시에는 흔치 않아 인상적이었다.

강원도에서는 임락경 목사님의 화천 시골교회를 중심으로 한 지역

공동체를 탐방했다. 임 목사님은 다양한 환우들을 돌보고 있는데 먹거리에 대한 내용과 자연 치료 방법들을 알려 주었다. 임 목사님은 환우들을 대상으로 한 오랜 임상실험을 통해 암 환자와 환우들에게 치료의 길을 제시해 주고 있었다. 우리는 농업이 자급자족할 수 있는 유일한 대안이며, 노동을 통한 수도의 길이라는 점도 배울 수 있었다.

3) 세 번째 훈련: 경상도 지역 탐방

강문필 선생님

국내 탐방 마지막 코스는 경상도 지역이었다. 경복 울진의 불영계곡에서 만난 방주농원의 대표 강문필 선생님 또한 귀한 분이었다. 그 먼 산골의 골짜기에 들어온 지 20여 년 되었단다. 내 기준으로 보면 아주 별난 도인이었다. 그렇게 생각하면 전국 각지의 산골에서 생명을 일구고 살아가는 농민들은 모두 보통 사람이 아니다. 묵묵히 한 곳에서 자신의 일을 통해 타인에게 기쁨 주고 있기 때문이다. 강 선생님은 본래 이발사였는데 농사가 모든 것의 근본인 것을 깨닫고 그곳으로 내려왔다고 한다. 고추 농사가 주생산 작목이고 나머지는 자급자족 정도로 짓고 있었다. 농장에서는 우리 음악인 사물놀이 음악을 하루 종일 틀어 주었다. 작물에게도 음악으로 행복과 기쁨을 주기 위한 농법이다. 작물과 교감을 하려는 마음이 참으로 갸륵했다.

    강 선생님에게서 들은 이야기 중에 귀감이 되는 내용이 있다. 농사철이 되어서 일이 바쁠 때는 일손을 구하는데 2~3일 전 동네 어르신들에게 알려 드린단다. "내일 농장에서 일하오니 아침 일찍 ○○으로 오시면 됩니다." 아침 일찍 봉고차로 모임 장소에 가서는 "어르신들 혹여 어제 이런저런 일들로 불쾌했거나 기분이 안 좋으신 분들은 이쪽으로 줄 서 주세요" 하면 두세 분 정도 나온단다. 그러면 반나절 품값을 드리면서 맛난 점심과 막걸리 한잔 드시라고 한단다. 서로 기분 나쁘지 않게 하는 방법이다. 내 농장에 일하러 오시는데 기분 상한 마음으로 오지 않게 하고, 오지 말라고 할 수는 없으니 반나절 품값으로 기분 나쁘지 않게 하는 것이다. 그래서 어떤 이는 반나절 품값을 받는 데 재미 들였다는 소문도 있다고 했다. 아무튼 강 선생님은 보통 분은 아니었다. 신자유주의 시장경제 시대에 어떻게 하면 더불어 살 수 있을까? 하는 화두를 던져 주었다.

그 외 경북 상주에서 목회하는 한태희 목사님과 그곳 생산자들 중심의 공동체 회원들을 만나 이야기를 나누었다. 경북의 의성에서는 생명농업의 아버지 격인 김영원 장로님을 만났다. 그는 공부하던 중에 아버지가 돌아가셔서 농촌으로 돌아와 농사를 지었다고 한다. 처음에는 관행농법으로 농약을 쳤는데 자기도 모르게 농약 중독이 되었다. 시간이 지나면서 이러다가 죽을 수도 있겠다는 생각이 들었단다. 그때 돈보다 생명이 소중하다는 사실을 깨달았다고 한다. 나아가 내 생명이 소중하면 남의 생명도 소중하고, 더 나아가 피조물의 생명도 소중하다는 것을 알게 되었다고 한다. 농사일이 이 모두와 연계되었음을 깨닫고 많이 울었다고 한다. 분명 잘못된 농업을 해왔던 걸 반성하는 눈물이었다. 그 일을 계기로 친환경 농민운동과 민주화 운동, 환경운동까지 지평을 넓히면서 활동해 왔다고 한다. 나로서는 매우 귀중하고 고마운 만남이었다. 내가 이 길을 걸어가야 하는 분명한 목적과 방향을 배울 수 있었기 때문이다.

마지막으로 찾은 곳은 동면교회에 두 번째 부흥사로 오신 박효섭 목사님의 괴정교회였다. 주일에는 이 교회에서 리마 예식서로 거룩한 예배를 드렸다. 설교는 교회력에 따른 돌아온 탕자에 대한 말씀이었다. 아버지의 넓은 환대에 초점을 맞춘 것이 인상적이었다. 아브라함의 환대와 탕자 아버지의 환대라는 이야기가 내내 머리에 맴돌았다. 이를 계기로 '환대'라는 단어를 맘에 품게 되었고, 이 역시 목회의 화두가 되었다.

부산 괴정교회 박효섭 목사님

서방교회가 아닌 동방 정교회를 공부하고 수도한 박 목사님이 내게는 정말 인상적이어서 괴정교회를 방문한 후, 목사님이 자주 가서 수도하는 거제도의 홍포수도원을 1년에 두 번 정도 방문했다. 홍천에서 거제도까지는 봉고차로 5시간 넘게 걸리지만 5~6년간 꾸준히 찾아갔다. 그곳에 가면 2박 3일 혹은 3박 4일간 영송 찬가와 기도만 할 뿐인데도 영성이 충만해졌다. 특별히 관상기도, 예수 기도 그리고 응송의 찬가가 나를 충만케 했다. 교회력에 따른 성무일도의 한 말씀 한 말씀을 읽고 음미할 때마다 '내 영혼이 낫는 것' 같았다. 홍포수도원은 후에 카리스마타 수도회라는 영성 훈련 단체가 되었다. 지금은 고인이 되신 박 목사님의 뜻을 이어 정원기 목사님과 서수미 님이 이끌어 가고 있다.

이 만남을 계기로 한번은 박 목사님이 동면교회 부흥회에 오셨다. 목사님은 차근차근 교우들에게 하늘나라 이야기를 해주었다. 그때도 정교회에서 중요하게 여기는 '환대'에 대하여 말씀해 주셨고, 교우들은 그 말씀을 지금도 기억한다. 환대가 몸에 익숙할 수 있도록 성서의 이야기를 통해 들려준 말씀이 인상적이었다. 한 주간의 부흥회를 마치고 부산으로 돌아가서 바로 책을 보내 주셨다. 아내에게 온 것이었는데, 정교회의 이콘에 관련된 책이었다. 첫 장에는 아내에게 써주신 글귀가 있었다. 참고로 아내는 조소, 조각을 전공한 작가이다. 그 글은 "정혜례나 작가님, 작가님이 달란트를 사용하지 않는 것도 죄(罪)입니다"였다. 아내에게는 충격이었다. 그 후 기회만 되면 스케치를 하고 드로잉을 하면서 보냈다. 그런 과정들을 거치며 오늘의 철 조각가로 발돋움할 수 있었다.

4) 마지막 훈련: 일본 견학

마지막 두 주간의 훈련으로 일본의 센다이 지역과 후쿠오카, 오사카 지역을 다니면서 일본에서 영향력 있는 단체들을 방문했다. 우선 중부지역의 센다이 후쿠시마에 있는 아세아농촌선교센터를 찾아갔다. 20년 전에 이곳에서는 음식물 쓰레기를 재활용하는 시스템과 돼지우리에서 발생하는 메탄가스를 바이오 가스로 전환하는 방법을 사용하기 시작했다. 우리는 또한 양계로 공동체를 유지하는 작은 시골교회 공동체도 견학했다.

영등포 산업선교회의 서로살림생협과 감리교의 농도생협이 합병한 것도 일본 '오사카 S 코프 생협'을 견학한 것이 계기가 되었다. 생협을 견학하면서 생산자와 소비자의 이야기를 듣고 우리나라에서도 가능할까 하고 생각했는데, 하다 보니 가능했고 지금까지 이어 오게 되었다. 일본의 생협은 그 정신에서나 조직에서나 놀라운 점들이 있었다. 무엇보다 안전한 먹거리를 위해서 최선을 다하는 소비자가 있다는 사실과 이를 뒷받침하는 생산자들의 헌신이 있다는 점이 놀라웠다. 신앙의 관점에서 눈을 뜨는 계기가 되었다.

후쿠오카까지 250Km를 달리는 신칸센 고속철도를 타고 무려 3시간을 가서 만난 우네 상은 지금도 잊히지 않는다. 우네 상이 사는 지역은 후쿠오카의 전형적인 다랑논 농사 마을이었다. 그곳에서 7~8년간에 걸쳐 여러 실험을 했다. 논에 있는 익충과 해충, 동·식물들을 조사한 뒤, 우연히 논에서 생산되는 쌀과 밥을 생각하게 되었단다. 논농사를 짓고 밥을 평생 먹는데도 밥 한 그릇에 담긴 쌀이 몇 알인지 몰랐다는 걸 깨달았다. 곧바로 식당에 가서 공깃밥 한 그릇을 뒤집어 놓고 젓가락으로 밥알 하나하나를 세었

후쿠오카의 우네 상

다. 20년 전이니 많이 먹는 사람은 2,500알, 적게 먹는 이는 2,000알 정도였다. 이듬해는 직접 농사를 지어 벼를 훑어서 떨어진 나락을 세어 보았다. 2,500알은 벼 4~5포기의 분량인 것을 알게 되었다. 다시 이듬해에 벼 4~5포기 주변을 살피니 주변에 올챙이 30여 마리가 흙탕물을 내며 놀더란다.

우네 상은 이러한 단계를 거쳐 친환경 논농사 환경 게시판을 만들었다. 가운데에는 그림 세 개가 있다. 하나는 밥그릇 밑에 2,000~2,500알의 쌀을, 가운데는 벼 포기 4~5개의 그림을, 마지막으로 올챙이 30마리가 이리저리 뛰노는 모습이다. 포스터의 양 옆과 위아래로는 동물과 새들로 가득하다. 예를 들면, 제비를 그려 넣고 제비와 교접하려면 쌀을 2,000그릇 먹어야 한다는 둥, 뱀과 학, 오리, 쥐, 메뚜기 등을 그려 넣고 이들과 교제하려면 쌀을 얼마만큼 먹어야 하는지를 도표로 설명했는데 단순하지만 매우 설득력이 있었다.

우네 상의 저서

왜 친환경농업을 해야 하는지 생명의 망으로 설명하는 것이 명쾌했다. 그 먼 곳을 갔다 왔는데도 피곤하지 않았다. 한 사람, 우네 상을 만난 것만으로도 큰 의미가 있었다. 일본 곳곳에서 자신의 신념을 갖고 생명과 연대하고 살리려는 장인들이 많다는 사실이 반갑고 고마웠다. 이렇게 일본까지 정주목회 훈련 과정을 밟으면서 앞으로의 방향을 대략 정한 듯했다. 새로움은 새로움을 낳는다고나 할까? 우리는 정주목회 훈련을 통해서 새롭게 섰다. 더불어 이 시기에 공교롭게도 '정농회'라는 단체로부터 큰 영향을 받았다.

1975년도에 창립된 '정농회'는 '농사를 바르게 짓는 사람들의 모임'이다. 이 단체 창립에 영향을 미친 단체는 일본의 '애농회'이다. 고다니 준이치라는 애농회 회장의 영향이 컸다고 한다. 고다니 준이치 선생은 일본이 식민지 시절 36년간 씻을 수 없는 폭력을 저지르고 인권을 무시한 것에 대해 참회하고 용서를 구했다. 한국에 와서 정농회 회원과 농민 단체에 용서를 구하는 마음으로 진정성 있게 절을 했다고 한다. 그리고 정농회 회원들에게 생명농업을 전수해 주었다고 한다. 일본이 관행농업으로 인한 부작용을 먼저 경험했기에 애농회에서 오랫동안 해온 유기농업을 알려 준 것이다. 오리농법, 우렁이농법이 대표적이다. 그 외에도 생명농업의 바탕이 되는 가치관, 왜 안전한 먹을거리를 생산해야 하는지에 대한 가치관과 철학을 말했고, 나아가 종교적인 영성까지 언급했다.

6. 동면마을에서 만난 기독동신회와 정농회 사람들

동면교회에 와보니 우리 동네 월운리에 이미 정농회 단체의 회원인 분이 자력으로 월운교회의 목회를 하고 있었다. 무교회주의이기도 하고 영국의 소종파인 기독동신회라는 단체의 영향을 받고 있었다. 만인사제설을 바탕으로 모두가 말씀을 나눌 수 있고 모두가 성찬을 행할 수 있는, 만인에게 열려 있는 신앙 단체였다. 한 번은 이 월운교회에서 원경선 선생님을 모시고 신앙 강좌를 했다. 우리 교회 교우들은 월운교회를 이단으로 생각하고 있었다. 잘 광고를 드린 뒤에 첫날 저녁에 10여 명이 참석했다. 나는 이미 원경선 선생님을 알고 있었기 때문에 흔쾌하게 교우들을 모시고 갔다. 상식적인 선에서 쉽게 설교하시는 원 선생님의 이야기에 모두 은혜를 받았다. 그 후 이틀 더 저녁 집회를 함께했다. 그때 교우들이 은혜를 받은 것은 하나님께서 우리에게 허락하신 먹거리의 안전함에 대해 쉽게 풀어 준 것이었다.

이를 계기로 원경선, 오재길, 김성순, 김영원, 정상묵, 임락경, 강문필, 정경식, 주형로, 강대인 선생님들을 만나면서 생각이 넓어지고 분명해졌다. 단순하고 단아하고 단단하며, 명쾌해졌다. 바른 농업을 토대로 하는 신앙관으로 목회의 방향이 설정되었다. 정말 신명이 났다. 이러한 선생님들이 계신 것이 은총이요 축복이었다. 언제 이런 분들을 이렇게 만날 수 있겠는가? 흥분되는 10여 년간의 만남이었다. 현장에서 만난 이런 선생님들을 통해 나는 지금의 자리까지 온 것이다. 이분들은 현장에서 민중과 이웃 그리고 자연의 은총, 땅의 자비하심을 굳게 믿으며 살아오셨다. 정농회의 사상과 철학, 농(農)을 사랑하는 마음, 생명을 바라보는 눈이 남달랐다. 서로가 얽혀 있는 생명의 망은 하나님의 섭리의 품 안에 있었다. 나는 정농회를 통해서 두 번 거듭나는 또 다른 재세례를 받았다. 이러한 훈련 과정들로 인해 동면교회에서 더욱 활발하게 활동할 수 있었고 배운 것들을 하나씩 자리 잡게 했다.

7. 동면교회 학생들과 함께한 친환경 여름수련회

동면교회에도 아이들은 꽤 있었다. 하지만 홍천읍에 가까워서 그런지 영월 도천교회의 아이들과는 좀 달랐다. 그 아이들에게 조금씩 노래도 가르치고 신앙교육도 하면서 차츰 친숙해졌다. 거제도 홍포수도원에서 배운 예수 기도를 아이들과 매주 함께했다. 처음에는 낯설어했으나 조금씩 응송을 흥얼거렸다. 가랑비가 온 대지를 적시듯이 아이들은 그렇게 예수 기도를 배우고 성무일도를 익히며 말씀을 나누었다.

1) 강화도 기행

그렇게 한 해를 보내고 여름이 되었을 때, 여름성경학교를 어떻게 할까 고민하다가 생태 기행으로 하면 좋겠다고 생각하고 교사들과 상의하니 모두 동의했다. 첫 번째로 장소를 정한 곳은 강화도였다. 강화도에는 친구 목사들도 있었고 무엇보다 선배이신 김정택 목사님 댁에 흙벽돌로 지은 넓은 쉼터가 있어서 안성맞춤이었다. 또한 임정숙 사모님은 강화의 생태, 문화, 역사 해설사여서 모든 일정을 위임하고 우리는 아이들을 잘 챙기고 잘 먹이는 역할만 감당하면 되었다. 아이들은 강화에 가서는 갯벌 체험과 함께 고려, 조선 시대의 아픈 역사를 배웠다. 선사시대의 고인돌로부터 분단의 아픔까지, 북녘의 황해도를 볼 때는 모두 한민족이 하나가 되길 간절히 소망했다.

우리는 생태 기행을 준비하면서 몇 가지 원칙을 세웠다. 웬만하면 외식하지 않고 간단하게 직접 해 먹는다. 아침에는 선생님들이 일찍 일어나서 점심 주먹밥을 만든다. 아침 식사는 간단하게 과일과 함께 먹는다. 아이스크림이나 음료는 먹지 않는다. 가능하면 물을 틈틈이 마신다. 아침에 선생님들은 수박을 네모나게 한입 크기로 썰어서 그릇에 담아 큰 아이스박스에 얼음과 함께 재워 놓는다. 점심에는 주먹밥과 함께 수박을 먹을 수 있게 한다. 저녁은 숙소에 와서 고기도 구워 먹고 맛난 것들을 해서 먹는다. 이렇게 하니 외식을 한 번도 하지 않았다.

이처럼 먹는 것에 드는 돈을 아낀 이유는 견학과 체험에 드는 비용을 충분히 사용하기 위해서였다. 미술관과 박물관, 혹여 체험장에 드는 비용은 과감하게 지출했다. 그렇게 하니 아이들의 만족감이 컸고, 주먹밥으로 끼니를 때우고 음식을 해 먹는 것에 적극적으로 동의했다. 이렇게 할 수 있었던 것은 모든 일정에 임정숙 사모님이 애써 주신 덕분이었다. 그야말로 생태적이고 환경적인 기행을 했다. 강화도 기행을 마치고는 약간의 자신감이 붙어서 여름마다 생태 기행을 진행하기로 했다.

이듬해에 아이들은 명절 세뱃돈과 친척들이 주는 용돈을 모았다. 집안일하고 받은 용돈까지 모았다. 아버지의 구두를 닦는 일, 쓰레기를 분리수거 하는 일, 동생 돌봐 주기 등을 하며 모을 수 있는 용돈은 최대한 모아서 여름에 기행을 떠났다. 부모들은 기특히 여기면서 모자란 부분을 채워 주셨고, 가정 형편이 어려운 아이들은 교회에서 일부 지원해 주어서 함께 갔다.

2) 거제도 기행

두 번째 기행지로는 강화도보다 조금 더 큰 섬인 남쪽의 거제도를 택했다. 거제도 홍포수도원을 인연으로 자주 오갔던 곳이라 어려움은 없었다. 숙소는 홍포수도원으로 정하고 거제의 문화·생태·역사 탐방은 거제도에서 목회하는 이용걸 목사님에게 부탁했다. 거제도에는 포로수용소 박물관이 있다. 6.25 동란 때 함경도 원산에서 15,000톤급의 배로 수많은 피난민이 부산을 거쳐서 이곳 거제도로 이주했다. 두 달 동안 오다 보니 배 안에서 4~5명의 아이가 태어났다고도 한다. 수용소를 돌아본 아이들은 전쟁 당시의 아픔을 듣고 다시는 전쟁이 일어나지 않기를 소원했다.

배를 타고 외도를 방문했다. 아이들은 서양풍의 조각상과 건물들, 풍차, 잘 꾸며진 수목원, 이국적인 모습을 보고는 신나 했다. 꼭대기에 있는 작은 예배당에는 한 사람씩 들어가서 비밀 기도를 드리고 나왔다. 오후에는 배를 타고 거제 해금강을 둘러보았다. 섬의 동굴 밑을 배로 지나갈 때는 소리를 지르기도 하고 숨죽이기도 했다. 기암절벽 등을 보며 자연이 얼마나 소중한지 느끼고 배웠다.

마지막 날에는 거제도의 동쪽과 서쪽을 비교해 보면서 역사와 문화 탐방을 했다. 거제의 동쪽은 배를 만드는 조선소가 있어서 일찍부터 도시들이 번창했다. 반면 서쪽은 전라도 지역처럼 평범한 농촌 모습이었다. 홍포에서 바라보는 오후의 햇살은 기가 막혔다. 능선에서 남쪽 바다를 바라보면 바다의 윤슬(햇빛으로 바닷물이 반짝거리는 모습)이 눈부시게 아름다웠다. 평생 잊히지 않을 풍경이었다. 간간이 물놀이도 하고 쉬엄쉬엄 지내다 돌아왔다.

이번에도 주먹밥으로 점심을 만들었고 아침 식사와 저녁 식사는 숙소에서 해서 먹었다. 음료도 강화도에서와 같이 수박을 네모지게 썰어서 아이스박스에 넣고 다니면서 먹었다. 이제는 아이들이 요리도 잘했다. 쓰레기 없이 지내는 생태 기행이 이 여행의 작은 목적이기도 했다. 이러한 생활과 훈련, 교육이 삶의 영역에까지 스며들 것이다. 거제도 기행에도 체험과 견학에는 비용을 아낌없이 사용했다. 모두가 만족했다. 다음 기행은 더 큰 섬에 가보기로 했다. 기간도 일주일로 잡았다. 모두가 발 빠르게 용돈을 모으기 시작했다. 모자란 금액은 부모님들의 후원과 교회 재정으로 확보했다.

3) 제주도 기행

세 번째 기행은 우리나라에서 제일 큰 섬 제주도로 떠났다. 강원도 사람에게 남쪽은 이국적인 곳이기에 새로운 것을 배울 수 있었다. 제주도에는 후배들이 있어서 도움을 받았다. 숙소는 이진용 목사가 운영하는 펜션을 사용하기로 했고, 봉고차 두 대를 빌렸다. 홍천에서 차를 타고 목포로 가 목포항에서 카페리호에 올라 제주도로 건너갔다. 제주도에 도착한 후 숙소에 짐을 풀고 좀 쉬었다가 제주 해안가를 차로 둘러보았다. 아이들은 바닷가를 보면서 소리를 지르고 좀처럼 흥분을 감추지 못했다. 운전을 하면서 힐끗힐끗 즐거워하는 아이들을 쳐다보니 내 기분도 좋아졌다. 제주 기행 오기를 정말 잘한 것 같았다.

제주도에서도 생태, 문화, 역사 기행을 준비했다. 제주가 화산형 섬이기에 한경면에 있는 금오름과 다랑쉬오름을 오르기로 했다. 금오름은 숙소에서 가깝기도 하고, 오름을 올라가면 바다와 한라산이 선명하게 보여서였다. 분지형의 오름은 많다. 바닷가의 주상절리도 신비 그 자체였다. 화산으로 이루어진 문화유산이기도 하다. 곽지와 김녕, 서귀포의 쇠소깍, 협재해수욕장과 함덕해수욕장에서는 신나게 물놀이를 했다. 애월읍의 곽지해수욕장에서 물놀이를 하며 바라보는 저녁노을은 환상적이었다. 이렇게 청정한 에메랄드 빛 바다에서 물놀이를 할 수 있다는 것은 크나큰 행운이었다. 서귀포의 쇠소깍에서 밀물과 바닷물이 합쳐진 협곡을 작은 돛단배를 타고 한 바퀴 돈 것은 잊지 못할 추억이었다. 화산으로 형성된 자연유산인 제주에서 바다와 함께 놀고 배웠다. 제주에서 생태적으로 유명한 곳은 곶자왈이다. 숲이 잘 보존된 지역이다. '환상의 섬의 곶자왈'에 대하여 1시간 30분 정도 이진용 목사님의 해설을 들으면서 왜 곶자왈을 지켜야 하는지 알게 되었다. 곶자왈, 예전에는 숲이 많았는데 지금은 개발로 사라질 위기에 처해 있단다. 돌멩이 하나하나, 다양한 종류의 식물들이 예사롭지 않게 보였다. 유충과 작은 동물들을 마지막으로 보고 돌아서 나올 때에는 뿔이 있는 사슴을 보면서 꿈꾸는 것 같기도 했다.

　박물관과 미술관도 찾았다. 서귀포에 있는 화가 이중섭의 집과 거리를 둘러보았고, 김영갑 갤러리를 방문했다. 전시관을 들어서면서 잘 가꾸어진 정원에 다들 놀랐다. 무심하게 꾸민 듯한 정원과 그 사이사이에 있는 놀이하는 듯한 돌 부조물들을 보면서 비슷한 동작을 취하고 사진을 찍기도 했다. 분교를 미술관으로 만든 것도 인상적이었다. 그곳의 영향을 받은 한 아이는 나중에 국가고시 자격증인 '나무의사 자격증'을 취득하기도 했다. 이처럼 많이 보고 다양한 경험을 하는 것은 무언가 새로운 것에 도전할 수 있는 동력이 되었다.

　제주도립 김창렬미술관도 인상적이었다. 김 선생님은 평생을 물방울만 그리신 분이다. 곳곳에 세밀하게 그려진 물방울 그림들은 아이들을 현혹하기에 충분했다. 섬세하기가 이를 데 없는 것에 모두 탄성을 자아냈다. 수천수만 번을 그리고 그렸으리라. 우리 집 둘째 아이는 지금 조소, 조각을 전공한다. 그 아이가 어릴 때 정밀화를 그렸던 기억이 난다. 고도의 집중과 정성을 들이지 않고서는 그릴 수 없는 그림들이다.

모슬포를 가기 전 제주현대미술관이 있어서 들렀다. 매우 큰 미술관이어서 걷기가 어려우면 어떨까 걱정했는데 아이들은 아무렇지도 않게 게임과 놀이를 하면서 이동했다. 군데군데 있는 조각상에 맞추어서 포즈를 취하고 사진을 찍었다. 현대 미술 조각들뿐 아니라 작은 곶자왈도 탐방했다. 정상의 상부에서는 나무로 지은 건물이 인상적이었다. 거기 올라 보니 남쪽 바다의 윤슬이 반짝반짝 비추고 있었다. 지금도 가끔 제주에 가면 이곳을 방문해 추억을 되새긴다.

마지막으로 꼭 보여주고 싶은 곳이 있었다. 제주도의 슬픔, 아픔이 깃든 역사를 알려 주는 제주 4.3 평화공원이었다. 4.3 사건은 제주 도민들을 폭도로 몰아 경찰과 군인들이 제주 도민 25,000~30,000명을 학살한 끔찍한 역사이다. 당시 제주 도민들은 항거했으나 군인들과 서북청년단이 제주 도민들을 폭도로 규정하고 사살했다. 그렇기에 평화공원은 수만 명이 죽임을 당한 역사를 고스란히 보여주는 박물관이었다. 우리는 제주의 아름다운 생태와 문화 이면에는 아프고 시린 역사가 있다는 것을 알려주기 위해 그곳을 택했다. 아이들도 이런 아픈 역사를 인식한 듯했다. 강화도에서 분단의 아픔, 거제도에서 포로수용소, 이제 제주도에서 이데올로기로 인한 인간의 잔인함까지 볼 수 있었다. 아이들이 앞으로 분열, 차별, 혐오로부터 연대, 협동, 공존의 삶으로 살아가길 바라는 마음이었다.

제주도에서 배를 타고 목포로 나와 홍천으로 향했다. 제주도의 일주일 기행을 마치고 돌아왔다. 다음 기행도 나에게 정해서 알려 달라고 해서 이야기하니 모두 꺄~ 하고 소리를 지르면서 환호했다. 다음번엔 일본이었다. 또다시 모금의 발동을 걸었다. 전보다 훨씬 많이 모아야 하는 부담은 있지만 요령도 제법 생겨서 계산을 해가면서 모았다. 부모들도 애들의 이러한 모습을 기특하게 여겼다. 기행을 다녀온 후, 여러모로 변화된 모습을 보고는 적극적인 후원자가 되어 주었다. 조금씩 인정받으면서 자라는 아이들이 고마울 뿐이었다.

4) 일본 기행

네 번째 기행지는 섬으로 된 나라를 생각했다. 일본이었다. 섬 기행을 할 때 일본에 가는 것까지 생각하긴 했지만 현실이 되는 것을 보면서 나도 놀랐다. 어느 해보다 더 열심히 농사를 지어 비용에 조금이라도 보탬이 되고자 했다. 일본 기행은 국내와는 달라서 어떻게 준비할까 생각하다가 일본 선교사로 있는 후배 이정선 선교사에게 연락하여 부탁했다. 또한 홍승표 전도사의 형인 홍이표 선생님의 아내가 우리말도 잘하는 일본 현지인이어서 통역 도움을 받기로 했다. 숙소는 저렴한 곳들을 추천받아 정하기로 했다. 교통수단으로는 참여 인원이 30명이나 되어 편안하게 55인승 버스를 빌렸다. 1인당 비용은 35만 원(1999~2000년 무렵) 정도였다. 늘 그랬듯이 아이들이 모은 것, 부모님들의 지원, 교회 재정을 합하여 마련했다.

 일본 기행은 여름 방학 끝 무렵에 출발했다. 이번에도 저렴한 배편으로 이동했고 오사카로 향했다. 부산에서 오사카까지 13시간이 걸렸다. 지루하지 않을까 염려했는데 기우였다. 선상이나 갑판, 혹은 홀과 노래방 등 곳곳에서 이야기를 나누며 교제의 시간이 이어졌다. 이제까지 잘 몰랐던 사람들과 대화하면서 도착 전에 친밀해진 것이다. 인원이 많아서 걱정을 했다. 아프지 않는 것부터 시작해서 먹는 것, 잠자리까지 걱정되었다.

오사카에 도착하니 이정선 선교사가 마중 나와 있었다. 우리는 버스를 타고 아쿠아리움과 오사카 성 등을 둘러보았다. 우리 선조인 백제인들이 세웠다는 나라(奈良) 지역의 유산들도 보았다. 그곳에서는 사슴을 신성시해서 길거리에 사슴들이 즐비했다. 수사슴은 뿔이 달려서 위험하나 암사슴은 고분고분했다. 그들도 기분이 나쁘면 퇴퇴퇴 하면서 침을 뱉기도 했다. 너무도 자연스럽게 사슴들의 천국처럼 사는 것이 인상적이었다. 외국인들도 이런 사슴 천국의 모습을 신기해했다. 야생동물과 벗할 수 있다는 것만으로도 충분히 의미 있는 기행이었다.

일본 기행에는 교육 분야를 첨가하여 일본의 대안학교와 기존 학교도 방문하도록 기획했다. 나라 지역에는 우리나라 홍성의 풀무학교와 자매 학교인 애농학교가 있다. 때마침 한주희 목사님 아들이 일본 애농학교에 입학하게 되어서 함께 방문했다. 애농학교에서 기다리고 있는 한 목사님의 아들과 인사하고 학교에 대하여 선생님의 설명을 통역해 주었다. 애농학교가 생명농업으로 생산한 먹거리를 자급자족하는 것을 최우선으로 교육하는 학교라는 사실도 알았다. 생명 존중을 교육의 목표로 하는 것이 홍성의 풀무학교와 같았다.

두 번째로 시가현에 있는 미국 선교사가 미국식으로 지은 학교를 방문했다. 보리스라는 사람이 건축한 보리스 양식의 건축물이었다. 유치원부터 초·중·고등학교까지 모두 보리스 양식으로 건축되었다. 은행과 우체국, 행정기관도 서구 양식으로 지어진 독특한 마을이었다. 당시에는 받아들이기 어려웠을 텐데 보리스라는 사람의 선한 영향력이 커서 수용된 듯하다. 일본은 서구 문물을 받아들이는 데 우리보다 훨씬 빨랐다. 홍이표 선생님의 아내가 가르치고 있는 중·고등학교를 방문해서 안내를 받았다. 우리네 학교와 별다른 바는 없었다. 보리스 선교사의 영향으로 미션 스쿨인 듯했다.

이어서 시가현에 있는 미호미술관을 견학했다. 어디를 가든 미술관은 한 군데씩 꼭 들렀다. 깊은 산속에 있는 미호미술관은 꽤 크고 널리 알려져 있었다. 누구한테 소개받은 것은 아니고 우연히 알게 되어서 간 것인데 생각보다 좋았다. 우선 자연 훼손을 최소화하면서 자연스럽게 건축했고, 공간을 비워 많은 것을 덜어내는 아름다움을 느끼게 해주었다. 공간이 커서 전기 자동차로 이동했다. 전기 자동차로 이동한다는 것도 획기적이었다. 그만큼 친환경적인 미술관이었다. 더 놀라운 사실은 미술관에 들어갈 때와 나올 때의 30여 분 되는 도로였다. 그 정도의 미술관이면 우리는 아마도 길을 넓혔을 것이다. 그런데 그곳은 그냥 좁은 왕복 2차선의 길을 유지해 두었다. 큰 버스가 오면 천천히 양보하면서 비켜 갔다. 자연환경을 지키려는 노력이 부러웠다.

다음으로 찾아간 곳은 시가현의 비와코(琵琶湖)에 있는 붕어, 잉어 마을이었다. 비와코는 우리나라 충청북도 정도의 큰 호수이다. 하늘에서 보면 마치 악기 비파 모양을 닮아서 비와코로 불린다. 호수의 물을 집집마다 수로를 내어서 물이 한 바퀴 돌아서 다음 집으로, 또다시 다음 집으로 그렇게 150호의 집들을 휘돌아 정화되어 호수로 흘러간다. 물론 상·하수도를 엄격하게 구분해서 물을 최대한 맑게 한다.

지금으로부터 40여 년 전 이 호수는 시커멓게 죽어 있었단다. 공장 폐수가 흘러들었기 때문이다. 거의 20년 동안 시설을 보강하고 정화했고, 공장 폐수는 새로운 관으로 빼 폐유로 모아 버려 예전의 비와코로 되돌린 것이다. 지금은 완전한 생태마을로 바뀌어서 많은 나라의 여행인들이 방문한다고 한다.

해설사와 몇 집을 방문했다. 집집마다 주방과 바로 연계된 작은 연못이 있었다. 그 작은 연못엔 붕어와 잉어 5~6마리가 헤엄쳤다. 집안에서 식사 후 남은 음식물을 정리해 연못에 넣어 주면 붕어와 잉어가 깨끗하게 처리해 줬다. 붕어와 잉어는 그 집안의 식구였다. 죽으면 어떻게 하느냐 물었더니 뒷마당에 묻어 준단다. 일본 사람들에게는 정령 신앙이 있다는데 조금은 이해되었다.

호수와 함께 살아가는 사람들, 호수를 지키고 활용해서 살아가는 사람들, 호수가 주는 선물을 잘 받아들여서 살아가는 사람들이 기특했다. 물을 맑게 하려고 부들이란 식물을 심고, 물고기도 작은 것은 놓아 주고 큰 것은 팔아서 살아가는 사람들이 아름답고 행복해 보였다. 그 동네는 요즘 일본에서 유일하게 젊은이들이 돌아오는 동네이다. 저녁에 동네 한 바퀴를 도는데 날이 컴컴해지자 반딧불이가 여기저기서 불빛을 밝히면서 날아다녔다. 뜻밖의 환상적인 선물을 받았다. 이런 현상도 그 마을 사람들이 지키고 가꾼 덕분일 것이다. 우리 아이들에게도 좋은 선물이었고 인상적인 마을로 기억에 남았다.

시가현과 붙어 있는, 일본의 천년 수도였던 교토현으로 내려와서 금각사와 청수사를 보고 난 뒤에 주변 골목을 둘러보았다. 정말로 깨끗했다. 결벽증이라도 있는 듯 질서 정연하고 깨끗한 것이 어쩌면 장점이고 단점이었다. 그만큼 깨끗하게 하려면 스트레스를 받을 것이기 때문이다. 북쪽의 아라시야마에 있는 대나무 숲 마을도 돌아보았다. 대나무로만 지은 마을이었다. 그야말로 자연의 조건을 잘 활용한 마을을 돈 것이다. 바람이 불 때면 더 시원하고 청량감이 넘쳤다. 그곳에서 운행하는 토롯코 열차를 타는 것도 재미있었다. 옛날에 길이 험해서 윗마을 주민들을 위해 열차를 놓았는데 인구가 감소하면서 관광열차로 이용하고 있었다. 협곡의 강과 산의 단풍이 눈부시게 아름다웠다. 나무배를 타는 리프팅도 관광객들에게 흥미를 끌고 있었다.

마지막으로 방문한 곳은 지진으로 어려움을 겪었던 고베였다. 지진을 대비한 방지 박물관도 방문했다. 고베의 뒷산인 롯코 산을 오른 것도 좋았다. 산 위에 올라가니 간사이 항구를 비롯한 바다가 보였다. 특히 고베에는 유럽 양식의 건축물들이 여기저기 세워져 있어서 이국적이었다. 롯코 산에 있는 허브 농원, 태엽을 감아 소리가 나는 오르골 박물관이 인상적이었다. 전 세계의 다양한 오르골을 큰 것부터 작은 것까지 수집하거나 직접 제작해서 진열한 각양각색의 오르골을 체험할 수 있어서 아이들이 참 좋아했다.

마지막 날에는 오사카 전철로 간사이 항구에 가서 배를 타고 돌아왔다. 어른 중 한 분이 몸이 좋지 않았으나 응급처치로 회복하고 무사히 귀국했다. 일주일간 아무도 아프지 않고 무탈히 지내다 온 것이 고마웠다. 무엇보다 소중한 일본의 자연유산과 생태적 가치, 철학, 문화유산을 볼 수 있어서 행운이었다.

일본 여행에서도 국내 기행 때와 같은 기준과 원칙을 대부분 고수했다. 일본 음식을 서너 번 외식한 것 외에는 대부분 주먹밥과 수박 음료로 대신했으며 직접 해서 먹었다. 일본의 관광지는 오후 6시 되면 가게 문을 모두 닫아서 6시 이후에는 관광을 할 수 없었다. 때마침 우리와 동행한 김홍남 선생님에게 숙소에서 다양한 마임을 배웠다. 아이들은 마임 배우는 것을 좋아했다. 한동안 귀국해서도 마임을 흉내 내면서 길거리를 돌아다녔다.

5) 명산 기행 − 설악산, 태백산, 지리산을 오르다

일본 기행을 마치고 돌아온 친구들은 다음은 어디로 갈 것인지 무척 궁금해했다. 사실 나도 고민이 되었다. 다음에는 어디로 갈까? 곰곰이 생각한 끝에 바다와 산, 그중에서 산으로 가볼까? 하는 생각이 들었다. 첫 산행으로 정한 곳은 속초의 설악산이었다. 20여 명이 동행했다. 처음에는 백담사로 올라 봉정암을 거쳐 소청대피소에서 하룻밤을 지내고, 중청봉과 대청봉을 거쳐서 천불동 계곡으로 내려오는 1박 2일의 코스를 염두에 뒀다. 그러나 아이들에게 힘겨울 듯해서 신흥사와 흔들바위를 거쳐 울산바위까지 올라가는 하루 코스로 정했다. 하산해서 속초에서 하룻밤을 지내고 해수욕장에서 놀고 오는 짧은 1박 2일이 일정이었다. 한성태라는 유치원생이 울산바위까지 동반하는 최연소자였다. 이때도 역시 먹거리는 주먹밥과 수박으로 하고 나머지는 직접 만들어 먹으며 체험과 볼거리들을 위해서 썼다.

다음 해에는 영월과 태백을 다녀왔다. 태백산을 등반하려 했으나 오르지 못하고 태백 탄광촌에 들러서 아픈 과거에 대해 생각했고, 관광 지역으로 활성화되고 있는 모습을 보았다. 영월에서는 청룡포와 장릉 그리고 한지박물관과 해학적인 문화 박물관들을 관람했다.

그 이듬해는 전라도와 경상도의 네 개 지자체에 걸쳐 있는 지리산을 다녀왔다. 친구가 경남 산청에서 목회를 해서 숙소를 그 교회 교육관으로 정했다. 대안학교인 산청 간디학교를 방문하고 다음 날에는 새벽부터 지리산 천왕봉을 올랐다. 가장 짧은 코스이지만 그래도 왕복 6~7시간 걸리는 중산리 코스로 정했다. 중산리 산청분소를 들머리로 법계사를 거쳐서 장터목까지 가서 일부는 천왕봉까지 올라가고 나머지는 천왕봉에서 하산하는 사람들과 같이 내려왔다. 워낙 가파른 코스여서 대부분이 힘겨워했다. 산에서 내려와 아이들에게 "남친이든 여친이든 지리산을 안 갔다면 아예 사귀지도 마라"라고 말했다. 그들 중 여자아이

하나는 나중에 실제로 남친과 함께 지리산을 다녀온 뒤 결혼했다. 그만큼 지리산은 친구들의 인생에 중요한 산이 되었다.

그렇게 산으로 3년간 다니고 나니 어느덧 아이들은 자라서 도시로 대학을 가고 직장을 다니게 되었다. 그 후 마을에 아이 울음소리가 들리지 않고 아이들이 급격히 줄기 시작했다. 초·중학교 운영위원들과 회의도 하고 선생님들과 대담도 하면서 학생 수를 늘리는 방안을 모색했다.

8. 다시 시작한 교회학교, 그 동력이 된 여러 협동조합

시간이 지나면서 마을에는 아이들이 줄었다. 걱정 끝에 초등학교 운영위원장을 맡아 대책을 논의했다. 교회 권사님들도 걱정했다. 아이들은 없고 어른들은 돌아가시니 이러다가 우리 교회도 문을 닫는 것은 아닌지…….

그럴 때에 같은 신학교를 졸업했지만 목회는 하지 않으며 여기저기에서 살아온 후배들이 하나둘 우리 마을로 모이기 시작했다. 다섯 가정이 모여 아이들도 낳으며 하나둘씩 자리매김도 하니 또 다른 후배들이 소문을 듣고 들어왔다. 선배들도 찾아들었다. 무려 12~13가정이 되다 보니 아이들까지 합치면 거의 30여 명이 넘었다. 그들과 함께 '새끼줄협동조합'을 만들었다. 지금은 '새끼줄사회적협동조합'으로 맞벌이 부모의 초등학생 자녀들을 홍천군에서 위탁받아 '돌봄센터'를 운영한다.

몇 년 후 그 아이들이 자라자 지금은 '꿈틀'이라는 공간을 만들었다. 이 공간은 청소년들이 쉬면서 자신들의 꿈을 키워 가는 아지트로 활용된다. 다양한 프로그램으로 꿈을 찾아 나가고 있다. 동면교회는 마을의 중심 역할을 하고 있는 새끼줄협동조합과 돌봄센터, 꿈틀의 일들에 부분적으로 참여한다. 그러다 보니 어린 친구들이 교회에 오게 되고 학부모들이 선생이 되어 교회학교를 운영하게 되었다. 무려 7년이 지나서야 다시 교회학교가 세워진 것이다. 이제 어르신 권사님들은 눈 감아도 소원이 없다고 하신다. 마을과 교회에서 아이들의 웃음소리를 들을 수 있다는 것에 많이 행복해한다.

새로 시작한 교회학교

 동면교회 교회학교는 대안을 찾아 공부하고 실행하고 있다. 교회학교 선생님들을 중심으로 환경과 생태 교육에 대해 공부하고 토론한다. 몇몇 선생님은 쓰레기 제로(zero waste) 활동도 한다. 교회학교는 6~7년 전부터 방향을 한 곳으로 정하고 몇몇 학부모 교사와 함께 1박 2일간 환경과 생태 교육에 대하여 논의했다. 이때 '기독교환경운동연대'가 참여해 많은 도움을 주었다. 그 후 선생님들은 자연, 생태, 환경, 기후 위기 등을 공부하면서 아이들과 함께하고 있다. 집에서만 지내야 했던 코로나19 위기 속에서도 몇몇 선생님은 아이들에게 보낼 생태환경 키트를 만들어 한 달에 한 번씩 20여 명의 아이 가정에 나누어 주었다. 교회 출석 여부와 관계없이 생태와 환경, 기후 위기 속에서 고민하고 앞서가는 신앙인이 되게 하기 위해서였다. "한 말씀만 하옵소서. 내 영혼이 나으리이다"(마 8:8)라는 고백처럼, 교회가 세상에서 빛과 소금이 되어야 한다. 그래야 희망이 보인다.

9. 별을 노래하는[農] 숲속마당협동조합을 일구다

조용하게 지내는 코로나 시기, 교회 근처에 건물이 있는 이천 평 정도의 땅이 생겼다. 2년간 후원도 받고 자비량으로 수리했다. 산림청 공모사업이 있어서 지원서를 넣고 면접을 본 뒤 합격했다. 지역마다 있는 '그루경영체' 사업이었다. 3년간 매년 3천만 원을 지원해 주는 사업이어서 좋은 기회였다. 이때 '숲속마당'이라는 협동조합을 만들었다. 지원사업과 협동조합을 설립한 뒤 홍천군 농업기술센터에서 행복한 마을 만들기 시설 지원금 8천만 원을 받아서 지금의 협동조합 건물을 한 번 더 개선했다.

산림청 그루경영체 지원사업 중 하나가 24절기를 배우고 익혀서 오시는 분들과 프로그램을 갖는 것이다. 그리고 민주적인 방식으로 회의를 하는데 '회복적 서클 프로세스'라는 방식이 있어서 박성룡 박사님과 강사 두 분을 통해서 2박 3일간 교육을 받았다. 지금도 이 방법으로 절기와 회의 방식을 접목해서 활동해 나간다.

현재 교회학교 아이들은 15명 내외이며 주일 어린이 예배를 성경 공부와 함께 절기 교육을 하면서 다양하게 체험한다. 24절기에는 삶과 교육, 체험이 들어 있다. 절기 음식, 놀이, 시, 예술, 노래 등을 시절에 맞게 배우고 익힌다. 매월 첫 번째 주 주일예배는 어른들과 함께하는데 이때 아이들을 위한 5분 설교는 교회력과 절기에 맞는 내용을 들려준다.

기후 위기 시대에 자연의 절기를 배우고 따르는 것은 귀한 일이다. 입춘(立春)에는 봄을 맞이하여 파릇파릇 올라오는 새싹들의 신비에 대하여 글을 쓰고 놀이하기, 우수(雨水)에는 처마 밑에 흘러내리는 비를 보면서 느낀 점을 기록하기, 진달래 잎을 따서 화전 부쳐 먹기, 망종(芒

숲속마당협동조합　　　　　　　숲속마당협동조합 활동 모습

種) 때에 밀과 보리를 살짝 불에 그슬려서 손으로 비벼 맛보기, 새까맣게 된 손바닥으로 친구의 얼굴을 쓰다듬으며 한바탕 웃기, 하지(夏至) 때는 감자를 캐서 굽거나 쪄서 먹기, 시원한 계곡에서 물놀이하고 수박 깨서 먹기, 옥수수를 굽거나 쪄서 먹기, 앵두를 따서 먹고 씨를 뱉어 가장 멀리 가는 친구에게 상 주기, 정월 대보름에는 부럼 깨서 먹기, 쥐불놀이하기, 동지(冬至) 때는 팥죽 쑤어먹기 등 놀거리는 무궁무진하다. 동네의 아이들도 주일이면 교회에 와서 절기 놀이에 참여한다.

10. 동면교회 목회의 네 기둥

앞서 말했듯이 영월 도천교회에서 4년 정도 목회하고 홍천 동면교회로 왔다. 목회하기 위해서 온 것이라기보다는 그냥 여기서 살아야지 하는 마음이었다. 그 시절이 어느덧 32년째에 접어들었다. 동면교회를 거쳐 간 목회자가 여덟 분이다. 그중 한모정 여성 전도사님이 15년 계셨고, 나머지 분들은 2~3년, 어떤 분은 더 짧게 계시면서 도시교회로 가기 위한 징검다리 교회로 여겼다. 동면교회 역사가 올해 72주년이다. 처음에는 교우들이 내가 언제 떠날지 지켜보고 있었다. 3년 되었을 때, 7년 되었을 때, 왜 떠나지 않느냐고 물었다. 10년째 되어서는 묻지 않았다. 그렇게 30년을 넘게 살아왔다. 아울러 교우들께는 미안하기도 하고 고맙기도 하다. 미안한 것은 더 많은 관심과 심방, 돌봄을 해드리지 못한 것이요, 고마운 것은 나를 위해 기도하며 묵묵히 지켜봐 주신 것이다.

1) 교회력에 따른 '한 말씀'으로 일상의 삶을 충실하게 살아간다

내 목회의 큰 방향은 '감리회 농촌선교 목회자회'에서 정한 '생명, 영성, 공동체'이다. 거기에 더해 농촌 목회 초기에 받은 '정주목회' 훈련, 즉 한 곳에 평생 뿌리내리며 목회해 보겠다는 훈련이 크게 도움이 되었다. 이 훈련 때 만난 정농회 회원님들이 좋은 길잡이가 되어 주셨다. 농촌 목회의 일상에서 벌어지는 마을, 어르신, 농사, 돌봄, 대체의학 등에 대해서는 시골교회의 임락경 목사님을 통해서 배웠다. 영성적 삶과 기도는 박효섭 목사님에게 영향을 받았다. 특별히 영성과 예배의 큰 기둥은 박효섭 목사님에게 배운 정교회의 성서 교회력과 예수기도이다. 교회력은 지난 27년간 3년을 한 주기로 아홉 번 돌아왔다. 농촌 현장 목회에서 교회력은 필수적이다. 내 목회에서 교회력을 빼놓으면 아무 의미가 없을 정도이다.

2) 예배와 예배를 위한 순서지(주보)

나의 농촌 목회에 동행한 것은 예배 순서지, 주보이다. 36년 동안 한결같은데 순서지의 내용은 총 8면으로 구성되어 있다. 첫 면은 표지이다. 표지에는 판화와 그림, 혹은 글이나 성구를 넣는다. 첫 면의 표어는 변

함없이 '감리회 농촌선교 목회자회'의 주제인 '생명, 영성, 공동체'이다. 두 번째면은 매 주일 교회력에 따른 말씀을 간단히 요약해서 기록한다. 매주 교회력에 따른 교독문을 직접 작성해서 교독문을 고백하고 있다. 대림절에는 성자 예수의 오심에 대한 기다림의 교독문을 고백하고, 주현절에는 우주의 심장이신 성자 예수 그리스도의 현현하심을 함께 고백한다. 사순절에는 어린양이신 성자의 고난에 대한 참회 고백을 같이 한다. 그렇게 부활절, 성령강림절, 창조절과 함께 사이사이에 환경선교주일, 농촌선교주일, 성탄주일의 교독문을 교회력의 패턴에 따라서 고백한다. 이 '함께 고백하는 교독문'은 교회력과 연계되어 있어서 중요하다. 또한 한 주간의 일에서 영성적인 깨달음을 얻은 글이나 영성가들의 글들을 기록한다. 시사적인 영성도 다룬다. 교회에서든 사회에서든 마을에서든 그 주간에 일어난 일들을 기록해 주는 나눔란이다.

농과 농사에 관한 여러 이야기도 나눈다. 이 농사에 관한 한 부분은 농촌 목회를 지탱해 준 의미 있는 영역이다. 예를 들면 '흙'에 대한 이야기에 이런 글이 있다. 박상규 선생님의 『바보와 바보』라는 책에 있는 내용이다. 도시의 초등학교 친구들이 쓴 흙에 대한 동시이다. "나는 흙이 싫다. 어제 아버지가 새 운동화를 사주셔서 오늘 신고 가는데 비가 와 자가용이 지나가다가 흙탕물이 튀는 바람에 내 새 운동화가 더러워졌다. 그래서 나는 흙이 싫다. 흙먼지가 나서 싫기도 하다." 여러 가지 이유로 흙이 싫다고 도시 아이들은 동시를 쓴다. 반면에 농촌의 초등학생들은 이렇게 썼다. "나는 흙이 좋다. 우리 부모님들이 이른 새벽부터 밭에 나가 무언가를 땅, 흙에 심고 나면, 한, 두 달 뒤 내 목구멍으로 맛난 것들이 술술 들어온다. 그래서 나는 흙이 좋다. 가끔 울적할 때, 흙에 물을 부어서 흙을 가지고 주물럭, 주물럭 하다 보면 내가 원하는 대로 흙이 만들어짐에 울적한 기분은 언제 그랬냐는 듯이 사라진다. 그래서 나는 흙이 좋다"라는 내용이다. 박 선생님은 끝부분에 흙에 대해서 자신이 생각을 덧붙인다. "흙을 믿을 수 있는 교회가 있으면 다니고 싶다. 그냥 정직하고 진실되기 때문이다." 여기에 나도 추신을 달아 본다. "흙을 믿을 수 있는 성당, 사찰, 심지어 무당이 있으면 다니고 만나고 싶다." 이러한 내용들을 기록하고 느낀 것들을 소개한다.

마지막으로 한 주간 마을과 교회에 있었던 애경사, 어려운 일들, 아픔이 있는 일들과 공유해야 할 사항을 기록한다. 물론 축하할 일도 포함한다. 잘 살펴보면 한 주간에도 많은 일이 일어나기에 마을과 교회가 소통해 보고자 하는 것이다. 물론 설교도 간략하게 요약하며, 교회와 마을의 알림 소식을 실은 광고란이 마지막에 있다.

이렇게 8면의 주보를 일일이 손으로 쓴다. 나는 컴퓨터와 노트북에 익숙하지 않아서 볼펜과 사인펜으로 쓰는 손 글씨가 훨씬 자유롭고 편하다. 한 주 한 주 쓰다 보니 여기까지 왔다. 이것은 청년 전도사 시절, 구로에 있는 민들레교회(북산 최완택 목사님) 주보의 영향을 받은 것이다. 민들레교회 주보가 바로 손으로 쓴 것이었다.

3) 농(農)과 농사일을 통해서 공감, 고민하는 목회

성서를 읽고, 교회력에 따라 설교를 준비하는 일은 중요하다. 나는 교회력에 따른 말씀을 많이 읽는다. 농사일을 하면서 그 말씀을 깊이 생각해 본다. 내게 말씀은 농사일과 아주 긴밀히 연결되어 있다. 예를 들어, '성령'에 대한 생각이다. 어느 날 밭에서 농사를 지으면서 성령은 바람이 솔솔 부는 것처럼 임한다는 것을 알게 되었다. '성령'을 희랍어로는 '프뉴마'(Pneuma)라고 한다. '프뉴마'에는 '바람'이라는 뜻도 있다. 농사를 지으면서 마주치는 것이 바람이다. 바람 없이는 열매를 거둘 수 없다. 바람이 불어야 수분이 이루어지고 그래야 열매가 맺힌다. 또 바람이 불어야 병충해를 막아 준다. 그렇구나! 바람은 성령이고 성령은 우리 영을 건강하게 해주고 튼실한 열매, 즉 성숙한 인격으로 인도해 주는 힘이다. 이렇게 말씀의 뜻을 농에서 찾고, 그와 연계해서 말씀을 나눈다.

4) 거룩한 독서인 렉시오 디비나와 반복해서 부르는 떼제 찬가

지금은 오후 기도회나 저녁 기도회, 수요 기도회가 없지만, 예전에 저녁 기도회가 있을 때는 두 가지 기도회 양식이 있었다. 하나는 성서의 말씀을 읽는 렉시오 디비나, 즉 '거룩한 독서'이다. 교회력에 따른 말씀을 설교로 나누고 그 말씀을 저녁 기도회에서 다시 읽는다. 이것이 렉시오 디비나이다. 그런 뒤 교우들이 느끼거나 깨달은 것을 나눈다. 10명 정도의 모임에서 하기에 아주 좋다. 또 하나는 반복해서 떼제 찬송을 부르는 것이다. 그 찬미를 반복해서 부르면 음과 소리가 큰 울림으로 다가온다. 한겨울에는 교육관에서 하고 늦은 봄부터 늦가을까지는 교회 앞마당에서 의자를 둥글게 놓고 기도회를 진행한다.

 예전에는 동면교회 앞마당에 20년 된 큰 은행나무가 6~7그루 있었고 그 나무들에서 참새 700~800마리가 밤에 쉬었다가 아침 일찍 나가고 저녁에 들어오곤 했다. 그 참새들은 오후 4시부터 6시 넘어까지 쉼 없이 짹짹거린다. 그 소리는 마치 저녁 기도회 전에 부르는 찬미처럼 들린다. 참으로 아름다운 찬가이다. 새들의 찬미는 두 시간 정도 이어지다가 오후 6시 30분쯤 되면 사그라든다. 7시~7시 30분쯤이면 교우들이 교회 앞마당에 모인다. 조용히 반복해서 자장가처럼 부른다. 15~20분 조용히 떼제송을 부르고 난 뒤 거룩한 독서를 하고 기도회를 마친다.

다음 날 새벽 4시부터 은행나무에서 잠잔 새들은 일찍 일어나 새벽 집회를 연다. 새들이 부르는 떼제송으로 들린다. 떼제송은 반복을 통해 말씀이 내게 임하도록 소망하는 것인지도 모르겠다. 떼제송을 부를 때마다 되뇐다. "한 말씀만 하옵소서 내 영혼이 나으리다."

11. 농촌교회와 도시교회의 직거래 운동

첫 목회지인 영월에서는 주로 교우들과 마을 주민들의 농산물을 직거래했다. 제철마다 나오는 농산물을 도시교회의 여(女)선교회와 연계해 소비했다. 두 번째 해에는 서울 종교교회에서 부목사님과 농촌교회 목사, 전도사님들 10여 명이 모여 도시교회와의 직거래에 대해 논의했다. 그 후 도시교회를 더 많이 연결하여 농촌교회는 생산물을 공급했다. 4년째 되던 해에는 도시교회 교인들이 동면교회로 오게 되었고, 그때부터는 '감리교농도선교회'라는 단체를 만들어 농산물 직거래만 아니라, 사람이 왕래하고 교류하면서 직거래까지 감당하는 좀 더 긴밀한 관계를 맺었다. 도시교회는 담임 목회자의 의지가 중요했고, 여선교회가 뒷받침을 잘 해줬다.

1996년도에는 서울 아현교회의 신경하 목사님의 배려로 교회 내 사회복지관 건물의 한편에 농산물 매장을 열었다. '텃밭'이란 이름으로 매장 간판을 만들어서 달았다. 아현교회 교우들뿐 아니라, 주변 지역인들도 직거래 매장을 이용했다. 나는 '텃밭'의 이사 역할도 감당했다.

12. 서로살림농도생협의 창립

2000년대에 들어와 생협법이 제정되어 우리도 소비자생활협동조합으로 재설립을 했다. 이름은 농촌과 도시의 약자인 '농도소비자생활협동조합'(이하 농도생협)이라 지었다. 10년간 이사를 맡았으나 경영에 약한 목회자들이라 적자가 늘어 갔다. 2012년까지는 차흥도 목사님이 이사장을 맡았고, 그 후에는 내가 이사장을 맡았다. 2014년에는 아현교회에서 매장을 옮기면 좋겠다는 연락이 왔다. 여러 군데를 알아보았으나 쉽지 않았다. 그러던 중 예장(통합) 교단의 영등포산업선교회에 속해 있는 '서로살림생협'이 문을 닫는다는 소식을 듣고 찾아갔다. 당시 진방주 총무와 협의했다. 서로살림도 적자가 누적되어 생협을 정리하려고 한다기에 우리는 장소를 찾고 있으니 둘이 합치면 어떻겠냐고 제안했다. 이듬해인 2015년에 협동조합 간에 합병을 했다. 생협에서는 처음 있는 일이었다. 여러 조합원과 이사의 문제 제기로 어려움이 있었으나 끝까지 인내하며 설득해서 성사되었다. 이름은 '서로살림농도생협'으로 정했다.

나는 아현교회의 '텃밭' 때부터 도합 12년간 이사장직을 수행하면서 적자를 흑자로 전환시켰다. 그야말로 밤낮 없이 열심히 전국을 다니며 일했다. 물론 실무자들과 조합원들의 절대적인 신뢰가 있었기에 가능했다. 10년 정도 모은 감가상각비로 영등포산업선교회를 대대적으로 리모델링할 때, 우리도 8천만 원을 들여 깨끗하게 단장했다. '행복중심 서로살림농도생협' 간판을 세울 때는 울컥 감동에 북받치기도 했다.

현재 서로살림농도생협을 열심히 운영하고 있지만 어려움도 많다. 물류의 공급이 원활하지 않기 때문이다. 소비자 조합원도 탄탄하지 않다. 그러나 우리에게는 큰 장점이 있다. 애초부터 서로살림농도생협은 생

서로살림농도생협 매장

산자들을 중심으로 운영하는 독특한 장점이 있기 때문이다.

생산자로는 16가정이 참여한다. 강화의 콩세알협동조합에서 만드는 전통 두부를 택배로 전국의 조합원 195가정에 보낸다. 다양한 두부를 4~5가지로 구성해 공동구매로 보낸다. 무엇보다도 국산 콩으로 만들어서 조합원들 만족도가 높다. 단양의 육쪽마늘과 김장 절임 배추를 생산하는 조합원, 횡성에서는 친환경 볏짚, 뽕잎으로 만든 발효식품을 먹이로 주어서 키우는 횡성 한우를 공동구매한다. 설과 추석, 5월 가정의 달에 공동구매를 하는데 1년에 한우 7~8마리를 소비한다.

홍천에서는 찰옥수수, 감자, 고구마, 토종 땅콩, 들기름을 생산한다. 제주에는 친환경 감귤농장이 있고, 의령에서 건강하게 키우는 달걀 역시 달걀 꾸러미를 만들어서 택배로 보낸다. 충남 아산에서는 김장 양념 10여 가지를 재배해서 공급한다. 일산에서는 울금환과 울금가루를 생산하고 음성에서는 사과 꾸러미와 복숭아 꾸러미를 공급한다. 사과와 복숭아는 3~5회 정도 나눠서 조합원들에게 대금을 먼저 받고 생산되면 보내 드린다. 음성에서는 다섯 종류 쌀을 재배해서 공급한다. 강화의 보름도에서 생산되는 친환경 쌀도 공동구매한다. 그 외에도 여러 다양한 농촌교회 생산자들의 농산물을 공동구매한다.

이런 친환경 생산물을 소비자 조합원들이 구매해 주어서 생협은 탄탄하다. 생산물 결재도 1주일 내에 해주니 생산자들의 신뢰도 돈독하다. 무엇보다도 생산자들의 친환경 농산물에 대한 도시 소비자들의 만족도가 크기 때문에 생협은 안정적이다. 앞으로도 다양한 생산자들을 확보하고, 공동구매를 통해 안정적인 공급 체제를 구축하려 한다.

우리 생협을 위해 큰 역할을 해주는 기관이 있는데 바로 '우양재단'이다. 이 재단은 돌봄서비스를 제공한다. 이곳에서는 우리 생협의 생산물들을 재단의 독거노인들에게, 혹은 한 모자 가정들에 공급한다. 좋은 먹거리를 나누는 귀한 기관이다. 앞으로 서로살림농도생협은 생산자 및 소비자와의 연대를 더욱 튼튼히 할 것이며, 우양재단과의 교류 및 어린이집, 유치원, 지역아동센터, 돌봄센터 등 공공 급식에도 참여의 폭을 넓혀 갈 계획이다.

13. 목회의 등대, 감리교 농촌선교 목회자회

1985년에 창립된 '감리교 농촌선교 목회자회'(이하 감농목)는 10년 정도 농촌의 구조적인 문제를 바로잡기 위한 정치경제 운동 중심의 활동을 했다. 물론 교단 내의 잘못된 부분도 바로 잡으려 애썼다. 그러다 1995년부터 생산활동에 전념하기로 방향을 전환했다. 이때부터 직거래 운동과 친환경농업에 중점을 두고 활동했다. 정주목회 훈련이 큰 도움이 되었다. 이러한 교육과 훈련을 통해 농촌교회는 자기 특성에 맞게 자리매김했다.

현재 감농목의 활동 지역을 권역별로 보면 먼저 인천, 김포, 강화도 권역이 있다. 〈강화신문〉을 만든 농목도 있으며, 사회적 기업과 사회적 농장을 거점으로 삼아 지역 돌봄 활동을 하는 농목 회원들도 있다. 인권운동과 강화의 역사를 기반으로 생태, 환경, 역사를 아우르는 해설사가 있는가 하면, 순무 김치를 나누는 손맛식품과 반찬 가게를 일구는 혜정

감리교 농목 30주년 기념

맘집, 전통 두부를 만들어서 생협에 납품하며 지역에서 장애인들을 돌보는 콩세알협동조합이 있다.

경기, 충청권에서도 다양한 형태의 활동을 한다. '라면을 먹는 도서관'을 운영하는 평택의 농목 회원이 있고, 안전한 공공 급식을 통해 학교도 살리고 지역도 살린 아산 송악교회도 있다. 송악교회의 노력으로 대안교육을 원하던 천안 지역의 학부모들이 자녀들을 전학시켜 한 지역을 살려낸 좋은 사례이다. 물론 한살림이라는 조직이 든든히 뒷받침해 준다. 송악교회는 수십 년 동안 목회자 3대에 걸쳐서 같은 생각과 같은 마음으로 이어지다 보니 지역과 함께하는 교회가 되었다. 학교 수업 뒤에 이어지는 쉼터와 돌봄터, 어른들이 함께하는 지역의 공방, 안전한 먹을거리를 공급하는 한살림공동체, 놀이방, 수다방, '놀다 가게' 등 서로를 돌보며 함께하는 마을공동체와 교회로 자리매김하고 있다. 예산에는 건강 악화로 죽음을 넘어선 뒤, 그야말로 안전한 먹거리가 생명의 보루임을 깨닫고 먹거리 강사로 유명해진 농목 회원이 있다. 물론 친환경농업도 병행한다. 청양에도 묵묵히 활동하는 회원이 있다. 충북 음성에는 감농목 회원들에게 끊임없이 샘물을 공급하는 감리교 농촌선교훈련원(감농원)이 있다. 그동안 감농원에서는 농촌 목회를 할 수 있게 뒷받침을 해주었다. 정주목회 훈련과 교육뿐 아니라, 지역 자원 순환의 삶과 근래에는 농민의 삶을 위해 함께한 농민 기본소득 법제화 등 농촌과 농촌교회 그리고 농민을 위한 다양한 형태의 정책들을 제안하고 제시했다. 이런 감농원이 있기에 농목 회원들이 다양한 형태로 농촌 목회를 펼치는 것이다. 제천권에서는 시민단체들과 연대하면서 활동하는 농목 회원이 있다. 농촌 사회복지 활동도 병행한다.

강원 권역에는 골프장 건설 등 강원도의 현안 문제를 가지고 지자체와 수십 년 동안 자신의 생명을 다 내놓고 싸우고 있는 농목 회원이 있다. 설악산 케이블카 설치 반대에 대한 분명한 입장으로 지역과 연대하며 싸운다. 홍천 지역에서는 풍천리 주민들과 함께 양수발전소 반대 집회 기도회를 5년째 이어 가고 있다. 삼척의 화력발전소로 인한 신가평 송전탑 반대 기도회도 지역 주민들과 함께하고 있다. 농촌교회 목회와 농사일을 하면서 마을과 함께하는 회원도 있다. 신학교를 졸업했지만 목회를 하지 않는 후배들과 연결되어 여러 가정이 홍천으로 내려와 둥지를 틀고 다양한 일들을 마을에서 하고 있다. 새벽부터 오후까지 떡집을 하는 친구, 오후에는 대안학교에서 보컬로 자신의 취미를 펼치는 친구, 수제 잼을 만들며 잼인더하우스를 운영하는 친구, 방과 후 아이들을 위한 돌봄센터를 운영하는 센터장, 청소년들을 위한 공간을 운영하는 청소년 꿈틀 센터장, 마을의 자랑인 그룹사운드 '재활용 밴드' 운영자는 지역에서 꽤 큰 농사를 짓는 한살림 회원이다. 그 외도 한옥 목수가 있고, 예능인으로 연극과 마임을 하는 친구, 농민들을 위한 농민약국의 약사, 은퇴하고 홍천으로 내려와 재활용·새활용 가게를 운영하는 분, 그림을 그리는 친구들 등 다양한 형태의 사람들이 어울리고 있다.

원주 신림에서 20년 넘게 농촌 목회를 하는 회원은 벌써 10년 정도 마을 이장을 맡아 일한다. 성실한 사람이니 마을에서 인정하는 것이다. 그의 아내는 성악으로 마을 사람들과 원주 지역에서 문화 사역을 감당한다. 산 위의 구름도 걸쳐서 마을에서 놀다 간다는 영월의 모운동, 예전에 탄광이 있을 때는 2만 명이 살던 동네, 영월 시내에도 없었던 극장이 있었던 동네, 지금은 겨우 30~40가구 정도가 사는 동네, 현재는 구름이 있어서 멋있다고 젊은 친구들이 여행 오는 동네, 그곳에서 10년 넘게 아이 넷을 낳아 키우며 목회하는 농목 회원이 있다. 이 회원은 건강한 치약과 비누, 한방 샴푸 등을 만들어서 도시 소비자들과 소통한다.

경북 의성에서는 향토사에 관심을 가지고 소통하며 여러 시인의 시로 곡을 만들어 기타 치며 노래를 부르는 회원이 있다. 지역의 농산물 장터와도 연대하고 장애인들과도 연대한다. 생태적인 것에 관심이 많고 지역에서 중심 역할을 하고 있다. 지리산 권역에는 작은 생협과 이야기를 나누는 교회가 있다. 일찍이 녹색교회로 지정된 농목 회원이 있다. 지리산을 중심으로 이웃 종교와의 연대를 통해 지역의 현안과 문제를 함께 풀어 가는 중심 역할을 한다. 진주권에서는 딸기 농사를 자녀들과 함께 지어 유통하는 회원도 있다. 거제에서는 일찍부터 정교회의 기도에 관심이 있어서 홀로 내려가 수행하며 예수기도를 통해 영적 수행의 길을 걷는 회원이 있다. 영적인 수행을 할 수 있도록 한 해에 한 권씩 책도 만들어 농목 회원들과 나눈다. 영혼의 샘물을 길어 주는 분들이다. 이런 보석 같은 농목 회원들이 있기에 지난 32년 동안 동면교회에서의 농촌 목회는 외롭지 않았다.

IV. 기독교환경운동연대

1. 기독교환경운동연대(기환연)와의 만남

초교파적으로 구성된 기독교환경운동연대(이하 기환연)와의 만남은 1995년도부터 고(故) 채희동 목사와의 만남을 통해서 이뤄졌다. 채 목사는 기환연의 사무총장으로 부름을 받고 우리 마을에서 3박 4일을 보냈다.

고(故) 채희동 목사 추모기도회

채 목사는 늘 농촌, 환경, 생태에 관심이 많아 책자, 『샘』지를 출간했고, 많은 사람과 연대하며 활발히 활동했다. 하지만 아산으로 돌아간 다음 날, 토요일에 불의의 교통사고로 숨졌다. 내게는 너무 큰 충격이었다. 가장 친한 친구였기에 더더욱 가슴이 아팠다. 장례를 마치고 난 뒤, 채 목사와 친구이며 내 친구이기도 한, 함양에서 목회하며 환경운동을 했던 양재성 목사가 사무총장으로 취임했다. 양 목사가 환경운동을 함께 하자고 제안하여 합류했다.

감리회 본부 선교국 안에 있는 감리회 환경선교위원회에도 참여했다. 당시 이명박 정부가 들어서면서 시작한 4대강 사업의 부당성에 대하여 성명서를 내며 백지화를 촉구했다. 기환연의 가장 큰 싸움이었다. 이웃 종교와 연대한 100인 100일 걷기도 진행했다. 터널을 뚫어 소백산을 관통하려는 죽령에서는 가장 치열하게 항거했다. 이후 영주댐 건설 반대 투쟁에도 참여했다. 영주의 무섬에서부터 시작되는 모래 강이 흘러서 낙동강을 거쳐 부산의 해운대 앞바다까지 모래로 이어진다는 사실에 깜짝 놀랐다. 무섬마을의 굴곡진 나무다리 모습은 탄성을 자아낸다. 4대강 사업을 하면서 엄청난 모래를 채취해서 건설용으로 팔고, 영주댐이 건설되면 수백 리의 모래 강이 사라진다는 사실에 더욱 목소리 높여서 싸웠다. 자연이 인간의 욕망으로 순식간에 파괴되고 사라지는 것을 알리고 막으려고 최선을 다했다.

4대강 사업 투쟁 후에 전국적으로 생태 파괴 현장을 막으려고 노력했다. 철새들의 천국인 전라북도 새만금 간척지 조성을 저지하기 위한 싸움, 지리산 댐 개발 반대, 화력발전소 건설 반대, 만기된 원자력 발전소 폐쇄를 위한 성명서 발표와 집회 등 열심히 싸웠다. 또한 일본의 후쿠시마 원전 파괴로 인한 환경오염에 대하여 끊임없이 알렸다. 사안이 발생할 때마다 기환연은 선두에서 움직이고, 성명서를 내고 알리면서 싸웠다. 그 결과 기환연의 활동에 전보다 더 많은 교회가 관심을 두고 참여했다. 감리회 본부의 환경선교위원회도 각 연회와 지방회에까지 홍보하고 참여할 수 있도록 노력했다.

기환연과 함께 생태, 환경을 공부하고 현장을 다니면서 피조물과의 공존 공생을 배우고 익히게 되었다. 우리 지역인 홍천에 서울-양양 간의 고속도로가 생기면서 무려 16개 정도의 골프장이 건설되려 했다. 반대하는 7~8개 마을 주민들과 골프장 반대 대책위를 동면교회 교육관에서 발족했다. 무려 12년간의 기나긴 싸움을 계속했다. 비가 오나 눈이 오나 매주 목요일에 기도회를 열었다. 그때마다 구호로 외친 짧은 구절이 있다. "우리는 이길 때까지 싸운다"였다. 져도 또 싸우기에 이길 수밖에 없다는 이야기이다. 마치 인디언들이 비가 올 때까지 기우제를 지내는 것과 같다.

4대강 반대 기도회

경기도 고양의 일산 산황산에 골프장이 생긴다기에 일곱 개의 교회 공동체가 나서서 반대 집회와 기도회를 열었다. 반대 이유는 생태, 환경의 파괴도 있었지만 골프장 부지 바로 옆에 고양 시민들이 먹는 식수 수원이 있었기 때문이다. 기도회 설교를 부탁받아 참여했다. 홍천에서는 기도회 때마다 "우리는 이길 때까지 싸운다"라는 구호를 외친다고 이야기했다. 우리가 왜 이길 때까지 싸워야 하는가? 누구를 위해서 싸워야 하는가? 사업자와 싸우는가, 지자체 단체장과 싸우는가? 우리가 이길 때까지 싸워야 하는 궁극적인 이유는 무수한 생명체가 거기에 있기 때문이다. 본질을 정확하게 알고 나니 분명하게 전할 수 있었다. 산황산 골프장 건설 계획은 결국 취소되었다. 근본적인 힘은 지역 주민들에게서 나왔고, 기환연도 연대하며 뒷받침했다. 일곱 교회는 모두 기환연의 협력 교회였다.

홍천에서 골프장 건설 반대 기도회를 할 때 감동적인 일이 있었다. 유네스코에 등재된 순천만과 습지에 대한 포럼이 순천에서 개최되었을

후니쿠이 브라질 추장

때, 남미 아마존 밀림 지대 부족의 추장이 방한했다. 행사 후 속초 오봉교회의 장석근 목사님이 추장을 모시고 설악산으로 가는 길에 우리 골프장 반대 기도회에 들렀다. 간단하게 이야기를 나누고 집회를 했다. 추장에게도 한 말씀 부탁드렸다. 추장은 거침없었고 짧은 연설로 강력한 메시지를 주었다.

"여러분 지구의 허파는 어디라고 생각하십니까?"

"아마존의 밀림이요."

"그러면 대한민국의 허파는 어디입니까?"

"강원도요."

"강원도의 허파는 어디입니까?" 하니 한목소리로 크게 외쳤다.

"홍천이요."

그렇다. 강원도에서 홍천군의 땅 면적이 제주도 크기로 가장 넓고 그 중 70% 이상이 삼림이다. 그렇기에 산소 제공자인 숲을 살려야 우리 생명을 이어 갈 수 있다는 아주 간결하고 쉬운 이야기였다.

가장 격려가 된 것은 '생명버스'가 왔을 때였다. 지역 주민들이 힘겨워할 때, 도시 여러 단체가 현장을 찾아와 지역민들과 함께하고, 지자체와 도지사를 압박하며 투쟁할 때 큰 격려가 되었다. 대형 버스 5~6대가 와서 200~300명이 집회를 하면 지역민들에게는 큰 힘이 되었다. 그것도 한두 번이 아닌 대여섯 번 방문했다. 한살림생협의 소비자들이 함께해 주었고, 기환연도 마음을 모아 주었다. 지역 주민들이 참으로 애썼다. 미안하고 고마웠다.

나는 기환연에서 8년간 집행위원과 집행위원장으로 일하고, 2년 전부터 기환연의 이사로 활동한다. 기환연 상임대표인 양재성 목사가 임기를 마치게 되어 올해부터는 감리교단을 대표하는 공동대표로 뽑혀서 기후 정의와 에너지 정책, 농촌의 먹거리 그리고 전국 현안들에 대한 입장을 대변할 것 같다.

2. 강원기독교교회협의회 활동에 참여

기독교교회협의회는 중앙에 한국기독교교회협의회(NCCK)가 있고, 지역마다 기독교교회협의회가 있다. 강원도는 2011년 12월 12일에 원주 영강교회에서 창립식을 가지면서 출범했다. 이전에는 여러 시(市)에서 인권선교위원회 형태로 활동하고 있었는데 민주화 이후 약화되어 있다가 광역권으로 새출발을 한 것이다. 해마다 영성수련회를 가졌고, 지역 현안들에 대하여 대책을 논의했다. 홍천의 양수발전소 건설과 양양의 설악산 케이블카 설치에 대해서도 대책을 강구했다. 골프장 투쟁 후(6개 마을 중 3개는 막고 두 개는 개발되었다) 3~4년 지났을 때에 풍천리에 양수발전소를 세운다는 소문이 들렸다. 그리고 설악산 케이블카 설치 얘기도 들렸다. 또 삼척에 블루파워라는 화력발전소가 신설되고, 삼척-가평 간에 송전탑을 세운다는 말까지 들려 강원기독교교회협의회는 지역민들과 함께 싸우기로 결의했다.

1년에 두세 번 정도는 삼척의 화력발전소 건설 중단을 위한 기도회에 참여했다. 4~5년 동안 동참했으니 긴 싸움이었다. 양양의 설악산 케이블카 설치 반대 집회와 기도회는 수시로 가졌다. 설악산은 산림 자연보호 1등급이며, 이미 권금성 케이블카 하나로도 충분하다고 생각했다. 관광 목적으로 적합하지 않으며 천연기념물로 지정된 동·식물이 서식한다. 환경영향평가에서도 산양들이 이 지역에 많이 분포되어 있다고 지적했다. 속초 영랑호를 가로지르는 다리를 설치하려는 시도도 있었다. 이미 속초 시민들이 걸을 수 있는 길들이 영랑호 주변에 잘 조성되어 있었다. 그것으로 충분한데 호수를 가로질러 다리를 놓겠다고 하여 항의 집회를 열었다. 영동 지역의 작은 교회들도 연대했다.

영서 지역의 집회와 기도회도 벌써 7년째 접어들었다. 지금도 매주 금요일마다 풍천리 주민들과 지역의 농민회, 전교조, 공무원노조, 강원기독교교회협의회 등 여러 단체가 함께하며, 그 외 도시의 기독교 단체들과 일반 시민단체들이 연대한다.

강원도 영서, 영동의 기도회 주관은 언제나 강원기독교교회협의회가 담당한다. 풍천리의 주민들은 공부도 하고 발언도 서슴없이 한다. 투쟁으로 학습된 성과이다. 배우고 실천하다 보니 이제는 군수보다 낫다. 현재는 매주 화요일에 지역의 석산 개발 문제로 투쟁하고 있고, 농민회는 송전탑 백지화 연대투쟁을 벌인다. 이런 가운데 강원기독교교회협의회는 성탄과 부활절에 고난받는 이웃과 함께하는 모임을 열고 지역민들을 위로한다. 작은 교회들로 이루어진 단체이지

강원기독교교회협의회 성탄절 연합예배

만, 전국 조직이기에 어려울 때는 연대로 힘이 되어 준다. 이렇게 생명을 지키려는 사람들은 마음과 뜻을 모아서 한 걸음씩 힘차게 나아가고 있다.

3. 지역이 살려면 학교와 아이들이 있어야 한다

코로나 펜데믹과 핸드폰의 대중화 이후에 우리의 삶은 크게 변화되었다. 공동체적인 삶보다는 개별화된 시대로 바뀐 것이다. 이러한 시대에는 서로 간 이해할 수 있는 공통 분모를 찾아 연결하는 것이 중요하다. 그 예로, 초등학교 학부모들의 관심사를 이야기하다가 돌봄센터를 만든 것을 들 수 있다. 영귀미면에는 시골이지만 젊은 맞벌이 부부들이 많았다. 그래서 그런 가정들을 위한 돌봄센터를 홍천군에 요청했고, 군에서 그것을 받아들여 홍천군에서는 최초로 돌봄센터가 세워졌다. 이곳에서는 돌봄 프로그램도 운영하지만, 학부모들도 모여 관심 영역을 함께 나눈다.

영귀민면에서 자란 아이들이 지역 중학교에 간 이후에 또 대책이 필요했다. 중학교 수업이 끝나고 나면 아이들은 지역 편의점에서 나머지 시간을 보내곤 했다. 그것이 안타까워서 다시 모여 의견을 나눴다. 그래서 생겨난 것이 청소년들을 위한 '꿈틀' 공간이다. 마침 지원 사업이 있어서 3층 건물을 지어 청소년들을 위한 외갓집 같은 형태의 아지트를 꾸렸다. 센터장 인건비가 없어서 후원금을 마련해서 뒷받침하고 있는데 이제 4년 차에 접어들며 조금씩 안정되고 있다. 처음에는 아이들이 그냥 와서 쉬다가 책도 보고 놀기도 하는 공간으로 운영했는데 점점 스스로 하고 싶은 것들을 이야기하면서 새로운 일들을 시작하게 되었다.

청소년 활동공간 '꿈틀'

그중 기억에 남는 일은 지역에 바리스타 자격을 갖고 카페를 운영하는 분이 계셔서 아이들이 초청해 기술을 배워서 분기별로 지역민들을 위한 카페를 운영하는 일이다. 2년째 진행하는데 지역민들이 축제 분위기로 참여해 어르신들과 젊은 학부모들, 청소년과 초등학생들까지 세대를 아울러 소통하는 시간을 갖는다.

한 번은 동네의 어르신 분들을 모시고 어린 시절을 인터뷰하여 그 내용을 정리해서 마을 분들에게 보여주었다. 또한 중·고등학교 학창 시절의 교복을 빌려서 어르신들에게 입힌 후, 다양한 자세로 사진을 찍어 편집해 사진전을 전시하기도 했다. 동네의 어르신들과 어린 학생들이 다양한 만남을 통해 가까워졌다. 카페 여는 날에 어르신들이 친구들과 함께 찾아와 매상도 올려 주시고 격려도 해주셨다.

또한 이 공간에서 놀고 쉬고 먹고 책 보고 하다 보니 자연스럽게 자신들의 존재, 앞으로 무엇을 할 것인지에 대하여 고민도 한 것 같다. 마침 우리 지역에서 자라서 서울의 여러 대학에 입학한 친구들이 여름 방학 때 '꿈틀'에서 중고생들을 위한 진로 및 공부에 대한 프로그램을 열었다. 학부모들도 관심을 보이며 지원해 주었고, 서로의 만족도가 아주 높았다. 아이들은 어느 시기에 어떤 사람을 만나느냐 하는 것이 중요하다. 그 순간이 인생을 결정할 수도 있기 때문이다.

교회는 '돌봄센터'와 '꿈틀'뿐 아니라, 동네의 여러 다양한 일에 함께 하려고 한다. 교회도 한 마을의 공존하는 공간이다. 적은 인원이지만 교회도 신뢰와 믿음으로 지역민들과 동행하는 것이 중요하다. 마을 목회를 하시는 분들에게는 당연한 듯 보이지만, 많은 교회가 지역민들과 어울리지 못하는 것이 현실이다. 애경사 정도에 관여하는 상황이다. 그러나 인구가 소멸하는 지역을 살리기 위해서는 교회뿐 아니라 마을과 학교, 지자체가 힘을 모아 고민하고 풀어야 한다.

나는 초등학교와 중학교 운영위원장을 하면서 어떻게 하면 어린 학생의 교육의 질을 올리고, 자존감을 높일 수 있을까에 관심을 두었다. 다행스럽게 마을에는 자신의 일을 꾸준히 해온 원주민들과 귀농, 귀촌한 분들이 있었다. 평생 관행농업과 친환경 농사를 해온 분, 숲을 잘 가꾸어 온 분, 귀촌하여 그림을 그리는 분, 마임을 하는 분, 연극을 하는 분, 청소년을 담당했던 분, 한옥을 짓는 분, 재활용 가게를 운영하는 분, 프랑스 자수를 하는 분, 카페를 운영하는 분, 조각하는 분, 그룹밴드를 하여 여러 악기를 다양하게 다루는 분, 붓글씨와 서예를 하는 분 등 재능 있는 많은 이를 만났다. 이분들은 초등학교와 중학교 방과 후 수업과 특별 수업에 참여하여 아이들의 관심을 불러일으켰다. 학교는 어린이들이 줄어 여전히 위기다. 그럼에도 우리는 학교와 지역을 살리기 위해 끊임없이 고민하고 대안을 찾아 나가고 있다.

4. 마지막으로 하고 싶은 일들

환갑이 지나고 이제 5~6년 뒤면 은퇴이다. 서서히 정리하면서 마지막으로 하고 싶은 일들을 기록해 본다. 먼저 교회의 미래 모습이다. 지금까지 교회는 부흥과 성장으로 여러 일을 해왔다. 팬데믹 이후 교회 성장은 주춤해지고 양극화 현상이 심화했다. 중형 교회와 작은 교회, 특히 농어촌교회는 더욱더 어려움에 처할 것이다. 여러 대안 중 하나는 공통점을 가진 교회들이 연합을 이루는 것이다. 또 하나는 자신만의 독특한 특색으로 함께하는 형태의 교회가 있을 것이다. 무엇보다 목회는 목회자 자신이 해야 한다. 자기 자신을 목회하라고 권면하고 싶다. 자신을 목회하다 보면 자연스럽게 교우들을 목회하지 않을까 싶다. 성서를 가르치기 이전에 자신이 성서의 말씀에 철저하게 엎드려져야 한다.

나는 오래전부터 도시의 교우들 질문에 우스갯소리로 대답한 적이 있다. "목사님, 교우들이 얼마나 돼요?" 하면, 나는 웃으며, "아주 많아요" 하면서 몇십만, 몇천만, 몇십억이라며 감히 상상도 못 하는 숫자를 들먹였다. 그리고 설명했다. "왜 사람만이 목회의 대상이 될까요? 저는 제가 농사짓는 열매 하나하나가 다 교우라고 여깁니다. 왜냐하면 거기에도 생명이 있기 때문입니다. 감자 한 알 한 알과, 옥수수 한 알갱이 알갱이, 어마어마한 들깨 한 알 한 알, 콩 한 알, 이 모두가 생명 있는 교우라 여긴다면 세상에 비교할 수 없는 교회이지요. 예수 그리스도의 몸인 교회는 어마어마한 곳입니다."

대부분의 도시 교우는 헛웃음을 짓지만, 일부는 고개를 끄덕이기도 한다. 이제 사람만을 대상으로 하는 목회보다 전 지구적이고 우주적인 생태적 목회를 지향했으면 하는 바람이다. 새로운 패러다임의 목회를 하고자 하는 후배들에게 이야기하고 싶다. 지금보다 더 생태적이고 환경적인 것과 전통적인 목회를 함께 생각해 보았으면 좋겠다. 기후 위기 시대에는 어떤 신학과 성서적인 말씀으로 공유할 것인가가 중요하다.

1) **숲 교회, 숲 목회**

후배들과 하고 싶은 목회가 있다. 사람들을 위한 회복의 목회도 해야겠지만, 좀 더 넓은 의미에서 피조물과 함께하는 목회는 어떨까 제안해 본다. 대표적으로 숲 교회, 숲 목회이다. 영어로는 Forest Church 혹은 Wild Church일 것이다. 기후 위기 시대에 숲은 빼놓을 수 없는 중요한 목회지가 되었다. 하루가 기쁘려면 이발을 하고, 한 달이 기쁘려면 꽃을 가꿔 보란다. 남은 여생을 기쁘게 지내려면 나무를 심고 숲을 가꿔 보란다. 누군가도 이야기했다. 지구의 종말이 올 때에도 자신은 사과나무를 심겠노라고. 나무와 숲은 이 시대의 화두이다. 마지막 시대에 목회자들이 할 수 있는 일이 있다면, 나는 서슴없이 숲을 가꾸는 일이라고 이야기하겠다.

지구의 허파인 아마존이 파헤쳐져 사라지고 있다. 대한민국의 허파인 강원도의 숲이 무리한 개발로 파괴되고 있다. 내가 살고 있는 홍천은 크기가 제주도만 하다. 어쩌면 강원도를 숨 쉬게 하는 허파는 홍천일 것이다. 산림의 숲 규모가 제주도 크기만 하기 때문이다. 이러한 숲의 기능이 다가오는 세대에게 매우 중요한데도 이기심과 욕망 때문에 순식간에 사라지고 있다. 어마어마한 길을 순식간에 내고, 골프장과 레저 산업 개발로 숲이 사라지고 있다.

2030년까지 탄소중립을 지키기 위해 나무를 심어야 하는데, 심을 곳이 마땅치 않다고 기존의 나무를 잘라내고 그곳에 다시 나무를 심는 어리석은 일들을 반복한다. 숲만 잘 가꾸고 보존해도 기후 위기의 대안이 될 것이다. 그런 면에서 숲을 지키고 가꾸면서 사람들과 함께하는 숲 교회를 만들고 싶다. 기존의 숲에 작은 예배당을 짓고, 숲을 통해서 위로와 치유, 돌봄을 받을 수 있는 목회를 하려는 것이다.

숲 놀이와 숲의 인문학, 숲의 예술, 24절기의 숲 모습 등에 대해서 나눌 게 많을 것이다. 그러나 숲에서는 그냥 침묵만 해도 몸과 마음이 편안해진다. 숲속에서 그분의 숨결, 영성을 깊게 느껴 보는 것이다. 이것이 숲에서 드리는 관상기도일 것이다. 숨 쉴 수 있는 허파의 작은 부분이라도 잘 지켜내는 것이 신앙의 한 부분이고, 그런 교회가 많아질수록 세상은 건강해지고 교회와 교우들에게도 기쁨이 될 것이다.

2) 별을 노래하는 공간 — 숲속마당협동조합

25년 전부터 이런 고민을 했지만 쉬운 일이 아니었다. 그러던 차에 7년 전 우연한 기회에 건물도 있고 공간도 있는 땅을 소개받았다. 가격이 몇억씩이나 하니 엄두를 못 냈는데 아는 형님께서 땅과 부속건물을 사 주었다. 첫해에는 건물이 낡아서 후원금을 받아 1차 리모델링을 했다. 두 번째 해에는 비가 오면 지붕에서 물이 새길래 십시일반 모으고 2차 후원금을 통해 지붕을 징크로 씌워서 깨끗하게 만들었다. 3년 차 되던 때, 마침 홍천군 농업기술센터에서 행복 마을 만들기 지원사업이 있어서 그동안 했던 자료들을 만들어 공모에 응했다. 3차 면접까지 하고 자부담을 20% 들여서 8천만 원을 지원받았다. 이 금액은 시설을 온전하게 보완할 수 있는 액수였다. 구입한 지 4년 만에 건물 전체를 깨끗하게 리모델링했다. 27년 만에 하고 싶은 일과 공간이 생겼다.

리모델링을 한 후 협동조합을 만들어 조합원들과 무엇을 할 것인지 내용을 다듬어 나갔다. 산림청 산하 그루경영체 지원사업의 이름인 숲속마당협동조합에 맞추어 내용을 채워 나갔다. 우선 사람들이 사계절을 느끼고 익히며 배웠으면 좋겠다 싶었다. 그래서 조합원들과 공부한 것이 24절기에 대한 것이었다. 마침 유종반 선생님의 절기 이야기가 있

숲속마당 공간

었다. 그의 저서『때를 살다 해를 살다』는 인문학적인 24절기 내용을 담고 있어서 저자와 함께 1박 2일 여정으로 절기 공부를 하고, 때때로 관련자들을 방문했다. 절기 노래를 작곡, 작사하신 분도 있어서 절기 찬송가로 사용한다. 절기 음식도 공부하고, 절기 때마다 모임을 가지면서 절기에 관계된 시도 써서 각자 읽어 보기도 한다. 대부분 농과 관련해서 공부하지만, 인문학적으로 더 크게 바라볼 수 있다. 기후 위기에 대응할 수 있는 유일한 것이 바로 숲에서의 절기 공부이다.

숲속마당협동조합에서 한 일들을 기반으로 좀 더 숲의 영성과 생명력 그리고 숲의 고요와 침묵과 관련하여 다양한 일을 하고 싶었다. 역동적이기보다 군데군데 한적한 작은 공간, 그 중심에 나무와 숲이 있는 공간에서의 만족도를 높이는 시간을 갖고 싶었다. 수도원들이 가졌던 밝음, 맑음, 고요라는 조용하고도 친밀감이 있는 모습, 이러한 모습을 갖추고 싶은 것이다.

나무는 한곳에서 움직이지 않고 침묵 가운데 홀로 서 있다. 그러한 나무가 보여주는 힘은 결코 작지 않다. 그런 나무들이 운집해 있는 울창한 공간의 숲은 어쩌면 인류의 마지막 쉼터이고 생명의 공급처일 것이다. 주님의 몸 된 교회가 이러한 숲의 내용과 형식을 갖추면 좋겠다. 물론 그 중심에는 그리스도의 한 말씀이 있을 것이다.

V. 나가는 글

30년 넘게 목회를 해왔지만 돌아보니 세월이 화살처럼 지나갔다. 순식간인 듯하다. 사실 나는 농촌 목회를 했다기보다는 농촌에서 살았다는 표현이 어울린다. 농촌의 자연적이고 순리적인 삶에 맞춰서 살아온 것이다. 그러면서도 언제나 교회력에 따른 한 말씀을 삶에 두었다.

첫 번째, 신학교 때부터 지금까지 나를 지탱해 준 단어가 있다. 독일어인 'Siz im Leben', 즉 '삶의 자리'이다. 농촌이라는 삶의 자리에 충실하려고 노력했다. 젊었을 때는 서울로 많이 나돌았다. 당시 농촌은 폐쇄적이고 답답한 면들이 많았기 때문이다. 당시에 그런 면에서는 내가 많이 부족했다. 그러다 어느 시점에 농부들이 보이고, 마을이 보이고, 학교가 보이기 시작했다. 그때부터 삶의 자리를 정할 수 있었다. 삶의 자리를 정하니 마을의 공간을 확보하게 되고, 학교 선후배들이 내려와 정착하게 되었다. 더불어 또 다른 지인들이 함께하면서 마을도 폐쇄적인 공간에서 열린 공간으로 바뀌었다. 물론 귀농·귀촌인들이 많이 생긴 덕분이다.

두 번째 단어는 '지금, 여기'(Now and Here) 혹은 '여기, 지금'(Here and Now)이다. 그때그때 서툴러도 행한 것들을 반복하면서 배운 것이 바로 '지금, 여기'였다. 이 단어를 뼈저리게 느끼게 해준 것은 바로 농사일이었다. 농사는 시기, 절기, 때와의 싸움이다. 그때, 그 시간에 그 일을 하지 않으면 작물이 자랄 수 없고 자라지 못하면 열매를 맺을 수 없다. 농사는 '지금, 여기'를 잘 가르쳐 주었고 나는 몸으로 그것을 배웠다. 밭을 일구어야 할 때, 씨를 파종하고 모종할 때, 풀이 적정하게 자랄 때, 어느 순간 제초를 해야 하는지 알아야만 열매를 맺을 수 있다. 이제는 천직이 된 농사는 삶의 자리매김을 잘하도록 해준다.

목회하고 농사를 지으면서 세 번째로 얻은 것은 '정성'의 마음이다. 제일 어려운 일이다. 아주 중요한 단어인데 우리 동면교회 어르신들이 가르쳐 준 유산이기도 하다. 시편 23편에 못지않게 내게 중요한 것이 있다. 중용 23장이다. 중용 23장에 나오는 '정성'의 내용으로 목회 32년을 갈무리하고자 한다.

> 작은 일도 무시하지 않고 최선을 다해야 한다.
> 작은 일에도 최선을 다하면 정성스럽게 된다.
> 정성스럽게 되면 겉에 배어 나오고,
> 겉에 배어 나오면 겉으로 드러나고,
> 겉으로 드러나면 이내 밝아지고,
> 밝아지면 남을 감동하게 하고,
> 남을 감동하게 하면 이내 변하게 되고 변하면 생육된다.
> 그러니 오직 세상에 지극히 정성을 다하는 사람만이
> 나와 세상을 변하게 할 수 있는 것이다.
>
> ―『중용』 23장

지은이 알림

심상봉 목사

1937년에 전남 장성에서 출생한 심상봉 목사는 서울신학대학, 숭실대학교 철학과에서 공부한 후 1969년에 장로회신학대학교를 졸업했다. 졸업 후 임실제일교회(예장 통합)에 부임했으며, 임실동부신용협동조합을 설립, 협동조합운동에 참여했다. 바우처탁아소, 바우처학원을 운영했다. 주간「임실신문」창립, 임실자활후견기관(현 임실지역자활센터) 수탁 운영, 서당 개설 및 운영을 하였다. 스위스 농업 및 낙농 연수를 추진하여 임실치즈마을 설립에 크게 기여했다. 은퇴 후 이세종기념사업회 활동과 임실촛불민주시민혁명에 고문으로 참여했다.

임인수 목사

임인수 목사는 1979년 장로회신학대학원을 졸업하고 아산시 염치면에 들어가 새암어린이집을 운영하면서 새암교회(예장 통합)를 개척했다. 새암교회에서 평생을 목회하고 2012년에 은퇴하면서 원로목사로 추대되었다. 걸인, 고아 남매, 탈북인, 이주노동자 등 어려움에 처한 이웃들을 돌보고 동거도 하였다.「새암의소리」를 발간하여 지역사회를 깨우치려고 힘썼고, 아산인권선교위원회 활동을 통해 사회정의 구현을 위해 노력했다. 아산시민모임 초대 의장을 역임했고,『목사님 죽을 때까지』,『잡부 목사가 쓴 새암이네 이야기』등의 책을 썼다.

정도성 목사

정도성 목사는 장애아로 태어나 불우한 때를 보내다 회심하고 1979년 1월, 전남 고흥 매곡교회(예장 통합)에 부임하여 2024년 12월 은퇴할 때까지 평생 헌신하며 목회했으며 원로목사로 추대되었다. 호남신학대학, 장로회신학대학원을 졸업했다.

치유상담목회를 위해 순천대학교 교육대학원 상담 과정, 크리스천 치유상담연구원(일반, 전문과정)의 교육과정을 이수했다. 참여자치 고흥군민연대 회장, 예장 농어촌목회자협의회 회장 등을 역임했으며, 이웃을 위한 헌신적인 봉사로 대한노인회 동강지회장, 고흥군수, 전남도지사 등의 표창을 받았다.

여태권 목사

여태권 목사는 1948년도에 경북 고령에서 태어나 10세 때에 부모님을 따라 전북 이리시로 이주했다. 아버지가 일찍 소천하여 농사를 짓고 살면서 한국방송통신대학을 졸업했다. 한신대 졸업 후 1984년에 전북 완주군의 율곡교회(기독교장로회)에 부임하여 31년간 농부 목사로 목회하고 2015년도에 은퇴했다. 세계사이버대학을 졸업하여 사회복지사 자격을 획득, 사회복지선교활동을 펼쳤다. 참여자치 전북시민연대 공동대표, 고산지역아동센터 운영위원장, 완주군 사회복지협의회 공동대표, (사)농촌사랑 대표, 완주시니어클럽 관장 등을 역임했다.

엄용식 목사

엄용식 목사는 1983년에 대한신학교를 졸업하고 1985년 경남 함양 옥동교회(예장 대신)에 부임하여 35년간 목회하고 2020년에 은퇴했으며 원로목사로 추대되었다. 함양기독교연합회 회장, 경남노회장(예장 대신)을 역임했다. 함양기독교환경연대, 함양시민연대, 지리산생명연대, 지리산종교연대, 지리산시민사회단체 등을 설립하는 데 앞장섰으며, 2005년에 예장(대신)교단 농어촌선교회를 창립하고 2016년까지 회장으로 활동했다. 은퇴 후 생명농사를 지으며, 한국농선회 산하 농촌목회학교 교장을 2016년부터 맡아서 현재까지 활동하고 있다.

김수영 목사

김수영 목사는 1985년 거제 다대교회(예장 통합)에 부임하여 평생을 헌신하며 목회하고 은퇴했다. 부산 장신대와 장로회신학대학원을 졸업했으며, 목회 중 건강에 관심을 갖고 경기대학 대체의학대학원을 졸업했다. 은퇴하면서 다대교회 원로목사, 경남노회 공로목사로 추대되었다. 거제경실련 대표, 거제YMCA이사장, 경남노회 농어촌부장, 예장 농어촌목회자협의회 회장, 거제시일본군위안부피해자 기림사업회 회장을 역임했으며, 현재 노인복지를 위해 거제 무지개숲요양원을 창설하고 대표이사로 활동 중이다.

박순웅 목사

박순웅 목사는 1986년에 감리교신학대학를 졸업하고 연세대학교 연합신학대학원에서 공부한 후 1991년 영월 도천감리교회에서 농촌 목회를 시작했다. 1994년에 홍천 동면감리교회에 부임해서 오늘에 이르고 있다. 숲속마당협동조합, 청소년 쉼터 꿈틀, 토종을 담는 사회적협동조합 등을 만들었다. 감리교 농촌목회자회 회장, 감리회 농도소비자생활협동조합 이사장을 역임했으며, 2015년에 영등포산업선교회의 서로살림생협과 합병하여 서로살림농도생협을 창립했고 이사장으로 활동했다. 기독교환경운동연대 공동대표로 활동 중이다.

낮은 자리, 농촌에서 세상을 뒤집다
— 나의 농촌 목회 이야기

2025년 9월 30일 처음 발행

지은이	김수영 박순웅 심상봉 엄용식 여태권 임인수 정도성
엮은이	한경호
엮은곳	아시아농촌선교회
펴낸이	김영호
펴낸곳	도서출판 동연
등 록	제1-1383호(1992. 6. 12.)
주 소	서울시 마포구 월드컵로 163-3
전화/팩스	02-335-2630, 02-335-2640
이메일	yh4321@gmail.com
인스타그램	instagram.com/dongyeon_press

Copyright ⓒ 아시아농촌선교회, 2025

이 책은 저작권법에 따라 보호받는 저작물이므로 무단 전재와 복제를 금합니다.
잘못된 책은 바꾸어 드립니다. 책값은 뒤표지에 있습니다.

ISBN 978-89-6447-556-0 03230